AUTORIDADE DA LEI ORÇAMENTÁRIA

L533a   Leite, Harrison Ferreira.

     Autoridade da lei orçamentária / Harrison Ferreira Leite. –
Porto Alegre : Livraria do Advogado, 2011.

     276 p.; 23 cm.

     Inclui bibliografia.

     ISBN 978-85-7348-760-2

     1. Orçamento - Legislação - Brasil. 2. Orçamento - Autoridade.
3. Orçamento - Intervenção judicial. 4. Controle da constitucionalidade. 5. Direitos sociais. I. Título.

                   CDU   34:336.12(81)
                   CDD   343.81034

     Índice para catálogo sistemático:
1. Direito : Orçamentos públicos: Brasil   34:336.12(81)

(Bibliotecária responsável: Sabrina Leal Araujo – CRB 10/1507)

Harrison Ferreira Leite

AUTORIDADE DA LEI ORÇAMENTÁRIA

Porto Alegre, 2011

© Harrison Ferreira Leite, 2011

Capa, projeto gráfico e diagramação
Livraria do Advogado Editora

Revisão
Rosane Marques Borba

Direitos desta edição reservados por
Livraria do Advogado Editora Ltda.
Rua Riachuelo, 1338
90010-273 Porto Alegre RS
Fone/fax: 0800-51-7522
editora@livrariadoadvogado.com.br
www.doadvogado.com.br

Impresso no Brasil / Printed in Brazil

Dedico este trabalho aos meus pais, *Hermógenes* e *Amenaide*, pelo exemplo seguro, o conselho certo, a fé e por terem me ensinado o amor a Deus acima de todas as coisas.

Agradecimentos

Primeiramente a Deus, pelo dom da vida, e a Jesus Cristo, pela justificação e reconciliação.

Aos meus irmãos e sobrinhos, que depositam em mim a projeção de um sonho por cada um ainda não realizado.

Ao meu orientador, Professor Humberto Ávila, que consegue conciliar o rigor científico dos alemães com a clareza e a brevidade dos americanos. Obrigado por aceitar o desafio de orientar um iniciante na carreira jurídica e por incentivar a publicação deste trabalho.

Aos amigos Pedro Adamy e Luis Clóvis, pelos debates incomensuráveis ao final de cada aula. O primeiro, hoje distante, mas sempre presente com emails férteis de inteligência escritos em solo alemão, onde cursa o doutorado. Ele pensa como um sábio e fala como um simples. O segundo, agora iniciando a judicatura, por certo, desbravará muitas trilhas nas matas cerradas do direito.

Ao Professor Cláudio Michelon, jurista de rara intuição, que muito me apoiou nos estudos na Universidade de Edimburgo.

Aos Professores Itiberê Rodrigues e Almiro do Couto e Silva, exemplos de humildade e dedicação.

Ao Professor Adylson Machado, grande entusiasta da publicação deste escrito, pelas sugestões valiosas.

Aos Professores e amigos Antonio Carlos Macedo, Luis Carlos do Nascimento, Carlos Valder do Nascimento, Joao Damasceno, Alexandre Marques, Thiana de Souza Cairo, Dinalva Melo, que contribuíram para o aprimoramento deste livro.

Aos amigos Joel Abramczuk, Cibele Abramczuk, Gabriel Baptista e Rodrigo Majewski, que me abraçaram como irmão no Rio Grande do Sul.

Aos ex-alunos Pedro Germano, Eduardo Monteiro, Jesiana Prata e Renata Jardim, pela colaboração e ajuda indispensáveis.

À Lilian de Brito Santos, pela revisão e pelas correções que tornaram a leitura do texto mais suave.

Enfim, a todos aqueles a quem tive de dizer "não", ainda que implicitamente, quando solicitaram a minha atenção, e cuja razão circunscreve-se ao tempo dedicado nesse escrito.

Prefácio

O que torna um livro importante é o fato de ele tratar, de forma consistente, um tema essencial e atual. Se ele reunir essas características, e ainda trouxer uma contribuição efetiva para o aprimoramento doutrinário existente, mais do que importante, será fundamental. O livro, que ora tenho a satisfação de prefaciar, é fundamental.

Várias são as razões que me autorizam a essa caracterização. A primeira delas concerne ao tema: em um país cuja arrecadação tributária atualmente bate recordes, como é o Brasil, nenhum tema é mais importante do que o do destino da arrecadação. Saber como as receitas públicas devem ser utilizadas e quais os critérios que devem nortear essa utilização não é apenas importante; é fundamental.

A segunda razão diz respeito ao modo como o tema foi enfrentado – com coragem e ousadia. Há temas jurídicos cujo adequado tratamento pressupõe o enfrentamento de temas espinhentos. O orçamento público é um deles: normalmente tratado com base em teorias estrangeiras, não apenas antigas, mas velhas, e em absoluto descompasso com o ordenamento jurídico vigente, o orçamento só pode ser corretamente enfrentado se esses preconceitos doutrinários forem vencidos e a Constituição Federal devidamente interpretada. Pois foi precisamente esse o esforço empreendido pela presente obra: recompor o momento histórico em que as teorias orçamentárias foram concebidas, especialmente na Alemanha monárquica, para permitir o reexame do tema de acordo com novos elementos teóricos e normativos, sem receio de atacar de frente, sob novo olhar, alguns assuntos intrincados, como a natureza jurídica e a força normativa do orçamento, a distinção entre lei em sentido formal e em sentido material e o controle – quando não mesmo a própria configuração – de políticas públicas pelo Poder Judiciário.

Esses novos elementos teóricos e normativos constituem precisamente a terceira razão que me permite qualificar esta obra como fundamental. Em vez de simplesmente investigar o orçamento do modo como ele é tradicionalmente enfrentado, com transplantação de doutrinas estrangeiras, sequer mais aplicadas no país de origem, para o sistema jurídico brasileiro, sem a mínima atenção às regras constitucionais específicas que regulam diretamente o tema e os princípios constitucionais que indiretamente o conformam, esta obra procurou novas bases, indo encontrá-las não apenas na doutrina especializada de Direito Financeiro, como também na doutrina de Teoria do Direito, notadamente nos estudos a respeito da autoridade da lei, da divisão dos poderes e da teoria das normas.

Essas razões, às quais poderiam ser somadas outras, justificam a qualificação desta obra como fundamental, assim para os especialistas em Direito Financeiro como para os estudiosos do Direito em geral.

A sua publicação encerra uma história que começou há mais de quatro anos, com um telefonema de um colega. Ele me pediu para considerar a possibilidade de orientar um jovem baiano, com cujo talento e persistência, dizia ele, eu me surpreenderia. O pedido revelou-se um vaticínio: Harrison de fato surpreendeu, evoluindo pessoalmente na análise crítica, no uso da linguagem e na utilização do método. Não só a mim, mas a todos que tiveram a alegria de conhecer a sua inteligência, humildade e simpatia. Foram precisamente essas virtudes que chamaram a atenção da banca examinadora desta tese, por mim orientada, que foi aprovada com distinção na centenária Faculdade de Direito da Universidade Federal do Rio Grande do Sul. Também foram essas qualidades que conquistaram a admiração da banca examinadora de recente e concorrido concurso para Professor Adjunto de Direito Financeiro da tradicional Faculdade de Direito da Universidade da Bahia, que o distinguiu com a primeira colocação.

Por todas essas razões, desejo que este trabalho, que vem a lume no momento certo para tratar do tema certo, tenha a repercussão doutrinária de que é merecedor, pela importante contribuição que dá aos estudos do Direito Financeiro no Brasil.

Porto Alegre, julho de 2011.

Prof. Dr. Humberto Ávila

Livre-Docente em Direito Tributário pela USP.
Ex-Pesquisador Visitante das Universidades de Harvard, EUA, e Heidelberg,
Alemanha. Doutor em Direito pela Universidade de Munique - Alemanha.
Professor da Graduação e Pós-Graduação da Faculdade de Direito da UFRGS.
Advogado e Parecerista.

Sumário

1. Introdução 13

Capítulo I
2. Do orçamento público 19

2.1. Características Gerais das Leis Orçamentárias 19

2.2. Aspectos político, econômico, técnico e jurídico do orçamento 21

2.3. Hierarquia constitucional 25

2.4. Do orçamento público 29

2.4.1. Natureza jurídica 29

2.4.2. Fio histórico 32

2.4.3. Leis formais e leis materiais 37

2.4.4. Posicionamento da doutrina e da jurisprudência brasileiras frente à
à teoria das leis formais 44

2.4.4.1. Do suporte doutrinário 44

2.4.4.2. Do suporte jurisprudencial 48

2.4.5. Razões para uma nova concepção de orçamento 49

2.4.5.1. Da forma e do sistema de governo 50

2.4.5.2. Da fonte constitucional 51

2.4.5.3. Da base doutrinária 52

2.4.5.4. Do tempo e o direito 54

2.4.6. Do orçamento como lei no aspecto formal e material 57

2.4.6.1. Do aspecto formal 58

2.4.6.2. Do aspecto material 62

2.4.7. Características intrínsecas da LOA 70

2.4.8. Imperativo ou autorizativo? 81

2.4.9. Do conteúdo orçamentário 91

2.4.9.1. Conteúdo vinculado 93

2.4.9.2. Conteúdo discricionário 95

2.4.9.3. Da linguagem do orçamento 104

2.4.9.4. Fatores que delimitam a elaboração do orçamento 106

2.4.9.4.1. Limitação de recursos 108

2.4.9.4.2. Escolhas trágicas 111

3. Fundamentos teóricos – por que o orçamento deve ser respeitado? 116

3.1. O respeito à legislação 119

3.2. O que justifica o respeito à lei 120

    3.2.1. Sabedoria da multidão 120

    3.2.2. Reconhecimento da comunidade 122

    3.2.3. Formalidade na sua elaboração 123

    3.2.4. Impossibilidade de completa concordância social 124

3.3. O respeito à legislação e a relação com o seu conteúdo 126

3.4. O procedimento legislativo como purificador da pessoalidade representativa . .129

3.5. O orçamento e a sua autoridade 133

Capítulo II

4. Intervenção judicial no orçamento público 135

4.1. Constituição Federal de 1988 – reflexos imediatos 137

    4.1.1. Atuação judicial distante dos custos 137

    4.1.2. Do crescente aumento do papel do Judiciário (ativismo judicial) 142

    4.1.3. Da inabilidade judicial de proferir decisões com efeitos de lei 148

    4.1.4. Atividade política e o papel judicial 152

    4.1.5. Dos direitos sociais 158

    4.1.6. Indefinição do seu conteúdo 163

    4.1.7. Dispêndio de recursos públicos na sua proteção 173

5. Da não justicialidade das alocações orçamentárias 175

5.1. Impacto financeiro e impacto alocativo 177

5.2. Entraves técnicos 180

5.3. Entraves jurídicos 185

    5.3.1. Normas constitucionais orçamentárias 185

    5.3.2. Efeitos consequencialistas da decisão 189

5.4. Entraves ético-políticos 197

    5.4.1. Da igualdade 197

    5.4.2. Da Justiça 201

    5.4.3. Da separação de Poderes 208

    5.4.4. Do princípio democrático 215

6. Do controle constitucionalmente previsto 224

7. Como resolver conflitos 232

7.1. Quando há o programa respectivo com recurso disponível 235

7.2. Quando não há o programa respectivo, mas há recursos disponíveis 236

7.3. Quando não há o programa respectivo e não há recurso disponível 249

7.4. Quando há programa para determinado fim, mas não há recurso 251

8. Conclusão 255

Referências 269

1. Introdução

O tema objeto de investigação é resultado de alguns questionamentos jurídicos em torno da lei orçamentária, surgidos a partir da constatação de que, em sede doutrinária e jurisprudencial, de regra, a abordagem de temas a ela vinculados parece olvidar tratar-se de lei determinante no que concerne à organização do Estado, mormente no desempenho das funções executiva, legislativa e judicial.

Com efeito, no plano do Executivo, observa-se que a mácula se instala desde a elaboração, porquanto costuma contemplar situações distanciadas da realidade socioeconômica e das prioridades constitucionais. A Administração elabora o orçamento sem qualquer espécie de comprometimento, vindo, por consequência, a manejá-lo ao sabor das primazias do Governante, com a liberação de recursos para a satisfação de despesas eleitas como primordiais de conformidade com seu entendimento, não mais de acordo com o comando da norma, agravado o pejo pela facilitação da alteração da lei orçamentária.

No campo da função Legislativa, observa-se que uma vez aprovado o orçamento, mais das vezes abdica o Poder Legislativo do seu controle, vindo, por conseguinte, a chancelar aplicação distinta da que autorizou. Por último, no que diz respeito ao Judiciário, a experiência forense registra reiteradas decisões judiciais, em matéria referente a despesas públicas, que nem de longe observam os ditames da legislação orçamentária em vigor, como se a satisfação de circunstanciais direitos pudesse autorizar o malferir da lei de controle, situando-se o Juiz acima do seu comando.

O cenário acima descrito autoriza a conclusão de que o sistema jurídico-orçamentário vigorante não funciona, porquanto assentado em concepções deformadas acerca do orçamento. Repetem-se conceitos construídos historicamente, direcionados para a mitigação da ideia do orçamento enquanto lei, daí elaborando-se uma teoria que mina a sua autoridade e esvazia de eficácia o seu comando. As instituições, que deveriam ser guardiãs da eficácia e da reta observância do orçamento, despontam protagonistas primeiras do descaso, o que abre comportas para as seguintes reflexões:

(i) Não pode exigir do Judiciário respeito ao orçamento, um Executivo que não demonstra qualquer esforço em planejar as suas ações; que repete os mesmos orçamentos, apenas com o acréscimo percentual da média de incremento de receitas; que fixa despesas sabidamente irrealizáveis; que prevê receitas maiores que as possíveis para atender a suplementações e remanejamento de dotações no curso da execução orçamentária; que altera o orçamento por medida provisória e/ou decreto; e que convence o Legislativo a dar-lhe elevado poder de alteração do orçamento por decreto.

(ii) De igual modo não tem a autoridade do exercício da atividade de controle, muito menos poderá insurgir-se contra as alterações perpetradas pelo Executivo, um Legislativo que não analisa com a devida seriedade o projeto da lei orçamentária nos limites de sua responsabilidade institucional; que inclui emendas com fins eleitoreiros; que não fiscaliza os gastos públicos; e que concede amplos poderes ao Executivo para alterar o orçamento por decreto.

(iii) Não poderá lamentar o descumprimento das suas decisões, à míngua de recursos para a efetivação, um Judiciário que não aceita argumentos orçamentários como critérios a nortear suas decisões; que não controla abstratamente a constitucionalidade da lei do orçamento como faz com as demais leis; que se omite da análise da justificação dos decretos que alteram orçamentos; que protege direitos fundamentais com desatenção às alocações orçamentárias e que pretende direcionar os gastos públicos segundo as necessidades circunstanciais do caso concreto submetido a seu crivo, aniquilando, assim, o comando da lei orçamentária, enquanto instrumento norteador da atividade do Estado, em qualquer das suas esferas, no campo da receita e da despesa pública.

Essas máculas explicam porque o sistema jurídico-orçamentário não funciona do modo idealizado, ao tempo em que conclamam os estudiosos da matéria para um debate mais aprofundado, superando-se as constantes referências ao orçamento como "mera peça de ficção", "lei de meios", "instrumento político" e "lei em aspecto meramente formal", na medida em que esse pensar contribui decisivamente para o desprestígio da lei orçamentária enquanto lei de planejamento e de controle dos gastos públicos, abrindo espaço para os constantes desafios ao comando do orçamento, mediante a inobservância *(i)* pelo Executivo, quando descuida da sua elaboração, não efetiva a despesa segundo a ordem dele emanada e promove alterações ao arrepio da vontade democrática ali expressa, *(ii)* pelo Legislativo, quando autoriza o Executivo a promover a sua alteração por decreto de forma desordenada e quando não promove a correta fiscalização, e *(iii)* pelo Judiciário, quando não sopesa, nas suas decisões, parâmetros e limitações de ordem orçamentária, vindo a acolher pretensões jurídicas sem a devida atenção às alocações.

Devem os estudiosos atentar para a elevada função da lei orçamentária enquanto instrumento de planejamento e de controle das políticas públicas, ao revés de buscar a solução dos diversos problemas jurídicos a ela necessariamente vinculados, sem incluí-la na argumentação. À guisa de exemplo, não se pode falar da efetivação dos direitos fundamentais sem abordar a previsão orçamentária de políticas públicas vertidas para tal fim, muito menos em deficiência na fiscalização dos gastos públicos, sem ter como ponto de partida a higidez na elaboração e na execução da lei orçamentária.

É que o Executivo pode elaborar um orçamento destinando poucos recursos à proteção de direitos, pode não destinar os valores previstos no orçamento à efetivação de direitos ou pode ainda alterar as previsões iniciais e destinar recursos para outras prioridades que não as intentadas judicialmente. Do outro lado, o Judiciário pode proteger direitos cuja efetivação não está contemplada no orçamento no mesmo grau intentado judicialmente, pode defender posição que, embora encontre respaldo na lei orçamentária, não o há do ponto de vista fático, em virtude da ausência de recursos, ou pode ainda proteger um direito que, isoladamente efetivado, pode ser suportado pelo orçamento, mas se estendida a todas as pessoas que se encontram em situação de igualdade, necessitar-se-ia de um rearranjo orçamentário para a proteção.

Impossível, portanto, falar-se de efetivação de direitos sem falar do orçamento. Essa relação é o objeto de estudo desse trabalho, que pretende responder essencialmente ao seguinte questionamento: o orçamento pode sofrer modificações por decisão judicial em benefício de interesses ou necessidades individuais, tendo em vista a definição de políticas públicas aprovadas pelo Poder Legislativo?

Ao lado dessa questão, outras não menos importantes também serão analisadas: O orçamento é ou não uma lei? Se não for lei, qual a razão e qual a importância da sua votação pelo Legislativo? E se for lei, quais as razões e fundamentos que podem ser levados em conta para justificar de modo suficiente a sua inobservância pelo Executivo na realização dos gastos? E mais, sendo lei, o Judiciário a ela se submete como o faz com as demais? Na conjuntura atual, pode-se dizer que o orçamento é apenas autorizativo? Qual a relação do orçamento com a efetivação dos direitos fundamentais, em especial os direitos sociais? São os direitos sociais exigíveis nos moldes pretendidos pelo Judiciário? Há um conteúdo intrínseco nos direitos sociais ou o seu conteúdo oscila a depender dos recursos alocados à sua proteção? Quais os limites entre a atuação judicial que lhes protege e as políticas públicas que visam a iguais fins? Pode o orçamento ser óbice ao cumprimento de decisões judiciais? A quem compete definir o conteúdo e o grau de proteção aos direitos? Ao Executivo, quando da formalização das políticas públicas, ao Legislativo, quando da sua definição legal, se assim o fez, ou ao Judiciário, quando do cotejo com o caso concreto?

Esse é o contexto do estudo desenvolvido. Dúvidas como essas permeiam a realidade jurídica que convive com orçamentos elaborados sem critérios fáticos justificadores, com alterações orçamentárias que, na sua quase totalidade, são feitas por medidas provisórias e/ou decretos, sem qualquer justificação, com decisões judiciais – em boa parte dos casos de natureza liminar – que interferem nas alocações de recursos, obrigando o Executivo a alterar as políticas públicas democraticamente eleitas a fim de atender posições individuais, e com decisões judiciais que, ao final, instituem verdadeiras políticas.

O grau de juridicidade dado pela Constituição ao orçamento elevou-o ao patamar de respeitabilidade que não poderia ter sido rebaixado por considerações doutrinárias e jurisprudenciais de modo que do seu cotejo com proteções de direitos sempre se sagrará vencido. A defesa do orçamento enquanto lei, em igualdade das demais, resgata a sua autoridade, e o liberta da posição secundária comumente estabelecida, de modo que não há como proteger direito sem deter-se nas suas normas. Como alcançar esse patamar de respeitabilidade é também missão desse livro.

E aqui impõe-se a importância do debate, elevada *(i)* pela elaboração de orçamentos descriteriosos, com pequena relação de veracidade com a realidade que pretende incidir e com ausência de controle judicial; *(ii)* pelo elevado poder dado ao Executivo para alterar o orçamento por decreto, o que significa, na maioria das vezes, um verdadeiro *cheque em branco* para efetuar os gastos que quiser; *(iii)* pelo mitigado controle político dos gastos públicos exercido pelo Legislativo; *(iv)* pela verificação de decisões judiciais obrigando a Administração a empenhar vultosas somas de recursos na atenção de direitos sociais, embora houvesse contraponto da não permissão jurídica por força da lei orçamentária; *(v)* pelo desprezo ao orçamento como lei; e *(vi)* pelas consequências de proteção individual de direito social numa realidade em que os que não tiveram acesso à justiça ficam desprotegidos.

Aqui se pretende, se não responder essas questões por completo, ao menos traçar balizas para a solução mais adequada retirada da leitura das normas constitucionais.

Em tempos de euforia dos direitos fundamentais, em que não pode haver limites orçamentários para a concreção das suas normas protetoras, em que se constatam decisões inconsistentes com a realidade financeira, em que políticas públicas são preteridas pela proteção ocasional de direitos individuais, e em que institutos orçamentários são afastados como se normas não fossem, calha bem uma teoria que abraça esses problemas buscando encontrar no sistema jurídico alguma solução minimamente satisfatória.

O estudo é relevante para as três esferas de poder e para os cidadãos: (i) para o Executivo, porque lhe norteia diante de decisões judiciais protetivas de direitos que não são suportadas pelas políticas públicas previstas em leis substanciais e no orçamento. Também porque lhe orienta à necessidade de elaborar orçamentos com a maior previsibilidade possível e de justificar corretamente cada decisão de alteração orçamentária ou de restrição da realização das despesas do modo como aprovado pelo Legislativo; (ii) para o Legislativo, porque traça as consequências de não exercer a fiscalização que a Constituição lhe incumbiu, bem como as consequências de autorizar o Executivo a alterar consideravelmente o orçamento mediante decretos; (iii) para o Judiciário, porque demonstra a importância de levar em consideração as argumentações orçamentárias na proteção de direitos, bem como os limites constitucionais de sua atuação na defesa dos direitos sociais; (iv) para o cidadão, porque o alerta que as alocações financeiras são a exteriorização da sua vontade na realização dos gastos públicos, e que a ele compete exercer relevante controle nos gastos públicos.

O direito constitucional orçamentário, relegado a direito de "segunda categoria", sai valorizado desse estudo, porque nem sempre deve ele sucumbir-se às demais normas do sistema jurídico, num eventual conflito. A euforia protetiva dos direitos fundamentais não deve ser impensada e irrefletida, como se o orçamento tivesse pouca importância. Ou se traz o orçamento para o debate judicial, quando da proteção do direito, ou se corre o risco de decisões judiciais de efetivação frustrada, porque concretização de direitos não há sem recursos.

Com esse estudo, espera-se que o Executivo, o Legislativo e o Judiciário atentem para a importância da lei orçamentária, que é o início e o fim de cada conduta estatal.

O trabalho é constituído de duas partes. Na primeira parte, será analisada a natureza jurídica do orçamento, com a finalidade de explicar quais foram os embasamentos que justificaram a sua concepção dominante de lei em aspecto meramente formal e quais são os elementos novos que suportam a sua concepção de lei também em sentido material. Aqui se verificarão os motivos que dão força e autoridade à legislação, com foco na lei orçamentária, nos seus elementos essenciais e na sua forte presença como instrumento normativo de efetivação de políticas públicas.

A segunda parte investiga a proteção judicial dos direitos sociais no âmbito da jurisprudência brasileira e os excessos cometidos nessa proteção, principalmente quanto à inobservância da lei orçamentária. Para tanto, analisa os entraves técnicos, jurídicos e ético-políticos que visam a afastar o Judiciário de atuação nas alocações financeiras, ainda que indireta. Após, investiga a força das leis orçamentárias e a prevalência no seu cotejo com a força dos direitos sociais.[1]

---

[1] Cumpre lembrar que quando o texto se reporta a *orçamento* ou a *orçamento público*, na verdade, faz-se na menção à Lei Orçamentária Anual, que é uma das três leis que regem a orçamentação no sistema brasileiro. As demais leis orçamentárias, quando mencionadas, o serão pela nomenclatura exata dada pela Constituição.

Capítulo I

2. Do orçamento público

2.1. CARACTERÍSTICAS GERAIS DAS LEIS ORÇAMENTÁRIAS

Orçamento público é uma lei que contém a previsão de receita e a fixação de despesa para um período determinado (art. 165, § 8°, da CF). Embora sucinto, o conceito encerra três propriedades do orçamento: a) lei que visa a provocar uma conduta especial nos agentes políticos, gerando sanção pelo seu não cumprimento; b) lei que fixa a despesa e prevê a receita; e c) lei concreta de implantação de políticas públicas.

Na primeira particularidade, o orçamento destaca-se como uma lei dirigida à Administração Pública, impondo-lhe deveres, cuja inobservância pode gerar as sanções de intervenção política e configuração de crime de responsabilidade.[2] Na segunda, dessume-se inaceitável orçamento irreal, visto que os verbos fixar e prever, assinalados na Constituição Federal, não autorizam valores aleatórios, ao contrário, determinam que o valor fixado seja condizente com a realidade e com a razão fundante da sua obrigatoriedade constitucional, além de que o ali previsto deve ser seguido. A última característica revela que o orçamento é lei que efetiva direitos dos cidadãos aos serviços públicos prestados pelo Estado, através de políticas públicas.

As leis orçamentárias são aspectos de poder do Estado moderno. Dizem respeito ao seu modo de ação e às mais importantes políticas, sendo claramente indispensáveis à satisfação das necessidades públicas. No esmiuçado atuar do Estado, acabam por efetivar as políticas públicas apro-

---

[2] O art. 85 da CF enumera os atos do Presidente da República que configuram crimes de responsabilidade política, dentre estes enumera os atos atentatórios à lei orçamentária (inciso VI). Do mesmo modo, tanto a realização de despesas não correspondentes àquelas fixadas no orçamento e nos créditos adicionais, bem como a negligência na arrecadação das receitas previstas e a não apresentação tempestiva da proposta orçamentária pelo Executivo ao Legislativo, caracterizam crime de responsabilidade política. Na mesma linha, agora em sede infraconstitucional, é crime de responsabilidade dos prefeitos municipais, ordenar ou efetuar despesas não autorizadas por lei, ou realizá-las em desacordo com as normas financeiras pertinentes (art. 1°, V, do Decreto-Lei n. 201/67).

vadas pelo Legislativo, o que gera estreita relação dos aspectos políticos com os jurídicos.

O orçamento é uma indispensável etapa na execução de políticas e na mobilização governamental de recursos. Quaisquer ações estatais possuem como primeiro passo ou o primeiro obstáculo a lei orçamentária, visto que toda despesa dos entes públicos deve estar devidamente prevista. Não sem sentido que Alfredo Augusto Becker afirma que "a regra jurídica que aprova o orçamento Público é a regra de Direito Positivo na qual se concentra o mais intenso grau de positividade; ela é, *a priori*, a mais constitucional das regras jurídicas".[3] E ela o é, responde Antônio de Oliveira Leite, porque "disciplina *toda a vida do Estado*".[4] (grifo original).

Gustavo Ingrosso,[5] justificando a sua importância, afirma que a lei orçamentária

> [...] contempla toda a inteira administração do Estado, e também a função legislativa e a função jurisdicional; de todas é um instrumento jurídico indispensável: com efeito, ela a todas põe em movimento. Ora, sendo a sua função assim vasta e complexa e fundamental para a vida do Estado, decorre, como razão preliminar e sintetizadora, a conclusão de que o Orçamento Público não pode ser reduzido às modestas proporções de um plano contábil ou de simples ato administrativo. *Em vez disso, ele é o maior produto da função legislativa para os fins do ordenamento jurídico e da atividade funcional do Estado.* (grifos originais).

O orçamento é um instituto jurídico sobre o qual lutas políticas das representações populares têm sido fundamentadas, historicamente, na busca de conseguir o direito de fiscalizar e controlar o exercício do poder financeiro: primeiro à imposição dos tributos (receitas públicas), e, posteriormente, à administração dos gastos públicos (despesas públicas).

Esse desenvolvimento histórico concedeu-lhe aspecto jurídico-político, resultado de revolução política, que constitui a origem dos modernos sistemas políticos liberais democráticos, porque representa a autorização da comunidade política, através de seus representantes, os quais, mediante a aprovação do orçamento, prestam seu consentimento ao programa de ingressos e de despesas públicas para certo período de tempo.[6] [7]

---

[3] BECKER, Alfredo Augusto. *Teoria geral do direito tributário*. São Paulo: Lejus: 1998, p. 230.

[4] LEITE, Antônio de Oliveira. Orçamento público, em sua feição política e jurídica. *Revista de Direito Público* n. 18. São Paulo: RT, 1971, p. 156.

[5] *Apud* BECKER, Alfredo Augusto. *Teoria geral do direito tributário*. Lejus: São Paulo, 1998, p. 230-231.

[6] BEREIJO, Alvaro Rodriguez. Em introdução à obra de Paul Laband. *El Derecho Pressupuestario*. Madrid: Instituto de Estudios Fiscales. 1979, p. XII.

[7] Antonio de Oliveira Leite menciona a importância histórica do Orçamento como "passo inicial para se conseguir o controle da despesa pública, o que se verificou na própria Inglaterra, em fins do século XVIII, na Declaração de Direitos, que faz menção ao controle da despesa pública, já discriminada, então, das finanças particulares do rei". In LEITE, Antônio de Oliveira. *Orçamento Público, em sua feição política e jurídica*. Revista de Direito Público n. 18. São Paulo: RT,1971, p. 150.

O orçamento é dotado de algumas especialidades, dentre as quais, a de operar como conexão entre a previsão legal protetiva de um direito e a sua efetivação. Ou seja, é lei essencial para a prática das políticas públicas que visam à proteção de direitos. Isso posto, afirma-se que direito e política encontram nele um lugar comum. A proteção à saúde, à educação, à moradia, dentre outros direitos fundamentais, precisa, necessariamente, não apenas de lei delimitando em que patamar tais direitos encontram proteção, mas, também, de previsões orçamentárias a demarcarem quais programas específicos serão executados em ordem a protegê-los.

Disso a sua importância, uma vez que as políticas públicas encontram seu ponto de contato com a proteção de direitos através de medidas nele previstas. Essa sua função, ainda pouco percebida, deveria atraí-lo para o mundo de análise judicial, a fim de servir como parâmetro de julgamento e embasamento nas decisões.

Infelizmente a ciência do Direito não lhe tem dedicado atenção. É sempre visto como peça política, de pouco ou nulo conteúdo jurídico, o que parece afastar investigações/pesquisas/estudos sob essa perspectiva. Pouco se escreve sobre o orçamento, incluindo aí a sua elaboração, a sua alteração, o seu controle e o seu conteúdo. Tanto é que, diferentemente de outras áreas do direito financeiro e tributário, ainda não se construiu uma regra-matriz orçamentária.[8]

Assim, prevalecem sempre os seus aspectos políticos, econômicos e contábeis, mas pouco se fala dos seus aspectos jurídicos e os consectários daí resultantes, o que será focado nesse estudo. De início, resta saber da existência desses aspectos do orçamento com ênfase à sua análise jurídica.

2.2. ASPECTOS POLÍTICO, ECONÔMICO, TÉCNICO E JURÍDICO DO ORÇAMENTO

Como dito, o orçamento é uma lei com vários matizes. Daí a sua complexidade. Não é apenas uma peça política, mas, ao mesmo tempo, é um instrumento técnico, jurídico, político e econômico.[9] À guisa de exemplo, o financiamento bancário de uma ambulância por um ente público é suficiente para indicar todos esses aspectos: o elemento técnico está presente porque através de cálculos contábeis se demonstra o grau de

---

[8] Assertiva da Ministra Ellen Gracie no seu voto da ADI n. 2.925-8/DF. Relatora Ministra Ellen Gracie.

[9] MARTINS, Ives Gandra. *Comentários à constituição do Brasil*. 6° vol – tomo II, arts. 157 a 169. BASTOS, Celso Ribeiro; MARTINS, Ives Gandra. 2ª ed. São Paulo: Saraiva, 2001, p. 210.

endivividamento da Administração e sua possibilidade de contrair mais dívidas; o jurídico, porque há normas determinantes dos limites percentuais de endividamento e do modo de aquisição do bem, ademais que a Constituição protege o direito à saúde; o político, porque esse foi o melhor meio encontrado pelo gestor e pelo Legislativo para a proteção da saúde em determinadas situações; e o econômico, porque devem-se analisar as taxas do financiamento e o momento econômico por que passa a Administração para a escolha dessa opção.

Alberto Deodato sintetiza esses ângulos do seguinte modo:[10]

> O orçamento é, na sua mais exata expressão, o quadro orgânico da Economia Pública. É o espelho da vida do Estado e, pelas cifras, se conhecem os detalhes de seu progresso, da sua cultura e da sua civilização. Cada geração de homens públicos deixa impressa, nos Orçamentos estatais, a marca de suas tendências, o selo dos seus credos políticos, o estigma da sua ideologia. É fotografia do próprio Estado e o mais eficiente cartaz de sua propaganda. Tal seja ele, será uma alavanca de prosperidade ou uma arma para apressar a decadência do Estado.

Das muitas feições apresentadas, a jurídica é a que tem sido menos investigada, e lança-se a hipótese que isso se deve à ausência de autoridade no significado jurídico construído de que orçamento não é lei, no sentido material do termo, mas mera peça contábil de previsão de receitas e fixação de despesas, cujo resgate da valorização jurídica se põe como objetivo dessa pesquisa.

A constatação do viés político do orçamento se dá, por exemplo, quando, da análise das prioridades dos diferentes Estados, se nota a estreita relação entre receitas/despesas e o seu perfil político. A saber, mais de 50% (cinquenta por cento) do orçamento dos Estados Unidos da América, por exemplo, é destinado a questões militares.[11] No caso brasileiro, mais de 60% é voltado à questão dos títulos da dívida pública e se gasta mais com o pagamento de juros que com investimentos em educação e

---

[10] DEODATO, Alberto. *Manual de ciência das finanças*, 4 ed. São Paulo: Saraiva, 1952, p. 287.

[11] O Orçamento federal de 2009 mostra que 54% do Orçamento americano são destinados a questões militares e 46% a questões não militares. A distribuição dos recursos dá-se do seguinte modo: a) $965 bilhões para gastos militares atuais; b) $ 484 bilhões para gastos com reflexos de questões militares do passado; c) $ 789 bilhões com despesas gerais, como saúde, educação, moradia e projetos assistencialistas; d) $ 304 bilhões com despesas governamentais (os três poderes), incluindo os serviços da dívida; e e) $117 bilhões com os demais ministérios, como agricultura, energia, enfim, investimentos. Só com as guerras do Iraque e Afeganistão forão gastos, em 2009, $ 200 bilhões. Disponível em <http://www.warresisters.org/pages/piechart.htm>. Acesso em 25 de maio de 2009. No *site* oficial da Casa Branca, consta, para o Orçamento do ano fiscal de 2011, um gasto com o Ministério da Defesa de $ 548,9 bilhões, um aumento de 3,4% em relação a 2010 (http://www.whitehouse.gov/omb/budget/fy2011/assets/defense.pdf), em contrapartida de orçamentos bem menores para saúde e educação. Basta ver o quadro comparativo de gastos em http://www.whitehouse.gov/omb/budget/fy2011/assets/tables.pdf, p. 09. Acesso em 10 de junho de 2010.

saúde.[12] Já a África do Sul investe mais na área social do que na defesa, e mais em educação do que em saúde.[13]

Tudo revela que o papel neutro e meramente contábil do orçamento não mais existe, constituindo-se ele no principal instrumento de intervenção estatal.[14] Se do lado das receitas reflete o consentimento dos contribuintes na arrecadação, do lado das despesas permite revelar, com clareza, em proveito de quais grupos sociais e regiões, ou para solução de quais problemas e necessidades funcionará a aparelhagem estatal.[15] O orçamento reflete, assim, o programa dos partidos políticos eleitos que os executarão de acordo com o direcionamento das despesas aprovadas.

É também no aspecto político que se vislumbra estreita ligação com a efetivação de direitos fundamentais, visto que, na ótica constitucional moderna, chamada de neoconstitucionalismo,[16] é em torno dos aludidos direitos que toda a ordem jurídica se volta. Assim, as políticas públicas devem ser voltadas também ao cumprimento dos fundamentos constitucionais, dentre esses, a dignidade da pessoa humana (art. 1º, III, da CF). Registre-se, por fim, como aspecto político, a indispensável confiança que um Poder, o Executivo, deve inspirar ao outro, o Legislativo, de maneira que esse último não deixe de aprovar, com ou sem emendas, a proposta do orçamento.[17]

---

[12] No Brasil, no Orçamento de 2009, planejaram-se gastar R$ 40 bilhões com educação, R$ 60 bilhões com a saúde, R$ 233 bilhões com o pagamento de juros e R$ 522 bilhões no refinanciamento da dívida pública mobiliária federal. (LOA 2009).

[13] Ver Orçamento Anual da África do Sul (National Budget 2009) disponível em <http://www.treasury.gov.za/documents/national%20budget/2009/default.aspx>. Acesso em 01 set 2009.

[14] HARADA, Kiyoshi. *Direito financeiro e tributário*. São Paulo: Atlas, 2006, p. 88. Exemplo claro da inexistência de neutralidade orçamentária encontra-se no orçamento americano do ano fiscal 2011, em que o Presidente Barack Obama, na mensagem, traz tópicos extensos sobre a importância do orçamento para a recuperação da economia, a criação de novos empregos, bem como para a implantação de novos fundamentos para um crescimento econômico. Disponível em <http://www.whitehouse.gov/omb/budget/Overview/>. Acesso em 10 de junho de 2010.

[15] HARADA, Kiyoshi. *Direito financeiro e tributário*. São Paulo: Atlas, 2006, p. 88.

[16] Do neoconstitucionalismo não se extrai qualquer teoria da autoridade do Orçamento. A sua menção deve-se antes à valorização feita aos direitos fundamentais do que às questões orçamentárias. BONAVIDES, Paulo. *Curso de Direito Constitucional*. 13ª ed. São Paulo: Malheiros, 2003, p. 596; BARROSO, Luiz Roberto. Neoconstitucionalismo e Constitucionalização do Direito (o triunfo tardio do Direito Constitucional no Brasil). Revista Eletrônica sobre a Reforma do Estado (RERE), Salvador, Instituto Brasileiro de Direito Público, n. 9, março/abril/maio 2007. Disponível em <http://www.direitodoestado.com.br/redae.asp>. ÁVILA, Humberto. "Neoconstitucionalismo": entre a "ciência do direito" e o "direito da ciência". *Revista Eletrônica de Direito do Estado* (REDE). Salvador, Instituto Brasileiro de Direito Público, n. 17, jan/fev/mar de 2009. Disponível em <http://www.direitodoestado.com.br/rede.asp>. Acesso em 10 de setembro de 2009.

[17] LEITE, Antônio de Oliveira. Orçamento Público, em sua feição política e jurídica. *Revista de Direito Público* n. 18. São Paulo: RT, 1971, p. 152.

Do ponto de vista econômico,[18] o orçamento é visto como um plano de ação, com a difícil missão de, buscando o equilíbrio, compatibilizar as necessidades sociais com as receitas previstas. Afirma Celso Ribeiro Bastos:[19]

> O papel econômico do Orçamento fica mais nítido quando se leva em conta a sua função como instrumento posto a serviço de uma maior racionalidade econômica. Confrontando receitas com despesas e forçando a um processo de escolha sobre as metas a serem cumpridas com os gastos públicos, o Orçamento força, inexoravelmente, um cálculo econômico consistente na avaliação de cada item que o compõe enquanto finalidade voltada a um máximo de bem-estar da coletividade mediante um dispêndio mínimo.

Através do orçamento público o Estado pode estimular ou desestimular a produção, o consumo e o investimento, de modo a intervir na economia, direta ou indiretamente (arts. 173 e 174 da CF), com o fim de atender os desideratos estatais e as contingências a que o mercado está sujeito. É através do orçamento que se verificarão os efeitos recíprocos da política fiscal e da conjuntura econômica, assim como as possibilidade de utilizá-los no intuito deliberado de modificar as tendências da conjuntura ou estrutura.[20]

Na ótica contábil, o orçamento não passa de uma peça que deve ser inteligentemente elaborada, com o fim de evitar despesas maiores que receitas (déficits) ou receitas maiores que despesas (superávit), ademais de organizar a contabilização e uniformização das contas públicas. É feito seguindo regras estritas, tanto de âmbito contábil quanto de âmbito legal,[21] a fim de que se evite verdadeira confusão nas contas públicas, a dificultar até mesmo a sua fiscalização. Nesse sentido, a Lei Complementar 101/2001, chamada de Lei de Responsabilidade Fiscal (LRF), embora não seja uma lei meramente contábil, traçou diversas diretrizes e obrigações, para dar maior segurança jurídica na previsibilidade dos gastos, bem como evitar os constantes erros e abusos do período anterior à sua vigência.

---

[18] O tema do perfil econômico do Estado dá ensanchas a diversas divagações. Uma delas é a diferença de posições entre o período clássico e o moderno, em que se encontram países mais deficitários ou mais centrados no equilíbrio das contas públicas, a depender do perfil do Estado.

[19] BASTOS, Celso Ribeiro. *Curso de direito financeiro e tributário*. São Paulo: Celso Bastos Editor, 2002, p. 131.

[20] BALEEIRO, Aliomar. *Uma introdução à ciência das finanças*. 16ª ed. Rio de Janeiro: Forense, 2004. Prefácio da 1ª edição, p. 412.

[21] Diversas são as Portarias Interministeriais da Secretaria do Tesouro Nacional junto com a Secretaria de Orçamento Federal que traçam regras de contabilização dos recursos públicos. Exemplo: Portaria Interministerial n. 163, de 4 de maio de 2001 que "Dispõe sobre normas gerais de consolidação das Contas Públicas no âmbito da União, Estados, Distrito Federal e Municípios, e dá outras providências"; Portaria no 1, de 19 de fevereiro de 2001, que "Dispõe sobre a classificação orçamentária por fontes de recursos", dentre outras.

Por fim, no âmbito jurídico, o orçamento é uma lei. Lei como as demais, com conteúdo definido na Constituição, destinada a regular as ações públicas quanto à aplicação dos recursos públicos. É lei que tem nos agentes públicos seus principais destinatários e, através de programas nela insertos, traça o plano de trabalho para um exercício financeiro. Ricardo Lobo Torres vai além. Para o autor, o orçamento público é

> (...) o documento de quantificação dos valores éticos, a conta corrente da ponderação dos princípios constitucionais, o plano contábil da justiça social, o balanço das escolhas dramáticas por políticas públicas em um universo fechado de recursos financeiros escassos e limitados.[22]

Dessa forma, as normas que lhe dispensam atenção na Constituição de 1988 implicaram sensíveis incursões jurídicas na sua feitura, de modo que passa a ser também um instrumento jurídico, desencadeador de obrigações aos entes estatais. Por outro lado, a sua elaboração, longe de distanciar-se das celeumas econômicas e políticas, tem nítido viés distributivo, com vistas a implantar uma justiça orçamentária, ao se verificar, por exemplo, previsão constitucional de percentuais a serem aplicados em diversas áreas sociais, observância da economicidade, análise do custo/benefício, promoção de redistribuição de rendas, gratuidade, solidariedade e desenvolvimento, todos esses princípios vinculados à ideia de justiça na orçamentação.[23]

A elaboração do orçamento é vista como resultado de todos esses matizes, que variam de país para país, do pacifista ao hostil, do imerso em problemas sociais ao dito desenvolvido, do instável economicamente ao emprestador, do pequeno ao grande. Enfim, o perfil de cada nação determinará as prioridades orçamentárias, que, regra geral, diz respeito aos direitos de todos considerados coletivamente e não com os direitos de cada indivíduo concretamente.

2.3. HIERARQUIA CONSTITUCIONAL

A Constituição prevê três diferentes leis que tratam da Orçamentação em geral, com finalidades diversas, porém complementares: i) o

---

[22] TORRES, Ricardo Lobo. A cidadania multidimensional na era dos direitos. *Teoria dos direitos fundamentais*. Ricardo Lobo Torres (org.). Rio de Janeiro: Renovar, 2001, p. 282-283.

[23] TORRES, Ricardo Lobo. *Tratado de direito constitucional financeiro e tributário*. vol. V – O Orçamento na Constituição. Rio de Janeiro: Renovar, 2000, p. 209-234. É desse autor a ideia de que os princípios acima assinalados são vinculados à ideia de justiça orçamentária. Já o equilíbrio orçamentário, a separação de poderes, a igualdade, o devido processo legal, o federalismo, a subsidiariedade, a eficiência, a responsabilidade, a ponderação e a razoabilidade são princípios constitucionais orçamentários gerais (p. 278-313).

Plano Plurianual, ii) a Lei de Diretrizes Orçamentárias, e iii) a Lei Orçamentária Anual.

O plano plurianual (PPA) visa a estabelecer, de forma regionalizada, as diretrizes, objetivos e metas da administração pública federal para as despesas de capital e outras delas decorrentes, e para as relativas aos programas de duração continuada (art. 165, § 1º, da CF). É decorrente da necessidade de programação de longo prazo que implica a execução de obras e serviços de duração continuada. Assim, todo plano e programa nacional, regional e setorial, com os fins previstos na Constituição, e desde que extrapolem um exercício financeiro, devem estar presentes no plano plurianual, a exemplo do que ocorrem com as ações previstas no art. 43 da CF.

O PPA é a primeira lei que concretiza a política pública através de programas que estabelecem fins a serem alcançados, como exemplo, reduzir o analfabetismo no País. O programa, por sua vez, é um instrumento de organização estatal que articula um conjunto de ações que concorrem para a concretização de um objetivo previamente estabelecido, visando à solução de determinado problema ou ao atendimento de determinada necessidade ou demanda na sociedade.

Todas as ações do governo devem ser realizadas sob a forma de programas, o que dá maior racionalidade e eficiência à Administração e amplia a visibilidade dos resultados e benefícios gerados para a sociedade. E há uma série de especificidades a serem observadas pelo Executivo na instituição e na implantação do Programa:

> Cada programa deve conter objetivo, indicador que quantifica a situação que o programa tenha como finalidade modificar e os produtos (bens e serviços) necessários para atingir o objetivo. A partir do programa são identificadas as ações sob a forma de atividades, projetos ou operações especiais, especificando os respectivos valores e metas e as unidades orçamentárias responsáveis pela realização da ação. A cada projeto ou atividade só poderá estar associado um produto, que, quantificado por sua unidade de medida, dará origem à meta.[24]

Deve ficar claro, também, que, em regra, toda ação do governo resulta num bem ou serviço, de modo que a Administração não pode entregar qualquer bem ou serviço sem a sua inserção num determinado programa. Por exemplo, se a Administração tem o programa de saúde "atenção básica", ele só poderá gastar recursos com remédios de "baixa complexidade", de modo que, eventual compra de remédio que não pertença ao

---

[24] BRASIL. Ministério da Fazenda. Secretaria do Tesouro Nacional. *Manual de Despesa Nacional: Aplicado à União, Estados, Distrito Federal e Municípios.* Ministério da Fazenda, Secretaria do Tesouro Nacional, Ministério do Planejamento, Orçamento e Gestão, Secretaria de Orçamento Federal. – 1. ed. – Brasília: Secretaria do Tesouro Nacional, Coordenação-Geral de Contabilidade, 2008, p. 26.

programa configura ação desviante da finalidade do programa existente, em desobediência à lei do PPA.

Como existem despesas orçamentárias que não estão associadas a um bem ou serviço a ser gerado no processo produtivo corrente, prevê-se no orçamento um *programa* chamado "Operações Especiais", cujas ações constarão apenas do orçamento, não integrando o PPA. São os pagamentos decorrentes de dívidas, ressarcimentos, indenizações e outras afins, representando, portanto, uma agregação neutra.

A lei de diretrizes orçamentárias (LDO), por sua vez, *i)* compreende as metas e prioridades da administração pública federal, incluindo as despesas de capital para o exercício financeiro seguinte, *ii)* orienta sobre a elaboração da lei orçamentária anual, *iii)* dispõe sobre alterações na legislação tributária e *iv)* estabelece a política de aplicação das agências financeiras oficiais e de fomento (art. 165, § 2º, da CF). É lei que antecede a lei orçamentária anual e orienta a sua elaboração. Logo, todas as ações legais que implicam aumento ou diminuição de tributos devem ter sua alteração prevista na lei de diretrizes orçamentárias.

Por fim a lei orçamentária anual (LOA) abarca o orçamento fiscal (receitas e despesas) referente aos três poderes da União, fundos, órgãos e entidades da administração direta e indireta, fundações instituídas e mantidas pelo Poder Público, além do orçamento de investimentos das empresas estatais, bem como o orçamento da seguridade social (art. 165, § 5º, da CF). É compreendido dentro do exercício financeiro, ano-calendário, observando sempre a norma da universalidade das receitas e despesas.

A LOA é a lei que integra o programa e a sua execução. Numa cadeia integrativa, pode-se afirmar que o programa concretiza o plano governamental (política), e a LOA (orçamento) concretiza o programa, o que lhes confere integralidade e unidade desde a origem. A Constituição expressamente veda qualquer início de programa ou projeto não incluído na LOA (art. 167, I, da CF).

Há um claro entrelaçamento dos três orçamentos, num verdadeiro funil de atribuições que são estabelecidas desde as normas que tratam dos fundamentos e dos objetivos constitucionais (arts. 1º e 3º, da CF), às normas do PPP, da LDO e da LOA, formando um sistema orçamentário coordenado e perene para qualquer esfera de governo ou de coloração política, uma vez que deve ser respeitado o pluralismo político.[25] Sobre esse afunilamento, afirma Fernando Facury Scaff:[26]

---

[25] SCAFF, Fernando. *Como a sociedade financia o estado para a implementação dos direitos humanos no Brasil.* Revista Interesse Público, Ano VIII, 2006, n. 39, p. 192.

[26] Ibidem, p. 192 – 193.

Na seqüência do funil, existe uma lei com prazo certo de validade, que é a Lei do PPA – Plano Plurianual, que estabelece os planos e projetos de governo para quatro anos, o que inclui o primeiro ano do mandato presidencial posterior.

Após esta, afunilando ainda mais, existe a LDO – Lei de Diretrizes Orçamentárias, de duração efêmera – meros seis meses, no máximo –, tendo por função precípua orientar a construção do Projeto de LOA – Lei Orçamentária Anual. A despeito de ser efêmera, seus efeitos perduram no tempo, alcançando a LOA e com reflexos na Lei de Responsabilidade Fiscal.

A LOA – que também é uma lei de prazo certo e é a parte final do funil orçamentário – é que deve reger a realização de todas as despesas governamentais no período de um ano.

Deste modo, todas as despesas que foram previstas na LOA devem estar de conformidade com o que estabelece a Constituição, especialmente os arts. 1º e 3º, que determinam os Fundamentos e os Objetivos da República brasileira, mas também com todas as demais normas constitucionais, uma vez que tal Sistema não é isolado no mundo do Direito e não se constitui em um corpo fechado às demais normas jurídicas.

Essas três espécies normativas, aliadas aos fundamentos e aos objetivos constitucionais, constituem normas restritivas da liberdade do legislador, posto que deve elaborá-las com a devida atenção a esse sistema orçamentário, pena de serem controladas do modo constitucionalmente previsto para esse fim.

Das três leis orçamentárias, a escolhida para o estudo aprofundado foi a Lei Orçamentária Anual, chamada aqui simplesmente de orçamento. E o motivo pela escolha é que as outras leis, ademais de serem constitucionalmente determinadas como normas de diretrizes e abrigarem possibilidades de concretização dos direitos assegurados na Constituição, não possuem teor operacional com a especificidade das ações que serão desempenhadas num exercício financeiro. A Lei Orçamentária Anual (orçamento), ao contrário, é lei operativa, porque fixa a dotação orçamentária para cada projeto ou atividade dentro de um exercício financeiro, percebendo-se, com maior nitidez, quais foram as prestações positivas que o Estado decidiu realizar no exercício seguinte.[27]

Não é que o Plano Plurianual e a Lei de Diretrizes Orçamentárias não possam prever prioridades, percentuais, inclusive com quantidades a serem destinadas a cada setor. Conforme rezam os §§ 1º e 2º do art. 165 da CF, ambas podem mencionar as despesas de capital para as metas e diretrizes traçadas, sendo a primeira abarcante da segunda. Mas a operacionalidade desse gasto e a sua adequação com a forma realística da receita previsível só se dão pelo orçamento público. É ele que encerra o *passo a passo* do gasto público.

---

[27] SOARES, Inês Virgínia Prado. *Desafios do direito ambiental no século XXI* – Estudos em homenagem a Paulo Affonso Leme Machado. KISHI, Sandra Akemi Shimada; SILVA, Solange Teles da; e SOARES, Inês Virgínia Prado (orgs.). São Paulo: Malheiros, 2005, p. 559.

2.4. DO ORÇAMENTO PÚBLICO

2.4.1. Natureza jurídica

A análise jurídica do orçamento passa pela análise da sua natureza. Trata-se de tema dos mais conflituosos na doutrina e na jurisprudência e visa a saber, em suma, se o orçamento é ou não uma lei na acepção material do termo.

Segundo Luiz Emygdio,[28] a discussão surgiu na divergência entre os alemães Hoennel e Laband. O primeiro admitia o orçamento como lei, embora temporal, e com conteúdo afeto às questões financeiras. Entendia que tudo o que é revestido sob a forma de lei constitui um preceito jurídico, pois a forma de lei traz em si mesma o conteúdo jurídico, tendo esta forma o poder de transformar em preceito jurídico tudo aquilo que ela reveste. Em contrapartida, Laband afirmava que a forma de lei não poderia fazer do orçamento uma lei, no sentido material, porque a utilização desta forma em nada altera o conteúdo do orçamento e não supre a ausência do preceito jurídico.[29]

Como se verá adiante, prevaleceu o último entendimento, que classificou as leis de acordo com o conteúdo e não com o órgão de onde emanam, podendo, assim, haver lei em sentido material e lei em sentido formal, sendo aquelas as leis que regram condutas e impõem deveres aos cidadãos e estas as que são apenas aprovadas pelo Legislativo, mas sem conteúdo normativo.

A concepção da doutrina e da jurisprudência também é a de que o orçamento só é lei no sentido formal,[30] embora tal afirmação ainda cause alguns incômodos.[31] Afirmam faltar ao orçamento abstração, generalida-

---

[28] ROSA JUNIOR, Luiz Emygdio F. da. *Manual de direito financeiro e direito tributário*. 18ª ed. Rio de Janeiro: Renovar, 2005, p. 82.

[29] É bom lembrar que prevalecia, àquele tempo, a tese da mera formalidade da lei. A lei era soberana como soberano era o parlamento. Só através da lei se construía o Direito. Tal racionalismo esvaziou a lei de substância axiológica, olhada até com desconfiança, porque capaz de obscurecer a clareza do entendimento das coisas e, em consequência, reduziu o Direito à lei. A lei perdeu o seu conteúdo normativo restando apenas o seu conceito formal. Não se adentrava ao seu conteúdo. O sentido formal estava atrelado ao fato de aprovação pelo Parlamento, sem se ater à sua matéria. (MONCADA, Luís S. Cabral de. *Ensaio sobre a lei*. Coimbra: Coimbra Editora, 2002, p. 74-80.

[30] "Os atos da legislação orçamentária, sejam aqueles de conformação original de Orçamento anual de despesa, sejam os de alteração dela, no curso do exercício, são exemplos paradigmais de leis formais, isto é, de atos administrativos de autorização, por definição, de efeitos concretos e limitados que, por isso, o Supremo Tribunal tem subtraído da esfera objetiva do controle abstrato de constitucionalidade de leis e atos normativos". (ADI 1.716, Relator Min. Sepúlveda Pertence, DJ 27.03.98).

[31] Ao afirmar que é lei de efeito concreto, o Supremo Tribunal Federal é pacífico no sentido de que não cabe controle de constitucionalidade no modelo concentrado. A manutenção desse posicionamento resultou em inquietações. Nos debates do julgamento da ADI 2.925, assim se posicionou o Min. Carlos

de e impessoalidade, tidos como requisitos das leis e, consequentemente, requisitos para possível controle concentrado de constitucionalidade.[32] Assim, sem generalidade e abstração,[33] é lei de efeitos concretos que não está sujeita à fiscalização jurisdicional do controle concentrado,[34] muito embora não fique imune a outros controles.[35]

Para a corrente predominante, acima citada, o orçamento é instrumento meramente político, servindo apenas à execução de políticas, através de atos administrativos discricionários, e não pode ser controlado judicialmente. Com esse pensamento, o aspecto legal-material do orçamento passa ao largo, uma vez que, embora revista extrinsecamente a aparência de lei, na verdade não contém uma norma jurídica.[36] Na clas-

---

Ayres Brito: "Imunizar a lei orçamentária contra o controle abstrato, acho um pouco temerário, também, ou seja, vamos blindar a lei orçamentária contra o controle objetivo de constitucionalidade". Para o Ministro Marco Aurélio, em se pensando assim, o Orçamento "passa a ser um *bill* de indenidade". O Ministro Sepúlveda Pertence chega a falar em "certo remorso" por não ter promovido o controle da lei orçamentária em situação anterior, quando se tratava da destinação da CPMF.

[32] "São normas tipicamente concretas, de conteúdo político". Trecho do voto do Ministro Nelson Jobim, quando da apreciação de inconstitucionalidade de Lei de Diretrizes Orçamentárias. (ADI 2.100). "As disposições constantes de lei orçamentária anual, ou de emenda à mesma, constituem atos de efeito concreto, insuscetíveis de controle abstrato de constitucionalidade, por estarem ligadas a uma situação de caráter individual e específica." (Trecho do voto da Min. Ellen Gracie, no julgamento da ADI 2.925, da qual foi relatora).

[33] Uma vez que o direito é um sistema de grande complexidade, é mais frequente que, em relação com um sistema jurídico dado, possa-se encontrar grandes setores de normas que satisfaçam tais características e outras que não.

[34] "Não se conhece de ação direta de inconstitucionalidade contra atos normativos de conteúdo meramente administrativo, ainda que estes sejam editados sob a forma de lei. Com base nesse entendimento, o Tribunal, resolvendo questão de ordem suscitada pelo Min. Sydney Sanches, relator, não conheceu de ação direta interposta por diversos partidos políticos (PT, PC do B, PDT, PSB E PV), na qual se impugnava a Lei 9.438/97 (Lei Orçamentária Anual), na parte em que disciplinava a utilização de recursos da Contribuição Provisória sobre Movimentação Financeira – CPMF, por entender que a norma atacada tem conteúdo administrativo de efeitos concretos. Precedentes citados: Rp 1.160-SP (RTJ 108/505); ADInMC 647-DF (RTJ 140/36); ADInMC 842-DF (RTJ 147/545). ADIn (QO) 1.640-UF, rel. Min. Sydney Sanches, 12.2.98.

[35] Os remédios jurídicos mais utilizados para o controle de gastos públicos, que envolvem, logicamente, a orçamentação, são a ação civil pública e a ação popular. No caso da primeira, o próprio STF, quando do afastamento do controle concentrado, afirmou o seu cabimento: "Sr. Presidente, nessa hipótese, creio que o eminente Advogado já deu a solução: disse que iria, então, bater às portas do Ministério Público para pedir as providências correspondentes. Por essas razões, especialmente pela natureza mandamental que entrevejo colocada nesta ação, eficácia que não se encontra na ação direta de inconstitucionalidade, por este caráter – digamos – preventivo de tentar evitar que o Governo dê "um mau passo" na questão da aplicação desses recursos, julgo improcedente o pedido formulado nesta ação direta de inconstitucionalidade" (Voto da Min. Ellen Gracie, no julgamento da ADI 2925-DF). Quanto à ação popular, também não se vislumbra qualquer óbice, até porque o seu cabimento é peremptório quando o ato é lesivo ao patrimônio público, porque na situação há desvio de finalidade (Lei n. 4.717/65, art. 2º, *e*: desvio de finalidade se verifica quando o agente pratica o ato visando a fim diverso daquele previsto, explícita ou implicitamente, na regra de competência).

[36] Nesse sentido, afirmou o Min. Marco Aurélio, no seu voto de julgamento da ADI n. 2.925: "quando o Supremo Tribunal Federal proclamou não convir o controle concentrado relativamente à lei orçamentária, fê-lo a partir da premissa de que esta teria ficado no âmbito da opção política".

sificação das leis como normativas e não normativas, entende-se que o orçamento é uma lei não normativa.

Trata-se de concepção normativa antiga, atrelada à ideia de que toda prescrição normativa deve ser condicional (Se A, então B) e não finalística (A para alcançar B), como tende a ocorrer com as normas vinculativas de deveres ao Estado (impõe tarefas para a consecução dos fins constitucionalmente previstos) e aos cidadãos (toda norma cujo fim último é a convivência harmônica na sociedade).

As premissas justificadoras da natureza apenas formal do orçamento são duas: *a)* é norma individual e de efeito concreto; e *b)* não gera direito subjetivo. Definindo-o assim, transformam-no em um verdadeiro plano contábil, ou em um programa financeiro elaborado pelo Executivo e aprovado pelo Legislativo, sem maiores consequências jurídicas. Para além disso, afasta-se o seu controle concentrado de constitucionalidade.

O fato de ser lei temporária não enseja maiores comentários. Doutrina e jurisprudência são assentes que, vedar o seu caráter normativo e o seu controle apenas pela sua vigência anual, seria admitir a inexistência de controle de disposições transitórias normativas, conhecida categoria de preceitos do direito positivo. Nesse sentido, afirma Sudá de Andrade:[37]

> Se ela tem caráter obrigatório, se é promanada com todos os requisitos constitucionais, ou seja, pelo Poder Legislativo, atravessando todos os trâmites regulares como as outras leis, é votada, é sancionada ou vetada, é publicada, – como não há de ser uma lei? Só porque lhe falta o caráter de estabilidade, por ser uma lei cuja vigência tem prazo determinado? Mas, quantas leis existem, cuja vigência é temporária, com tempo previsto? Logo, o Orçamento é em seu aspecto jurídico uma lei.

Como se verá, o tratamento jurídico até então dispensado ao orçamento tem resultado em transtornos na sua elaboração, na sua aplicação, na sua alteração e no seu controle. Na elaboração, porque se fazem orçamentos sem critérios razoáveis, sem planejamentos e sem estudos concretos dos reais fins que se pretendem alcançar com o gasto dos recursos públicos. Na sua aplicação, porque se permite ao Executivo efetuar gastos de acordo com a sua discricionariedade, e não do modo como democraticamente foi determinado. Na sua alteração, porque se concede poder ao Executivo de alterá-lo, por decreto ou medida provisória, na sua quase totalidade, em alguns casos. E no seu controle, porque o Judiciário tem evitado efetuar o controle que lhe é constitucionalmente possível e insiste em efetuar um outro, indireto, que não encontra respaldo na Constituição.

---

[37] ANDRADE, Sudá de. *Apontamentos de ciência das finanças*. Rio de Janeiro: José Konfino – Editor, 1962, p. 55.

Insta lembrar que, neste último caso, não se trata de controle propriamente dito, mas de atos de inserção judicial no orçamento público que implicam sua alteração.

Esse entendimento gera enormes distorções ao sistema jurídico, dentre as quais: *i)* inexistência de controle abstrato da lei orçamentária, tornando-a lei acima da Constituição; *ii)* falta de realismo na sua elaboração, *iii)* alteração descriteriosa do seu conteúdo; e *iv)* vedação de intervenção judicial na sua aplicação e alteração. Enfim, diversas são as consequências da interpretação ainda prevalecente.

Para uma concepção distinta, faz-se necessário retornar aos fundamentos que embasaram essa concepção vigorante para saber se as razões justificadoras ainda continuam subsistindo ou se é tempo de nova análise de sua base fundante. E a argumentação histórica é a que mais apresenta elementos justificadores de nova interpretação.

2.4.2. Fio histórico

A afirmação da natureza meramente formal do orçamento data do século XIX, quando da resolução de celeuma envolvendo o Rei da Prússia, órgão soberano do Estado, titular de todo poder estatal e de toda iniciativa legislativa, e o Parlamento.[38]

O conflito surge quando o Rei Guilherme I apresenta projeto de lei de reforma militar em 10 de fevereiro de 1860, implicando aumento de despesas ao Erário, e o Parlamento rejeita o projeto.[39] Diante desse impasse, o Governo retira seu projeto, mas acaba por executar seu intento. No ano seguinte, o fato se repetiu, gerando enorme desconforto entre Rei e Parlamento. Em setembro de 1862, o Rei nomeia Otto Von Bismarck como chefe de governo, que se compromete a fazer a reforma e a governar mes-

---

[38] BEREIJO informa que o autor A. Gallego Anabitarte invoca pertencer à Espanha a primeira polêmica se o Orçamento pode ser considerado lei ou não, muito antes da Alemanha de Bismarck. Tal se deu numa sessão das Cortes em 12 de dezembro de 1834, sob a vigência do Estatuto Real, em que litigaram o Conde de Toreno, Secretário de Despacho da Fazenda, e o Marquês de Montevirgen y Martinez de la Rosa, Secretário de Despacho do Estado. *In Clases de leyes y actos del Estado: historia y dogmática. Trazos olvidados y latentes de um Derecho público español.* IEA Madrid, 1970. In BEREIJO, Alvaro Rodriguez. Estudio Préliminar. Laband y el Derecho Pressupuestario del Imperio Aleman. In LABAND, Paul. *El Derecho Pressupuestario.* Instituto de Estudios Fiscales. Madrid, 1979, p. LV (Na nota de rodapé 60). No mesmo sentido Carlos Fonrouge afirma que os primeiros esboços para essa doutrina surgiram nas obras alemãs publicadas entre 1820 e 1840, mas só tiveram sistematização dogmática enquadrada na concepção dualista da lei na monografia de Laband de 1871. (In FONROUGE, Carlos Giuliani. Naturaleza Jurídica del Pressupuesto. *Revista de Direito Público* n. 12. Faculdade de Direito da Universidade de São Paulo. São Paulo, RT, 1969, p. 08)

[39] Essa história está narrada ao longo do livro de Paul Laband. In LABAND, Paul. *El derecho pressupuestario.* Instituto de Estudios Fiscales. Madrid, 1979.

mo contra a anuência do Parlamento, debaixo da divisa "pelo Rei, contra a vontade do Parlamento".

O que era um problema político transformou-se numa questão jurídico-constitucional. O ponto era definir se o governo estava proibido de efetuar gastos que o Parlamento não autorizou, tendo em vista o art. 99 da Constituição vigente à época, que atribuía competência ao Parlamento para fixar anualmente o orçamento Geral do Estado. Autorizá-los seria ceder à pressão de uma prática política contra a vontade popular. Mesmo com esse artigo, Bismarck, através de manobras inconstitucionais, conseguiu aprovar o orçamento ao seu modo apenas pelo Senado, sem passar pela Câmara dos Deputados, o que o tornava nulo de pleno direito.

A despeito da habilidade de Bismarck, a Câmara não se convenceu e novamente em 1863 rejeitou o projeto orçamentário. O conflito constitucional tornou-se agudo. Ocorre que a Prússia consagrou-se vitoriosa nas guerras contra a Dinamarca e a Áustria, visando à unidade alemã e a sua industrialização, apesar dos constantes cortes orçamentários às despesas militares. Esse fato deu ao governo enorme prestígio e permitiu a Bismarck desarmar politicamente os opositores, para pôr fim a uma crise que se arrastou de 1861 a 1866.

Na abertura da sessão de 1866, o Rei, num tom conciliatório, apelou ao fim do conflito, mostrando que a oposição à aprovação do orçamento não tinha base política, tendo em vista os gastos serem questão de existência da Monarquia e de necessidade absoluta. Ante a pressão pública, em setembro de 1866 os Deputados votam uma *bill de indenidade,* aprovando os gastos efetuados pelo Governo no período que não havia orçamento aprovado pela Câmara. Assim termina o conflito institucional e nascem as bases sólidas para a construção da teoria jurídica em torno do direito orçamentário.

Para justificar os exercícios financeiros sem orçamento público, considerou-se a lei orçamentária uma regra cujo conteúdo era de mera conta patrimonial, descuidando-se de ser um ato que cria uma regra de direito e só necessitando de aprovação do Legislativo pela sua transcendência política. Assim, se este se nega a aprová-la nos moldes pretendidos pelo Executivo, nem por isso se paralisará o Estado.

Segundo a interpretação dada por Laband para o art. 99 da Constituição Prussiana, a norma apenas implicaria exigência de participação das Câmaras na aprovação do orçamento, mas não lhe conferiria natureza de lei. Isto indica um propósito: "desvincular o Direito Financeiro do regime constitucional e parlamentar e separar o poder da representação popular em matéria financeira do Poder Legislativo, como algo distinto desse".[40] Dessa forma facilitaria a atribuição de competência do orçamento inteiramente ao Executivo.

Laband distingue duas partes na lei orçamentária: o orçamento propriamente dito e a lei que o estabelece. O orçamento era uma simples conta em que se junta à lei que o fixa ou o estabelece. Serve para se registrar os gastos e os ingressos produzidos ou que são de prever, pois "pelo geral, o orçamento não constitui o fundamento da obrigação jurídica para obter ingressos ou realizar gastos, senão que, melhor, ele pressupõe e se limita a reconhecer seus resultados financeiros".[41] Por conseguinte, há carência de conteúdo jurídico.

> Daí se segue que a lei tem sempre e necessariamente um conteúdo que de alguma maneira afecta a esfera jurídica do particular ou seja, a sua liberdade e propriedade. Os actos, como é o caso do Orçamento, que fora daí tenham a forma de lei são leis apenas por terem essa forma e não de um ponto de vista material; são leis em sentido só formal.[42]

Desse conceito destacam-se duas características marcantes na teoria de Laband: a) O orçamento como *ato administrativo*, que expressa as estimações prévias de ingressos e os gastos do Estado, e b) o orçamento como exemplo típico de *legislação materialmente vinculada*, obrigado a respeitar o ordenamento jurídico preexistente que constitui o fundamento jurídico daquelas.[43]

A sua divisão visou especificamente a dois fins: primeiro, estabelecer claramente os limites jurídicos e políticos do direito do Parlamento à aprovação do orçamento, negando a faculdade da representação popular;[44] segundo, determinar os efeitos jurídicos que se seguem da aprovação ou da rejeição da Lei Orçamentária pelo Parlamento, que se diferem de autorização ao Governo para gastar ou arrecadar, pois o orçamento não é o fundamento legal dos ingressos e dos gastos, uma vez que não havia qualquer rigidez normativa.[45]

Com esse entendimento o autor reduz a serventia do orçamento: caso o Parlamento não esteja de acordo com a gestão financeira, nada poderá ser feito, pois o Governo não está obrigado a suspender sua atividade administrativa, à medida que a exerce a sombra de sua própria responsabilidade.

---

[40] BEREIJO, Alvaro Rodriguez. Estudio Préliminar. Laband y el Derecho Pressupuestario del Imperio Aleman. In LABAND, Paul. *El derecho pressupuestario*. Instituto de Estudios Fiscales. Madrid, 1979, p. LV.

[41] LABAND, op. cit., 1979, p. 23.

[42] MONCADA, op. cit., 2002, p. 81.

[43] BEREIJO, op.cit, 1979, p. LVII.

[44] Ibidem, p. LVII.

[45] LABAND, op. cit., p. 94 e ss.

Apenas para lembrar, àquele tempo, o Direito encontrava-se fora das relações administrativas (do Estado). Focava apenas as vinculações entre os particulares e só nestes casos o Parlamento deveria ser consultado. Regular as próprias ações era algo de interesse interno do Estado, sem espaço para o Direito.

Em suma, essa é a teoria que percorreu o tempo e o espaço e encontra-se vívida com muitos adeptos, muito embora o fim da Monarquia Constitucional. As lições da teoria dualista de Laband ainda encontram ressonância nos debates da natureza jurídica do orçamento público, com ampla recepção pela doutrina juspublicista posterior, tanto na Itália, como na França e na própria Alemanha, o que, por sua vez, influenciou a doutrina brasileira, principalmente através dos autores franceses G. Jèze[46] e Leon Duguit,[47] do italiano A. Graziani,[48] do espanhol Sainz de Bujanda[49] e dos argentinos Héctor B. Villegas[50] e Dino Jarach.[51]

Esse o desacerto: seguir teoria inaplicável à realidade brasileira.[52] O autor argentino Carlos Giuliani Fonrouge se ressente da mesma perplexidade:[53]

---

[46] Para Jèze o Orçamento era apenas um ato-condição, porque não resulta de si mesmo, nem por si mesmo produz efeitos. (*Apud* FILHO, João Lyra. Pontos cardeais do orçamento público. *Revista de direito da procuradoria geral*. Prefeitura do Distrito Federal: Brasília, 1956, p. 02)

[47] "Duguit distinguia a natureza das duas colunas mestras que sustentam o Orçamento; quanto à despesa, não identificava a essência de lei, eis que ela apenas prescreve uma limitação de gastos facultados aos poderes públicos ou necessários ao cumprimento de obrigações jurídicas anteriores prescritas; quanto à receita, pressupunha a existência de vínculo privativo de lei, face a que a cobrança dos tributos depende de autorização legislativa sujeita a renovação anual". (*Apud* FILHO, João Lyra. Pontos cardeais do orçamento público. *Revista de direito da procuradoria geral*. Prefeitura do Distrito Federal: Brasília, 1956., p. 02). O entendimento não se aplica, tanto porque, no tocante às despesas, vige no país o Orçamento-programa, em que não há prescrição da limitação de gastos apenas, mas um verdadeiro programa que *deve* ser seguido. Quanto às receitas, não há mais a anualidade dos tributos, como se verá adiante.

[48] GRAZIANI, A. *Elementi di diritto finanziario*, p. 310. *Apud* FONROUGE, Carlos Giuliani. Naturaleza Jurídica del Pressupuesto. *Revista de Direito Público* n. 12. Faculdade de Direito da Universidade de São Paulo. São Paulo, RT, 1969, p. 11.

[49] Para ele o Orçamento nunca foi lei em sentido material, mas apenas uma decisão política adotada pelo Parlamento com aparência de lei. *Hacienda y Derecho*, T. I, p. 327. *Apud* FONROUGE, Carlos Giuliani. Naturaleza Jurídica del Pressupuesto. *Revista de Direito Público n. 12*. Faculdade de Direito da Universidade de São Paulo. São Paulo, RT, 1969.pp. 10 e 11.

[50] VILLEGAS, Héctor B. *Curso de finanzas, derecho financiero y tributario*. Tomo II. Buenos Aires: Ediciones Depalma, 1980, p. 229.

[51] JARACH, Dino. *Finanzas públicas y derecho tributario*. Buenos Aires: Abeledo-Perrot, 1996, p. 80

[52] Uma análise acurada sobre a possibilidade ou não de se importar a teoria é tarefa obrigatória e minimamente sensata. Nesse sentido, adverte Geraldo Ataliba: "Daí a total e irremediável inaplicabilidade de muitos (a maioria mesmo) dos princípios básicos dos sistemas alienígenas, para nós. Daí as trágicas consequências decorrentes da transplantação simplista que se tem feito de fórmulas, soluções e institutos de outras legislações. Daí a necessidade de construirmos a nossa doutrina e meditarmos e pensarmos – à vista da nossa realidade jurídica e política – os nossos próprios problemas" (ATALIBA, Geraldo. *Sistema Constitucional Tributário Brasileiro*. São Paulo: Revista dos Tribunais, 1966, p. 36-37);

> A influência exercida pelo pensamento jurídico francês, especialmente através das obras de Jèze e de Duguit, tem tido por efeito generalizar certos conceitos errôneos sobre o Orçamento, acolhidos sem maior análise pela maioria dos autores. (...) Assim é, em efeito. Por comum se põe o acento de caráter de *lei formal* que se atribui ao Orçamento, ao que se concebe – seguindo a tradição francesa – como um ato de *previsão e de autorização*, quando não um mero *ato administrativo*. Porém se esquece que esta tendência responde a um conceito político estranho à nossa tradição democrática, por ter sua base antecedente em escritores alemães de direito público – entre eles Laband e Jellinek – que negam ao poder legislativo o direito absoluto e ilimitado de votar o Orçamento...

Além do erro de se importar teorias sem o cuidado de aplicá-las a contextos histórico-jurídicos distintos,[54] a teoria de Laband apresenta-se impraticável, de modo que, ou se segue essa diretriz e permite-se um orçamento como mera peça de ficção, com as consequências de sua diminuta importância jurídica, porque escamoteia os direitos mais importantes das representações nacionais,[55] ou se constrói novo embasamento, pautado nas condicionantes atuais, em que a previsibilidade do gasto e da receita pública pode ser antevista com maior cuidado, com amplo espaço ao debate legislativo, de modo que não se pode falar em gasto público sem um debate democrático dos seus termos.

De lembrar que a interpretação aqui proposta não deixa de ser um resgate à ideia original de orçamento, instituído com a finalidade legal de controle da despesa pública, através de reivindicação popular, que viria trazer ao orçamento público uma feição de programa financeiro preestabelecido, discutido e votado com o conhecimento do povo, com vistas a ambas as reivindicações que obtivera, tanto a de consentir no pagamento do imposto, autorizando a receita dele derivada, quanto a de controlar a despesa pública, evitando abusos da parte do governo.[56] A tentativa de

---

No mesmo sentido, Luís Eduardo Schoueri: "experiências extraídas do direito comparado servirão de guia para a formulação de hipóteses cuja aceitação dependerá de sua confrontação com o texto constitucional brasileiro" (SCHOUERI, Luís Eduardo. *Normas tributárias indutoras e intervenção econômica*. Rio de Janeiro: Forense, 2005, p. 15). Aplicação automática, sem o acurado exame da adequação, implica soluções que nada solucionam.

[53] FONROUGE, Carlos Giuliani. *Naturaleza Jurídica del Pressupuesto*. Revista de Direito Público n. 12. Faculdade de Direito da Universidade de São Paulo. São Paulo, RT, 1969, p.7.

[54] Os debates na Assembleia Constituinte de 1946 denunciaram a influência da corrente que considerava o Orçamento um ato-condição, como bem demonstrou Aliomar Baleeiro, que à época era parlamentar. (*apud* FILHO, João Lyra. Pontos cardeais do orçamento público. *Revista de direito da procuradoria geral*. Prefeitura do Distrito Federal: Brasília, 1956, p. 03).

[55] Parafraseando Myrbach-Rheinfeld, apud FONROUGE, Carlos Giuliani. Naturaleza Jurídica del Presupuesto. *Revista de Direito Público n. 12*. Faculdade de Direito da Universidade de São Paulo. São Paulo, RT, 1969, p. 7.

[56] LEITE, Antônio de Oliveira. Orçamento público, em sua feição política e jurídica. *Revista de Direito Público n. 18*. São Paulo: RT, 1971, p. 150.

Laband foi a de fugir desse controle, já construído socialmente e que lhe antecedia.[57]

2.4.3. Leis formais e leis materiais

Lei não se confunde com norma. A primeira não passa de um dos veículos de exteriorização da segunda. Portaria, Instrução Normativa, Decretos, Leis, Medidas Provisórias, Emendas Constitucionais e a Constituição são outros instrumentos de exteriorização de normas. A norma, na verdade, é a construção interpretativa que se faz desses fios condutores de comandos que devem ser obedecidos,[58] é a expressão objetiva de uma prescrição formulada pelo legislador que não se confunde com aquilo a que comumente chama-se de lei,[59] ou, como arremata Humberto Ávila, é o sentido construído a partir da interpretação sistemática de textos normativos.[60]

Não há normas apenas no mundo jurídico. Há as normas sociais, religiosas, de um jogo, e cada uma delas pode ser transportada num veículo distinto, seja estatuto, senso comum, ética, costume, dentre outros. Esse é um sentido de norma que deve ficar claro: a construção de sentido feita pelo intérprete advindo de um texto legal.

Fora essa acepção, existem outras. Para Sacha Calmon Navarro Coêlho, o Direito existe para instituir e organizar (normas organizatórias), atribuir competências (normas de competência), criar deveres (normas de conduta ou de dever), punir as transgressões à ordem jurídica (normas sancionantes) e prescrever técnicas de realização da ordem jurídica (normas técnicas ou processuais).[61] Noberto Bobbio, por sua vez, relata algumas correntes doutrinárias que classificaram as normas de

---

[57] Não é demais registrar que na Declaração dos Direitos do Homem e do Cidadão de 1789, já constava a afirmação da participação democrática nas questões orçamentárias, como se percebe da leitura dos seguintes artigos: "Art. 14º Todos os cidadãos têm o direito, por si ou por seus representantes, de verificar a necessidade da contribuição pública, de consenti-la livremente, de acompanhar seu emprego e de lhe determinar a coleta, o lançamento, a cobrança e a duração. Art. 15º A sociedade tem o direito de pedir prestação de contas a todo agente público por sua administração".

[58] ÁVILA, Humberto. *Teoria dos Princípios*. 5ª ed. Malheiros: São Paulo, 2006, p. 30 e ss; GUASTINI, Riccardo. Distinguendo: studi dei teoria e metateoria del diritto. Torino: Giappichelli, 1996, p. 71 e ss; GRAU, Eros Roberto. Orçamento estimativo: interpretação do § 2º, II, do art. 40 da Lei 8.666/93. *Revista Trimestral de Direito Público n. 15*. São Paulo: Malheiros, 1997.

[59] COÊLHO, Sacha Calmon Navarro. *Curso de direito tributário brasileiro*. Rio de Janeiro: Forense, 2005, p. 22.

[60] ÁVILA, Humberto. *Teoria dos Princípios*. 5ª ed. São Paulo: Malheiros, 2006, p. 30.

[61] COÊLHO, Sacha Calmon Navarro. *Curso de direito tributário brasileiro*. Rio de Janeiro: Forense, 2005, p. 22.

acordo com critérios como o conteúdo, o seu fim, o sujeito que estabelece a norma, a vinculação ao valor justiça e o modo como a norma é acolhida pelo destinatário.[62]

Para os signatários da corrente cuja característica da norma jurídica é o seu conteúdo, por exemplo, pode acontecer de textos legais que, embora sejam normas na concepção de alguns (Leis, Decretos, Instruções Normativas), na verdade não o seriam na concepção de outros, visto serem proposições que não instituem ao mesmo tempo um direito a um sujeito e um dever a um outro.[63] No caso, não possuem os requisitos que essa doutrina entende como essencial para toda norma.

Entender essa distinção é importante, porque, a depender do viés classificatório, pode-se tentar desconstituir a natureza normativa da própria lei orçamentária, transformando-a em mero conselho jurídico, e não em comando, o que reduziria a sua força normativa.

Essas observações são necessárias para a classificação em debate, que divide as leis em *formais* e *materiais*. Nesse sentido, há leis que, embora tenham a forma de lei, não o são quanto ao seu conteúdo, e não podem, por isso, ser leis na plenitude do termo. Já outras, por preencherem a forma e o conteúdo de leis, são leis no sentido pleno, não recaindo qualquer tipo de restrição. Essa distinção, embora não tenha assento constitucional, permite afirmar que nem toda lei em sentido formal o é em sentido material, mas toda lei em sentido material deve também sê-lo em sentido formal.

Como se viu, a origem da distinção lei formal *versus* lei material foi pautada em instâncias políticas de um momento histórico tendo a seguinte base: "não é lei toda manifestação estatal, mas apenas aquela cujo conteúdo seja um preceito jurídico, uma norma para regular e resolver relações jurídicas".[64] Desse modo foi que o idealizador da distinção separou duas classes de leis do Parlamento: *a)* leis em sentido material, que contêm uma norma jurídica, e *b)* leis em sentido formal, que unicamente expressam a constatação ou o requisito de um acordo de vontade entre o Executivo (ao tempo era Rei) e as duas Câmaras do Parlamento, porém materialmente não contêm nenhuma manifestação da vontade do Estado de estabelecer ou declarar uma regra de Direito, uma norma jurídica.[65]

---

[62] BOBBIO, Norberto. *Teoria da norma jurídica*. São Paulo: Edirpro, 2003, p. 147-150.

[63] Ibidem, p. 147.

[64] LABAND, Paul. *El Derecho Pressupuestario*. Madrid: Instituto de Estudios Fiscales, 1979, p. 08.

[65] Como o livro data da época em que a Prússia era governada por Rei e não por presidente/primeiro-ministro/chanceler, deixou-se o termo acima para manter a fidelidade. Mas pode-se fazer a leitura, atualizada, substituindo-se a figura do rei pelo representante do Executivo. LABAND, Paul. *El Derecho Pressupuestario*. Madrid: Instituto de Estudios Fiscales, 1979, p. 52.

A distinção feita no século XIX ainda permanece intocável, muito embora os conceitos que a sustentavam tenham sido revisitados. A lei orçamentária é o maior exemplo dessa teoria, servindo de molde para a sua formulação.

Como se trata de mera lei em sentido formal, pautado nesse entendimento, não é considerada lei no todo, o que impede de lhe ser dispensada o mesmo tratamento jurídico das demais leis, como é o caso da possibilidade do seu controle concentrado de constitucionalidade,[66] ademais de obstaculizar avanços significativos no seu debate, pois basta invocar a alcunha de lei meramente formal para se fechar o campo de maiores discussões.

Importante não confundir validez formal e validez material da norma, com lei formal e lei material. Uma norma é formalmente válida quando criada por um sujeito competente que respeita os procedimentos estabelecidos. Porém, só é plenamente válida, vale dizer, materialmente válida, se satisfizer o critério de validez material, ou seja, se não estiver em conflito com norma superior do ordenamento (ou outro critério de controle). Outrossim, será lei apenas no aspecto formal se, embora aprovada pelo Legislativo, não externa uma norma jurídica na concepção de quem a analisa, e o será no aspecto material quando, além de aprovada pelo Legislativo, externa uma norma jurídica. Portanto, o fundamento da distinção entre lei formal e material está regulado pelo conceito de norma jurídica.

Para a doutrina àquele tempo (século XIX), lei em sentido material era apenas a disposição emanada do Poder Legislativo que continha uma *regra de direito*. Por *regra de direito* entendia-se a que modificava, em qualquer medida, a situação jurídica pessoal dos governados, seja nas suas relações recíprocas, seja nas suas relações com o Estado e seus órgãos ou funcionários, criando em seu benefício ou a seu cargo novos direitos e obrigações, ou, inclusive, acrescendo, diminuindo ou extinguindo obrigações ou direitos anteriores.[67]

---

[66] No seu voto, a Min. Ellen Gracie, na linha do STF, afirma que "as disposições constantes na lei orçamentária anual, ou de emenda à mesma, constituem atos de efeito concreto, insuscetíveis de controle abstrato de inconstitucionalidade, por estarem ligados a uma situação de caráter individual e específica" (ADI 2925/DF. Min. Ellen Gracie, p. 02 do seu voto). Na mesma linha estão a ADI 1.640, Rel. Min. Sidney Sanches, DJ 03.04.98; ADI 2.057, Rel. Min. Maurício Corrêa, DJ 31.03.00; ADI 2.100, Rel. p/ o ac. Min. Nelson Jobim, DJ 01.06.2001; ADI 2.482, DJ 14.11.2003, em que as se afirma que as normas orçamentárias são lei apenas no sentido formal e não material. São normas de efeito concreto e impassíveis de controle judicial. Nesse sentido, DANTAS, Paulo Roberto de Figueiredo. *Direito Processual Constitucional*. São Paulo: Atlas, 2009, p. 212.

[67] BEREIJO, Alvaro Rodrigues. Introdução à obra de Paul Laband na versão em espanhol. In LABAND, Paul. *El Derecho Pressupuestario*. Instituto de Estudios Fiscales. Madrid, 1979, p. LII e LIII.

Percebe-se que o Direito servia apenas para limitar os direitos e os deveres mútuos dos cidadãos[68] sem qualquer relação com os atos do Estado. Predominante, ainda, a concepção kantiana de que Direito é o que fixa os limites entre os homens: "o Direito é, pois, o conjunto de condições abaixo das quais o arbítrio de um pode conciliar-se com o arbítrio do outro, segundo uma lei geral de liberdade".[69] Para ser lei, necessitava regular nítida relação pessoal.

Desta concepção resta claro que as regras que não afetavam a esfera dos direitos individuais e não criavam nenhum direito ou responsabilidade, mas apenas interessavam exclusivamente ao funcionamento interno do aparato administrativo do Estado, não eram *regras de direito*. Ou seja, as regras pelas quais o Estado regulava a sua própria atividade, sem que resultasse para os particulares qualquer modificação em sua situação jurídica, não eram regras de Direito, e, portanto, não poderiam consistir em leis em sentido material, ainda que fossem ditadas em forma de lei.[70] Para Laband, as leis que se destinavam a assegurar a marcha dos serviços públicos e o funcionamento da administração estatal eram leis administrativas, ou não leis no todo, em contraposição às leis que ditam o direito.[71]

A separação servia para demonstrar que com o Executivo ficavam todos os poderes ilimitados, exceto os de ditar normas de relação entre os homens. O poder de ditar a forma como o Estado executaria suas despesas não teria sido delegado ao Parlamento (já que os poderes dessa instituição foram recebidos com benesse do Rei).

Alvaro R. Bereijo, atento ao momento histórico da formação dessa teoria, afirma:

> Neste sentido, a distinção Lei formal e Lei material tinha uma intenção política implícita evidente (explicável naquele contexto histórico de pugna política entre o poder monárquico e os direitos políticos da representação popular), a saber: eliminar da competência do Parlamento, deixando-os como de competência exclusiva do Poder Executivo (o Rei), determinados atos de Governo ou de alta administração, de induvidável transcendência política.[72]

Ocorre que os aspectos jurídicos atuais são outros. A relação institucional entre o Legislativo e o Executivo, no tocante às questões orçamentárias, foi regrada de maneira distinta pela Constituição Federal de 1988, se comparada com a relação existente à época dessa teoria. Pode-se

---

[68] LABAND, Paul. *El Derecho Pressupuestario*. Instituto de Estudios Fiscales. Madrid, 1979, p. 53.

[69] KANT, Immanuel. *Introducción a la teoria del Derecho*. Centro de Estudios Constitucionales, Madrid. 1978, p. 79-80.

[70] BEREIJO, Alvaro Rodrigues. Introdução à obra de Paul Laband na versão em espanhol. In LABAND, Paul. *El Derecho Pressupuestario*. Instituto de Estudios Fiscales. Madrid, 1979, p. LIII.

[71] Ibidem, p. LIII.

[72] Ibidem, p. LIV.

afirmar que os motivos justificadores da separação de lei formal para lei material, nesse sentido, não foram recepcionados.

O entendimento de que a necessária manifestação do Legislativo na aprovação de enunciados normativos seria restrita ao regramento de condutas dos cidadãos entre si, ou entre estes e o Estado, foi modificado. Isso porque há um emaranhado de leis a reger a própria atuação do Estado na concepção do Estado de Direito, não sendo tais leis diferentes das que governam os cidadãos. E, também, não seria a análise do seu conteúdo elemento distintivo para assegurar-lhe autoridade.

A antiga divisão (lei formal x lei material), com a consequente possibilidade doutrinária de classificar as leis nessas categorias, implicaria a análise de todos os enunciados normativos aprovados pelo Legislativo e, antes de submeter-se a sua autoridade e a sua observância, a verificação se os mesmos atenderiam ou não ao ditame de lei no sentido material. Somente os enunciados normativos com vinculação dos seus destinatários seriam leis em sentido material. Caso contrário, não teriam qualquer força: seriam mera participação do Legislativo para um vazio jurídico, sem razão de ser.

Aludido posicionamento não prevalece. A ideia do "Estado de Direito", por exemplo, é prova de que as leis criadas pelo Estado, a fim de regrar-se a si mesmo, não são em nada diferentes das leis que regram as condutas das pessoas. O Legislativo tanto prescreve condutas que vinculam todos os cidadãos, quanto aprova leis cujo principal destinatário é o Estado, vinculando-o em todos os seus atos, de modo que só pode fazer aquilo que a lei lhe permite: cada passo do Estado ocorre num espaço jurídico previamente delimitado, conforme Carré de Malberg:

> Por Estado de Direito se deve entender um Estado que, em suas relações com seus súditos e para a garantia do estatuto individual destas, submete-se ele mesmo a um regime de direito, porquanto encadeia sua ação com respeito aos cidadãos em um conjunto de regras [...]. O regime do Estado de Direito se estabelece, portanto, no interesse dos cidadãos e tem por fim especial preservá-los e defendê-los contra a arbitrariedade das autoridades estatais.[73]

Daí não caber mais a afirmação de que normas jurídicas valem só para o cidadão, mas não para o Estado. A Constituição submete a si tanto os governados quanto os governantes. Do mesmo modo, o juiz é um agente vinculado à lei e à decisão, os parlamentares são vinculados aos procedimentos legais e à materialidade constitucional quando da aprovação de novas leis, e a Administração, dentre outras normas, vincula-se ao orçamento quando da efetivação das políticas públicas. Nesse sentido,

---

[73] MALBERG, R. Carré de. *Teoría general del Estado*. 2ª reimpressão. México: Facultad de Derecho/ UNAM: Fondo de Cultura Económica, 2001, p. 30.

lei é toda manifestação legislativa que envolve participação política da representação popular, seja para limitar o poder do Estado, seja para regular as relações jurídicas entre os homens.

A deficiência da teoria que nega caráter material ao orçamento é fruto da inexistência, na doutrina brasileira, de um aprofundamento maior de uma matéria literalmente essencial em termos de princípio da legalidade, que determine qual o conceito de "lei" constante na Constituição Federal.

Não faltam classificações das leis, tipos de leis, cada uma com sua especificidade, que variam de acordo os mais diferentes critérios,[74] mas é escassa a matéria do que seja uma lei. Os critérios classificatórios são válidos, porque apresentam focos distintos de análise das normas jurídicas do ponto de vista pessoal do seu investigador, e possuem função didática para o processo cognitivo das normas jurídicas. Mas nem por isso são absolutos, incontestes ou conformadores de uma posição majoritária do que seja uma lei.

Leis são o desejo do povo através da atuação dos seus representantes e visam a passar a mensagem desse desejo majoritário, embora sejam diferentes na estrutura, no seu fim, na hierarquia, na matéria e na sua aplicação. Devem ser respeitadas, porque são leis. Classificações doutrinárias não têm o condão de minimizar a sua autoridade, ou impugnar a sua força normativa. Ou como afirma Humberto Ávila, não pode haver "uma sobreposição de enunciados doutrinários ao próprio ordenamento jurídico que eles pretendem descrever e explicar".[75]

---

[74] Não compete aqui fazer um emaranhado da classificação das normas jurídicas. Apenas para mencionar, em geral, diz-se que as normas classificam-se em: a) quanto à hierarquia: constitucionais e infraconstitucionais; b) quanto ao modo de existência: normas explícitas e implícitas; c) quanto às fontes: lei, costume, jurisprudência, doutrina, princípios gerais do direito, etc.; d) quanto à matéria: normas de direito constitucional, direito penal, etc.,; e) quanto ao conteúdo: normas de estrutura e de comportamento. Podem ainda ser explicativas (explicam conceitos que são usados por outras normas jurídicas); indicativas (pretendem obter uma conduta no outro) e sancionatórias (prescrevem uma consequência ao praticante do ilícito). Há autores com classificações peculiares. Dentre eles, Tércio Sampaio, que cataloga as normas do ponto de vista semiótico, classificando-as dentro das relações da sintática (relevância, subordinação e estrutura), semântica (destinatário, matéria, espaço e tempo) e pragmática (proibido, permitido e obrigatório). (*In* FERRAZ JUNIOR, Tércio Sampaio. *Introdução ao estudo do direito*. 2. ed. São Paulo: Atlas, 1994, p. 107 e ss.). Já Maria Helena Diniz dispõe as normas jurídicas segundo critérios diferenciados: quanto à imperatividade, quanto ao autorizamento, quanto à hierarquia, quanto à natureza de suas disposições, quanto à aplicação, quanto ao poder de autonomia legislativa e quanto à sistematização (*In* DINIZ, Maria Helena. *Compêndio de introdução à ciência do direito*. 3. ed. São Paulo: Saraiva, 1991, p. 345-352). Daqui se revela a inexistência de uniformidade ou de um padrão rígido de critérios metódicos para a classificação das normas jurídicas.

[75] ÁVILA, Humberto. "Neoconstitucionalismo": entre a "ciência do direito" e o "direito da ciência". *Revista Eletrônica de Direito do Estado* (REDE). Salvador, Instituto Brasileiro de Direito Público, n. 17, jan/fev/mar de 2009. Disponível em <http://www.direitodoestado.com.br/rede.asp>. Acesso em 10 de setembro de 2009, p. 7.

Até porque, a conclusão que se retira diretamente da Constituição sobre o conceito de lei reside predominantemente no seu aspecto formal do que em seu aspecto material. Esse é o posicionamento de Itiberê Rodrigues quando, analisando a legalidade administrativa, afirma que "em termos de supremacia da lei, o único conceito de lei que pode ser obtido a partir da interpretação do texto da CF 1988 é um conceito formal (na contramão, portanto, de boa parte da doutrina brasileira)".[76] E conclui o autor:[77]

cc) A partir do Título da "Subseção III" da "Seção VIII" do Capítulo "Do Poder Legislativo", que antecede o art. 61, CF 1988, e em interpretação sistemática com o art. 59, CF 1988, tem-se que as leis formais são apenas as formas de leis elencadas no art. 59, com exceção do art. 59, I (emendas), cujo processo está regrado no art. 60, e com exceção das medidas provisórias. Estas porque têm somente "força de lei", e porque o texto final da CF 1988 aprovado em 22.09.1988 pela Assembléia Nacional Constituinte não arrolava as medidas provisórias editáveis pelo Presidente da República como espécie de lei no art. 59 e incisos. Porém, na publicação do texto da CF 1988, que ocorreu no Diário Oficial da União de 5.10.1988, as medidas provisórias foram incluídas como espécie normativa no art. 59, CF 1988. Até hoje não foi tomada nenhuma providência quanto à essa fraude ao texto da CF 1988. Essa fraude ao texto pode induzir o intérprete ao erro de que as medidas provisórias também constituam uma espécie de lei formal. Em realidade, a medida provisória é um ato do Executivo que desencadeia um processo legislativo sumaríssimo, com base na relevância e na urgência (e por isso ela tem vigência imediata, isto é: antes mesmo da apreciação do texto pelo Congresso Nacional). Mas a sua vocação é, ao final, ser convertida em lei.

dd) Do exposto tem-se que as leis no direito constitucional vigente são apenas e tão-somente: (i.) leis complementares, (ii.) leis ordinárias, (iii.) leis delegadas, (iv.) decretos legislativos do Congresso Nacional, e (v.) resoluções da Câmara e do Senado Federal. Ao lado disso, cabe referir por fim que em nenhum momento a CF 1988 exige que essas leis tenham conteúdo geral e abstrato, pelo contrário, a CF reconhece expressamente a existência de leis de efeitos individuais e concretos para regulamentação de uma dada matéria (p.ex. art. 37, XIX).

Daí que não se pode depositar toda a sustentação de uma teoria numa classificação doutrinária, sem respaldo na Constituição brasileira, que enfraqueça a autoridade da lei orçamentária, em grave atentado à democracia e à separação de poderes. À democracia, porque se tem na representação parlamentar a manifestação da vontade do povo, de modo que o Legislativo expressa a escolha pública da aplicação dos recursos públicos ao aprovar um orçamento. À separação de poderes, porque permitir que o Executivo não cumpra uma lei ou que a sua alteração se dê pela via judicial é severa prova de sua desarmonia. Mas não é assim que pensam a doutrina e a jurisprudência brasileiras.

---

[76] RODRIGUES, Itiberê de Oliveira Castellano. *"Apostila de direito administrativo"*, edição fotocopiada, Porto Alegre, versão 2010, s/p.

[77] Ibidem.

A Constituição Federal, como citado, estabelece um conceito jurídico-positivo desatrelado da ideia do conteúdo da lei, bem como da existência ou não de generalidade e abstração no conteúdo das normas. Em nenhum momento se verifica um direcionamento constitucional para um conceito material de lei. Ao contrário, todos os dispositivos apontam para critérios formais, atrelados ao procedimento legislativo, de modo que, seja a matéria orçamentária, tributária ou penal, se veiculada com a observância do procedimento estabelecido na Constituição, emanada do Poder Legislativo, será uma lei.

2.4.4. Posicionamento da doutrina e da jurisprudência brasileiras frente à teoria das leis formais

No âmbito nacional, a teoria de Laband tem ampla aplicação, em que pese o contexto jurídico-político distinto. Como se verá, é pacífico o entendimento doutrinário e jurisprudencial de que o orçamento é lei meramente formal, de diminuta juridicidade, e, para isso, aludidos defensores não sopesam os reflexos que o posicionamento pode ocasionar.

A orientação surge da doutrina estrangeira, do pouco aprofundamento do conteúdo jurídico do princípio da legalidade e da autoridade dos julgamentos dos tribunais superiores, que obstaculizam um olhar crítico para os problemas da aplicação desse posicionamento em matéria orçamentária.

2.4.4.1. Do suporte doutrinário

O tema da natureza jurídica do orçamento público divide a doutrina em três categorias: os que defendem *(i)* a natureza jurídica formal, *(ii)* a natureza jurídica material ou *(iii)* a natureza jurídica *sui generis*. Entre os autores, difícil encontrar quem concorda integralmente apenas com um ou outro critério.[78] Há ausência de unicidade sobre a natureza jurídica do orçamento, como afirma Alfredo Augusto Becker:

> Cada estudioso do assunto, defrontando-se com as falhas e verdades parciais de cada teoria, e, por sua vez, em virtude do seu esforço pessoal de investigação e análise, descobrindo mais um pedaço da verdade, cria uma nova teoria que infelizmente ainda padece de equívocos oriundos da falta de visão *global* da fenomenologia do Orçamento Público.[79]

---

[78] Quando comentou a grandiosidade da discussão da natureza jurídica do Orçamento, afirmou João Lyra Filho: "A largura da polêmica sustentada a respeito da natureza jurídica do Orçamento reúne adeptos em todas as trincheiras e a crônica dos seus sucessos levaria este escrito fora do escopo à vista". (FILHO, João Lyra. Pontos cardeais do orçamento público. *Revista de direito da procuradoria geral*. Brasília: Prefeitura do Distrito Federal, 1956, p. 02)

[79] BECKER, Alfredo Augusto. *Teoria geral do direito tributário*. São Paulo: Lejus, 1998, p. 225-6.

Na análise da doutrina brasileira,[80] predomina o entendimento de que o orçamento é lei apenas no sentido formal. Sem cometer o erro de citações repetitivas, basta mencionar quem coaduna com essa linha de entendimento: Aliomar Baleeiro,[81] Ricardo Lobo Torres,[82] Kiyoshi Harada,[83] Regis Fernandes de Oliveira,[84] Estevão Horvath,[85] Alberto Deodato,[86] Luiz Emygdio,[87] dentre outros,[88] sintetizados do seguinte modo por Ricardo Lobo Torres:[89] "A teoria de que o orçamento é *lei formal*, que apenas *prevê* as receitas públicas e *autoriza* os gastos, sem criar direitos subjetivos e sem modificar as leis tributárias e financeiras, é, a nosso ver, a que melhor se *adapta* ao direito constitucional brasileiro". (grifos originais)

No sentido de que orçamento é lei material, poucos se filiam,[90] exceto quando se coloca numa só análise questões de ordem orçamentária e tributária. Héctor B. Villegas explica esse porquê: "nos sistemas em que o orçamento inclui a criação de tributos, que para manter vigência deve-se

---

[80] Para ratificar quão profundo é o debate sobre a natureza jurídica do Orçamento, basta analisar a vasta bibliografia mencionada por Alfredo Augusto Becker, na página 224, nota de rodapé n. 3. O autor menciona 22 autores, dentre nacionais e estrangeiros, onde a polêmica pode ser encontrada. In BECKER, Alfredo Augusto. *Teoria Geral do Direito Tributário*. São Paulo: Lejus, 1998, p. 224-5.

[81] BALEEIRO, Aliomar. *Uma introdução à ciência das finanças*. Rio de Janeiro: Forense, 2004, p. 442-3.

[82] "É bem verdade que a dicotomia entre lei formal e lei material, nos outros campos do direito, vem sendo asperadamente criticada, pois enfraquece o princípio da legalidade e produz o agigantamento das atribuições do Executivo, deixando indefinido e incerto o contorno dos direitos da liberdade, que compõem o aspecto materialmente legislativo excluído da competência da Administração; mas, em tema de Orçamento, ainda é importante, eis que visa a retirar da lei ânua qualquer conotação material relativamente à constituição de direitos subjetivos para terceiros, sem implicar perda de sua função de controle negativo do Executivo no que pertine aos limites do endividadedmento e das renúncias de receita". In TORRES, Ricardo Lobo. *O Orçamento na Constituição*. Rio de Janeiro: Renovar, 1995, p. 64.

[83] HARADA, Kiyoshi. *Direito financeiro e tributário*. 15ª ed. São Paulo: Atlas, 2006, p. 60.

[84] OLIVEIRA, Regis Fernandes. *Curso de direito financeiro*. São Paulo: RT, 2008, p. 320.

[85] HORVATH, Estevão; OLIVEIRA, Regis Fernandes de. *Manual de direito financeiro*. São Paulo: RT, 2002, p. 90

[86] DEODATO, Alberto. *Manual de ciência das finanças*. 4ª ed. São Paulo: Saraiva, 1952, p. 288.

[87] ROSA JUNIOR, Luiz Emygdio F. da. *Manual de direito financeiro e direito tributário*. 18ª ed. Rio de Janeiro: Renovar, 2005, p. 84-85; ANDRADE, Sudé de. Apontamentos de ciência das finanças. Rio de Janeiro: José Konfino Editor, 1966, p. 205;

[88] FILHO, João Lyra. Pontos cardeais do orçamento público. *Revista de direito da procuradoria geral*. Prefeitura do Distrito Federal: Brasília, 1956, p. 02; ALVES, Benedito Antônio; GOMES, Sebastião Edílson R. Curso didático de direito financeiro. São Paulo: Peritas Editora, 2000, p. 64,

[89] TORRES, Ricardo Lobo. *Curso de Direito Financeiro e Tributário*. 12ª ed. Rio de Janeiro: Renovar, 2005, p. 177.

[90] J. R. Caldas Furtado afirma que o orçamento tem natureza material, sem explicar o porquê: "Esse trâmite [ciclo orçamentário] possibilita à lei orçamentária ser expressão da vontade popular, aspecto esse que qualifica o orçamento como lei material em sua substancia". FURTADO, J. R. Caldas. *Elementos de direito financeiro*. Belo Horizonte: Editora Fórum, 2009, p. 46.

votá-los anualmente, é induvidável que a lei orçamentária não é meramente formal, pois contém normas jurídicas substanciais".[91]

Aos que assim afirmam, vê-se natureza material no orçamento por conta dos tributos que precisam da sua anuência para serem cobrados e não por obrigações e deveres que o orçamento por si só impunha, raciocínio esse que não mais perdura na sistemática legislativa brasileira.[92]

Sobre o orçamento público, Alfredo Augusto Becker vai além, não apenas reconhecendo a sua materialidade, mas enaltecendo-o à lei sem a qual o Estado não sobrevive:[93]

> Pela criação da regra jurídica que aprova o Orçamento Público, o Estado toma, outra vez, consciência de que existe e, para sobreviver, impõe à relação constitucional um novo ritmo vital com o qual, no futuro, continuará existindo. (...) Toda a vez que o Estado cria regra jurídica que aprova o Orçamento Público, ele está provando sua existência, (...) a falta desta aprovação importa em a relação constitucional perder sua juridicidade quando do término do prazo do Orçamento em curso que fora, antes, devidamente aprovado. A relação constitucional do Estado é contínua; a perda de juridicidade não provoca sua paralisia instantânea; ela continua, agora, como relação apenas *natural*. O Estado saiu do mundo jurídico; *deixou de existir no plano jurídico*, embora ainda exista com Ser Social pré-jurídico cuja relação constitucional conduz ainda um feixe de deveres e um feixe de direitos, porém, agora, apenas *naturais*. (grifos originais).

A experiência mostra, contudo, que a assertiva do autor não se coaduna com o sistema normativo vigente. Em muitas ocasiões o orçamento não foi aprovado a tempo e, nada obstante, o Estado continuou a operar as suas atividades, efetuando despesas sem previsão legal. Uma análise do orçamento da União dos últimos anos demonstra a falha do Executivo e do Legislativo na atenção do requisito basilar de que o orçamento deve ser aprovado antes da efetuação dos gastos.[94]

---

[91] VILLEGAS, Héctor B. *Curso de finanzas, derecho financiero y tributario.* Tomo II. Buenos Aires: Ediciones Depalma, 1980, p. 229.

[92] BECKER, Alfredo Augusto. *Teoria geral do direito tributário*, p. 229 e ss.

[93] Ibidem, p. 232-233.

[94] A Lei orçamentária da União de 1995 foi aprovada pela Lei nº 8.980, de 19 de janeiro de 1995; A Lei orçamentária da União de 1996 foi aprovada pela Lei nº 9.275, de 9 de maio de 1996; A Lei orçamentária da União de 1997 foi aprovada pela Lei nº 9.438, de 26 de fevereiro de 1997; A Lei orçamentária da União de 1998 foi aprovada pela Lei nº 9.598, de 30 de dezembro de 1997; A Lei orçamentária da União de 1999 foi aprovada Lei nº 9.789, de 23 de fevereiro de 1999; A Lei orçamentária da União de 2000 foi aprovada pela Lei nº 9.969, de 11 de maio de 2000; As Leis orçamentárias da União de 2001 a 2005 foram aprovadas no mês de janeiro do ano da sua vigência; A Lei orçamentária da União de 2006 foi aprovada pela Lei nº 11.306, de 16 de maio de 2006; A Lei orçamentária da União de 2007 foi aprovada pela Lei nº 11.451, de 7 de fevereiro de 2007; A Lei orçamentária da União de 2008 foi aprovada pela Lei nº 11.647, de 24 de março de 2008. E, diferentemente das anteriores, a Lei orçamentária da União de 2009 foi aprovada pela Lei nº 11.897, de 30 de dezembro de 2008.

Como se disse, em nenhuma das manifestações apresentadas a favor da materialidade orçamentária[95] subsistem argumentos que podem perdurar. É que a base da argumentação, em todas as citações, é a necessidade de lei orçamentária para autorizar o Estado à cobrança de tributos ou à prática de outros atos administrativos, posição inconcebível no sistema constitucional brasileiro. Tanto é que, como afirmam a maioria dos autores dessa linha, se inexistente o orçamento público, inexistente também será o Estado no plano jurídico.

Lei instituidora do tributo e lei orçamentária são distintas, embora uma exerça influência sobre a outra e daí se produza consequências relevantes. Não se deve confundir o altiplano do direito tributário com o do direito financeiro. No orçamento propriamente dito não se inclui qualquer obrigação fiscal do contribuinte, tendo em vista a limitação da sua matéria, conforme diz a Constituição (art. 165, § 8º, da CF/88), à previsão de receita e à fixação de despesa. Desde a Constituição de 1969 (art. 153, § 29), o orçamento não mais condiciona a exigência do tributo a qualquer menção no orçamento aprovado por regra jurídica, preocupando-se, única e exclusivamente, com a vigência da lei ordinária tributária.[96]

Confirmando essa mescla de conceitos, Regis Fernandes de Oliveira afirma a natureza material do orçamento, mas nos seguintes moldes:[97]

> Não se pode negar que o Orçamento opera alterações na realidade jurídica, permitindo que sejam os tributos exigidos, colocando em posição de sujeição aqueles que praticarem fatos geradores, dando nascimento à obrigação tributária. Ademais, permite à Administração efetuar a cobrança, lançar, impor restrições e obrigações.

Como se viu, após a separação da anterioridade tributária da anualidade financeira, o orçamento não é mais lei autorizativa da cobrança de tributos,[98] que são cobrados independentemente de sua previsão. A exclusividade orçamentária, prevista no § 8º do art. 165 da CF/88, desliga tributo de orçamento, ao menos quanto à sua criação e ao seu aumento.

Desse modo, até mesmo as afirmações doutrinárias da natureza material do orçamento, embora raras, são pautadas em critérios não mais subsistentes, com raríssimas exceções, confirmando, assim, a prevalecen-

---

[95] Citam-se aqui Regis Fernandes de Oliveira e Estevão Horvath (OLIVEIRA, Regis Fernandes e HORVATH, Estevão. *Manual de direito financeiro.* 2ª ed. São Paulo: RT. 1997), Alfredo Augusto Becker (BECKER, Alfredo Augusto. *Teoria geral do direito tributário*).

[96] LEITE, Antônio de Oliveira. *Orçamento público, em sua feição política e jurídica.* Revista de Direito Público n. 18. São Paulo: RT, 1971, p. 162. COÊLHO, Sacha Calmon Navarro. *Curso de direito tributário.* Rio de Janeiro: Forense: 2005, p. 259; TORRES, Ricardo Lobo. *Curso de direito financeiro e tributário.* Rio de Janeiro: Renovar, 2005, p. 116; MACHADO, Hugo de Brito. *Curso de direito tributário.* São Paulo: Malheiros, 2008, p. 37.

[97] OLIVEIRA, Regis Fernandes. *Curso de direito financeiro.* São Paulo: RT: 2008, p. 319.

[98] Súmula 66 do STF, "É legítima a cobrança do tributo que houver sido aumentado após o Orçamento, mas antes do início do respectivo exercício financeiro".

te doutrina da sua natureza formal. A jurisprudência também não é diferente.

2.4.4.2. Do suporte jurisprudencial

A jurisprudência brasileira é uníssona quanto à natureza meramente formal do orçamento. Mas divergência já houve no passado, embora sem sucesso. Em 1957, quando convocado a decidir se uma previsão orçamentária da União, que destinava determinado valor para a Escola de Medicina e Cirurgia do Rio de Janeiro, poderia ser invocada pela interessada, no sentido de obrigar a União a cumprir o prometido, o Tribunal Federal de Recursos se posicionou firmemente em favor do *credor* dos recursos:[99]

> há a obrigação do órgão que inclui a verba no Orçamento de pagar a respectiva verba, até porque não seria permitido, seria até crime distrair a verba para outro fim senão o designado no Orçamento. De modo que, a menos que houvesse um motivo assemelhado à calamidade pública, que determinasse restrição geral de verbas e cortes no Orçamento – situação anormal e que todos teriam que se curvar – não é possível a pessoa de direito público dar menos do que aquilo que foi consignado no Orçamento, livremente, sem qualquer obrigação anterior, principalmente por se tratar de subvenções que ela deu porque quis. Dando espontaneamente uma subvenção, obriga-se para com a pessoa a quem corresponde essa subvenção. Constitui direito a favor da parte no Orçamento, e não pode, precisamente, porque, à sombra dessa confiança na Administração, naturalmente as entidades escolares (como a autora, que é uma escola de medicina e cirurgia), fazem despesas, empenham-se encargos, faltar, depois disso, ao que estipula.

A confiança despertada pelo Estado no credor do recurso público foi apontada, na decisão, como principal motivo para a entrega do valor orçado.[100] Tal se dá toda vez que há menção no orçamento de repasse e que, por isso, deverá ocorrer. Fala-se aqui, inclusive, em *direito* a favor da parte contemplada no orçamento.[101]

---

[99] Trecho do voto vencedor do Relator Min. Aguiar Dias, do Tribunal Federal de Recursos, citado no RE n. 34.581, Distrito Federal, que foi reformado pelo Supremo Tribunal Federal. Julgamento em 10 de outubro de 1957. Relator Min. Cândido Mota Filho

[100] Sobre segurança jurídica e orçamento público ver TORRES, Ricardo Lobo. *Tratado de Direito Constitucional Financeiro e Tributário*. Vol. V. O Orçamento na Constituição. Rio de Janeiro: Renovar, 2000, p. 243 e ss. O autor, embora não adepto da teoria de que as previsões orçamentárias geram expectativas nos seus destinatários que devem ser respeitadas, traz no seu livro diversos aspectos da segurança jurídica que não conflitam com a conclusão que aqui se pretende chegar. Sobre a proteção do princípio da confiança ver ÁVILA, Humberto. Benefícios Fiscais Inválidos e a Legitima Expectativa dos Contribuintes. *Revista Eletrônica de Direito do Estado*. n. 04. Disponível em <www.direitodoestado.com.br>. Sobre o princípio da segurança jurídica no direito administrativo ver COUTO E SILVA, Almiro. O Princípio da Segurança Jurídica (proteção à confiança) no direito público brasileiro e o direito da Administração Público anular seus próprios atos. *Revista Eletrônica de Direito do Estado*. n. 02. Disponível em <www.direitodoestado.com.br>.

[101] LEITE, Harrison Ferreira. Segurança Jurídica e elaboração do orçamento público. *Revista Tributária e de Finanças Públicas*. Ano 17 – 86. São Paulo: RT, 2009, p. 133.

Embora um julgado preciso e coerente, o Supremo Tribunal Federal reformou esse entendimento, aplicando a velha e conhecida teoria de Laband, já discutida. Nesta linha, o Ministro Cândido Motta, ao modificar a decisão do Tribunal Federal de Recursos (TFR), afirmou que o orçamento é lei apenas no aspecto formal e tem aplicabilidade somente no campo administrativo:

> O Orçamento, como uma aprovação prévia da receita e das despesas públicas, *é uma lei formal.* É um plano de governo, proposto pelo Executivo. Como diz Aliomar Baleeiro, "é em face das necessidades e medidas planejadas para satisfazê-las, que os representantes concedem ou não, autorização para a cobrança dos impostos pelas várias leis anteriormente existentes". (Limitações constitucionais ao poder de tributar, p. 15).
>
> Assim é uma lei de características *sui generis*, pela qual a Administração fica autorizada a cobrar impostos e a fazer várias e determinadas despesas. Portanto é uma lei autorizativa. Pode-se dizer, pondo-se à margem a interessante e longa discussão sobre o assunto, que ela não é só lei formal, mas que ela estabelece aquilo que pode ou não fazer o Governo, em sua gestão financeira. Assim, no plano administrativo, dentro da autorização orçamentária, pode o governo deixar de aplicar esta ou aquela verba, uma vez que assim o exijam os superiores interesses da administração. Por isso Eurico ensina: "Le buget est l'act par lequel aont prevués at auteriseées les recettes et less dépusses des administrations publiques" (Droit Administratif, p. 898).
>
> O simples fato de ser incluído nas verbas de auxílio a esta ou a aquela instituição, não cria, de pronto, direito, a este auxílio, que depende de apreciação do Governo, porque o ato do Executivo tem em vista, o que visa também o Orçamento – a ordenação da vida financeira do Estado. E é por isso que Aloísio Pinto Falcão e Aguiar Dias acresceram em sua "Constituição anotada", p. 180: – *"e daí o dizer-se que não chega a ser propriamente uma lei a chamada lei orçamentária,* tão certo que o seu objetivo é a ordenação financeira do Estado, *conteúdo que situa o Orçamento entre as leis formais que são somente pela autoridade legislativa de que emanam, mas, em substância, atos de governo ou administrativos".* (grifou-se)

E este entendimento, a despeito de construído em realidade completamente distinta, tem sido aplicado nas decisões recentes, não sendo revisitado pelo Supremo Tribunal Federal na sua completude, embora haja sinais da sua superação.[102] Mas há boas razões para se refutar essa teoria.

2.4.5. Razões para uma nova concepção de orçamento

A base fundante do orçamento como lei meramente formal carece de análise. É que os institutos jurídicos basilares desse entendimento não permanecem inalterados e, se o sustentáculo muda, altera-se a estrutura e todo o modo de concepção do instituto em questão.

---

[102] Julgados do STF que confirmam a teoria de lei meramente formal: ADI 2.535-MC, Rel. Min. Sepúlveda Pertence, julgamento em 19-12-01, *DJ* de 21-11-03. Julgados do STF que dão sinais de superação: ADI 2.108; ADI 2.925-8, DF.

As principais razões são: *a)* as diferentes forma e sistema de governo; *b)* a nova estrutura constitucional; *c)* a ultrapassada base doutrinária; e *d)* os reclamos dos tempos atuais.

2.4.5.1. Da forma e do sistema de governo

Como se viu, a base teórica da lei orçamentária como lei apenas formal deve-se ao contexto histórico-político,[103] aplicado a um tempo em que a forma de governo era o monárquico constitucionalista, o caráter autoritário era a marca presente e a representação popular não tinha prerrogativas orçamentárias. Daí inexistir razão justificadora da aplicação de uma teoria construída especificamente para atender a um impasse político, num dado momento, em uma situação fático-jurídica distinta.

Àquele tempo, *i)* o rei era titular soberano do poder estatal e detinha o poder constituinte; *ii)* a Constituição era outorgada pelo próprio rei; *iii)* o Legislativo competia ao rei junto com as Câmaras, sendo do rei a iniciativa de leis; *iv)* o Parlamento apenas *fixava* anualmente o orçamento mediante lei; e *v)* o poder judicial se exercia apenas em nome do rei. A marca presente era o caráter autoritário e a representação popular não tinha quaisquer prerrogativas em relação ao orçamento

O Brasil, ao contrário, é um país democrático, em que o poder emana do povo, a forma de governo é a República e impera o sistema presidencialista. Nesse sistema, muito embora conjugue numa só pessoa as funções de chefe do Estado e do Governo, em nada se compara à autoridade monárquica daquela época. Aqui, a aprovação de uma lei tem enorme significância e o Executivo não dispõe de poderes para anular a autoridade legislativa. E no aspecto orçamentário, a Constituição (art. 167, I) foi clara: "nenhuma despesa será realizada sem previsão em lei". Não há espaço à inobservância das normas postas pelo Parlamento.

O inc. I do art. 167 da CF está em completa sintonia com o inc. II do art. 5º do mesmo diploma, pois declara que ninguém será obrigado a fazer ou deixar algo senão em virtude de lei. O contrário é verdadeiro, pois se há lei, deve-se obedecê-la. Se há lei orçamentária, somente pode-se fazer aquilo que foi previamente determinado, especialmente o Executivo, que é quem efetivamente executará o quanto nela previsto.

As alternativas república ou monarquia e parlamentarismo ou presidencialismo refletem uma dada realidade, de certo tempo, adequadas

---

[103] "O dualismo das concepções de lei serviu no liberalismo alemão um propósito político claro; transformar a questão política do conflito de competências entre o monarca e o parlamento numa questão jurídica ou seja, neutralizar o conteúdo político do conflito apresentando para ele uma solução jurídica, neutral e independente". MONCADA, Luiz. op. cit., 2002, p. 81-82.

numa estrutura histórica, social e política, de modo que aos institutos jurídicos de diferentes regimes ou sistemas não se pode dispensar mesmo tratamento.[104]

Os institutos jurídicos são construídos, dentre outros fatores, como resultados da realidade social: o Direito é fruto da realidade em que opera, de modo que não se pode ter a noção exata do direito sem pensar na sociedade e na sua organização por ele regidas: "a experiência jurídica jamais pode ser dissociada dos processos históricos em que está inserida, os quais lhe dão forma e sentido".[105] Dessa forma, importar instituto de um sistema jurídico para outro, dentro de um contexto histórico distinto, e exigir a sua pronta adequação, é proposta irrealizável.

2.4.5.2. Da fonte constitucional

O embasamento jurídico constitucional que sustentou o citado julgamento do Supremo Tribunal Federal não mais prevalece. Na decisão sob comento, faz-se menção ao art. 74 da Constituição de 1946, que prescreve a possibilidade de prorrogação do orçamento em vigor para o exercício seguinte, se o mesmo não for enviado à sanção até 30 de novembro,[106] o que dá a entender, obliquamente, a abertura constitucional em caso de não aprovação a tempo do orçamento, de modo que despesas podem ser efetuadas sem a aprovação legislativa.

A Constituição em vigor aborda a matéria diferentemente. Prescreve, no § 2º do art. 57, que "A sessão legislativa não será interrompida sem a aprovação do projeto de lei de diretrizes orçamentárias". Ou seja, o Congresso não pode entrar em recesso enquanto aludida lei não for aprovada, já que ela é a base da feitura da Lei Orçamentária. Quanto ao lançamento, obrigou-se a atenção da anualidade. Por isso fez constar nos Atos das Disposições Constitucionais Transitórias (ADCT), o art 35, § 2º, inciso III, que preceitua: "o projeto de lei orçamentária da União será encaminhado até quatro meses antes do encerramento do exercício financeiro e *devolvido para sanção até o encerramento da sessão legislativa*" (grifou-se). Há obrigatoriedade de aprovação do orçamento antes do início do exercício financeiro em que terá vigência.

---

[104] Dalmo de Abreu Dallari chama atenção para o fato de que "as formas de governo são extremamente variáveis, não havendo um só Estado que não apresente em seu governo uma peculiaridade exclusiva". DALLARI, Dalmo de Abreu. *Elementos de teoria geral do estado*. São Paulo: Saraiva, 1998, p. 223.

[105] FARIA, José Eduardo. *Eficácia jurídica e violência simbólica: o direito como instrumento de transformação social*. São Paulo: Edusp, 1988, p. 164. No mesmo sentido, HESPANHA, Antonio Manuel. *Panorama da cultura jurídica européia*. Lisboa: Edições Europa-América, 1988.

[106] Art. 74. Se o Orçamento não tiver sido enviado à sanção até 30 de novembro, prorrogar-se-á para o exercício seguinte o que estiver em vigor.

Embora o Governo e o Legislativo ainda cometam deslizes nessa área, tal não se dá por permissivo constitucional, mas principalmente pela atribuição de significado dispensado às leis orçamentárias. Na medida em que o orçamento não é lei, pouca diferença faz iniciar o ano financeiro sem ou com a sua aprovação.

2.4.5.3. Da base doutrinária

O fundamento doutrinário da decisão também não perdura. Primeiro, porque a doutrina está pautada em leis não mais existentes, e o fundamento é mais dogmático (jurídico-positivo) do que teórico (lógico-jurídico): avoca-se o princípio da anualidade tributária, recusado pela Constituição em vigor. Segundo, porque, dentre elas, o Min. Cândido Motta refere-se à doutrina francesa, que analisa o orçamento dentro do viés administrativista, na linha da construção teórica de Laband, e não na linha do direito financeiro, como ocorre com a doutrina pátria, que distingue o orçamento dos demais ramos com os institutos que lhe são próprios.

Valer-se de decisão pautada em doutrina estrangeira, desprovida de relação de pertinência com o atual sistema jurídico, que estampa o seu vínculo com a época e seu nascimento de uma situação histórica-política específica, é desprestigiar a civilização jurídica nacional do seu potencial construtivo e analisar o sistema jurídico brasileiro de modo distorcido, sem levar em consideração o tratamento orçamentário dado pelo constituinte brasileiro.

Não se pode aproveitar o entendimento francês, italiano ou germânico da natureza do orçamento público, os quais se baseiam num sistema ultrapassado e de nítido viés autoritário, sem refletir o que as normas da Constituição brasileira dispõem sobre a matéria. Ou o país possui uma civilização que saiba abordar assuntos desse jaez com enorme força construtiva, ou ficar-se-á na retaguarda, mencionando autores estrangeiros, que nada aclaram os problemas nacionais.[107]

---

[107] Não se está a desmerecer a enorme contribuição da doutrina estrangeira na evolução do direito brasileiro. O que se questiona é a sua utilização em casos de completa dessemelhança dos suportes teóricos. "No caso brasileiro, como no de outros países de constitucionalização recente, doutrina e jurisprudência ainda se encontram em fase de elaboração e amadurecimento, fato que potencializa a importância das referências estrangeiras. Esta é uma circunstância histórica com a qual precisamos lidar, evitando dois extremos indesejáveis: a subserviência intelectual, que implica na importação acrítica de fórmulas alheias e, pior que tudo, a incapacidade de reflexão própria; e a soberba intelectual, pela qual se rejeita aquilo que não se tem. Nesse ambiente, não é possível utilizar modelos puros, concebidos alhures, e se esforçar para viver a vida dos outros. O sincretismo – desde que consciente e coerente – resulta sendo inevitável e desejável." Nota de rodapé n. 19. In BARROSO, Luiz Roberto. Neoconstitucionalismo e Constitucionalização do Direito (o triunfo tardio do Direito Constitucional no Brasil).

Por outro lado, a doutrina da época não considerava o campo de atuação administrativa como pertencendo ao Direito. No *leading case*, afirmou o Min. Cândido Motta: "Por esses dois artigos se verifica, de pronto, o critério da lei orçamentária, que só se compreende e se define no *campo administrativo*" (grifou-se). Mais à frente, continuou: "Assim, *no plano administrativo*, dentro da autorização orçamentária, pode o governo deixar de aplicar esta ou aquela verba, uma vez que assim o exijam os *superiores interesses da administração*" (grifou-se). Esse o embasamento doutrinário, na linha liderada por Léon Duguit, do orçamento como simples ato administrativo na parte relativa a despesas.[108]

Àquele tempo, como já se disse, atos administrativos não estavam no campo do direito, mas da política, de modo que toda norma atinente à atuação administrativa do Estado não deveria ser considerada como norma jurídica, mas mero ato administrativo.

Aludido entendimento não mais subsiste. Afirmar que a natureza jurídica do orçamento é de ato meramente administrativo não tem sustento jurídico pelos seguintes motivos:

a) Quando se falava em ato administrativo, pretendia-se retirar o orçamento do campo do direito e deixá-lo apenas no campo político, visto que a área da administração pública não era alcançada pelo direito. Atualmente, é fora de discussão retirar a normatividade jurídica do campo de atuação estatal. O Governo só faz o que a lei lhe permite fazer (estrita legalidade).[109]

b) Hoje, ao referir-se à área administrativa, a doutrina e a jurisprudência brasileiras são fartas quanto ao seu controle jurídico, e não meramente político, através do controle judicial dos atos administrativos, sejam eles vinculados ou discricionários. Logo, se por absurdo fosse possível afirmar que o orçamento é mero ato administrativo e que os atos administrativos são políticos e não jurídicos, o que se admite apenas por amor à discussão, daí não se concluiria pela plena liberdade nos gastos públicos.[110] Aceita a realização de despesa como ato administrativo,

---

Revista Eletrônica sobre a Reforma do Estado (RERE), Salvador, Instituto Brasileiro de Direito Público, n. 9, março/abril/maio 2007. Disponível em <http://www.direitodoestado.com.br/redae.asp>.

[108] Duguit é da corrente do Orçamento como lei no sentido material apenas no tocante às receitas, visto que, no seu tempo renovava-se anualmente a autorização parlamentar para a cobrança de tributos, o que não se vê mais. Quanto às despesas, o Orçamento era simples ato administrativo.

[109] SILVA, Almiro do Couto e. Princípios da Legalidade da Administração Pública e da Segurança Jurídica no Estado de Direito Contemporâneo. *Revista de Direito Público*. São Paulo: RT, v. 84, 1987, p. 46-63.

[110] Tem sido crescente o posicionamento doutrinário e jurisprudencial do controle judicial dos atos discricionários, o que deve ser visto com cautela. Para a ala mais ativista, até mesmo os atos discricionários poderão ser controlados pelo judiciário, desde que se demonstre que o administrador não adotou a providência que atende com precisão capilar a finalidade da regra do direito aplicável. Celso

exigir-se-ia justificação suportada pelo direito, pois até mesmo os atos discricionários são passíveis de controle judicial.[111]

c) E, por fim, a decisão é pautada na prevalência dos *superiores interesses da Administração*, posição revisitada na doutrina moderna, que admite não haver um superior interesse da Administração apriorístico, ou melhor, que a atividade administrativa não pode ser exercida sob o influxo de que os interesses da Administração são superiores aos interesses dos particulares.[112] O superior interesse da Administração não é o interesse mais relevante e o que exige maior investimento imediato na ótica do administrador, mas o interesse presente na lei orçamentária. Se outrora o Judiciário estava separado desse controle, porque o *superior* interesse administrativo era norteado pela intangibilidade do juiz nas questões políticas, hoje não mais se aceita dito afastamento.

2.4.5.4. Do tempo e o direito

Uma teoria não se torna imprestável por ser antiga, tampouco "melhor" por ser nova.[113] A sua relação não é com o tempo, mas com o contexto e com a possibilidade de ser útil na solução de problemas. Teorias

---

Antonio Bandeira de Melo afirma que o administrador tem o dever jurídico de aplicar *não qualquer ato dentre os comportados pela regra, mas única e exclusivamente aquele que atenda com absoluta perfeição à finalidade da lei*. (In MELLO, Celso Antônio Bandeira de . *Discricionariedade e controle jurisdicional*. São Paulo: Malheiros, 1998. p 33).

[111] SILVA, José Afonso da. *Curso de direito constitucional positivo*, 20ª ed. São Paulo: Malheiros, p. 420, 2002; BULOS, Uadi Lammêgo. *Constituição federal anotada*, 5ª ed. São Paulo: Saraiva, p. 124, 2003. MEIRELLES, Hely Lopes. *Direito administrativo brasileiro*, 18ª ed. São Paulo: Malheiros, p. 191-2, 1993; SILVA, Almiro do Couto. *Correção de prova de concurso público e controle jurisdicional*. Direito Público Estudos em Homenagem ao Professor Adilson Abreu Dallari, Coordenador Luiz Guilherme da Costa Wagner Junior, Porto Alegre, p. 13-30, 2004; OLIVEIRA, Regis Fernandes de. *Ato Administrativo*. São Paulo: RT, 2007, p. 171-172. No Judiciário, ressalta-se a importância da mudança de posicionamento da jurisprudência, como muito bem é expresso nas palavras da Min. Eliana Calmon: "Essa digressão sociológica é importante para direcionar o raciocínio de que não é mais possível dizer, como no passado foi dito, inclusive por mim mesma, que o Judiciário não pode imiscuir-se na conveniência e oportunidade do ato administrativo, adentrando- se na discricionariedade do administrador". A ementa desse julgado afirma: "Na atualidade, o império da lei e o seu controle, a cargo do Judiciário, autoriza que se examinem, inclusive, as razões de conveniência e oportunidade do administrador" (STJ, REsp n. 493.811- SP, DJ 15.03.2004. Relatora Min. Eliana Calmon). De lembrar que o tema ainda não é pacífico no STJ, com julgados em sentido contrário, destacando-se REsp 445.596/DF, Rel. p/ acórdão Min. Gilson Dipp, Quinta Turma; RMS 10.638/SE, Rel. Min. Vicente Leal, Sexta Turma; RMS 9.319/MG, Rel. Min. Garcia Vieira, Primeira Turma; AgREsp 261.144/SP, Rel. Min. Paulo Medina, Segunda Turma."

[112] ÁVILA, Humberto. Repensando o "Princípio da Supremacia do Interesse Público sobre o Particular". *Revista Diálogo Jurídico*. Ano I, Vol I, n. 07, outubro de 2001. Salvador. Disponível em <www.direitopublico.com.br>.

[113] Para Souto Maior Borges o "novo" não é critério decisivo de qualidade teórica. In BORGES, José Souto Maior. Pró-dogmática: por uma hierarquização dos princípios constitucionais. *Revista Trimestral de Direito Público* n. 01. São Paulo: Malheiros, 1993, p. 141.

propõem-se a explicar determinados fatos do campo fenomênico, de modo que, quando alterados, necessária se faz sua re-elaboração para que explique a nova situação: mudadas as particularidades, a teoria perde a base que a fundamenta.

Há interpretações que foram corretas e hoje não mais são. Como afirma Karl Larenz,[114] há momentos em que as relações fáticas, para os quais o legislador tinha pensado, variaram de tal modo que a norma dada deixou de se "ajustar" às novas relações. Qualquer lei está, como fato histórico, em relação atuante com o seu tempo, de modo que na racionalidade também encontra a dimensão de temporariedade. Mas o tempo também não está em quietude, o que faz surgir uma relação de tensão que só impele a uma solução, seja por via de uma interpretação modificada ou de um desenvolvimento judicial do Direito – quando a insuficiência do entendimento anterior da lei passou a ser *evidente*.

Hans Kelsen percebeu a importância do tempo para a interpretação da Constituição, quando refutou Carl Schmitt que pretendia interpretar a Constituição de Weimar com as bases da teoria de Laband, de que o orçamento era lei meramente formal, e, portanto, quem deveria controlá-lo deveria ser o Presidente do *Reich* e não o Tribunal Federal. Afirma o autor:[115]

> Daí deduz ele [Carl Schmitt], por exemplo, que o conceito de "lei formal", oriundo do constitucionalismo do século XIX e que deveria assegurar ao Parlamento, enquanto "legislador", o direito de aprovar o Orçamento, não poderia manter seu sentido original na Constituição de Weimar, e que portanto, apesar da expressa disposição dos arts. 85 e 87, não seria de modo algum "absoluta e incondicionalmente necessária" a forma de uma lei do *Reich* para a fixação do Orçamento, a autorização de crédito e a assunção de garantias, bastando em lugar disso o decreto do presidente na forma do art. 48-2. Tentativas similares de dissolver ou atenuar a assim-chamada reserva financeira da Constituição também foram, evidentemente, feitas pela teoria constitucional, que não se viu impedida pelo conceito de *lei formal* de sustentar que o monarca poderia fixar o Orçamento e autorizar crédito mediante decretos de necessidade, como por exemplo demonstra a teoria e a práxis do famigerado art. 14 na Áustria. Porém a consciência *histórico-crítica* que nos preserva do *formalismo irrefletido* (...) não deve nos impedir de retomar uma ideologia do constitucionalismo que, mais claramente que qualquer outra, traz na testa o seu vínculo com a época, seu nascimento de uma situação histórico-política específica. (grifos originais)

O mesmo se aplica do confronto entre a realidade constitucional brasileira e as decisões de que o orçamento é lei meramente formal. Há um contexto justificador de um diferente entendimento. O momento é outro e exige interpretação conforme o tempo e a realidade do subsistema orça-

---

[114] LARENZ, Karl. *Metodologia da Ciência do Direito*. Lisboa: Fundação Calouste Gulbenkian, 2005, p. 495.

[115] KELSEN, Hans. *Jurisdição constitucional*. São Paulo: Martins Fontes, 2003, p. 244-245.

mentário brasileiro. Não se exige profunda alteração normativa,[116] no sentido de alteração constitucional, para conduzir o intérprete a resultado distinto. Podem haver, e os há, elementos jurídicos, sociais, econômicos e políticos suficientes para um novo entendimento em torno da materialidade da lei orçamentária.

No passado, na linha da Constituição Federal de 1946, havia exacerbação do presidencialismo, pela hipertrofia dos poderes presidenciais, em que o Executivo era apoiado pelas Forças Armadas, com força absoluta.[117] A Constituição tratava de um *orçamento clássico ou tradicional,* que se limitava a uma relação das receitas e fixação das despesas. Como afirma José Afonso da Silva, era um orçamento político, contábil e financeiro apenas. Não tinha outra pretensão, não visava outra finalidade[118] e tinha o aspecto jurídico pouco explorado.

Mas muito se mudou. O Estado passou a intervir em maior intensidade na ordem econômica e o orçamento passou a ter novas funções, tornando-se um instrumento de programação econômica e de ação governamental, ademais de importante elemento na economia global do país. É o que se chama hoje de orçamento-programa,[119] pois visa a realizar um programa de governo.[120]

Anteriormente, as metodologias orçamentárias caracterizavam-se por apresentar um elenco de receitas e despesas alocadas por unidades administrativas, o que era insuficiente na implementação dos planos, porque não mostrava, em definitivo, a orientação do gasto público. Com o orçamento-programa tornou-se possível identificar o rol de projetos e atividades que o Governo pretende realizar e detectar os objetivos, as metas e os resultados esperados.[121]

---

[116] Embora seja possível concluir-se pela imperatividade da execução orçamentária, insistem a doutrina, a jurisprudência e o legislativo que é necessária alteração constitucional para que o Orçamento seja imperativo. Nesse sentido é que tramita no Congresso o Projeto de Emenda Constitucional n. 565, de 2006, que torna de execução obrigatória a programação constante na Lei Orçamentária Anual.

[117] BALEEIRO, Aliomar e SOBRINHO, Barbosa Lima. *Coleção Constituições Brasileiras.* Vol. 5. Brasília: Senado Federal e Ministério da Ciência e Tecnologia, 2001, p. 20.

[118] SILVA, José Afonso da. *O Orçamento e a fiscalização financeira na Constituição.* Revista de Direito Público n. 08. São Paulo: RT, 1969, p. 169.

[119] Embora o orçamento-programa tenha sido adotado à égide da vigente Constituição de 1946, através da Lei n. 4.320/64 e do Decreto-lei n. 200, de 25.02.1967, não se vislumbra aí qualquer incoerência, tendo em vista a Constituição de 1946 ter sido lacônica no trato orçamentário. Dedicou apenas três artigos ao Orçamento (arts. 73 ao 75) e, portanto, pela sua reduzida atenção, possibilitou alterações por lei infraconstitucional que modificassem o Orçamento em toda a sua estrutura. Portanto, nenhuma incoerência há entre a Constituição de 1946 e a Lei n. 4.320/64 que alterou o orçamento significativamente.

[120] SILVA, José Afonso da. Op. cit., p. 170, 1969.

[121] NASCIMENTO, Carlos Valder do. *Finanças públicas e sistema constitucional orçamentário.* Rio de Janeiro: Forense, 1995, p. 30-41. Acrescenta o autor: "o orçamento-programa deve ter três vértices: a base é representada pela vertente funcional-programática composta pelas funções, programas, subprogra-

Além disso, o orçamento tornou-se importante instrumento de efetivação de políticas públicas, mormente as voltadas para a efetivação de direitos sociais. Assim, para além dos aspectos assinalados, a grande maioria dos programas públicos tem no orçamento a sua formatação, que exige do Executivo observância ao que nele está previsto.

No passado, a "técnica tradicional do orçamento público levava à produção de um plano árido no qual constatavam apenas o que o governo poderia ou deveria gastar em um determinado espaço temporal. Os efeitos sociais e políticos de tais gastos não eram visualizados, dificultando ao contribuinte exercer seu papel fiscalizador".[122] A nova técnica do orçamento-programa, porém, permite que se identifique o que é prioritário, que sejam traçadas as ações públicas para a proteção de direitos e que se elaborem programas com íntimo relacionamento com as prioridades sociais, vinculadas que são ao plano plurianual e à lei de diretrizes orçamentárias. Desse modo, o orçamento deixa de ser apenas o rol das despesas e receitas e transforma-se em instrumento de planos de desenvolvimento nacional, regional e setorial, visando especialmente à redução das desigualdades inter-regionais.[123]

O fim a ser atingido pelas leis orçamentárias reclama, face às novas legislações (Constituição Federal de 1988, Lei de Responsabilidade Fiscal, Lei dos Crimes contra as finanças públicas, etc.), outra interpretação, que em tudo e por tudo é diferente da ainda dominante. A jurisprudência do Supremo Tribunal Federal já está sensível a essa mudança, que não ocorre rapidamente, mas que pode, por um tempo, suportar ambos os entendimentos, até que a interpretação modificada, adequada ao tempo, passe a ser a correta, tendo em vista as exigências das relações determinantes. Toda cautela é necessária visto estarem sob análise preceitos constitucionais determinantes para a organização do Estado. Disto advém a atenção proposta às leis orçamentárias, por seu importante papel de estabilização das contas públicas e de aplicação de políticas com suporte constitucional.

2.4.6. Do orçamento como lei no aspecto formal e material

A lei orçamentária, embora seja instrumento realizador da administração estatal e das políticas públicas, tem elementos jurídicos suficientes

---

mas, atividades e projetos; a outra vertente é a econômica composta pelas categorias, subcategorias, elementos, subelementos, itens da despesa; a terceira vertente é a institucional composta pelos órgãos e unidades administrativas. No vértice da pirâmide, estaria representado o orçamento total do país".

[122] NASCIMENTO, Carlos Valder do. Op. cit., 1995, p. 43.

[123] Ibidem, p. 44. Importante panorama comparativo entre o orçamento tradicional e o orçamento-programa é traçado por GIACOMONI, James. *Orçamento público*. São Paulo: Atlas, 2005, p. 159.

a justificar análise meticulosa, o que afasta qualquer tendência reducionista de um tratamento meramente político, econômico ou contábil. Boa parte desse novel entendimento deve-se à ordem jurídica instalada pela Constituição de 1988, que estabeleceu a base de atribuições do Legislativo, alterando, em muito, a sua concepção. Desse modo, é salutar ao direito revisitar os institutos que, confrontados com a nova ordem constitucional, apresentam dissonâncias e carecem re-análise para a sua adequação.

A prerrogativa jurídica do orçamento enquanto lei de assento constitucional, art. 165 da CF/88, não pode ser ofendida por interpretações doutrinárias ou jurisprudenciais fundadas em preocupante discurso de conteúdo autoritário. Esse entendimento, aqui rechaçado, culmina por relegar o orçamento a um local esvaziado no ordenamento jurídico, colocando o Legislativo em situação de subordinação com relação ao Executivo – na medida em que este efetua as despesas orçadas à sua discrição, e o Judiciário em posição elevada, quando muda, de fato, o orçamento, para que sejam efetivadas as suas decisões.

A estrutura que lhe foi dada pela Constituição, além das razões acima apontadas, direcionam para uma concepção do orçamento, não apenas formal, mas também material, como se verá.

Fala-se em concepção "também material" apenas porque essa é a premissa da doutrina e da jurisprudência: de que existem leis formais e leis materiais. Na verdade, e dentro de uma pureza constitucional, a Constituição Federal de 1988 apenas permite identificar como lei algo em sentido formal. Logo, não há respaldo doutrinário ou jurisprudencial para um conceito material de lei no âmbito da Constituição em vigor.

2.4.6.1. Do aspecto formal

A lei orçamentária é resultado de minuciosa análise e de trabalho experto na sua ordenação. Sua elaboração observa regras constitucionais específicas, dentre elas, a faculdade de emendas que tem o Legislativo (art. 166, § 3º, da CF/88). Logo, não se limita apenas a aprovar o projeto como enviado pelo Executivo, mas efetivamente poderá o legislador contribuir e cooperar na matéria orçamentária. Aqui a sua irrefutável natureza legal.[124]

---

[124] "Em várias democracias, como, por exemplo, no parlamentarismo inglês, o orçamento é considerado um programa de governo que pode ser aprovado ou rejeitado, porém não descaracterizado pelo processo emendatício. A influência do Parlamento se exerce antes da apresentação do orçamento, pelo debate de prioridades e, depois, pela crítica da execução. A restauração do direito de emenda nos reaproxima do modelo norte-americano, facilitando entretanto *déficits* crônicos". In MIRANDA, Dalton César Cordeiro de. *Orçamento Participativo Federativo*: uma proposta de elaboração. Revista Tributária e de Finanças Públicas, Ano 9, n. 38, maio-junho de 2001, p. 155.

A iniciativa compete apenas ao Executivo, mas a competência é do Congresso Nacional. Segundo o art. 166 da Constituição, os projetos orçamentários devem ser apreciados pelas duas Casas do Congresso Nacional, na forma do regimento comum, ocorrendo sua votação em conjunto. Há uma comissão mista (senadores e deputados), de natureza permanente, para examinar e emitir parecer sobre os projetos orçamentários, que serão examinados pelo Congresso.

Assim sendo, compete ao Congresso Nacional não somente o debate e a aprovação do Projeto da Lei Orçamentária enviado pelo Executivo, mas também a sua modificação. Como afirma Gilberto Tristão, "é sobretudo através da apresentação de Emendas que os parlamentares combatem os excessos tecnocráticos e burocráticos, evitam desequilíbrios, corrigem desvios, reajustam distanciamentos das prioridades, impedem injustiças a grupos sociais e adequam o orçamento aos interesses regionais e locais".[125]

Na Constituição anterior (art. 65 da CF/69) nenhum outro poder restava ao Legislativo que não discutir o projeto do orçamento, mas sem introduzir-lhe qualquer tipo de modificação, tornando inócua a sua participação. Mas a Constituição de 1988 sanou essa indesejável situação, com alguns limites, que não inviabilizam a atuação do Legislativo.[126] Assim, poderá haver emenda desde que, respeitadas as balizas estabelecidas na Constituição da República, (a) não importem aumento da despesa prevista no projeto de lei, (b) guardem afinidade lógica (relação de pertinência) com a proposição original e (c) tratando-se de projetos orçamentários (CF, art. 165, I, II e III), observem as restrições fixadas no art. 166, §§ 3º e 4º, da CF/88.

Também são importantes na elaboração do orçamento o comportamento da arrecadação tributária, a política de endividamento e a participação das fontes internas e externas no financiamento das despesas. Além disso, cada despesa a ser efetuada exige do Executivo ter em mira: a) os objetivos a serem alcançados; b) os recursos humanos, materiais, financeiros e institucionais necessários; c) o custo do serviço a ser ofertado ou do bem a ser adquirido; d) a compatibilização com outros programas existentes; e) a necessidade de revisão ou recomendação para ampliar ou reduzir as metas propostas face às prioridades ou limitações financeiras;

---

[125] TRISTÃO, Gilberto. Dificuldades na democratização do orçamento público. *Revista de Informação Legislativa*. Brasília. Ano 26, n. 104, 1989, p. 122

[126] "Tratando-se de dispositivo que foi introduzido por emenda do Poder Legislativo em projeto de iniciativa exclusiva do Chefe do Poder Executivo, e dispositivo que aumenta a despesa, é, sem dúvida, relevante a argüição de sua inconstitucionalidade por violação do disposto no artigo 63, I, da Constituição Federal, uma vez que não se lhe aplica o disposto no art. 166, §§ 3º e 4º, da mesma Carta Magna." (ADI 2.810-MC, Rel. Min. Moreira Alves, julgamento em 26-2-03, *DJ* de 25-4-03)

AUTORIDADE DA LEI ORÇAMENTÁRIA

e f) a consolidação da proposta orçamentária. Todos esses detalhamentos visam a uma programação de despesa nos limites da realidade financeira e com as metas e diretrizes já existentes, assim como a compatibilidade com princípios constitucionais como o da eficiência e o da economicidade.[127]

O Supremo Tribunal Federal tem sido acionado quando há infração ao regular procedimento formal de elaboração do orçamento. Assim, se o Legislativo cria programa que envolve dispêndio sem prévia anuência orçamentária, eivado está de inconstitucionalidade.[128] Lei que submete à Câmara de Vereadores ou à Assembleia Legislativa autorização ou aprovação de encargos não previstos na lei orçamentária, não pode prevalecer, por contrariar a separação dos Poderes.[129] E também não pode uma lei de uma unidade federativa cercear a liberdade do Executivo de outra unidade da federação, no tocante à realização do seu planejamento, quer impondo-lhe plano de ação que não foi previamente acordado,[130] quer estabelecendo índices de aplicação de recursos, além dos já previstos pela Constituição Federal.[131]

É importante lembrar que é obrigatória a participação do cidadão no ciclo de elaboração do orçamento,[132] que pode sugerir propostas a serem incluídas na LOA. Embora inexista previsão legal de que a sua sugestão

---

[127] É comum afirmar-se que essa fase do procedimento responde as seguintes perguntas: *O que deve ser realizado? Para quê? Quanto custa? Em quanto tempo? Como será feito? Quem é o responsável?*

[128] "Lei do Estado do Rio Grande do Sul. Instituição do Pólo Estadual da Música Erudita. Estrutura e atribuições de órgãos e Secretarias da Administração Pública. Matéria de iniciativa privativa do Chefe do Poder Executivo. Precedentes. Exigência de consignação de dotação orçamentária para execução da lei. Matéria de iniciativa do Poder Executivo. Ação julgada procedente." (ADI 2.808, Rel. Min. Gilmar Mendes, julgamento em 16-8-06, *DJ* de 17-11-06)

[129] ADI 1.166, Rel. Min. Ilmar Galvão, julgamento em 5-9-02, *DJ* de 25-10-02.

[130] "Lei n. 10.238/94 do Estado do Rio Grande do Sul. Instituição do Programa Estadual de Iluminação Pública, destinado aos municípios. Criação de um conselho para administrar o programa. (...) O texto normativo, ao cercear a iniciativa para a elaboração da lei orçamentária, colide com o disposto no artigo 165, inciso III, da Constituição de 1988." (ADI 1.144, Rel. Min. Eros Grau, DJ 08/09/06)

[131] Lei da Constituição Estadual de Recife, que estabelecia uma vinculação orçamentária aos municípios, para zelar da criança e do adolescente, foi julgada inconstitucional, pois a Constituição Federal atribui competência exclusiva ao executivo para a iniciativa da lei orçamentária. (ADI 1.689, Rel. Min. Sydney Sanches, julgamento em 12-3-03, *DJ* de 2-5-03)

[132] O Estatuto da Cidade (Lei n. 10.257/01) traz os seguintes artigos que obrigam a Administração a ouvir o cidadão antes da feitura do Orçamento, tendo em vista a necessidade de sua participação na escolha das prioridades dos gastos públicos. (arts. 2°, II; XIII; 4°, III, "f"; 4°, § 3°). Também em relação ao plano diretor (art. 40, § 4°, I; art. 43; art. 44; art. 45.). No mesmo sentido a Lei de Responsabilidade Fiscal (art. 9°, § 4°; art. 32, § 4°; art. 45; art. 48; art. 49; art. 51; art. 55, § 2°). Além dessas ações, há ainda os Conselhos, forma de aproximar o cidadão da participação do Orçamento. As leis de sua instituição são categóricas em apontar tal atribuição: propor alterações orçamentárias e até auxiliar efetivamente ao Executivo na proposta orçamentária, com referência a políticas públicas em cada setor. Assim tem-se o Conselho Municipal de Saúde, do FUNDEF, CMDCA. (Ver Lei 8.142/90, art. 1°, § 2°; Lei 11.494/07, art. 24, que trata do acompanhamento da aplicação dos recursos e Lei 8.069/90, art. 136, IX, respectivamente). Sobre a importancia dos Conselhos como fatores que promovem o controle social da função

deva ser posta em prática, entende-se que o Executivo não pode ignorar as propostas dos cidadãos, pois não há no ordenamento jurídico norma de mera recomendação.[133]

O Judiciário começou a se posicionar firmemente em relação às normas constitucionais que impõem a participação do cidadão na feitura de leis e que nunca são cumpridas. Nesse sentido, julgou inconstitucional lei cuja criação demande a participação, embora tenha sido aprovada sem qualquer consulta à comunidade.[134]

Tendo em vista as normas jurídicas que legitimam a participação do cidadão na feitura do orçamento,[135] se não houver acatamento da sua proposta ou realização do acordado, deve ao menos haver justificação pelo Executivo do porquê da não ocorrência. Tal se dá porque, uma vez contribuído para a elaboração do orçamento, o cidadão sente-se partícipe da gerência da *res publica* e necessita de razões para justificar o não acatamento de suas propostas.

Embora haja peculiaridades na sua aprovação, o orçamento é em tudo e por tudo uma lei no aspecto formal, visto que, ao final, o Plenário do Legislativo dá a última palavra e, no que a Constituição não dispôs sobre o seu rito, segue as demais normas relativas ao processo legislativo

---

administrativa do Estado ver SIRAQUE, Vanderlei. *Controle social da função administrativa do Estado. Possibilidade e limites na Constituição de 1988.* São Paulo: Saraiva, 2005, p. 122 e ss.

[133] OLIVEIRA, Regis Fernandes de. *Curso de direito financeiro.* São Paulo: RT, 2006, p. 298. Afirma Juarez Freitas que a sugestão popular tem vinculação apenas ética e não jurídica: "Se por vinculação compreender-se a inexistência de liberdade ou de discrição do administrador ou do legislador, a resposta afirmativa acarretaria inadmissível ablação da iniciativa do Executivo e debilitaria todo o processo Legislativo, usurpando, de modo indelével as respectivas competências constitucionais". (...) "O controle social não substitui nem faz dispensáveis os multifacetados mecanismos da democracia representativa. A vinculação pode e deve ocorrer como autovinculação, isto é, como vinculação ética e política do Executivo e não menos ética do Legislativo, desde que o processo de participação se mostre dotado de suficiente credibilidade dos envolvidos e caracterizado pela responsabilidade decisória, já ao hierarquizar prioridades, já ao combater os crônicos e deletérios vícios da execução orçamentária". FREITAS, Juarez. O princípio da democracia e o controle do orçamento público brasileiro. *Revista Interesse Público. Especial – Responsabilidade Fiscal.* Sapucaia do Sul: Notadez, 2002, p. 16.

[134] Nesse sentido, foi julgada inconstitucional a Lei Complementar n° 333/06, do Município de Santa Cruz do Sul, que regulamenta a regularização de edificações em desacordo com o Plano Diretor, por *falta de qualquer consulta à comunidade.* Segundo a relatora, não foi observado o disposto no art. 177 da Constituição Estadual, que diz, em seu parágrafo 5°: "Os Municípios assegurarão a participação das entidades comunitárias legalmente constituídas na definição do plano diretor e das diretrizes gerais de ocupação do território, bem como na elaboração e implementação dos planos, programas e projetos que lhe sejam concernentes". Proc. 70020527149. Órgão Especial do Tribunal de Justiça do Rio Grande do Sul. Relatora Desembargadora Maria Berenice Dias. 14/11/2007.

[135] O Estatuto da Cidade (Lei n. 10.257/01) traz os seguintes artigos que obrigam a Administração a ouvir o cidadão antes da feitura do Orçamento, tendo em vista a necessidade de sua participação na escolha das prioridades dos gastos públicos. (arts. 2°, II; XIII; 4°, III, "f"; 4°, § 3°). Também em relação ao plano diretor (art. 40, § 4°, I; art. 43; art. 44; art. 45.). No mesmo sentido a Lei de Responsabilidade Fiscal (art. 9°, § 4°; art. 32, § 4°; art. 45; art 48; art. 49; art 51; art. 55, § 2°).

AUTORIDADE DA LEI ORÇAMENTÁRIA

(§ 7º do art. 166 da CF). Após a aprovação legislativa, segue à sua promulgação, sanção ou veto.

A autoridade formal da lei orçamentária está presente nesse seu procedimento, que é caracterizado pela i) tecnicidade da sua elaboração, ii) pela observância de procedimentos e prazos específicos, iii) pelas restrições às emendas parlamentares, e iv) pelos pareceres da Comissão mista. Além disso, se comparada com a Constituição de 1967 e, mais ainda, com a monarquia constitucional, o grau de atuação do Legislativo na Constituição de 1988 é inegavelmente maior, reforçando a força democrática das decisões alocatícias no orçamento.

Esse aspecto formal não tem sido negado pela doutrina. Mas aí o erro, ao limitar o seu caráter legal apenas a esse aspecto. Se fosse mera formalidade, sua ausência ou existência não afetaria as relações jurídicas sob sua égide, de modo que seria possível derrogar todas as leis orçamentárias e aprovar outras sem qualquer consequência jurídica relevante, o que não se pode aceitar.

2.4.6.2. Do aspecto material

O aspecto material do orçamento trabalha com o seu conteúdo, expressamente delimitado na Constituição: "a lei orçamentária anual não conterá dispositivo estranho à previsão da receita e à fixação da despesa, não se incluindo na proibição a autorização para abertura de créditos suplementares e contratação de operações de crédito, ainda que por antecipação de receita, nos termos da lei" (§ 8º do art. 165).[136]

A primeira lição que se retira desse dispositivo é a exclusividade em matéria orçamentária. Ou seja, o texto da lei orçamentária não pode versar sobre outra matéria que não seja a fixação da despesa e previsão da receita pública. Assim, não pode, por exemplo, instituir tributo, aumentar alíquota, ou qualquer outra determinação que fuja das finalidades específicas e explícitas. Do ponto de vista do equilíbrio, significa dizer que a despesa é fixada de acordo com a receita previsível e não o inverso.[137] Nesse ponto, afirma José Afonso da Silva que não se trata de princípio exclusivo da matéria orçamentária. Qualquer lei deve conter apenas a matéria

---

[136] Aliomar Baleeiro traduz a importância da restrição da matéria orçamentária, visto que, nas raias do escândalo, continham no Orçamento até mesmo nomeações e promoções de funcionários públicos, com invasão das atribuições do poder Executivo. Essa limitação eliminou as chamadas "caudas orçamentárias", assim entendidas como todos os dispositivos de lei, no sentido material, que versavam sobre os mais variados assuntos estranhos às finanças. (ver BALEEIRO, Aliomar. *Uma introdução à ciência das finanças*, p. 442-443).

[137] SILVA, José Afonso da. O Orçamento e a fiscalização financeira na constituição. *Revista de Direito Público* n. 08. São Paulo: RT, 1969, p. 169.

que objetiva regular, mas é mais rigoroso em se tratando do orçamento, visto que foi e ainda é uma exigência constitucional.

A norma citada estabelece exceções, não estranhas, contudo, à receita e à despesa públicas, que só podem ser utilizadas em casos raros e com estreitos limites, tais como autorização para abertura de créditos suplementares e contratação de operações de crédito, ainda que por antecipação de receita, de maior aplicação num tempo em que as oscilações da economia dificultavam tanto a elaboração quanto a aplicação do orçamento.

Na atualidade, contudo, já não há tamanha variação a permitir ampla atuação do Executivo. Mas não deixam de haver brechas, e o poder de suplementação é uma dessas, que, a depender da relação política, dá ao Executivo ampla margem de manobra do orçamento, desfigurando-o na sua integralidade.[138] Como diria Poincaré, "Um exercício financeiro sem créditos suplementares constitui prodígio sem precedente".[139]

A abertura de crédito suplementar dá-se para reforçar dotações, quando o Executivo precisa de mais recursos para determinados fins, uma vez que o valor inicialmente previsto não foi suficiente. Já a operação de antecipação de receita significa que, no início do ano, normalmente, quando o governo não dispõe de caixa para alguns gastos iniciais, pode obter financiamento perante instituições creditícias para suportá--los, até que haja ingresso de dinheiro.

A materialidade orçamentária trabalha com real expectativa de numerário nos cofres públicos e com real possibilidade de gasto. E não há desprestigiar o caráter normativo do orçamento por conta dos signos linguísticos *expectativa* e *possibilidade*. Apenas demonstram eventual não coincidência da realidade fática com a jurisdicização dessa realidade, por fatores já antevistos pelo Direito, o que se dá com toda lei em que o seu dever-ser fica submetido a fatores externos que podem ou não se concretizar.

A peculiaridade da lei orçamentária reside em que, diferentemente das demais leis que são alteradas ou revogadas pelos procedimentos

---

[138] Ainda no século XIX já se fazia menção aos males do poder de suplementação e dos remanejamentos orçamentários: "SILVEIRA MARTINS tinha razão ao dizer, em 1878, que os créditos suplementares e os transportes de verbas eram os maiores males do Orçamento. O ministro exprimia-se à vista da precária organização contábil do Império e dos balanços apocalíticos então apresentados em função de um recheio orçamentário rico de "verbas englobadas". O Orçamento funcionava entre arranjos de tesoura, cortando-se aqui e encaixando-se o crédito ali, noutra verba, ou deixando-se o crédito solto, para ser aplicado como parecesse ao poder administrativo" (*In* FILHO, João Lyra. Pontos cardeais do orçamento público. *Revista de direito da procuradoria geral*. Brasília: Prefeitura do Distrito Federal, 1956, p. 22).

[139] *Apud* LYRA FILHO, João. Pontos cardeais do orçamento público. *Revista de direito da procuradoria geral*. Prefeitura do Distrito Federal: Brasília, 1956, p. 22.

gerais de derrogação e ab-rogação, possui procedimentos próprios para a sua alteração, previstos na legislação, que são a abertura de crédito adicional ou a possibilidade de transposição, remanejamento ou transferência (art. 167, inciso VI, da CF).

Crédito adicional são as autorizações de despesas não computadas ou insuficientemente dotadas na lei orçamentária. Segundo o artigo 41 da Lei nº 4.320/1964, os créditos adicionais[140] podem ser classificados em: a) Suplementar – destinado ao reforço de dotação orçamentária (a LOA poderá conter autorização ao Poder Executivo para abertura de créditos suplementares até determinada importância); b) Especial – destinado a atender despesas para as quais não haja crédito orçamentário específico, devendo ser autorizados por lei; e c) Extraordinário – destinado a atender despesas imprevisíveis e urgentes, como as decorrentes de guerra, comoção interna ou calamidade pública.

O crédito suplementar incorpora-se ao orçamento, adicionando-se à dotação orçamentária que deva reforçar, enquanto os créditos especiais e extraordinários conservam sua especificidade, demonstrando-se as despesas realizadas à conta dos mesmos, separadamente.

Dada à evolução científica, e com a ajuda de certos critérios, pode-se chegar a graus de certeza aproximados, fixando-se a receita e a despesa do modo mais próximo do real possível. Como afirma Regis F. de Oliveira, "já se começa a ver que o legislador, ao estruturar a peça orçamentária, não tem mais a liberdade que possuía. Já está, parcialmente, vinculado. O que era uma atividade discricionária, que ensejava opções ao político na escolha e destinação das verbas, passa a ser vinculada".[141] Ou seja, o orçamento é lei de elaboração e aplicação vinculadas.

E acrescenta o autor:

> A disponibilidade dos meios não é absoluta, nem é exclusivamente discricionária. É livre o agente para estabelecer suas prioridades, suas finalidades, mas, aí a ressalva, se há serviços a atender, se há débitos absolutamente reconhecidos e induvidosos, se há, como disse Ingrosso, o nome do credor, a data do pagamento e o montante a pagar, não há como se subtrair ao comando normativo. Há a vinculação ao pagamento. Atenção: a discrição opera-se no momento intelectivo da escolha das atividades que se irão desenvolver. A vinculação, conhecidos devedor, data do pagamento e montante a pagar, torna-se irreversível.[142]

A vinculação supramencionada colabora na formação do aspecto material do orçamento, cujo conteúdo estima receitas e prevê despesas,

---

[140] É bom registrar que, uma vez autorizados na LDO, os recursos dos créditos adicionais podem advir da reserva de contingência, que é destinada ao atendimento de passivos contingentes e outros riscos, bem como eventos fiscais imprevistos.

[141] OLIVEIRA, Regis Fernandes de. *Curso de direito financeiro*, p. 324.

[142] Ibidem, p. 325.

materializando, dessa forma, as ações e os programas do Estado, e tendo como destinatários os agentes políticos que só poderão fazer o que nele está previsto.

De modo simples, e na linha preconizada pela Constituição, a afirmação de que o orçamento é lei que prevê receitas e fixa despesas (§8° do art. 165) tem vários reflexos na materialidade do orçamento, tendo em vista a especificidade dos elementos que envolvem ambos os fenômenos. É que, do lado da receita, não pode haver lei ordenando a sua ocorrência se a circunstância fática assim não permitir. A situação econômica (momento pré-jurídico), assistida pela ciência das finanças, estima valores que serão arrecadados pelo Estado, o que deverá ocorrer dentro da maior proximidade do possível. A mera previsão legal não altera a ordem dos fenômenos para concretizar o previsto. Há uma subsunção gradual, na medida em que as expectativas de receitas ocorrem como previsto em lei.

Daí afirmar-se que lei orçamentária não altera a receita pública, pois essa já é determinada por um plexo de outras leis. O orçamento não pode determinar o ingresso de receitas cuja arrecadação não decorre de imposição legal, e, por força do comando normativo, tal se dá. Antes, toda receita resulta, ou da existência de leis tributárias impositivas da arrecadação pecuniária (receitas originárias), ou de contratos e negócios de que o governo faz parte (receitas derivadas), este último representativo de quantia ínfima se comparado ao primeiro.

Nesse sentido afirmou Aliomar Baleeiro que "as receitas dominiais não dependem de autorização orçamentária. Em relação a essas receitas, o orçamento não tem sentido jurídico".[143] No mesmo sentido é a opinião de Jèze: "se [os recursos] são de natureza tributária, no caso de votar-se anualmente, o orçamento contém autorizações para arrecadá-los segundo regras jurídicas existentes (...); porém nos regimes legislativos sem a regra da anualidade, o orçamento não tem significação jurídica alguma".[144]

Poderá acontecer que, no curso do orçamento, determinada receita tributária seja julgada inconstitucional e a receita desenhada não ocorra. Ou, ao contrário, que um tributo seja majorado no curso do exercício financeiro (como acontece com as contribuições sociais e outros tributos que o Executivo pode alterar a alíquota no mesmo exercício), acrescendo

---

[143] Quanto às receitas tributárias, afirmou o autor: "... são estabelecidas em leis e tornam-se efetivas pelos atos jurídicos dos funcionários fiscais, que operam os lançamentos e demais formalidades regulamentares. O Orçamento autoriza esses atos e torna a lei eficaz a cada ano. Funciona, pois, como ato-condição nessa parte" (In BALEEIRO, Aliomar. op. cit., p. 441). De notar que vigente ao tempo a anualidade tributária, na medida em que os tributos só poderiam ser cobrados se autorizados anualmente no Orçamento; tese já superada pela anterioridade tributária (Súmula 66 do STF).

[144] *Apud* FONROUGE, op. cit., p. 9.

a receita pública. Em todo caso, não foi a lei orçamentária que alterou a receita, mas outras leis substantivas ou até mesmo decisões judiciais.

Tendo em vista a possibilidade de alterações das receitas e/ou das despesas, com nítidos reflexos na lei orçamentária, a LRF previu hipóteses de riscos (exige Anexos de Metas e de Riscos – arts. 4º, §§ 1º e 3º) que devem demonstrar probabilidades de ingressos diferentes do previsto no orçamento, decorrentes tanto de entraves fáticos quanto jurídicos. Eventual dissonância não significa que a lei orçamentária não se concretizou, ou que a regra jurídica orçamentária (Lei Orçamentária Anual) não incidiu sobre o orçamento público (fato econômico social),[145] e resultou na inexistência de fato jurídico orçamentário.

Jurisdicizar a receita significa dar ao Estado ciência do *quantum* de recursos está disponível, para que, dentro deste limite, se saiba quanto poderá aplicar em cada área de interesse público. Daí a necessidade de previsão real e não fictícia de receitas. Em caso de previsão ilusória de receitas, quando possível prever-se um valor mais próximo do real, o gestor sofrerá sanções do Tribunal de Contas. A força do orçamento está em ser a lei que, por violada, devido à ausência de correspondência entre o previsto e o realizado, gera sanções à Administração.[146]

Quanto à despesa, a materialidade orçamentária assenta-se como uma luva. É que, enquanto há riscos na receita oriundos de instabilidades econômicas e fáticas, nas despesas o grau de concretude da previsão normativa é maior, o que não significa que todas elas sejam previsíveis. É que a despesa, na sua maioria, não depende de fatores incertos. Pode haver óbices fáticos, tais como grave surto de doença que demanda recursos em maior monta que o previsto, ou jurídicos, como atraso na execução de obra por conta de burocracia na licitação ou com licenças ambientais, mas esses não têm o condão de retirar ou minorar sua força vinculativa. No sistema orçamentário brasileiro diz-se que o Executivo está parcialmente vinculado na fase de elaboração do projeto da despesa, e completamente vinculado quando determina, na lei orçamentária, em que programa específico ou qual destino terá o recurso.

---

[145] Parafraseando Alfredo Augusto Becker, quando trata do momento pré-jurídico (o Orçamento como fato econômico social) e o momento jurídico (a lei orçamentária). Afirma o autor: "No momento em que esta regra jurídica é criada, ela *incide* sobre o Orçamento Público (hipótese de incidência) e o *juridiciza*; noutras palavras, o Orçamento Público, que era apenas um fato natural (econômico-social), *torna-se jurídico*". BECKER, Alfredo Augusto. *Teoria geral do direito tributário*, p. 229-230.

[146] Nesse sentido o Parecer Prévio n. 745/04, do TCM da Bahia, que alerta o gestor do Município de Governador Mangabeira para o fato de que apenas 74,3% da receita orçada se realizou. Disponível em <www.tcm-ba.gov.br>. No mesmo sentido, o Parecer Prévio n. 871/01, do TCM da Bahia, que alerta o gestor do Município de Itabela para o fato de que apenas 74,05% da receita orçada se realizou. A advertência em ambos os casos foi: "Não se pode mais aceitar a apresentação de propostas orçamentárias irreais". Disponível em <www.tcm-ba.gov.br>.

Uma vez vislumbrada qualquer ficção na elaboração do orçamento, poderá a mesma ser questionada pelo Legislativo, que é dotado de pessoas com preparo político, aptas a julgarem as propostas de despesas apresentadas pelo Executivo, e a razoabilidade serve como critério para esse fim.[147] Se o Executivo prevê a realização de determinada obra, com o detalhamento do projeto e a média do seu valor, essa só não se realizará se houverem fatores fáticos e/ou jurídicos justificadores da restrição.

O Executivo, na linha do afunilamento constitucional descrito, é "livre" para escolher as prioridades governamentais, o modo de agir e as finalidades das políticas públicas. No entanto, uma vez posto no PPA o que pretende fazer, e detalhado no orçamento as ações e as atividades, deles só poderá se desvencilhar se a razão justificadora se subsumir dentro dos motivos legalmente previstos.[148] Do contrário, a lei orçamentária, quanto à despesa, deverá ser cumprida na sua completude, pois se trata de ato democrático de eleição das prioridades públicas. Há discrição na eleição das prioridades, mas uma vez eleitas, encontra-se o Executivo jungido às mesmas.[149]

É óbvio que, após aprovado o orçamento, pode haver remanejamento, transposição ou transferência de recursos de uma categoria de programação para outra ou de um órgão para outro. Mas tal não prescinde de autorização legislativa (art. 167, V, da CF). As demais alterações, que podem ser feitas por decretos ou medidas provisórias, observam a motivação acima disposta, além dos critérios estabelecidos em lei.[150]

---

[147] Após afirmar que a razoabilidade é utilizada em vários contextos e com várias finalidades, numa verdadeira confusão terminológica, Humberto Ávila classifica a razoabilidade como um postulado normativo e identifica três acepções para o termo: a) razoabilidade como diretriz que exige a relação das normas gerais com as individualidades do caso concreto; b) razoabilidade como diretriz que exige uma vinculação das normas jurídicas com o mundo ao qual elas fazem referência; e c) que exige a relação de equivalência entre duas grandezas. In ÁVILA, Humberto. *Teoria dos Princípios*, p. 139-146. Em todos esses casos pode haver controle do Judiciário. No mesmo sentido, Ricardo Lobo Torres, quando afirma que "A razoabilidade se projeta para o campo orçamentário com extraordinário vigor. Ao perpassar todos os outros princípios constitucionais orçamentários exerce diferentes funções: serve de princípio de interpretação dos dispositivos da lei de meios; influi na elaboração do orçamento, ao governar as escolhas trágicas e as opções pela alocação de verbas; informa a própria legitimidade orçamentária, que deve resultar do equilíbrio razoável entre legalidade e economicidade". TORRES, Ricardo Lobo. *Tratado de direito constitucional financeiro e tributário*. Vol. V. O Orçamento na Constituição. Rio de Janeiro: Renovar, 2000, p. 312-313.

[148] Nesse ponto, forte destaque para o § 2º do art. 9º da LRF, que prevê as situações em que o contingenciamento de despesa é permitido, bem como a função da LDO para reger situações dessa natureza, quais sejam, discriminando as áreas em que o contingenciamento poderá ocorrer.

[149] Se há prescrição legal de pagamento a ser realizado, com individuação do credor e todo o detalhamento da despesa, como poderá o Executivo se imiscuir do comando normativo para agir de acordo com a sua discrição?

[150] No caso das medidas provisórias, além da motivação que circunscreve todo ato administrativo, deve também observar os requisitos constitucionais, quais sejam, a relevância e a urgência (art. 62 da CF). De maneira inédita, o STF deu um freio às constantes medidas provisórias que, pautadas nos

A alteração do orçamento não se confunde com a não aplicação pelo Executivo dos recursos nele previstos. O primeiro só ocorre com autorização legal, e o segundo ocorre a qualquer tempo, a depender da conveniência do Executivo, sendo esta, na visão majoritária, a razão da natureza meramente formal do orçamento: a possibilidade de efetivamente aplicar ou não os recursos previstos no orçamento.

Entretanto, com o advento da LRF, tido como fundamental documento para a moralização definitiva do orçamento, a dita facultatividade não pode ocorrer. Com essa lei, a não aplicação dos recursos nos moldes previstos no orçamento (o corte de despesas) deixa de ser aleatório e passa a ter critérios. É o chamado contingenciamento de despesas, devido por conta de eventos futuros que podem demandar um pronto agir do Executivo. Há um sistema normativo, pautado em regras, valores[151] e princípios, que informam o modo de alteração e adaptação do agir do Estado às políticas públicas traçadas com o uso dos recursos públicos.

Para tanto, o ente público tem que estimar a receita do ano seguinte, fixado em parâmetros claros, tendo como padrão, por exemplo, a receita real do exercício anterior. Uma vez estimada a receita, a cada bimestre essa estimativa será reavaliada. Não se concretizando conforme esperado, vê-se obrigado a cortar despesas (contingenciamento de despesas), que não ocorre sem critério. A alteração não é discricionária. Há um procedimento, verdadeira fronteira que o Executivo não está autorizado a ultrapassar (art. 9º da LRF).[152]

Assim, obrigações constitucionais não podem ser limitadas, tendo-se como tais as expressamente previstas como dever do Estado em percentuais claros e irrefutáveis, bem como o repasse de recursos de contribui-

---

termos abertos contidos nos arts. 62 e 167, § 3º, ambos da CF, alteravam o orçamento da União, na sua quase totalidade, sem qualquer razão justificadora convincente. Nesse ponto, o STF demonstrou a possibilidade de rever antigos posicionamentos, em que o mérito das medidas provisórias não era analisado, no julgamento da ADI n. 4048, em que se pleiteou a declaração de inconstitucionalidade da Medida Provisória 405/2007, que abriu crédito extraordinário em favor de diversos órgãos do Poder Executivo, o que foi deferido. Quanto aos critérios, além da motivação, deve o Executivo observar as regras de abertura de créditos adicionais e de contingenciamento de despesas, previstos no art. 41 da Lei n. 4.320/64 e no artigo 9º da LRF.

[151] Afirma Ricardo Lobo Torres sobre a questão valorativa do Orçamento: "O direito orçamentário, embora instrumental, não é insensível aos valores nem cego para com os princípios jurídicos. Apesar de não ser fundante de valores, o Orçamento se move no ambiente axiológico, eis que profundamente marcado pelos valores éticos e jurídicos que impregnam as políticas públicas" (TORRES, Ricardo Lobo. *Tratado de Direito Constitucional Financeiro e Tributário*. 2ª ed. Rio de Janeiro: Renovar, 2000, p. 109.)

[152] Segundo o § 2º do art. 9º da LRF, algumas despesas *não* podem ser contingenciadas. São elas: a) os benefícios previdenciários; b) os salários do funcionalismo; c) as transferências para estados e municípios; d) as obrigações constitucionais (como as despesas constitucionais dos ministérios da Saúde e da Educação, dentre outras); e f) a reserva para o superávit primário. Comumente, compete à Lei de Diretrizes Orçamentárias enumerar quais são as despesas que não serão objeto de limitação de empenho.

ções ao seu destino, uma vez que são tributos de vinculação orçamentária obrigatória. Também é obrigatória a proteção de direitos fundamentais, o que implica, por via regressa, impossibilidade de corte em recursos que refletem na defesa a direito fundamental.

Parece claro que o Executivo não está obrigado à totalidade do desembolso conforme previsto no orçamento, uma vez que disponibilidade orçamentária não é sinônima de disponibilidade financeira. Pode haver previsão no orçamento, mas inexistir recursos no caixa. Logo, a verificação do fluxo de caixa determinará a disponibilidade de recursos e justificará, se for o caso, a necessidade de contingenciamento. Mas o ato, repita-se, deverá ser motivado, pena de sua anulação por eventual controle judicial. O que o Executivo não pode é desestabilizar o orçamento, de modo autocrático, por conta de ajustes aos fatos não previstos.

Nesse sentido, o Judiciário já se manifestou na direção de que "tais decretos devem ser fundamentadamente motivados a fim de explicitarem os reais motivos que levaram o administrador a proceder a alteração orçamentária". Se tal não ocorrer, tem-se causa que nulifica tais atos administrativos e enseja a devolução dos recursos orçamentários.[153] Como se pode perceber, o terreno começa a tornar-se fértil para as ponderações aqui elaboradas.

Do contrário, ocorreria vulneração à segurança jurídica, na medida em que a maioria dos contingenciamentos existentes encontra-se desprovido dos parâmetros e critérios legais sustentadores da sua ocorrência. À luz do direito, deveria suceder apenas quando houvesse retardamento de receitas ou inexecução de parte da programação de despesa prevista na Lei Orçamentária, geralmente ocorrida em início do ano.

O contingenciamento não é alteração formal do orçamento, que se dá pela via do Legislativo, mas opera como se o fosse, porque a não destinação, pelo Executivo, do valor previsto para determinado fim, tem o mesmo efeito de alteração da despesa, no tocante ao credor dos recursos contingenciados. Daí a necessidade de motivação, uma vez que aplicar o orçamento sem qualquer critério quanto aos repasses nele previstos mina a confiança dos credores diretos dos recursos públicos e de todos os cidadãos, que democraticamente se fizeram representados pelo parlamento.[154]

---

[153] Apelação e Reexame Necessário n° 70021131321, Oitava Câmara Cível, Tribunal de Justiça do RS, Relator: Rui Portanova, Julgado em 21/02/2008.

[154] Esse é o entendimento assente na concepção do Orçamento autorizativo, como se depreende da afirmação de Aliomar Baleeiro, quando trata das despesas públicas, de que o Orçamento aprovado "isenta de responsabilidade os funcionários que a realizam". (BALEEIRO, Aliomar. *Um introdução à ciência das finanças*. Op. cit., p. 441)

Logo, permitir que despesas fixadas não se realizem pela simples vontade do Executivo, ignorando-se a lei orçamentária e os critérios da LRF, implica autorizar a uma só pessoa a alteração da vontade democraticamente estabelecida e consentir, por via oblíqua, que outras decisões pudessem também modificar o orçamento, inclusive as judiciais.

A equação é simples: se o Executivo não possui flexibilidade para descumprir a execução orçamentária, dado que é lei, também não o terá qualquer outro órgão, seja direta ou indiretamente.[155] No sentido contrário, se o Executivo pode alterar o orçamento, descumprindo-o, também o pode o Judiciário, quando faz tábula rasa de qualquer argumentação que tenha nas leis orçamentárias o seu maior suporte conclusivo.

O orçamento não pode ser peça rígida para certa situação e flexível para outra. Daí que um programa não previsto na integração orçamentária (PPA, LDO e LOA) não poderá ser realizado, nem pela vontade do Executivo, tampouco pela de qualquer outro poder, visto que toda ação que implique bens ou serviços só poderá ser realizada com a confluência dessas normas. Do outro lado, programa previsto também não poderá deixar de ser executado pela vontade isolada de qualquer dos poderes. As exceções à não execução estão previstas nas leis orçamentárias.

Essa rigidez na execução orçamentária é que dota o orçamento de caráter material, ao qual não se chega com a posição doutrinária prevalecente e com o posicionamento jurisprudencial ainda dominante.

Demonstradas essas novas concepções em torno do orçamento, resta saber quais são os argumentos justificadores da sua natureza meramente formal e se os mesmos ainda subsistem.

2.4.7. Características intrínsecas da LOA

Afirmam os opositores que o orçamento não poderá ser lei em sentido material porque, para tanto, deveria ser abstrato, genérico e veicular direitos subjetivos, o que não se vislumbra, tendo em vista as suas características restritivas de conteúdo e a concreção e individualização dos seus atos.

Baseados nesses entendimentos, de construção doutrinária e de aceitação jurisprudencial, nega-se o caráter normativo às leis orçamentárias. Invalida-se a função constitucional do trabalho do Legislativo, com con-

---

[155] ANJOS, Pedro Germano dos. Os Graus da Discricionariedade da Administração Pública. In: *Anais do XVII Congresso Nacional do CONPEDI* – Brasília-DF. Florianópolis: Fundação Boiteaux, 2008, p. 3501-3519.

sequências para o ajuste das finanças públicas previsto na Constituição,[156] e afasta-se o seu controle concentrado de constitucionalidade pelo Judiciário, o que seria medida de extrema relevância para a adequação das despesas públicas às normas constitucionais.[157]

Ocorre que, embora haja afastamento judicial do controle concentrado de constitucionalidade do orçamento, o Judiciário não se imiscui de nele atuar quando, em defesa da efetivação de suas decisões, percebe que a única maneira de concretizá-las seria com a provocação de alterações no próprio orçamento. Ou seja, se o orçamento não comportar normativamente a efetivação de determinada decisão judicial, o Judiciário ordena indiretamente que o mesmo seja alterado, tendo em vista ser essa a alternativa jurídica à efetivação do direito. Desse modo, o raciocínio afasta o Judiciário naquilo que a Constituição não o afastou e o aproxima naquilo que não lhe permitiu.

De início, cumpre saber até que ponto os critérios doutrinários e jurisprudenciais, que separam as prescrições em concretas ou abstratas e genéricas ou individuais, para configurarem hipótese normativa apenas às prescrições abstratas e genéricas, estão corretos a ponto de afastarem o orçamento da análise judicial.

Nesse ponto, vale a crítica de Bobbio[158] de que a distinção é insuficiente e francamente leva o estudioso para a direção errada, porque "co-

---

[156] Esse é um dos males resultantes da omissão judicial em controlar os orçamentos públicos, muito bem relatados por Eugênio Rosa de Araújo: "O Judiciário, pelas mãos do Supremo Tribunal Federal foi o maior responsável por este estado calamitoso. As grandes decisões do Supremo Tribunal Federal na década de 90 permitiram a completa desorganização da economia financeira do Estado Brasileiro. Vejamos as mais flagrantes: aprovação do modelo genérico de privatização, permissão de reedição indefinida de medidas provisórias e demissão da análise da relevância e urgência das medidas; absoluta ineficácia da ação direta de inconstitucionalidade por omissão e do mandado de injunção; *não conhecimento de ações diretas contra leis orçamentárias por considerá-las leis apenas em sentido formal*; permissão do desvio das contribuições sociais da previdência para o Orçamento fiscal, medidas essas que mergulharam o país no caos em que se encontra hoje". (grifou-se). ARAÚJO, Eugênio Rosa de. O princípio da reserva do possível e ponderação com regras a ele pertinentes. Viagem na irrealidade do cotidiano financeiro. *Revista da Seção Judiciário do Rio de Janeiro*. n. 15. Justiça Federal 2ª Região: Rio de Janeiro, 2005, p. 20.

[157] Assim se manifestou o plenário do Supremo Tribunal Federal, quando lei orçamentária inobservou a Constituição, ao destinar recursos de tributos vinculados em fins distintos do previsto na lei de sua constituição: Não se pretende a suspensão cautelar nem a declaração final de inconstitucionalidade de uma norma, e sim de uma destinação de recursos, prevista em lei formal, mas de natureza e efeitos político-administrativos concretos, hipótese em que, na conformidade dos precedentes da Corte, descabe o controle concentrado de constitucionalidade como previsto no art. 102, I, *a*, da Constituição Federal, pois ali se exige que se trate de ato normativo. Isso não impede que eventuais prejudicados se valham das vias adequadas ao controle difuso de constitucionalidade, sustentando a inconstitucionalidade da destinação de recursos, como prevista na Lei em questão. (ADIn n. 1.640, Relator Ministro Sydney Sanches. RTJ 167/79-85).

[158] BOBBIO, Noberto. op. cit., p. 180-1. no mesmo sentido Celso Antonio Bandeira de Melo: "A lei se diz geral, quando apanha uma classe de sujeitos. *Generalidade* opõe-se a *individualização*, que sucede toda vez que se volta para um único sujeito, particularizadamente, caso em que se deve nominá-la lei

---

AUTORIDADE DA LEI ORÇAMENTÁRIA

locando em evidência os requisitos da generalidade e da abstração, faz crer que não haja normas jurídicas individuais e concretas".[159]

Por outro lado, uma norma pode ser mais específica que outra e igualmente universal, pois a universalidade é do tipo lógico e não está ligada a uma norma ser mais ou menos específica. Generalidade está ligada com área de alcance.

Após classificar as normas, por um lado, em gerais e comandos (individuais) e, por outro, em abstratas e ordens (concretas), Bobbio[160] afirma:

> [...] esta quadripartição nos ajuda a escapar da doutrina tradicional segundo a qual as características das normas jurídicas seriam a generalidade e a abstração. Se nós observarmos realisticamente um ordenamento jurídico, não poderemos deixar de notar que contém, ao lado das normas gerais e abstratas, comandos e ordens. Com isto, não se deseja dizer que as prescrições de um ordenamento jurídico sejam de igual importância. Uma classificação não é uma graduação. Deseja-se apenas precisar, para corrigir uma doutrina corrente (em declínio), que ao lado das prescrições gerais e abstratas, se encontram as individuais e concretas, e portanto não se pode elevar os requisitos da generalidade e da abstração, ou os dois juntos, a requisitos essenciais da norma jurídica.

Como afirma Bobbio, a finalidade da norma ser genérica é a busca da igualdade, pois privilégios são instituídos por normas individuais, ao passo que a finalidade da norma abstrata é a certeza. Certeza de que os efeitos que o ordenamento jurídico atribui a um dado comportamento irão ocorrer, de modo que toda ação que adentre no tipo normativo desencadeará no mesmo fim.[161]

O ideal seria que todas as normas fossem gerais e abstratas,[162] mas não há prescindir de normas individuais e concretas para o fechamento do sistema. Todas as normas são importantes para o sistema. A mera previsão de que matar é crime (norma geral e abstrata) teria pouco reflexo se não houvesse normas individuais e concretas delimitando os agentes fautores do ilícito (sentenças). Mas nada há que impeça aludida norma da lavra do Legislativo.[163]

---

individual. Diversa coisa é abstração da lei. Convém denominar de abstrata a regra que supõe situação reproduzível, ou seja, "ação-tipo", como diz Noberto Bobbio. Seu contraposto é o concreto, relativo à situação única, prevista para uma só ocorrência". MELLO, Celso Antonio Bandeira de. *Conteúdo jurídico do princípio da igualdade*. São Paulo: Malheiros, 2002, p. 26.

[159] BOBBIO,. op. cit., p. 180.

[160] Idem, p. 181.

[161] Ibidem, p. 182.

[162] Frederick Schauer é daqueles para quem as normas devem ser sempre genéricas: "Unless we mean to describe for multiple instances or prescribe for multiple actions it is simply mistaken to use the word 'rule'". SCHAUER, Frederick. *Playing by the rules*. Oxford: Clarendon Press, 2002, p. 18

[163] Paulo de Barros Carvalho traça o processo de positivação do direito como pelo avançar das normas em direção ao comportamento das pessoas. Para o autor, as normas gerais e abstratas, dada sua gene-

Norma que delimita ação a ser tomada por uma classe de pessoas é norma geral e concreta. Já norma que determina, não uma ação apenas a ser feita, mas um conjunto de atos a ser desempenhado por uma pessoa, é norma individual e abstrata. E não tem caráter normativo reduzido por isso. Abstração está ligada à ideia de ato que pode ser repetido por qualquer pessoa que esteja investida da função. Já generalidade liga-se à vinculação de todos que se encontram na mesma situação jurídica.

Para Ricardo Guastini, são normas não só as prescrições gerais e abstratas, mas também os preceitos singulares e concretos, como a sentença, o ato administrativo ou o contrato.[164] Isso porque norma pode ter um sentido amplo ou amplíssimo, incluindo-se no seu conceito desde as autorizações, insuscetíveis de obediência ou violação, aos enunciados que não são nem comando nem autorização.[165]

Com esse entendimento, aclara-se a visão de que o orçamento não deixa de ser norma apenas porque não preenche os requisitos de generalidade e abstração. Embora faltantes, o seu caráter normativo deflui de outras atribuições que vão além desses dois atributos.

Por outro lado, a natureza material de uma lei não está mais atrelada à ideia de generalidade e abstração, visto que, na atualidade, volta-se mais à ideia posta na Constituição, de ordem material justa, e não à classificação que tornam aqueles requisitos o seu brasão. Afirma Luís S. Cabral de Moncada:[166]

> A lei é o instrumento principal, não o único, desse desiderato [ordem material justa]. Subjaz-lhe aquela intencionalidade constitucional. Tal como no período pré-moderno, a lei é ordem, só que agora a ordem não é cosmológica, mas muito mais terrena, política e não teológica, provisória e não definitiva, democraticamente constituenda e não acabadamente revelada.

Afirma o autor que o conceito material de lei está assinalado por todo um conjunto de valores vinculados à Constituição, sem dependência necessária das categorias lógicas da generalidade e da abstração, usadas apenas para corroborar as expectativas que o cientificismo racionalista punha no conhecimento e sistematização do Direito. E arremata: "o res-

---

ralidade e posta sua abstração, não têm condições efetivas de atuar num caso materialmente definido. Ao projetar-se em direção à região das interações sociais, desencadeiam uma continuidade de regras que progridem para atingir o caso especificado. Assim, partem de normas gerais e abstratas, gerais e concretas, individuais e abstratas e individuais e concretas, para disciplinar juridicamente os comportamentos intersubjetivos. (CARVALHO, Paulo de Barros. *Fundamentos jurídicos da incidência tributária*. São Paulo: Saraiva, 2004, p. 36-37.).

[164] GUASTINI, Riccardo. op. cit., p. 92.

[165] Ibidem, p. 95.

[166] MONCADA, op. cit., p. 143.

peito pelos valores constitucionais reflete-se por vezes em regimes legislativos que deixam pelo caminho a generalidade e a abstração".[167]

Foi a própria Constituição que descaracterizou a lei clássica porque a obrigou a alinhar-se com o programa do Estado social que consagra e a obedecer ao núcleo de valores constitucionais. O constituinte, ao chamar o orçamento de lei, intencionou sua submissão aos fundamentos e objetivos constitucionais e descreveu a matéria que nele deveria constar, tornando-o uma lei material sem qualquer condicionante quanto à generalidade e à abstração.

Daí se afirmar que a lei orçamentária é uma norma, e não deixará de sê-la porque tem comandos abstratos ou concretos, genéricos ou individuais. A presença de um ou outro elemento não é critério jurídico para afastar o seu controle judicial, que só poderia ocorrer por expressa previsão legal. Afirma Hans Kelsen[168] que

> devem ser submetidos ao controle da jurisdição constitucional todos os atos que revestem a forma de leis, mesmo se contêm tão-somente normas individuais, por exemplo o Orçamento ou todos os outros atos que a doutrina tradicional, por uma razão qualquer, tende a ver, a despeito de sua forma de lei, como simples atos administrativos. (...) mesmo a constitucionalidade de outros atos do Parlamento, que segundo a Constituição têm caráter obrigatório sem revestir necessariamente a forma de leis, não sendo exigida sua publicação no *Diário Oficial*, como o regimento interno do Parlamento ou a votação do Orçamento (supondo-se, naturalmente, que ambos não precisem existir na forma de leis) e outros atos semelhantes, deve ver verificada pelo tribunal constitucional.[169]

E prossegue o autor, incluindo no controle de constitucionalidade "... todos os atos que pretendam valer como leis, mas que não o sejam devido à falta de uma condição essencial qualquer, assim como os atos que não pretendam ser leis, mas que segundo a Constituição deveriam ser...".[170]

Portanto, "importa é a submissão à Constituição, independente da roupagem jurídica que o orçamento assuma (...). Uma vez a previsão clara na Constituição, com regras orçamentárias formais e materiais, qualquer violação resultará na declaração de sua inconstitucionalidade".[171]

Sem desmerecer a importância da doutrina na (re)construção e no desenvolvimento do direito, deve ficar claro que classificação doutrinária não míngua o caráter normativo de uma lei, até porque classificações há

---

[167] MONCADA, op. cit., p. 144.

[168] KELSEN, Hans. *Jurisdição constitucional*. São Paulo: Martins Fontes, 2003, p. 155.

[169] Idem, p. 155.

[170] Ibidem, p. 155.

[171] LEITE, Harrison Ferreira. O orçamento e a possibilidade de controle de constitucionalidade. *Revista Tributária e de Finanças Públicas*. Ano 14 – 70. São Paulo: RT, 2007, p. 175.

de todos os tipos e servem apenas para dividir seres (objetos, coisas) em categorias, segundo critérios preestabelecidos; visam a facilitar a compreensão do assunto a ser examinado, mas não têm força desestabilizadora do sistema legalmente estabelecido. São apenas instrumentos de trabalho intelectual.

Desse modo, afirmar que algumas normas são gerais ou singulares, outras genéricas ou abstratas,[172] umas afirmativas ou negativas, e outras categóricas ou hipotéticas, só diz respeito a critérios úteis para entendimento do sistema, mas não com discernimento para modificar o próprio sistema.

Tais critérios não são suficientes para dizer que uma lei vincula a ação e outra não, que uma pode ser analisada pelo Judiciário e outra não. Há leis que vinculam especificamente, sem darem qualquer margem de manobra, já outras permitem maior liberdade na sua aplicação, mas não por isso têm a possibilidade reduzida de seu controle judicial.

A dosimetria da pena no direito penal, por exemplo, demonstra que maior liberdade na aplicação da lei não é bastante para diminuir o seu caráter normativo. Há várias circunstâncias que interferem no sopesamento do tempo que o condenado ficará preso e nem por isso se pode negar que as tipificações penais têm normatividade diminuída. Outrossim, ninguém duvida que o juiz esteja vinculado à lei, quer aplique uma pena maior ou menor. São as circunstâncias que dão margem de atuação ao juiz, sobrevindo o mesmo com o orçamento. Nesse sentido afirma-se que previsão de adequação das despesas de acordo com a disponibilidade de receitas, e o manejo de algumas alocações orçamentárias por decreto, não mitigam a força normativa do orçamento.

Para Sandoval Alves da Silva, as leis orçamentárias, ao menos num entendimento inicial, são gerais e abstratas, posto que "representam, *prima facie*, de forma geral e abstrata, o montante de recursos públicos disponíveis para cumprir as obrigações constitucionais de atendimento aos direitos constitucionais (...) e as obrigações de pagamento a serem assumidas pela Administração e destinadas a atender as necessidades públicas definidas nas leis dessa natureza".[173]

Contudo, o seu caráter geral e abstrato não se limita na disponibilização global do recurso, visto que, mesmo após examinar apuradamente

---

[172] Quando trata dessa diferenciação, Bobbio afirma: "De fato, a doutrina da generalidade e abstração das normas jurídicas é, por um lado, imprecisa, porque não esclarece com frequência se os dois termos, "geral" e "abstrato" são usados como sinônimos ou como tendo dois significados diferentes". Para o autor, *gerais* são as normas universais em relação aos destinatários, e *abstratas* as que são universais em relação à ação. *Op. cit.*, p. 180-181.

[173] SILVA, Sandoval Alves. *Direitos sociais*: leis orçamentárias como instrumento de implementação. Curitiba: Juruá, 2007, p. 228.

os seus anexos e os projetos que devem ser desenvolvidos no tempo da sua vigência (levando-se em consideração todos os fatores), ainda assim as características gerais e abstratas fazem-se presentes, não se dessumindo daí que o controle judicial estaria vedado nessa análise subsequente. Os anexos integram a lei orçamentária e cumprem funções de explicar e pormenorizar a execução do orçamento.

À guisa de exemplo, lei que determina dotação orçamentária a ser gasta na "Manutenção, Conservação, Expansão e Construção de Necrópoles"[174] é concreta quanto ao fim, embora não se tenha definido o meio pelo qual haverá a sua concreção, e individual, por se dirigir a um só sujeito, no caso, o Município de Recife-PE. Já lei que determina a "Intervenção em Zonas Específicas de Interesse Social de modo a construir uma cidade física, social e ambientalmente sustentável",[175] é abstrata quanto ao fim e ao meio de se alcançá-lo, pois dá margem a um leque de opções a serem postas em prática; e individual, já que é dirigida a um único destinatário, o Poder Público. Se se entender que o Poder Público não é um ente determinado, já que a ação poderá ser posta em prática por qualquer pessoa, ter-se-ia aí uma generalidade.

Nessa linha, não poderia o Judiciário controlar os atos concretos e individuados, no sentido de determinar obrigação de fazer ou dar diferente da prevista no orçamento. No entanto, quanto aos meios de sua execução, posto serem sequenciados através de atos administrativos discricionários, não estariam fora do controle judicial, naquilo que do ato se pode controlar.

Por essas razões afirma-se ser o orçamento público, na parte das despesas, lei concreta ou abstrata, de caráter individual, seguindo a fiel tradição do Legislador constituinte que assim ratifica essa natureza legal (art. 165, III e §§ 5º, 6º e 8º).[176] Mas é bom lembrar que somente a análise de cada texto específico permitirá a conclusão do tipo de norma que se está examinando.

Exemplo disso é o julgamento da ADI 2.925-DF,[177] em que o Supremo Tribunal Federal (STF), na análise da lei orçamentária da União de 2003 (Lei n. 10.640, de 14 de janeiro de 2003), declarou inconstitucional entendimento interpretativo que permitia a aplicação de recursos da CIDE-

---

[174] LOA , ano 2006, de Recife, p. 75. "Demonstrativo de Despesas por Programas".

[175] LOA, ano 2006, de Recife, p. 178. "Descrição de Programas voltados para a melhoria da vida na cidade".

[176] Regis Fernandes de Oliveira afirma que no Orçamento encontra-se presente o caráter de generalidade e abstração, além do mesmo inovar o ordenamento jurídico. (In OLIVEIRA, Regis Fernandes de. *Curso de Direito Financeiro*, p. 319).

[177] ADI n. 2925/8-DF. Rel. Min. Ellen Gracie.

-Combustíveis em destino diverso do previsto na CF/88. Foi o primeiro julgamento de controle concentrado de constitucionalidade de orçamento, em que se aplicou o entendimento de que havia no orçamento normas genéricas e abstratas. Desta forma, e como dito, somente um exame pormenorizado do orçamento estudado permitirá a conclusão dos tipos de normas que estão presentes.

Num outro caso, o STF também entendeu ser possível a análise de normas orçamentárias, vertidas em medida provisória, ainda que no controle concentrado, mostrando a evolução aqui pretendida. Apegada aos seus precedentes, o STF afirmou que os atos do Poder Público sem caráter de generalidade não se prestam ao controle abstrato de normas, mas que *outra deveria ser a interpretação no caso de atos editados sob a forma de lei*. Isso porque, se a Constituição submeteu a lei ao processo de controle abstrato, não seria admissível que o intérprete debilitasse essa garantia constitucional, isentando um grande número de atos aprovados sob a forma de lei do controle abstrato de normas. Logo, não há razões de índole lógica ou jurídica contra a aferição da legitimidade das leis formais no controle abstrato de normas, o que não andou bem o STF anteriormente ao reputar as leis de efeito concreto como inidôneas para o controle abstrato de normas.[178]

Diverso argumento contra a materialidade da lei orçamentária é o de que ela não gera direitos subjetivos. É a afirmação da doutrina[179] e da jurisprudência[180] até então conhecidas. O raciocínio é o de que as despesas variáveis, aquelas que não estão previstas em lei substancial, diferentes do orçamento, não passam de meras autorizações, sem acento legal ou jurídico irretratável. Logo, facultam a ação do poder administrativo dentro dos créditos limitativos que lhe foram outorgados, não criando, assim, direito subjetivo a favor das pessoas ou instituições a serem porventura beneficiadas.[181]

Por direito subjetivo entende-se o direito de pretensão de alguém em fazer ou deixar de fazer alguma coisa, de acordo com a regra de ação,

---

[178]ADI 4048 MC/DF, Relator Min. Gilmar Mendes, 17.4.2008. Informativo n. 502.

[179] Doutrina nacional: BALEEIRO, Aliomar. *Uma introdução à ciência das finanças*. Rio de Janeiro: Forense, 2004, p. 442-3; TORRES, Ricardo Lobo. *O Orçamento na Constituição*. Rio de Janeiro: Renovar, 1995, p. 64; HARADA, Kiyoshi. *Direito financeiro e tributário*. 15ª ed. São Paulo: Atlas, 2006, p. 86; NASCIMENTO, Carlos Valder do. O Orçamento público na ótica de responsabilidade fiscal: autorizativo ou impositivo? *Lei de Responsabilidade Fiscal – Teoria e Prática*. América Jurídica: Rio de Janeiro, 2002, p. 39. Doutrina estrangeira, *apud* TORRES, Ricardo Lobo: *Curso de direito financeiro e tributário*. 12ª ed. Rio de Janeiro: Renovar, 2005, p. 183: DUGUIT, L. *Traité de Droit Constitutionnel*. Paris: Boccard, 1924; JÈZE, Gaston. *Cours Élémentaire de Science dês Finances et de Législation Financeière Française*. Paris: Giard & Brière, 1909; LABAND, Paul. *Lê Droit Public de L'Empire Allemand*. Paris: Giard & Brière, 1900; SAINZ DE BUJANDA, Fernando. *Lecciones de Derecho Financiero*. Madrid: Universidad Complutense, 1982.

[180] O Orçamento é uma autorização formal e um instrumento de planejamento. RE n. 34.581-DF.

[181] FILHO, João Lyra. Pontos cardeais do orçamento público. *Revista de direito da procuradoria geral*. Brasília: Prefeitura do Distrito Federal, 1956, p. 03.

ou seja, de acordo com a norma. É a faculdade de agir, *facultas agendi*.[182] Consiste na autorização de utilizar a faculdade de agir e de não apenas fazer o que a norma permite, mas também o que ela não proíbe. Valendo--se do direito objetivo, norma posta, o cidadão está autorizado e, por isso, pode exigir, por meio dos órgãos competentes, o cumprimento da norma violada ou a reparação do mal sofrido.

A questão posta é se algum interessado pode valer-se da norma orçamentária para exigir direitos subjetivos; num outro giro, havendo previsão orçamentária da destinação de certo recurso a um fim de interesse do indivíduo, pode este valer-se da norma orçamentária como direito objetivo a fundamentar o seu direito subjetivo? A resposta uníssona da doutrina e jurisprudência é pela impossibilidade.

No *leading case* citado, o antigo TFR afirma que o orçamento gera direito subjetivo:[183]

> [...] há a obrigação do órgão que inclui a verba no Orçamento de pagar a respectiva verba, até porque não seria permitido, seria até crime distrair a verba para outro fim senão o designado no Orçamento. De modo que, a menos que houvesse um motivo assemelhado à calamidade pública, que determinasse restrição geral de verbas e cortes no Orçamento – situação anormal e que todos teriam que se curvar – não é possível a pessoa de direito público dar menos do que aquilo que foi consignado no Orçamento, livremente, sem qualquer obrigação anterior, principalmente por se tratar de subvenções que ela deu porque quis. Dando espontaneamente uma subvenção, obriga-se para com a pessoa a quem corresponde essa subvenção. *Constitui direito a favor da parte no Orçamento, e não pode, precisamente, porque, à sombra dessa confiança na Administração, naturalmente as entidades escolares (como a autora, que é uma escola de medicina e cirurgia), fazem despesas, empenham-se encargos, faltar, depois disso, ao que estipula.* (grifou-se)

A decisão aponta a "proteção da confiança" do administrado como fundamento para que o Executivo efetivamente destine o que está previsto no orçamento. Tal se dá toda vez que há menção no orçamento de repasse e que, por isso, o mesmo deverá ocorrer. Falou-se na decisão em *direito* a favor da parte contemplada no orçamento.

Mas o STF modificou esse posicionamento, ainda na década de 50, que segue aplicado até o presente, do seguinte modo:

> O Orçamento, como uma aprovação prévia da receita e das despesas públicas, é uma lei formal.
>
> (...)

---

[182] BRANCATO, Ricardo Teixeira. *Instituições de Direito Público e de Direito Privado*. São Paulo: Saraiva, 2003, p. 7. Utiliza-se aqui um conceito simplista, procurando-se evitar detalhes entre as conflituosas teorias acerca do direito subjetivo, quer vendo-o pautado na teoria do interesse (Ihering) ou na teoria da vontade (Windscheid e Savigny), como propuseram seus defensores ainda no início do século passado.

[183] RE 34581/DF. Primeira Turma. Relator Ministro Cândido Motta. Julgamento em 10.10.1957.

O simples fato de ser incluído nas verbas de auxílio a esta ou a aquela instituição, não cria, de pronto, direito, a este auxílio, que depende de apreciação do Governo, porque o ato do Executivo tem em vista, o que visa também o Orçamento – a ordenação da vida financeira do Estado.

A jurisprudência ainda se encontra pautada nesse raciocínio, pouco importando se a previsão de recursos no orçamento gera ou não expectativa de recebimento por parte dos seus destinatários. Assim, num caso em que interessados alegaram que o governo do Distrito Federal, por três anos consecutivos (2004, 2005 e 2006), previu dotação orçamentária, inclusive com abertura de crédito suplementar específico, ao fim de atender pagamentos da indenização a anistiados políticos, posição na qual se encontravam, o STJ entendeu que a exigência do cumprimento da LOA quanto ao pagamento dos seus créditos não poderia realizar-se, apenas porque previsto na LOA.[184] Num outro caso, em que foi firmado um convênio com previsão de repasse de verbas, estas também consignadas no orçamento, o STF decidiu que o valor consignado no orçamento para a sua execução deveria ser repassado, não pela previsão orçamentária em si, mas pelas cláusulas do convênio e por ter sido provado que houve despesas dele decorrentes.[185]

Desses exemplos conclui-se que o orçamento nunca foi utilizado isoladamente com o caráter normativo, de modo a ser invocado para garantir efetividade na decisão judicial que trata de direito subjetivo. E sequer como reforço argumentativo, ou seja, se num pedido de proteção a determinado direito (serviço prestado ao poder público e ainda não quitado), houver alocação orçamentária comprobatória da aludida proteção, não se tem notícia que a alocação serve como elemento de reforço à satisfação do pedido.

Num outro caso, o STF decidiu que, embora para haver direito ao aumento de remuneração e à criação de cargos seja necessária antecipadamente a previsão na lei orçamentária (§ 1°, do art. 169 da CF), inexistente tal previsão, a lei que concede aumento ou vantagem não é inconstitucional. Apenas o aumento não se dará no exercício financeiro da criação da lei.[186] Ou seja, se a Constituição coloca o orçamento como requisito para a concessão de aumento e o aumento se dá sem prévia uniformização orçamentária, o Judiciário queda-se inerte ante a flagrante inconstitucionalidade. Igualmente, quando há previsão orçamentária para determinado fim, mas não há outro elemento a justificar o fim que não o próprio

---

[184] MS 12.343-DF, Rel. Min. Eliana Calmon, julgado em 14/3/2007. Seção por maioria.

[185] ACO 453/PR, rel. orig. Min. Ilmar Galvão, rel. p/ o acórdão Min. Ellen Gracie, 24.5.2007. No mesmo sentido, ACO-453, Rel. Min. Gilmar Mendes, 19.12.2003.

[186] ADI-MC n. 1294-4. DJ 15.09.1995.Unanimidade. Relator Ministro Ilmar Galvão.

orçamento, afirma que ele por si só não é suficiente a gerar ou garantir direitos. Agindo assim, reduz-se a lei orçamentária ao grau de maior desprestígio eficacial entre as normas jurídicas.

Por esses motivos, a visão da desvinculação do Executivo ao cumprimento das normas orçamentárias merece ser revista, visto que o orçamento fixa a aplicação de recursos em determinadas áreas, na forma aprovada pelo Legislativo. Orçamento é lei que cria obrigações, e, com isso, envolve direitos. E se não fosse lei, no sentido pleno do termo, o que ele seria?

Ainda que de modo indireto, o orçamento está ligado a pessoas físicas ou jurídicas que têm no destino dos recursos orçamentários a expectativa da satisfação de um direito. Afirma Inês Virgínia Prado Soares que "as leis orçamentárias anuais veiculam direitos materiais e, por tal razão, podem e devem ser fiscalizados pela sociedade. Mais que fiscalizar, a sociedade pode exigir a execução das despesas alocadas para determinadas finalidades".[187]

Quando o orçamento fixa certa quantia para determinado fim significa a vontade democrática concretizada de querer aquela destinação do recurso. Significa a certeza de que o recurso irá ao fim legalmente fixado, exceto se ocorrerem situações imprevisíveis, justificadoras da alteração orçamentária, que se dará dentro dos limites fixados em lei.

A lei orçamentária cria expectativas jurídicas, as quais devem ser protegidas pelo sobreprincípio da segurança jurídica, na sua faceta da proteção da confiança do administrado. Permitir alterações orçamentárias injustificadas, orçamentos feitos sem cuidados fático e jurídico, inexistência de controles, significa retirar o que o orçamento tem de valioso: a segurança jurídica aos gastos públicos.

É certo que pela regra da exclusividade, art. 165, § 8º, da CF, o orçamento não pode conter elemento estranho à previsão de receita e à fixação de despesa. Ou seja, não pode prever diretamente a proteção de direitos, não cria direitos imediatamente. Mas nem por isso as proteções ali inseridas são fictícias. Quando da fixação de despesa, e tendo em vista a impossibilidade jurídica de alterá-la sem previsão legal, cria, no mundo jurídico, a expectativa de sua realização, mantidas inalteráveis as situações a justificar não alteração alocatícia. O que se protege com a aprovação da lei orçamentária, na parte referente à despesa, são as expectativas de gastos ali criadas, e tais não podem passar ao largo da proteção jurídica.

---

[187] SOARES, Inês. *Op.cit.*, p. 560.

Afirma Regis Fernandes de Oliveira:[188]

No entanto, há previsão aproximada, salvo evidente risco que se pode converter em sério obstáculo para a satisfação das obrigações assumidas. Não havendo risco, tem o credor razoabilidade de certeza em receber o montante previsto. Não só isso, mas não há a opção do devedor (União, Estados, Distrito Federal e Municípios) de não prever recursos para pagamento dos serviços públicos que deva suportar.

Na medida em que se vislumbrar o orçamento como lei a ser observada na efetivação de políticas públicas, ou norma de elevado mérito na análise judicial, ele deixará de ser elemento relegado a segundo plano e será trazido para dentro do debate jurídico. Será o início de um novo enfoque no sopesamento das decisões judiciais e na proteção de direitos subjetivos. Daí a fragilidade em afirmá-lo como norma que apenas autoriza despesa, a ser efetuada ou não a depender do talante da Administração. A despesa ali contida foi expressa pela vontade democrática e deverá ocorrer na situação de normalidade das previsões feitas.

2.4.8. Imperativo ou autorizativo?

É premissa histórica, datada do século XIX, que o orçamento é um programa financeiro em que o Legislativo autoriza os gastos pelo Executivo, sendo esse, segundo a doutrina francesa, o ponto central básico do direito orçamentário.[189] Do mesmo modo ele é visto na sistemática brasileira: o orçamento é meramente autorizativo, porquanto não obriga o seu cumprimento por parte do gestor público.[190] Em outras palavras, o Executivo tem liberdade de efetuar os gastos públicos previstos no orçamento, tendo em vista ser ele um mero instrumento autorizador de despesas.

Afirma Celso Ribeiro Bastos que "a autorização para que se efetive a despesa não significa o dever de o administrador levá-lo a efeito. Este pode perfeitamente considerar não oportuna a sua realização".[191] Ou seja, a lei orçamentária não *obriga* o Executivo a gastar, mas tão somente indica-lhe *onde* gastar. O Legislativo fixa um teto de gastos, que pode ou não ser observado, conforme a vontade do Executivo.

As normas constitucionais a suportarem aludido entendimento são as que utilizam o verbo *autorizar* no tocante aos gastos, mas, explique-se, estão postas não no sentido de *facultar* o Executivo a efetuar despesas, primeira conclusão a que se chega, e sim no de *permitir* a realização das

---

[188] OLIVEIRA, Regis Fernandes de. op. cit, p. 328.

[189] FONROUGE, op. cit., p. 08.

[190] VALDER, Carlos Valder do. O Orçamento público na ótica de responsabilidade fiscal: autorizativo ou impositivo? op. cit. 41.

[191] BASTOS, Celso Ribeiro. *Curso de...*, p. 65-66.

despesas conforme o disposto em lei, posto que despesas não podem ser efetuadas sem previsão legal. É a aplicação da legalidade nas despesas públicas e não a facultatividade na sua realização.

Destaque-se que a Constituição utiliza o substantivo *autorização* com diferentes sentidos, mas em nenhum deles com o de facultatividade. Assim, quando no § 8º do art. 165 consta que o orçamento poderá conter autorização para abertura de crédito suplementar,[192] não significa que o Executivo pode ou não suplementar despesas previstas de modo insuficiente. É que, pelo princípio republicano, o Executivo deve prestar contas não apenas do que faz, mas do que deixa de fazer. Assim, se determinada obra ou serviço precisa de mais recursos para a sua conclusão, o Executivo *deverá* utilizar o seu poder de suplementação *autorizado* para a conclusão do que foi planejado. Não há facultatividade nesse caso. E deveria valer-se dessa medida o mínimo possível, até certa percentagem, em contradição ao que ocorre em alguns recantos do país, onde não é difícil encontrar gestores com poder de suplementação de 100%.[193]

Os demais casos são os expressos no art. 167 da Constituição.[194] Em todos eles, percebe-se a ausência de facultatividade. É que qualquer alteração no orçamento precisa de lei e, quando o Executivo solicita a mudança, o Legislativo a *autoriza*. Mas o Executivo não mobiliza o Legislativo apenas para deter poder que não tinha. Pautado no planejamento inicialmente elaborado, que não foi cumprido por questões alheias à sua vontade, é solicitada autorização para proceder alguns ajustes, sem qualquer nota de facultatividade.

---

[192] "Art. 165. Leis de iniciativa do Poder Executivo estabelecerão: (...) § 8º – A lei orçamentária anual não conterá dispositivo estranho à previsão da receita e à fixação da despesa, não se incluindo na proibição a *autorização* para abertura de créditos suplementares e contratação de operações de crédito, ainda que por antecipação de receita, nos termos da lei".

[193] Parecer Prévio n. 729/03, do TCM-BA, que menciona a LOA do Município de Serrinha, cujo poder de suplementação foi de 100%, conforme se vê do art. 35, IV, da Lei n. 568/2001. Disponível em <www.tcm.br-gov.br>. Acesso em 01/07/2009; Parecer Prévio n. 368/02, do TCM-BA, que menciona, nesse caso, a LDO do Município de Capim Grosso, que erroneamente deu poder de suplementação de 100% ao gestor municipal, o que só poderia ter ocorrido por LOA (www.tcm.br-gov.br, acesso em 01/07/2009); Parecer Prévio n. 50/09, que menciona a LOA do Município de Paramirim, cujo poder de suplementação foi de 100%. Disponível em <www.tcm.br-gov.br>. Acesso em 01/07/2009.

[194] Art. 167. São vedados; (...) V – a abertura de crédito suplementar ou especial sem prévia *autorização* legislativa e sem indicação dos recursos correspondentes; VI – a transposição, o remanejamento ou a transferência de recursos de uma categoria de programação para outra ou de um órgão para outro, sem prévia *autorização* legislativa; VIII – a utilização, sem *autorização* legislativa específica, de recursos dos Orçamentos fiscal e da seguridade social para suprir necessidade ou cobrir déficit de empresas, fundações e fundos, inclusive dos mencionados no art. 165, § 5º; IX – a instituição de fundos de qualquer natureza, sem prévia *autorização* legislativa.

O art. 174 da CF afirma que o planejamento é determinante para o setor governamental.[195] Nele, percebe-se ausência do grau de maleabilidade nos gastos públicos, no sentido *gaste se quiser*. A leitura a ser feita é *gaste-se conforme planejado*.

A segurança jurídica e a legalidade, princípios imanentes do Estado de Direito, inadmitem surpresas na execução orçamentária. Ao contrário, implicam conhecimento prévio das consequências das decisões que os gestores públicos tomarão e da certeza dos gastos.

A despesa orçamentária, como as demais normas do sistema, é regida pelos três modais deônticos: *é obrigatório* (art. 212 da Constituição Federal: A União *aplicará*, anualmente, nunca menos de dezoito, e os Estados, o Distrito Federal e os Municípios vinte e cinco por cento, no mínimo, da receita resultante de impostos, compreendida a proveniente de transferências, na manutenção e desenvolvimento do ensino); *é permitido* (art. 167, § 4º, da CF: É permitida a vinculação de receitas próprias geradas pelos impostos a que se referem os arts. 155 e 156, e dos recursos de que tratam os arts. 157, 158 e 159, I, a e b, e II, para a prestação de garantia ou contragarantia à União e para pagamento de débitos para com esta.); e *é proibido* (art. 167 da CF: São vedados: I – o início de programas ou projetos não incluídos na lei orçamentária anual). O sistema normativo não permite a *facultatividade* no cumprimento da norma orçamentária; não há o modal deôntico "é facultativo". Norma que *pode ser* cumprida não é norma, mas mero conselho.[196]

Por outro lado, insta lembrar que a inexistência de palavras "obrigatório", "permitido" e "proibido" não retira da oração o caráter diretivo, aquele utilizado para influir no comportamento de outrem, induzindo-o a adotar determinados comportamentos intencionalmente prescritos. A utilização dos operadores deônticos não é condição suficiente e necessária à diretividade.[197] Importa é a que visa a norma: obter de outrem um comportamento intencionalmente desejado.

Partindo-se do posicionamento de que toda proposição normativa tem na sua estrutura formal um dos operadores deônticos acima mostra-

---

[195] Art. 174. Como agente normativo e regulador da atividade econômica, o Estado exercerá, na forma da lei, as funções de fiscalização, incentivo e planejamento, sendo este *determinante para o setor público* e indicativo para o setor privado.

[196] Da leitura da LOA da União para 2007, art. 11, XI e XII, percebe-se a inexistência da facultatividade do Executivo. Consta da Lei n. 11.451/07 que os programas que *devem* ser desenvolvidos e em nenhum momento se encontra o poder do Executivo de obstá-los: "Art. 11. Integram esta Lei ...: (...) XI – programa de trabalho das unidades orçamentárias e o detalhamento dos créditos orçamentários dos Orçamentos Fiscal e da Seguridade Social; e XII – programa de trabalho das unidades orçamentárias e o detalhamento dos créditos orçamentários do Orçamento de Investimento."

[197] COÊLHO, Sacha Calmon Navarro. *Curso de ...* op. cit., p. 16-17.

AUTORIDADE DA LEI ORÇAMENTÁRIA

dos, ainda que vertido em outro termo, e demonstrando-se que o orçamento, na parte sob comento, possui esses modais, pensa-se, assim, por mais outro motivo, que o entendimento da sua mera facultatividade não pode subsistir. A norma constitucional que determina gastos mínimos em educação e saúde, por exemplo, denotam o caráter impositivo do orçamento: não pode gastar com saúde e educação menos do que determina a lei. Onde a facultatividade?[198]

Afirma Clémerson Clève que "se o Orçamento é programa [...] não pode ser autorizativo. O Orçamento é lei que precisa ser cumprida pelo Poder Executivo".[199] Se o programa consta das leis orçamentárias, não há facultatividade. Antes, o próprio poder Executivo se vinculou, cabendo aos órgãos competentes exercerem a fiscalização sobre o que predispõe a lei.

Da mesma forma, a conclusão que se chega da redação dos arts. 47 e 48 da Lei n. 4.320/64[200] não é a mera autorização dos gastos. A lei estabelece um sistema de programação da despesa para executar os créditos, retirando do Executivo o poder de liberar ou não os recursos, de acordo com o seu alvitre.

O que se nota é verdadeiro dever de aplicar os recursos conforme programado. A alínea *a* do art. 48 da Lei n. 4.320/64 torna firme o dever de "assegurar às unidades orçamentárias, em tempo útil, a soma de recursos necessários e suficientes à melhor execução do seu programa de trabalho".

Talvez, o que ajuda a minguar a força do orçamento é a confusão lógica de planos de análise entre a previsão de receitas e a fixação de despesas, que são inconfundíveis, como já se afirmou. Explica-se: como não é possível prever com precisão a primeira, flexibiliza-se a segunda. Mas não há confundir-se ambas, porque a questão atinente à previsão não faz parte do dever-ser jurídico, e tampouco importa, pois a presciência não adentra à normalidade da atuação das normas jurídicas. A previsão situa-

---

[198] No julgamento do RE 190938/MG, Rel. Min. Carlos Velloso, 14.3.2006, o STF entendeu ser cabível o RE, interposto em ACP pelo MP de MG com o objetivo de condenar município a incluir em sua lei orçamentária o percentual correspondente à diferença entre os valores aplicados em exercícios pretéritos e os 25% mínimos exigidos pelo art. 212 da CF na manutenção e desenvolvimento do ensino.

[199] CLÈVE, Clèmerson Merlin. O desafio da efetividade dos direitos fundamentais sociais. In: *Revista da Academia Brasileira de Direito Constitucional*. Vol. 3. Curitiba: Academia Brasileira de Direito Constitucional, 2003, p. 299.

[200] "Art. 47. Imediatamente após a promulgação da Lei de Orçamento e com base nos limites nela fixados, o Poder Executivo aprovará um quadro de cotas trimestrais da despesa que cada unidade orçamentária fica autorizada a utilizar. Art. 48 A fixação das cotas a que se refere o artigo anterior atenderá aos seguintes objetivos: a) assegurar às unidades orçamentárias, em tempo útil a soma de recursos necessários e suficientes a melhor execução do seu programa anual de trabalho; b) manter, durante o exercício, na medida do possível o equilíbrio entre a receita arrecadada e a despesa realizada, de modo a reduzir ao mínimo eventuais insuficiências de tesouraria".

-se no campo do possível, do comprovável, qualidade incomum das normas jurídicas. Aqui estão as receitas, mas não as despesas.

Já despesa, diz a Constituição, só pode ser efetuada se houver lei que a autorize, e essa lei é a LOA. Nesse sentido, o orçamento exerce função preponderante.[201] Ele está no campo do dever-ser jurídico, pois *deve* ser realizado conforme prescrito.

As despesas constantes no orçamento consistem num feixe de deveres impostos ao Estado, que determinam os atos permitidos ao alcance do bem comum. Estão no campo normativo, na ordenança do comportamento dos gestores públicos de modo a possibilitar a realização dos gastos. Mas, como todas as demais normas jurídicas, não se garante a sua não violação. Até porque a inobservância ou o comportamento desviante do preceituado numa ou noutra norma é sempre uma possibilidade aberta à liberdade do homem.[202] A norma orçamentária, como qualquer outra, pode ser violada, e, se tal ocorrer, decorrerá a sanção. Cabe aos órgãos de controle velar pelo seu cumprimento.

Caso o orçamento seja efetivado em contraposição à disposição legislativa, nisto não estaria prova de sua mera facultatividade. O não cumprimento do orçamento conforme previsto em lei em nada diminui a sua força normativa. Conforme Lourival Vilanova, a validade do enunciado universal não se desfaz com proposição normativa individual de validade oposta, mas por outra norma que, segundo o método estabelecido no sistema, traz força ab-rogante.[203] Só o sistema jurídico estabelece a norma prevalecente sobre outra. Ato individual e concreto discrepante da norma significa apenas que o ato foi efetuado sem o amparo jurídico. Trata-se de ato irregular, que deve ser, dentro do período de tempo previsto pelo Direito, revogado ou anulado.

Afirmação em sentido contrário mostra-se flagrante retrocesso da doutrina dominante, pois analisa o orçamento apenas do ponto de vista da ciência financeira, como atividade pré-normativa, pertencente mais ao mundo da economia e dos fenômenos sociais que ao mundo jurídico.

Cada ação deve ser meticulosamente analisada a fim de averiguar seu ajuste ao prescrito no orçamento, tendo em vista que a Administração está obrigada a agir de acordo com a lei, no caso, a lei orçamentária. Se, porventura, o Executivo age diferentemente da lei que lhe ordenou (LOA), diz-se que agiu com desvio de finalidade. Do mesmo modo, cabe o raciocínio para determinação judicial impositiva de gasto não previsto

---

[201] Percebe-se que é diferente de mero ato administrativo, como prega a doutrina de Duguit, que largamente influenciou a doutrina nacional.

[202] VILANOVA, Lourival. *As estruturas* ... op. cit., p. 121.

[203] Idem, p. 121.

no orçamento, uma vez que, se realizado, significa desvio de finalidade, pois aplicou recursos em fins diversos dos previstos em lei.

Ora, a matéria do orçamento é a prestação de serviços públicos, a entrega de bens, a realização de investimentos, o movimento da máquina estatal, o cumprimento de acordos e contratos, que devem ser realizados conforme nele previsto. E é por meio dele, e do sistema de realização política, que a sociedade estabelece as prioridades que querem ver cumpridas. E todas essas ações ocorrem pela imposição orçamentária que determinou os serviços e atos que deveriam ser desempenhados e não pelo arbítrio do Governo. Não há espaço para outra vontade que não a expressa no orçamento.

Cumpre lembrar, porém, que há dispêndios cuja força jurídica antecedem o próprio orçamento, mas nem por isso mitiga-se a sua normatividade. Fala-se aqui das despesas que são preexistentes ao orçamento, como as derivadas do custeio da máquina, destacando-se os serviços da dívida, pagamento do pessoal, pensões, dentre outras.[204] Aqui, há um dever jurídico que antecede a feitura do orçamento sem qualquer viés de facultatividade. Mas o orçamento exerce função importante quando jurisdiciza o gasto que era meramente econômico. A previsão orçamentária reveste o gasto da notoriedade pública e jurídica devidas.

Os dispêndios cuja força não antecede o orçamento são aqueles previstos na própria lei orçamentária. Para estes o PPA e a LDO servem como norte a direcionar a sua realização, mas nem por isso têm a sua natureza de gasto menos importante que os demais.

Sendo assim, há pouca margem de atuação do legislador em alterar a programação financeira quanto aos gastos preexistentes ao orçamento, repetidos ano a ano. A força desses gastos reside na lei substancial ou no contrato que motivou o seu surgimento. Já os dispêndios previstos no próprio orçamento têm nessa lei a sua maior força normativa, e, por isso, tornam-se dela imprescindíveis. Aqui, o papel do Legislativo é conferir a essas despesas a exterioridade material de uma lei que vincula os atos administrativos em seu torno. Não é exagero afirmar que, tal qual prevista no orçamento, a despesa deve ser efetuada, com as exceções albergadas pela própria lei.

Por essas razões é que não se comunga com a ideia de um orçamento meramente autorizativo. Note-se que a lei orçamentária anual, na sua dicção, *prevê* receitas e *fixa* despesas. Se quisesse *autorizar* despesas, assim

---

[204] No Anexo à Mensagem n. 8, de 05.01.2001, que trata dos vetos ao Projeto de Lei n. 17, de 2000-CN, Lei Orçamentária, foram elencadas as despesas obrigatórias de caráter continuado, nos termos do art. 17 da Lei de Responsabilidade Fiscal. Trata-se de uma imensa lista que trata a despesa obrigatória do Governo.

diria. Mas não, preferiu *fixar* a programação dos desembolsos públicos. Ora, fixar é determinar, prescrever com particular força, não se confundindo com *prever, estimar* ou *facultar*.

Fixar, como afirma Regis Fernandes de Oliveira, "não se conforma com o sentido pouco estável da mera previsão de despesas. *Fixar* é mais que lançar provisoriamente no rol de gastos. É séria demonstração de reconhecimento de dívida, só ilidida por motivos relevantes e fundados".[205] É que, na execução da despesa, não se há fazer coisa alguma de novo, senão declarar e executar somente o que já está fixado.[206]

Poder-se-ia suscitar se o Executivo, por exemplo, tem faculdade de não repassar valor firmado em convênio, ou poderia não *gastar* com pagamento de salários, ou ainda se a previsão orçamentária de reforma de prédio escolar poderá deixar de ocorrer por mera vontade do gestor público.[207] Quem não concorda que o orçamento vincula, há de afirmar que em todos os casos o orçamento em nada influencia, e o que sustenta tratamento diferenciado em cada um desses atos é a força jurídica *preexistente* ao orçamento, pautado em norma substancial, que dirige e torna exigível o seu gasto, e não o orçamento *de per si*, posto que não pode gerar nenhum efeito. Nesse sentido, afirma Aliomar Baleeiro: "uma instituição de caridade, por exemplo, não terá ação em juízo para reclamar do Tesouro um auxílio pecuniário autorizado no orçamento, mas que não foi objeto de concessão em lei. Fica ao discricionarismo administrativo do Presidente da República ou do Ministro de Estado ordenar ou não a efetivação do pagamento".[208] Esses são os argumentos a contraditar.

A aprovação do orçamento estabelece uma relação de instrumentalismo entre normas e normas,[209] ou seja, entre leis substanciais ou encontros de vontades administrativas de um lado – protetiva do direito ao salário do servidor, configuradora de convênios, projetos políticos e promessas de campanha –, e a lei orçamentária – regra jurídica que aprova o orçamento, com o fim último de atender às necessidades públicas – de

---

[205] OLIVEIRA, Regis Fernandes, op. cit., p. 326.

[206] O direito não tolera surpresas. Afirmar que o Orçamento é autorizativo, permite o Executivo deixar os cidadãos em constante apreensão no tocante aos gastos e ao destino dos valores arrecadados, se serão enviados ao seu fim legalmente previsto ou não.

[207] Para Aliomar Baleeiro, as despesas públicas são fixas ou variáveis. As primeiras são as decorrentes de lei (salários, obrigações da dívida) e as segundas são simples autorizações, destituídas de amparo de lei, que facultam a ação do Executivo até limite previsto. (In BALEEIRO, Aliomar. *Uma introdução à ciência das finanças*, p. 441-442.)

[208] Ibidem, p. 442.

[209] Antonio de Oliveira Leite, faz alusão ao Orçamento como instrumento entre leis, "isto é, entre a lei tributária (ou administrativa) de um lado, e a prévia e indispensável lei orçamentária ... de outro" LEITE, Antônio de Oliveira. Orçamento Público, em sua feição política e jurídica. *Revista de Direito Público n. 18*. São Paulo: RT, 1971, p. 153.

outro. Essa é a sua função instrumental, possibilitando o atuar estatal na prestação de serviços, na satisfação de direitos, na distribuição de recursos, enfim, na ação do Estado ao destinar as receitas previstas às despesas aprovadas, unindo-as num único instrumento.

É o caso das prescrições orçamentárias determinando o pagamento dos créditos públicos, comprovando o compromisso assumido pelo Estado perante os subscritores dos títulos que as integram, ou dos repasses constitucionais obrigatórios aos entes da federação, repartição de receitas tributárias, onde, no orçamento, assume-se o compromisso de satisfazer a legítima expectativa criada na entidade beneficiada.

Nessa linha, em todas as situações em que há normas substanciais a garantirem direitos que envolvem custos, haverá a sua efetivação (das normas substanciais) nos moldes nela previstos e de acordo com as alocações orçamentárias (norma instrumental). Mas no caso de ausência de normas substanciais e de veiculações financeiras apenas na lei orçamentária, esta deve assumir a função de norma substancial e ser exigível nos moldes nela previsto, exceto se houvesse situação justificadora de ação diferenciada.[210] A norma orçamentária constitui novas relações (natureza constitutiva) e também vincula o Executivo.

Nos três exemplos acima, há de considerar a norma orçamentária como supletiva, nos casos em que há norma substancial regendo a matéria, e como principal, quando não houver outra norma regulamentadora. Assim, no caso do convênio, embora o STF tenha decidido que o dever de repassar o recurso nasceu do convênio e não do orçamento,[211] o orçamento *deve* servir como reforço argumentativo a obrigar a União ao repasse do recurso. No entanto, a ausência da previsão orçamentária não invalidaria os termos do convênio. No segundo caso, o direito ao pagamento do salário não nasce do orçamento, obviamente, mas da lei ou da relação contratual, de modo que a previsão orçamentária serve apenas como legalização da despesa. No último, como não há outras normas a determinar o envio do recurso à construção da escola, a não ser a norma orçamentária, esta serve como elemento a embasar eventual cobrança de se cumprir o ali descrito.

Neste último ponto, afirma a doutrina que compete *exclusivamente* ao Executivo decidir aplicar ou não os recursos legislativamente desti-

---

[210] Solução diversa é apresentada por Aliomar Baleeiro, reduzida apenas ao campo político: "A sanção contra o Presidente da República, governador ou ministros que não realizam despesas variáveis autorizadas pelo Parlamento é de caráter puramente político: o Congresso há de compeli-lo ao cumprimento de sua vontade pelas represálias no terreno das autorizações pedidas pelo Executivo. A supremacia do Congresso, por essa tática, tem como conseqüência transformar o regime presidencial em regime parlamentar". In BALEEIRO, op. cit., p. 442.

[211] ACO 453/PR, rel. orig. Min. Ilmar Galvão, rel. p/ o acórdão Min. Ellen Gracie, 24.5.2007. (ACO-453)

nados. *Gasta se quiser*, como se a lei orçamentária nada determinasse, não passando de mera autorização de gasto, sem qualquer obrigatoriedade, "peça de ficção aprovada pelo Legislativo".[212]

Criticando essa liberalidade do Executivo, Gustavo Patu afirma:[213]

Esse poder discricionário ajuda o governo formar sua maioria parlamentar em um sistema político freqüentemente criticado pela profusão de partidos de pouca consistência programática. Afinal, os deputados e senadores que conseguem liberar verbas públicas ganham prestígio entre os eleitores e os financiadores de campanhas eleitorais.

Não por acaso, os sucessivos escândalos de corrupção envolvendo verbas orçamentárias passam, todos, pelo Executivo (...).

Se seguido o modelo autorizativo aqui refutado, nada ou pouco poderia ser feito para evitar desmandos públicos em relação ao orçamento.[214] O Legislativo, após a aprovação da Lei Orçamentária, tenderia a perder o controle sobre ela, pois, em tese, nada poderia fazer para obrigar o Executivo a cumpri-la nos moldes aprovados.

O Judiciário, do mesmo modo, não poderia impelir o Executivo à sua observância, extraindo argumentos orçamentários de qualquer possibilidade de debate jurídico, e, ao final, ter-se-ia corroborada a afirmação de que o orçamento não passa de peça de ficção, de caráter meramente autorizativo, tendo os seus recursos liberados de acordo com critérios políticos e não jurídicos.

Consequentemente, frustraria expectativas legitimamente criadas, inclusive em relação ao destino de tributos de receita vinculada, que poderiam ter a sua receita aplicada em fim estranho ao que possibilitou a sua criação.[215] Todo o avanço político, econômico, social e jurídico, que

---

[212] MIRANDA, Dalton. op. cit., p. 158.

[213] Folha de São Paulo. Governo e Congresso sujeitam o Orçamento ao jogo de poder. São Paulo, quarta-feira, 30 de maio de 2007. Brasil.

[214] "Desde a aprovação da Constituição de 1988, os Orçamentos não só são votados com atraso como passaram a ser peça de ficção, e os equilíbrios orçamentários são ilusórios, pois somente são conseguidos através do efeito assimétrico da inflação: as receitas são indexadas e as despesas corroídas, em termos gerais. E as barganhas das emendas, sobretudo no tocante às subvenções sociais, se tornou fonte de corrupção. No momento em que escrevo, está sendo criada uma CPI sobre o 'escândalo do Orçamento'". (In MIRANDA, Dalton. op. cit., p. 155).
Tramita no Congresso a PEC n. 22, de autoria do Senador Antonio Carlos Magalhães, que cria o Orçamento impositivo. Visa a trazer equilíbrio e racionalidade, na visão do seu autor, pois mesmo com caráter impositivo, será sempre possível ao Poder Executivo cancelar ou contingenciar, de forma total ou parcial, qualquer dotação orçamentária. Somente não o fará, como faz hoje, na dependência de sua exclusiva vontade. Agora, o cancelamento e o contingenciamento de qualquer rubrica orçamentária passam a seguir regras.

[215] Nesse sentido, reza o parágrafo único do art. 8º da LRF: "Os recursos legalmente vinculados a finalidade específica serão utilizados exclusivamente para atender ao objeto de sua vinculação, ainda que em exercício diverso daquele em que ocorrer o ingresso". A questão é saber se o mesmo é observado ou não.

embasa um orçamento, não como sugestão, mas como uma realidade a ser concretizada, acabaria vencido.

Por mais que se conclua haver mera autorização nas normas orçamentárias, é ilógico não limitar o exercício dessa competência. Isso porque a norma autorizativa tem congênita limitação. Autorizar difere de *fazer o que quiser* com o orçamento. Trata-se de redundância, pois é para isso que serve o orçamento: para autorizar o Executivo a realizar aquilo que a lei previu.

A lei prevê o gasto sem delimitar a forma, o momento, os elementos e o sujeito fático da sua realização. O gasto precisa de lei e inexiste outra no sistema jurídico para tal fim que não o orçamento. Trata-se de condição necessária, porém insuficiente do gasto público. Atos há, em sequência, que autorizam a despesa.

Logo, quando se diz que o orçamento autoriza o Executivo, não lhe faculta efetuar o gasto, apenas lhe outorga competência para fazê-lo. Isso é o que o signo *autorizado* significa: outorga da realização de atos conforme definidos na sua competência. Pelo raciocínio inverso, significa também limitação apenas à realização dos atos compreendidos na sua competência.

Até porque, como se viu, a não liberação para movimentação de recursos previstos no orçamento só pode ocorrer nas hipóteses previstas em lei (art. 9º da LRF), e não de modo descriterioso, a depender da vontade do Administrador.

Com esse posicionamento, acredita-se ser o orçamento uma lei, como as demais, com caráter democrático nas suas escolhas. Pensar o contrário é tornar vazia toda a discussão em torno de sua aprovação, dos minuciosos debates envolvendo os projetos para o exercício seguinte e da autoridade democrática que possui.

Tudo isso, na linha do novo texto constitucional que descortinou recentes horizontes interpretativos. De mais a mais, conta-se, também, com fatores econômicos que possibilitaram maior previsibilidade na antevisão das receitas e na fixação das despesas, permitindo que o orçamento no Brasil ingressasse em caminho diferente e acertado, com abandono das teorias ultrapassadas ainda aceitas como dogma de fé, quais sejam, de que o orçamento é apenas autorizativo e não cria novas relações jurídicas.[216] A conclusão aqui é inversa: o orçamento é uma lei formal e material, que vincula toda a Administração com deveres inafastáveis, criando,

---

[216] É de João Lyra Filho a afirmação de que "o Orçamento não possui conteúdo de lei" e "não cria novas relações jurídicas; formaliza e concretiza realizações jurídicas preexistentes". LYRA FILHO, João. Pontos cardeais do orçamento público. *Revista de direito da procuradoria geral*. Prefeitura do Distrito Federal: Brasília, 1956, p. 02.

por isso, novas realizações jurídicas, tais como a obrigatoriedade de cumprir os planos nela escritos, e que reclama análise separada entre receita e despesa.

2.4.9. Do conteúdo orçamentário

A norma orçamentária, embora vertida em palavras técnicas e com alguma complexidade, carece de interpretação. Interpretar um texto é estabelecer relações entre as suas partes para compreendê-lo. Como afirma Eros Grau:[217]

> Diante de determinado signo lingüístico, a ele atribuímos um específico significado, de pronto colhido, definindo a conotação que expressa, em coerência com as regras de sentido da linguagem no bojo da qual o signo comparece. Praticamos, então, exercício de *compreensão* daquele signo (buscamos entendê-lo). *Interpretar*, pois, em sentido amplo, é *compreender* signos lingüísticos. (grifos originais)

E não há como compreender o orçamento sem fazer análise do seu texto. Esse deve ser o primeiro passo à sua compreensão. Para isso, o intérprete deve se valer de variadas técnicas, porque nem sempre há clareza suficiente no sentido preciso das palavras e expressões contidas na lei.[218] Por outro lado, alguns signos linguísticos apresentam caráter aberto a múltiplas intelecções, podendo trair os leitores.

É certo que há leis mais claras que outras. Há as que interpretação literal lhes bastam pois o sentido tem fácil alcance.[219] Para outras, não se chega a um sentido unívoco, por maior seja o esforço interpretativo. O orçamento público, pode-se dizer, está na primeira classificação. Trata as alocações financeiras com clareza, ensejando limitada discussão, até porque os termos, na sua maioria, são comuns e repetidas são as expres-

---

[217] GRAU, Eros Roberto. Orçamento estimativo: interpretação do § 2º, II, do art. 40 da Lei n. 8.666/93. *Revista Trimestral de Direito Público* n. 15. São Paulo: Malheiros, 1997, p. 18

[218] Para analisar possíveis interpretações do texto, ver ÁVILA, Humberto. Argumentação jurídica e a imunidade do livro eletrônico. *Revista Diálogo Jurídico*, Salvador, CAJ – Centro de Atualização Jurídica, v. I, nº 5, agosto, 2001. Disponível em <http://www.direitopublico.com.br>. Acesso em 20 de março de 2009.

[219] O tema é controverso. Por um lado, GADAMER afirma não haver nenhum texto que não seja interpretado. A interpretação não se restringe ao texto, mas é limitada pela pré-compreensão do intérprete. Assim, seriam "inequívocos" os dispositivos que não contrastam com a pré-compreensão geral sobre o tema, em certa geração. Mas sempre a literalidade, malgrado constituir o primeiro passo, não é suficiente ao entendimento. (GADAMER, Hans-Georg. *Verdade e Método:* traços fundamentais de uma hermenêutica filosófica. Tradução de Flávio Paulo Meurer. v. 1. 3ª Ed. Petrópolis: Vozes, 1999, p. 531-565). Eros Grau, citando Jerzy Wróblewski, menciona a situação de *isomorfia*, que ocorre quando as palavras e expressões da linguagem nela utilizadas são suficientemente claras, o que é raro ocorrer na linguagem jurídica. Ressalta, porém, que ainda quando se trate de situações de *isomorfia*, o exercício de determinação do sentido das palavras e expressões se impõe. (GRAU, Eros. Orçamento estimativo: interpretação do § 2º, II, do art. 40 da Lei n. 8.666/93. *Revista trimestral de direito público* n. 15. São Paulo: Malheiros, 1997, p. 18.

sões da área orçamentária. Não está indene a dúvidas, como qualquer texto, pois há sempre aquelas palavras com interpretação variada,[220] mas há maior consenso na sua interpretação. No ponto, basta lembrar que é proibição da Lei de Responsabilidade Fiscal a consignação de crédito orçamentário com finalidade imprecisa ou com dotação ilimitada (art. 4º, § 4º, da LC n. 101/2000).

Por um lado, tal se deve pelo princípio orçamentário da especificação ou especialização, que veda autorizações de despesas globais, determinando a sua classificação com um nível de desagregação tal que facilite a análise por parte das pessoas, conforme se depreende da leitura dos artigos 5 e 15 da Lei n. 4.320/64.

Quanto à receita, como dito no item 2.4.8, embora não sofra influxos da lei orçamentária, possui leis substanciais que a sustentam e interferem na sua interpretação, tais como as leis tributárias. A lei orçamentária apenas *declara* (jurisdiciza) a sua previsão, não sugerindo acréscimo ou decréscimo nem a forma de sua ocorrência.

Todavia, em relação à despesa o raciocínio é diverso. Neste caso, a Lei Orçamentária exerce primazia para a sua realização. Embora algumas despesas originem-se de outras leis (pagamento de salários, serviços da dívida), há as que decorrem estritamente da lei orçamentária (*natureza constitutiva*), e é sobre essas que recai o centro de atenção da força normativa do orçamento, onde a sua autoridade deve se sobressair. Com a formalização dessas despesas na lei do orçamento, prova-se que o mesmo não é apenas um documento contábil, aprovado pelo Legislativo e realizado de acordo com a vontade do Executivo, mas, sim, é lei, e, por isso, deve ter o seu cumprimento realizado.

Analisar a linguagem empregada na *fixação* das despesas públicas é tarefa importante para o deslinde de algumas questões ainda controversas, e isso significa basicamente verificar o orçamento sob dois ângulos: o referente às normas de conteúdo vinculado e o referente às normas de conteúdo de livre apreciação. É o que se passa a fazer.

---

[220] A própria Lei n. 4.320/64 permite interpretação divergente quanto a saber, em alguns casos, se determinada despesa deve ser contabilizada em uma categoria ou em outra, visto que não há um procedimento consistente, ou um fundamento teórico e legal a sustentar as classificações. Um exemplo mostra o problema: "..., o Município adquire uma bomba de recalque para o Serviço de Água, a fim de substituir outra imprestável. Que despesa é esta? Manutenção/operacionalização? Investimento? Trata-se de mera conservação ou adaptação? Ou de uma melhoria substancial? Parece-nos, sem sombra de dúvida, que na espécie configurada teríamos mais um Investimento, pois se trata de mudança de máquina capaz de melhorar a produtividade do Serviço de Água ...". MACHADO Jr., José Teixeira & REIS, Heraldo da Costa. *A Lei 4.320 comentada e a Lei de Responsabilidade Fiscal*. Rio de Janeiro: IBAM, 2002/2003, p. 48. O exemplo apenas visa a demonstrar que as leis que tratam do orçamento, por mais que evitem termos vagos e de significação ampla, sempre hão de permitir interpretações que demandam análise detida e acurada do estudioso.

2.4.9.1. Conteúdo vinculado

Pertinente às despesas, o orçamento é fonte de obrigações para a Administração com produção de efeitos aos particulares. Assim, pelo orçamento, a Administração tem a obrigação de cumprir os seus termos do modo fixado, com a possibilidade de promover as alterações permitidas pela lei, ao mesmo tempo em que os cidadãos têm o direito de vê-lo aplicado do modo como previsto, por conta das expectativas criadas de sua correta aplicação.

Na sua grande maioria, as obrigações orçamentárias decorrem de normas vinculativas constitucionais ou infraconstitucionais, ou até mesmo de acordos e contratos públicos ou privados. Dessas normas, algumas dizem respeito à matéria especificamente orçamentária, como as normas referentes ao capítulo do subsistema constitucional orçamentário, e outras se referem a obrigações do poder público, sem relação direta com o orçamento.

Todas elas, de um modo ou de outro, vinculam a elaboração do orçamento. Daí dizer-se que a vinculação pode se dar de duas formas: a) vinculação por norma extraorçamentária[221] e b) vinculação por norma pré-orçamentária.

No primeiro caso, fala-se de vinculações decorrentes de normas sem teor orçamentário prévio. São as decorrentes do pagamento de salários, pagamento de precatórios (através de acordos entre os Municípios e os credores, feitos junto aos TRTs, por exemplo), pagamento de FGTS (através de acordos entre Municípios e a Caixa Econômica Federal), parcelamentos com o INSS e com o PASEP, dentre outros. São fatores sem qualquer relação com o orçamento e que resultaram na sua vinculação a determinada despesa. Este liame com orçamento deu-se por outra manifestação de vontade diferente da norma que rege o orçamento, e pode variar ano a ano, a depender das obrigações que a Administração assumiu.

Neste caso, não há discricionariedade do gestor para aplicar o dinheiro ou elaborar o plano de gasto, porque aludidas normas vinculam o modo como o orçamento será elaborado especificamente no caso concreto, que pode variar de um exercício financeiro para outro. Poder-se-ia falar aqui numa vinculação de dois níveis: no montante (quanto?) e no modo (como?) que se elaborará o orçamento.

Essas normas vinculam o modo como o orçamento será elaborado sob duplo aspecto: no montante e no modo como o dispêndio será efe-

---

[221] Embora a expressão *extra-orçamentária* seja comum quando se trata de receita ou despesa pública, aqui não faz alusão ao sentido já doutrinariamente conhecido. Utilizou-se termo emprestado com alteração do seu normal emprego.

tuado. O primeiro decorre do dispositivo constitucional que veda a concessão ou utilização de créditos ilimitados (art. 167, VII). Veda-se, dessa forma, a vinculação genérica: ela é estrita, clara e precisa, com indicativo do numerário a ser gasto (quanto?). O segundo, por não haver disponibilidade do gestor em determinar de que forma o dinheiro será despendido. O acordo ou a lei já indicam o seu fim. Por exemplo, quando há acordo com o Tribunal Regional do Trabalho para o pagamento de precatórios trabalhistas na proporção de 4% do Fundo de Participação dos Municípios, ou de 1% da receita corrente líquida, para os municípios das regiões norte, nordeste e centro-oeste, de acordo com o regime especial estabelecido pelo art. 2º da Emenda Constitucional n. 62/2009.

A vinculação por norma pré-orçamentária é diferente. Há um nítido caráter conformador do orçamento às normas de sua regência. São as vinculações de percentuais a serem gastos na saúde, na educação, ou a opção legislativa de privilegiar certos destinos de recursos públicos, como ocorre com a proteção da infância e juventude.[222]

Nesse caso, a origem da vinculação está nas normas-quadro da configuração do orçamento, entendendo-se estas como normas aplicáveis em todos os orçamentos, ano a ano, as quais não variam de acordo com oscilações do mercado, alterações salariais, planos de governo ou acordos com os interessados.

O percentual é definido em outra lei, se este for o caso, e, embora não haja norma específica a reger como o recurso será aplicado, há normas finalísticas que terminam por controlar essa aplicação. Tais normas, atreladas aos fins constitucionais, vinculam o nível de percentual ou estabelecem prioridades. Dessa forma, ambas resultam na norma final que demonstrará a completa vinculação do poder público: a norma orçamentária.

O valor exato e a forma como este será distribuído não foram discriminados em lei ou outra norma impositiva pré-orçamentária. Antes, o serão pela própria lei do orçamento, com observância das políticas públicas ditadas legalmente, transformadas em programas pelo PPA.

Dá-se o vínculo em nível de execução com a feitura da peça orçamental. As ações (atividades e projetos) nele presentes são as normas a

---

[222] O Estatuto da Criança e do Adolescente (Lei n. 8.069/90) estabelece o dever do Estado em assegurar a crianças e adolescentes a mais absoluta prioridade de atenção, mas foi além ao deixar claro no art. 4º, a "precedência de atendimento nos serviços públicos ou de relevância pública", a "preferência na formulação e na execução das políticas sociais públicas" e, do ponto de vista orçamentário a "destinação privilegiada de recursos públicos nas áreas relacionadas com a proteção à infância e à juventude", como se percebe do art. 4º, parágrafo único, alíneas *c* e *d*, da Lei n. 8.069/90. Sobre o tema ver DIGIÁCOMO, Murillo José. Planejamento e garantia de prioridade absoluta à criança e ao adolescente no orçamento público – condição indispensável para sua proteção integral. *Caderno do Ministério Público do Paraná*. v. 8, n. 1. Curitiba: Ministério Público, 2005, p. 15-18.

guiarem o gestor público, e resultam na obrigatoriedade tanto do *quantum* devido, quanto do seu *modo*.

Afora a seção vinculada do orçamento, há aquela de conteúdo discricionário, cuja elaboração não está circunscrita diretamente aos ditames da lei, o que a torna de livre escolha dos poderes eleitos.

2.4.9.2. Conteúdo discricionário

É a matéria do orçamento que não depende de lei específica para determinar a sua elaboração ou execução. Por óbvio, não se afasta da lei, mas também dela não se retira os montantes específicos a serem aplicados ou as tarefas específicas a serem desempenhadas. Há apenas finalidades que devem ser alcançadas através de políticas públicas desenhadas na Constituição, mas nada a direcionar o Executivo e o Legislativo estritamente a determinados comportamentos.

A elaboração do orçamento deixa de ser estritamente vinculada em dois sentidos: a) no tocante à escolha dos meios (políticas públicas) para aplicação de recursos vinculados por normas pré-orçamentárias ou pelos fins constitucionais; e b) quanto aos valores sem destinação legal específica, em relação ao seu montante e ao modo como a despesa será efetuada.

No primeiro caso, por exemplo, tem-se a discrição quanto ao modo de aplicação dos 18% dos recursos de todos os impostos, pela União (art. 212 da CF), após transferências constitucionais e a Desvinculação da Receita da União (DRU), na Manutenção e Desenvolvimento do Ensino. O mesmo se dá com Município e Estados, embora os percentuais sejam diferentes.

A despeito de não haver a específica ação a ser tomada, definida apenas no orçamento, a Constituição traça fins que devem ser atingidos, o que vincula apenas indiretamente o gestor (vedam-se meios completamente insuficientes para alcançar os fins).

Nesse sentido, o STF julgou inconstitucional a aplicação dos recursos de educação do município de Santo André porque o dever (fim) constitucional de assegurar educação infantil em creches e em pré-escolas não estava sendo atingido, muito embora a comprovação de que o percentual estava sendo observado.[223]

---

[223] Ag. Reg. no Recurso Extraordinário n. 410.715-5 São Paulo, 2ª Turma, Relator Ministro Celso de Mello. DJ 03.02.2006.

No segundo, têm-se as receitas decorrentes dos impostos municipais, de parte dos impostos federais e parte dos impostos dos Estados,[224] dentre outras receitas, que podem ser aplicadas em quaisquer fins, haja vista a impossibilidade de sua vinculação legal (art. 167, IV, da CF). Aqui, embora não haja vinculação prévia, deve haver vinculação posterior, porque, elaborado o orçamento, submete-se a Administração à sua observância, sem apelos à discricionariedade. Esta ocorre antes da elaboração do orçamento, e não depois.

É bom lembrar que, por mais discricionária seja a aplicação dos recursos públicos, há sempre um fim constitucional a ser protegido e dele não pode a lei distanciar-se. Há proteções mais específicas e outras menos específicas, mas em todas elas há um fim que deve ser atingido. E enquanto a lei do PPA é uma lei que determina as diretrizes, os objetivos e as metas da Administração (art. 165, § 1º), a LOA é a que contém as atividades e os projetos que cumprirão esses planos da Administração.

No caso de expressa política definida na Constituição, em que pese não se poder determinar o modo como a mesma ocorrerá, o seu controle judicial é possível, no sentido de exigir a sua realização. Como explica o Ministro Celso de Mello:

> Embora resida, *primariamente*, nos Poderes Legislativo *e* Executivo, *a prerrogativa* de formular *e* executar políticas públicas, *revela-se possível*, no entanto, *ao Poder Judiciário*, determinar, *ainda* que em bases excepcionais, *especialmente* nas hipóteses de políticas públicas *definidas pela própria* Constituição, *sejam estas implementadas* pelos órgãos estatais inadimplentes, *cuja omissão* – por importar *em descumprimento* dos encargos político-jurídicos que sobre eles incidem em caráter mandatório – *mostra-se apta a comprometer* a eficácia e a integridade de direitos sociais e culturais *impregnados* de estatura constitucional. (grifos originais)[225]

Ainda não é o momento para se entrar no mérito dessa decisão. Apenas para noticiar que é possível o controle judicial de políticas públicas postas na Constituição, o que não significa a individuação pelo Judiciário das ações políticas que devem ser tomadas. O que a Constituição determina são os fins, não os meios, e o Judiciário pode verificar se o meio é suficiente ou não para se atingir os fins. Mas deve realizar um controle fraco, até porque cada esfera de poder – Executivo, Legislativo, Judiciário, organizações, enfim, cada cidadão – sente-se uma gestora melhor capacitada do que a outra na aplicação dos recursos públicos. Dessa forma, sempre haverá discussão sobre o melhor meio para atingir os mesmos objetivos.

---

[224] Fala-se em "parte" dos recursos porque alguns tributos federais e estaduais são repartidos com outros entes da federação gerando certa vinculação do valor arrecadado.

[225] RE-AgR 410715-SP. Rel. Min. Celso de Mello. 2ª T., DJ 03.02.2006.

É comum a divergência "se o Orçamento deve destinar recursos em maior monta para uma área do que outra", "se o modo de aplicação dos recursos respeita ou não a economicidade" ou se "os direitos estão sendo protegidos na medida correta que se infere da Constituição". Enfim, há diversas prioridades e gera discordâncias o fato de que cada pessoa se sente melhor aplicador dos recursos públicos que o exercente da função.[226]

Decisões precisam ser feitas e há de se escolher uma só *pessoa* (o Executivo, o Legislativo ou o Judiciário) para tomá-las, investida desse poder constitucional, que não pode ser pulverizado na exigência de ações individuais. Assim, nos casos em que há uma zona de penumbra sobre *o melhor* meio para se atingir os fins constitucionais, a lei orçamentária surge como o consenso das discordâncias.

A função do Parlamento neste momento é de representar essas discordâncias e de formular a solução mais próxima do que seria a elaborada individualmente. Legisladores são estruturados num caminho que representa o mais sério e substancial impasse que há na sociedade sobre o modo como a mesma deve ser organizada.[227] E eles fazem suas decisões no fervor dessas discordâncias via a determinação de qual posição tem, para o seu tempo, a maior aprovação entre os seus membros.

Por isso a importância do orçamento, como instrumento de vinculação do gestor na correta aplicação dos recursos públicos, de modo que até a sua discricionariedade cessa com a escolha dos meios para se alcançar os fins constitucionais, meios estes positivados na lei orçamentária anual. Uma vez eleitos os meios, o gestor fica jungido à sua aplicação, deles não podendo se desviar de modo irresponsável, sem qualquer sanção.

O orçamento é um instrumento protetivo de direitos, quando entendido como a via de previsão financeira para a prestação de serviços públicos. Mas cumpre lembrar que esta proteção pode não se dar do modo direto como imaginado. Por exemplo, o pagamento da dívida externa não está diretamente atrelado a qualquer direito fundamental, mas pode ha-

---

[226] O governo da França decidiu popularizar o Orçamento público e atribuir a cada cidadão a difícil missão de alocar recursos. É o que se nota do seguinte excerto de reportagem: "O governo da França quer que seus cidadãos assumam a responsabilidade sobre o orçamento anual do País, ao menos no universo virtual. É que o estado francês acaba de lançar um jogo onde o internauta assume o papel de Ministro do Orçamento. O jogo batizado de Cyber Budget é dividido em três fases principais, a preparação do orçamento, a programação e por fim a gestão, com vários desafios em cada uma delas. "A idéia é que os cidadãos brinquem e ao mesmo tempo aprendam mais sobre como funciona a gestão de finanças do governo. No lugar de Jean-Francois Cope, o ministro do orçamento na vida real, o usuário terá que lidar com problemáticas como, por exemplo, a criação de déficit devido ao corte de taxas. Ele enfrentará dúvidas como: qual ministério deve receber mais dinheiro, o da educação ou o da saúde? Além de se preocupar com metas de crescimento estabelecidas e com a legislação regulatória da União Européia. O orçamento deve ficar em torno dos 300 bilhões de euros". França lança game para cidadão gerir o orçamento. Disponívem em <www.jornalprimeirahora.com.br>. Acesso em 9 de abril de 2008.

[227] WALDRON, Jeremy. *Law and Disagreement*, Oxford University Press. 1999, p. 23.

ver proteção indireta. Paga-se por erros de outras gestões, por contratos viciados devido a ocorrência de fatos imprevisíveis que os tornaram excessivamente onerosos, mas o seu pagamento é extremamente importante para o crescimento econômico e a credibilidade internacional do país. De uma rápida análise, do seu pagamento não se percebe qualquer violação a direitos fundamentais.

No entanto, há quem sustente o contrário,[228] no sentido de que as limitações aos gastos governamentais com pessoal, na medida em que repercutem no direito ao trabalho, e as limitações com investimentos nas áreas de educação, saúde, habitação e segurança pública, configuram violação a direitos fundamentais e ensejam a revisão dos contratos que deles se originaram.[229] Esse é apenas um ponto do quanto a aplicação dos recursos públicos gera discordância.

O mesmo pode se dizer da recente crise financeira iniciada na metade de 2008, em que recursos públicos foram destinados aos fins de socorro financeiros de grandes instituições e empresas, em detrimento do que se supõe serviço público mais essencial, de proteção dos cidadãos.[230] Tudo isso gera diversas posições sobre o melhor destino que poderia se fazer com os recursos públicos.

---

[228] Encontra-se forte doutrina no sentido de que o pagamento de juros e serviços da dívida está na contramão da efetividade dos direitos sociais. "O governo brasileiro, como já mencionado, optou pelo "comedimento" orçamentário dando destaque aos *dinheiros* destinados aos pagamentos das dívidas internas e externas, arcando com os compromissos assumidos inclusive com agentes externos, isto em detrimento dos investimentos nas áreas sociais, como a educação, por exemplo, o que, consequentemente, gera um sem-número de críticas a esta opção de política econômica" (In MIRANDA, Dalton, p. 157); No mesmo sentido, Fernando Facury Scaff: "E é neste ponto que se encontra a grande questão fiscal brasileira dos últimos anos: o privilegiamento do pagamento dos juros da dívida pública (art. 9°, § 2° da LRF) em detrimento do uso desta verba pública para a implementação dos direitos fundamentais sociais, inscritos na Constituição Federal. Não se trata de não pagar o serviço da dívida, mas de privilegiar esta em detrimento daqueles. E, em várias ocasiões, até realizar pagamentos antecipados dos juros em vez de aumentar a velocidade da progressividade na implementação dos direitos sociais". Fernando Facury Scaff, p. 194. Rev. de Interesse Público. Em outro texto, o mesmo autor afirma: "Nada foi submetido ao Supremo Tribunal Federal quanto aos aspectos de violação dos direitos humanos por parte do afastamento destes valores do orçamento público vinculado da União, para ter maior 'flexibilidade' em sua gestão, ou ainda, para poder restringir direitos sociais em prol do pagamento de juros, encargos e amortização da dívida" (In SCAFF, Fernando Facury. Direitos humanos e a desvinculação das receitas da União. *Revista de direito administrativo* n. 236. Rio de Janeiro: Renovar, 2004, p. 47.

[229] PARDO, David Wilson de Abreu. A aplicação dos princípios gerais do direito ao caso da dívida externa dos países do sul na ordem cosmopolita. *Revista Seqüência* n° 44, Curso de Pós-Graduação em Direito – UFSC, jul/2002, p. 107-128.

[230] Os Estados Unidos anunciaram um pacote de U$ 700 bilhões para salvar o sistema financeiro, fato nunca ocorrido na história: "Entenda a evolução da crise que atinge a economia dos EUA". In Folha de São Paulo, 05/12/2009. Disponível em <http://www1.folha.uol.com.br/folha/dinheiro/ult91u454948.shtml>. No mesmo sentido, a Europa se uniu para investir mais de U$ 500 bilhões com o mesmo fim: "Europa pede US$ 500 bilhões para que FMI impeça nova crise". In Folha de São Paulo. 22/02/2009. Disponível em <http://www1.folha.uol.com.br/folha/dinheiro/ult91u508082.shtml>.

Embora se afirme que seriam os recursos públicos mais bem aplicados se protegessem os direitos de algumas pessoas e não os de alguns empresários, numa outra ótica, eventual colapso do sistema financeiro afetaria uma cadeia de envolvidos, inclusive todos os cidadãos que transacionam e que poderiam ter sua vida financeira comprometida. Ações dessa monta servem para proteger todos os direitos sem especificações.

Daí se afirmar que o orçamento, na sua discricionariedade, não deixa de proteger direitos fundamentais, direta ou indiretamente, embora não se descarte a possibilidade de haver alocações sem proteção a qualquer direito especificamente. E, ainda que não proteja direito fundamental, não pode sofrer incursões do Judiciário, visto que essa prerrogativa diz respeito ao estabelecimento de políticas públicas, havendo aquelas sem relação direta com os direitos fundamentais. Quando prevê recursos ao Judiciário, por exemplo, protege-se o direito à ampla defesa, ao processo, ao juiz natural, dentre outros. Ao alocar recursos para subsídio agrícola, protege-se o trabalho, a renda e a sustentabilidade de determinado setor. Na compra de determinado medicamento, protege-se diretamente a saúde. Mas quando autoriza a troca de veículos dos Ministros do Superior Tribunal de Justiça[231] ou a compra de tapete persa pelo TJ/BA,[232] não protege direito fundamental nenhum especificamente.

Cumpre afirmar que a proteção aos direitos fundamentais faz-se presente tanto no âmbito vinculado quanto no discricionário. No que respeita aos direitos sociais, pode-se afirmar que saúde, educação, previdência social, proteção à maternidade e à infância, por serem direitos protegidos de maneira pré-orçamentária, tornam-se vinculados ao menos percentualmente, exceto quanto ao modo específico de execução da política pública. Cabe à Administração, seguindo as diretivas legais, estabelecer as políticas específicas, mas não há como escapar do percentual definido em lei. Uma vez especificadas, obrigada fica.

A ligação entre as políticas públicas previstas na Constituição, ou em outras leis substanciais, e as políticas que serão efetivamente realizadas, dá-se na feitura do orçamento. Postas no orçamento, ambas adquirem o mesmo *status*, uma vez que, presentes em lei, obrigam todos os Poderes. Quando descumpridas, uma e outra podem ser alvo de controle judicial:

---

[231] "O Superior Tribunal de Justiça aplicou R$ 5,45 milhões para compra de 37 modelos (Omega australiano) zero quilômetro, ao preço de 146,5 mil cada um. Entregues em janeiro, vão servir para transportar os ministros. Outros quatro ficarão de reserva." (In Isto é Dinheiro. Economia. A República dos Ômegas. Disponível em <http://www.terra.com.br/istoedinheiro/390/economia/republica_omegas.htm>. Acesso em 2 mar. 2005).

[232] CNJ proíbe TJ da Bahia adquirir tapetes persas "em pura lã". Licitação exigia que os tapetes fossem fabricados no Irã, Índia e norte da Turquia, em pura lã, e com preço de até R$ 21.843,72 cada um. Disponível em <http://www.atarde.com.br/politica/noticia.jsf?id=1021087>. Acesso em 11 dez. 2008, 09h50.

a pré-orçamentária, quanto ao percentual ou à política pública definida em lei, e a orçamentária, quanto ao cumprimento do previsto no orçamento. O que não pode haver é determinação judicial para obrigar vinculação não predisposta em lei. O julgamento do juiz ou do tribunal não pode prevalecer ante a discrição da Administração pública.

O Legislativo e o Executivo não julgam, pois não faz parte de suas atribuições preponderantes. Portanto, não podem usar de prerrogativas judiciais para alocar recursos ou satisfazer direitos. A discrição é a palavra que prepondera na maioria das decisões. O Judiciário vale-se, por sua vez, do julgamento como critério de decisão e não da discrição, como nos demais poderes. A decisão judicial se dá por diferentes razões das do Legislativo.[233]

Discricionariedade está voltada à prática de certos atos administrativos, com liberdade na escolha dos meios para a sua concretização, pautada nos critérios de conveniência, oportunidade e conteúdo.[234] No dizer de Sérgio Assoni Filho,

> Isso ocorre em virtude da impossibilidade de o legislador captar e transpor para a lei todas as manifestações do mundo fenomênico concernentes à prática dos atos administrativos, de modo que apenas alguns atos, por ele reputados de maior relevância, terão sua prática regulada pela lei em todos os seus aspectos, enquanto outros, cuja dicção legal oferece alternativas, serão praticados de acordo com a criteriosa escolha feita pelo administrador público.[235]

Cumpre lembrar que a discrição não é absoluta, pois há um mínimo legal que subordina a Administração, como a competência, a forma e a finalidade do ato.[236] Há maior liberdade de ação, conferida ao administrador, e não se confunde com a arbitrariedade, sempre ilegal e ilegítima. A discrição seria uma espécie de liberdade vigiada.

Julgamento, por sua vez, volta-se à ideia de formação de opinião através da interpretação dos fatos e da lei. Trata-se de processo duplo,

---

[233] Legislativo e Judiciário têm pontos em comum, ao mesmo tempo em que apresentam muita divergência. Ao tempo que o Legislativo não poderia legislar de modo a abarcar situações particulares (as leis individuais têm conotação pejorativa), o Judiciário não poderá decidir de modo a tornar-se legislador positivo. Em suma, o Legislador não deveria avaliar situações particulares, tampouco o Judiciário questões gerais. Ocorre que, quando mais sobe-se em hierarquia jurisdicional, sente-se o Judiciário mais próximo de função quase-legislativa. E aqui o problema, quando a situação generalizada envolve alteração das alocações orçamentárias.

[234] MEIRELLES, Hely Lopes. *Direito administrativo brasileiro*, 18ª ed. São Paulo: Malheiros, 1993, p. 102.

[235] FILHO, Sérgio Assoni. A Lei de Responsabilidade Fiscal e a coibição do desvio de poder na execução orçamentária. *Revista da Faculdade de Direito da Universidade de São Paulo*, v. 100. jan/dez 2005, p. 651.

[236] Afirma Hely L. Meirelles: "Se para a prática de um ato vinculado a autoridade pública está adstrita à lei em todos os seus elementos formadores, para praticar um ato discricionário é livre, no âmbito em que a lei lhe concede essa faculdade". MEIRELLES, op. cit., p. 103.

pois inicia a análise dos fatos concretos, na ótica jurídica, bem como a análise do texto legal potencialmente aplicável, no campo interpretativo.

O intérprete normalmente não se mantém passivo diante do texto e do fato. Há certa variação, a depender do grau de liberdade do julgador, seja dado pela própria lei, quando encerra conteúdo aberto e dá maior margem de apreciação ao julgador, seja pela posição, pela visível liberdade percebida pelo magistrado, quando membro de órgão de revisão, diferentemente do julgador de primeira instância.

Observe-se que discricionariedade não é vinculada ao âmbito político e julgamento ao âmbito judicial, como o conteúdo semântico desses termos pode levar a crer. Julgamento e discricionariedade, embora distintas, entrelaçam-se na medida em que o julgamento, baseado em norma ampla (norma superior), deixa sempre uma margem de discricionariedade para o órgão que vai estabelecer a norma inferior, bem como a discrição, baseada também na liberdade legal, envolve julgamento do melhor caminho, suportado pelo Direito, para se atingir a um fim. No entanto, um maior rigor dos termos poderá eliminar a aparente confusão.

Fala-se em discricionariedade, no Direito, em dois momentos: na sua criação e na interpretação. Na criação, a fenomenologia jurídica entende haver, no direito positivo, plena liberdade para divergir discricionariamente da estrutura das coisas e criar sua própria realidade.[237]

Diferentemente, há quem entende que o Direito não pode criar a sua realidade. É de Husserl a ideia de que há clara determinação na relação entre as leis apriorísticas e o direito positivo. Para ele, as figuras do direito positivo são realizações e particularizações de possibilidades aprioristicamente dadas.[238] O Direito não é livre para ignorar determinados fatos essencialmente jurídicos, pena de os seus preceitos perderem o específico sentido jurídico.

As duas posições não são contraditórias, mas complementares. Pode haver identidade entre o direito criado e o fato que lhe subjaz, ou pode haver situação nova criada pelo direito, tendo em vista que a norma jurídica trata de proposição da vontade, e não de proposição do conhecimento.[239] De um ou outro modo, entende-se que o direito *cria* suas próprias realidades, quer vinculando-se ao já existente, quer conjecturando situação nova. O que não pode é misturar os dois planos de análise

---

[237] LARENZ, Karl. *Metodologia da ciência do direito*. Fundação Calouste Gulbenkian: Lisboa, 2005, p. 153.

[238] Idem, p. 155.

[239] Afirma Karl Larenz que "a norma jurídica 'não vale como proposição do conhecimento, mas como proposição da vontade" Ibidem, p. 155.

A discricionariedade pode estar presente também na interpretação do direito – embora o mais adequado fosse a existência de margem de livre apreciação àquele que aplica o direito, e não discricionariedade propriamente dita. Quando a lei prescinde da fixação de uma dimensão quantitativa para específica delimitação, há lugar para um espaço intermédio, dentro do qual a resolução pode ser de um ou de outro modo.[240] Dentro da margem residual de livre apreciação no caso singular, o juiz decide, segundo o seu prudente arbítrio, tal como lhe é exigido pela pauta legal ou pelo tipo, mesmo que não possa fundamentar a decisão até o fim.[241]

Sendo assim, não se confunde *margem de livre apreciação* dada àquele que aplica o direito com o poder discricionário de ação ou conformação do agente da Administração. Neste, há referência à possibilidade que a Administração deve ter de adotar uma das várias medidas para se atingir o fim previsto em lei, ou manter-se inativa, deixando-se guiar menos por considerações jurídicas do que por considerações de oportunidade.[242] Há liberdade da escolha dos meios para atingir os fins, que devem ser adequados a critérios jurídicos presentes na lei, na Constituição, nos princípios do direito, dentre outros critérios, como a proporcionalidade e a razoabilidade. Exercício do poder discricionário que ultrapasse estes limites é ilegítimo. Eis o ponto central: o controle judicial dá-se tão somente na conformidade do ato discricionário ao direito e não na sua oportunidade.

Sobre o tema, pondera Karl Larenz:

> Entre a "margem de livre apreciação" daquele que aplica o Direito e a (vinculada) discricionariedade (poder discricionário de actuação) da Administração continua a existir esta diferença: a de que no processo de concretização de pautas que carecem de preenchimento, pelos tribunais, a decisão singular actua como exemplo e, nestes termos, contribui para estreitar a margem de livre apreciação residual, enquanto no domínio do poder discricionário de actuação tais efeitos não se dão na mesma medida.[243]

Veja-se que o autor não nega vinculação à prática reiterada da Administração em certa medida, mas tal não tem poder de sujeição como ocorre na seara jurídica. Apenas a título de exemplo, se por muito tempo a Administração aplica certa monta de recursos em infraestrutura, não significa dizer que está vinculada a sempre assim fazê-lo. A discricionariedade administrativa exige justificativa suportada pelo Direito, mas controlável por este apenas do ponto de vista de sua conformidade ao

---

[240] LARENZ, op. cit., p. 413-4.

[241] Ibidem, p. 414-415. Continua o autor: "Quando nenhuma das resoluções possíveis seja manifestamente injusta, a resolução é deixada, nos casos mencionados, à intuição valorativa e à convicção do juiz".

[242] Ibidem, p. 416-7.

[243] Ibidem, p. 417.

próprio Direito, não quanto à valoração das prioridades e à oportunidade de sua realização.

A sutil diferença semântica entre *discrição* e *julgamento* permite confusões conceituais e a interferência judicial nas políticas públicas. À partida, o Judiciário decide baseado nas razões levantadas pelo Legislativo. Julga o caso, sua adequação ao direito, e à lei, sua adequação ao sistema jurídico e sua aplicação ao caso concreto. Não há discrição nesses atos. Já as decisões do Legislativo podem ter sido *a priori* discricionárias ou conjeturadas dentro de margem permitida por lei de hierarquia superior. Mas não deixa também de haver julgamento quando da escolha da melhor hipótese que se coadune ao sistema jurídico, que ocorre previamente à aprovação legislativa.

Mas há se notar um mínimo de vinculação jurídica à discrição, determinada pelo direito, principalmente quanto à finalidade do ato. Nessa matéria de finalidade, não há para a Administração um poder discricionário, pois nunca lhe é deixado poder de livre apreciação quanto à finalidade a perseguir. A finalidade é sempre imposta pelas leis e regulamentos, seja explicitamente, seja implicitamente.[244]

Do ponto de vista orçamentário, a discricionariedade é instituto relevante, principalmente no que diz respeito à alocação de recursos, e o Judiciário tem-se mantido à parte desse tema, exceto no controle da sua competência e da sua forma. A finalidade tem sido pouquíssimas vezes questionada, e é esse, talvez, o principal meio de controle dos abusos orçamentários, posto que não é difícil deparar-se com situações em que o agente público faz uso de sua liberdade de escolha para se afastar do genuíno interesse público, fazendo valer seus interesses pessoais.[245]

O Judiciário está vinculado à lei, e não à eleição de hipóteses de atuação. Não há permissivo legal que autorize o juiz a julgar discricionariamente, de acordo com a oportunidade e a conveniência do ato, do momento. Até mesmo nas hipóteses de "conceitos indeterminados" e "cláusulas abertas", o que há não é discrição, mas, através de argumentos justificáveis, o alcance da resposta mais suportada pelo direito.[246]

O mesmo não se pode dizer do Legislativo, que pode também fazer julgamento, embora não seja o modo basilar de sua atuação. Seria o jul-

---

[244] BONNARD, Roger *apud* ASSONI FILHO, Sérgio, p. 652.

[245] ASSONI FILHO, Sérgio. Idem, p. 652.

[246] Esse tem sido o dilema dos autores do último século: encontrar uma resposta juridicamente aceita com o auxílio da maior objetividade possível. Para o tema ver ATIENZA, Manuel. *Las razones del derecho*. Teorías de la argumentación jurídica. México: Universidad Nacional Autónoma de México, 2005; MASSINI CORREAS, Carlos I. *Objetividad jurídica e interpretación del derecho*. México: Porrúa-U. Panamericana, 2008.

gamento no sentido amplo, de avaliar, apreciar determinadas hipóteses, e não de sentenciar a resolução de um caso concreto. Há julgamento, por exemplo, na elaboração de uma lei infraconstitucional, quando o Legislativo tem mais de uma opção para normatizar a conduta. Assim, através de elementos estatísticos, da adequação social e de variados outros fatores, escolhe-se a opção mais adequada para a convivência social ou para a estrutura do Estado, a mais suportada pelo direito.

Das duas atuações legislativas (discrição e julgamento), apenas o teste do julgamento pode ser afastado judicialmente, não o discricional. Enquanto no julgamento o legislador restringe ou amplia o sentido normativo pretendido pelo constituinte (revisto em sede de controle de constitucionalidade), tal não ocorre na discricionariedade, posto haver margens de atuação permitidas pela lei, de livre escolha do Legislador, que preserva o controle da sua decisão.

Na elaboração orçamentária, como atividade discricional, compete ao poder eleito escolher as prioridades públicas, tendo em vista as circunstâncias de tempo, lugar, sempre com o fim último de alcançar o desiderato constitucional. Uma vez realizada por autoridade competente, na forma prevista em lei e com finalidade juridicamente suportada, não se há falar em controle judicial para alterar aludida alocação. E, no caso do orçamento, são as normas pré-orçamentárias que podem conferir ou não esta discrição.

2.4.9.3. Da linguagem do orçamento

Um dos fatores a delimitar o grau de discrição do Poder público é o verbo permissivo do gasto. A questão a analisar é se a alocação de recursos *deve* ou *pode* ser feita de tal modo, e quais são as implicações das ações relacionadas a tais verbos mencionados na efetivação de gastos.

Para tanto, a análise da legislação é vital. Por exemplo, a norma do § 1º do art. 213 da CF/88, ao tratar dos recursos destinados à educação, prevê que "Os recursos de que trata *poderão* ser destinados a bolsas de estudo para o ensino fundamental e médio, na forma da lei..." (grifou-se), dando clara permissão para se realizar o gasto ou não. No mesmo sentido a norma do inciso VI, art. 60 dos ADCT, que traz "a *possibilidade* da União distribuir determinado percentual para Fundos na área de educação", demonstra a facultatividade da União em escolher a soma que pode designar para aludido fundo. São normas que dão grau de possibilidade para se efetuar os gastos públicos sem, contudo, obrigar percentuais e valores fixos. No entanto, repita-se, uma vez orçado, não há mais facultatividade.

Os signos linguísticos mais comuns são os que impõem estritas obrigações aos gestores públicos, fixando-lhes um dever, determinando percentuais, destinando recursos para determinado fim, especificando programas que devem ser realizados, ou ainda proibindo determinados gastos. Texto constitucional que delimita a despesa a certo percentual (art. 29, VII; art. 29-A; art. 169), que proíbe determinado gasto (art. 99, § 5º; art. 127, § 6º), que vincula a receita a certo fim (art. 167, XI; art. 177, § 4º, II,), acaba por impor ao orçamento certos rigores, mitigando a discrição do Executivo.

Diferente é o entendimento quando a lei usa o termo *pode* em combinação com outras palavras que restringem a matéria sujeita à discrição, ou usa o termo *deve* com o emprego de expressões que ampliam a matéria delimitada. Exemplo deste é o do art. 213 da CF/88, quando afirma que "Os recursos públicos *serão* destinados às escolas públicas, *podendo* ser dirigidos a escolas comunitárias, confessionais ou filantrópicas, definidas em lei."(grifou-se). Há um dever com posterior ampliação: os recursos devem ser destinados às escolas públicas, mas também às filantrópicas, que são privadas, por exemplo. Exemplo do primeiro caso tem-se nas contribuições sociais (INSS patronal e do empregado), que, pela dicção do art. 195 da CF podem ser destinados a quaisquer das áreas da Seguridade Social (assistência, previdência e saúde), mas que pelo art. 167, XI, da CF são restringidos apenas ao pagamento de benefícios do regime geral da previdência social de que trata o art. 201 da CF.

Não se deve esquecer também que faz parte da análise semântica do orçamento o exame de eventual vagueza da lei e o papel judicial diante do termo vago. Neste caso, se o legislador deliberadamente prescinde da delimitação exata para tomada de decisão, há abertura a valorações e é inescapável a possibilidade de apreciação judicial. Tal pode ocorrer remotamente no orçamento, que, embora lide com recursos, projetos e atividades, poderia não dar margem a outro entendimento que não um juízo seguro de como agir.

No entanto, há situações, comum às demais leis, nas quais dominam a insegurança de um entendimento garantido. Na inevitável necessidade de redução de margens de livre apreciação, o órgão decisor poderá não alcançar a correção da decisão, conforme queira uma ou outra parte. Buscará, no entanto, dentro do prudente arbítrio, a decisão mais consentânea com o ordenamento jurídico. Foi o que se deu no julgamento da ADI n. 2.925-8/DF,[247] em que o STF limitou a possibilidade de interpretação da

---

[247] Assim ficou a ementa: É inconstitucional a interpretação da Lei Orçamentária n. 10.640 de 14 de janeiro de 2003 que implique abertura de crédito suplementar em rubrica estranha à destinação do que arrecadado a partir do disposto no §4º do artigo 177 da Constituição Federal, ante a natureza exaustiva das alíneas *a, b* e *c* do inciso II do citado parágrafo". No mesmo sentido, no julgamento da ADI 4048, em que o STF não permitiu a alteração da LOA via medida provisória, o que fez com alteração de seu dominante entendimento, afirmou o Supremo que havia patente desvirtuamento dos parâmetros constitucionais que permitiam a edição de medidas provisórias para a abertura de créditos extraordinários, posto que as expressões "guerra", "comoção interna" e "calamidade pública",

LOA de modo a tredestinar os recursos, constitucionalmente delimitados, para determinados fins.

Por fim, para todas as situações de *aplicação* dos recursos alega-se que a discricionariedade existe, mesmo quando a palavra *deve* está presente (ou outra linguagem taxativa). É a discricionariedade não dos fins ou do percentual, mas do modo de usar os recursos. Na educação, o legislador constitucional impõe o ensino fundamental obrigatório e gratuito, e afirma que o mesmo é direito público subjetivo (§ 1º do art. 208 da CF). De certo modo, vinculou o fim. Deixou ao Executivo especificar como o mesmo ocorrerá, fato que dependerá de análises técnicas dos responsáveis pela matéria,[248] sendo apenas cabível o controle do ato administrativo de sua execução.[249]

É que a liberdade de *como* gastar os recursos públicos e de quais projetos e atividades devem ser desenvolvidos para alcançar o fim constitucionalmente previsto só pode ser analisada do ponto de vista de sua adequação aos fins. E mesmo assim, apenas nos casos de manifesta impossibilidade de se atingir os fins com os meios utilizados é que se pode cogitar em atuação judicial, como se verá.

Naquilo que claramente denota subjetividade e livre margem de escolha aos órgãos eleitos, não compete ao Judiciário decidir a correção do melhor sentido das expressões ou do melhor meio para atingir aos fins (satisfação das necessidades públicas). A atuação judicial deve adstringir-se apenas ao controle do cumprimento das normas extra e pré-orçamentárias.

2.4.9.4. Fatores que delimitam a elaboração do orçamento

O orçamento é uma lei de tratamento constitucional diferenciado. É regrado por prazos específicos (art. 35, § 2º do ADCT, e prazo para validade); tem limites quanto à espécie normativa que o veicula (art. 167, § 3º); tem conteúdo com parâmetros definidos em lei (art. 212); só o Exe-

---

por mais que tenham um conteúdo mínimo inegável, e conotem gravidade de situação, ademais do contexto e da conjugação dos artigos constitucionais envolvendo a matéria, não podem ser interpretados amplamente para autorizarem a edição de Medidas Provisórias a todo momento pelo Executivo. Para o Supremo, a abertura do crédito extraordinário só pode ser feita apenas para atender a despesas imprevisíveis e urgentes (CF, art. 167, § 3º), e que tal não se fazia presente pela leitura da exposição de motivos da Medida Provisória 405/2007.

[248] O inciso II do § 4º do art. 177 da CF não determina o projeto ambiental que deve ser realizado com o dinheiro da CIDE-combustíveis. Apenas determina que um dos destinos do recurso deve se relacionar com projetos ambientais relacionados com a indústria do petróleo e do gás. Em outros casos, como do inciso XI do art. 167, determina que os recursos devem ir na sua completude para a previdência, sem margens para discrição nos seus gastos, já que os fins estão todos previstos em lei, mormente no art. 201 da CF.

[249] Atribui-se à Lei de Ação Popular (art. 5º, LXXIII, da CF e Lei n. 4.717/65), a abertura dada ao Judiciário de controle do mérito dos atos discricionários, posto que a possibilidade de controle da *moralidade administrativa* só pode se dar com o exame do mérito do ato guerreado.

cutivo tem a sua iniciativa (art. 84, XXIII); do seu descumprimento cabe intervenção da União ou do Estado (art. 34, V e VII; art. 35, I, II e III), além de responsabilidade do Executivo (art. 85, VI); tem conteúdo com definição prévia (art. 165, § 8º), dentre outros atributos presentes em artigos esparsos na Constituição e em leis infraconstitucionais.[250]

Comunica-se com as demais leis em muitos aspectos, como o número de ordem, é objeto de sanção, poderá ser vetada, tudo como sói acontecer com as outras leis, e, ao seu procedimento de aprovação, aplica-se subsidiariamente as demais normas relativas ao processo legislativo em geral (§ 7º do art. 166 da CF).

O seu conteúdo, como se viu, possui duas partes: i) a atinente à obrigatoriedade legal expressa quanto à aplicação de determinados recursos e atenção de certas prioridades, e ii) a de relativa liberdade de aplicação de recursos pelo poder público. Relativa porque, embora dentro da margem discricionária de legislar, o legislador há de ater-se aos fins legalmente previstos. Mas é extreme de dúvida que as decisões alocatícias estão no âmbito político, sendo este elemento de considerável importância na prática orçamentária.

É bom destacar que os direitos fundamentais impactam significantemente a priorização das alocações, bem como os processos de racionamento dos recursos públicos, ao requerer que haja alocação de recursos na priorização e satisfação de certas necessidades vitais e urgentes ou de determinados setores da sociedade. É tema técnico a exigir intenso relacionamento entre diversos ramos do conhecimento.

No plano político, o Governo, seus Ministérios, o Estado, o Município e especialistas auxiliares estabelecem a agenda de trabalho para o exercício financeiro, submetendo-a ao Legislativo, que a converte em lei, fruto de um consenso popular, que nada mais é que um escrito detalhado do racionamento dos gastos para a satisfação de todas as necessidades. Aqui há as prioridades, os protocolos e o julgamento das prioridades governamentais. Tudo a informar a singularidade do orçamento e a cadeia de institutos a que está vinculado, fortalecendo sua individualidade e, nisto, seu tratamento diferenciado.

Dentre os diversos fatores que influenciam a elaboração do orçamento há dois que chamam atenção: o manejo com recursos limitados e a inevitável necessidade de *escolhas trágicas*.[251] Por esse motivo, o legislador brasileiro resolveu, por um lado, estabelecer normas pré-orçamentárias, que definem percentuais mínimos de aplicação de recursos em determi-

---

[250] A Lei n. 4.320/64 e a LC n. 101/00 são os marcos legislativos para o Orçamento.

[251] Expressão comum que significa a ausência de recursos suficientes para a satisfação de todas as necessidades públicas plenamente. Algumas necessidades *tragicamente* não serão atendidas.

nadas áreas, e, por outro, fixar prioridades que se propõem a atender as duas especialidades ao mesmo tempo: define a monta mínima de recursos que serão aplicados em determinados fins, e faz prévias escolhas, retirando do legislador orçamentário a facultatividade e o risco de optar por bens de menor proteção constitucional.

Agindo assim, o legislador blindou o orçamento de modificações outras que não as exceções constantes do seu próprio corpo, quando o mesmo for constitucional. É que a antevisão dos recursos limitados e das escolhas trágicas fez com que o legislador pré-orçamentário ordenasse todos os orçamentos com determinadas proteções que são inevitáveis para salvaguardar os valores de maior proteção constitucional.

A análise desses dois critérios presentes em todo o processo de orçamentação mostra-se necessária, uma vez que direcionam o legislador nas escolhas dos bens a serem protegidos com o conhecimento prévio que escolhas trágicas serão feitas.

2.4.9.4.1. Limitação de recursos

Diz a Constituição Federal que a lei orçamentária anual apenas pode conter a previsão de receita e a fixação de despesa para um exercício financeiro (§8º do art. 165 da CF). São dois atos complexos, mormente no tocante à despesa, pois, além do estabelecimento de políticas públicas sem relação direta com direitos fundamentais, em alguns casos, tenta-se abarcar a satisfação do maior número de direitos possível com a consciência de que não há recursos para se atender todas as despesas a realizar.

Necessita-se, pois, de um racionamento, a fim de que haja distribuição mais equitativa dos recursos públicos. Trata-se de fazer escolha entre os bens que serão protegidos, aliados às reclamações dos indivíduos que estão competindo por recursos limitados pelas políticas públicas. É tarefa árdua, pois envolve eleição de prioridades que variam de pessoa para pessoa.

Racionamento não é a tarefa que um governo queira exercitar. Ficaria ele em melhor posição se houvesse recursos suficientes para todas as demandas. Como não os há, ocorre inevitável escolha de prioridades, cercada pela falha no atendimento a certos direitos, pelo extravagante gasto em áreas tidas como supérfluas, pela recusa em atender reclamos judiciais e por uma constante sensação de que a alocação de recursos não atende as reais necessidades dos cidadãos.

Há uma gama de atividades a serem desempenhadas, metas a alcançar, quantificação de problemas, antigas relações com credores, ademais de outros acontecimentos inesperados. Essa complexidade de ações impede articulação eficiente, de forma a atender aos interesses de todos no ponto de vista da justiça de cada um.[252]

Por outro lado, muitas são as opções de ação do Governo com vistas à efetivação dos direitos nas mais diversas áreas. Em relação à saúde, por exemplo, o governo deve ficar atento à burocracia para o cidadão receber determinado tratamento, aos incentivos à indústria farmacêutica, à regulamentação dos remédios genéricos, à prescrição de medicamento que sequer podem ser comercializados no Brasil, às necessidades de determinados exames e procedimentos, à distribuição gratuita de certas medicações, à vacinação obrigatória, à prática preventiva e à divulgação de meios para evitar doenças, dentre outros.

Para cada ato há uma opinião de boa-fé diferente, há concepções diversas entre os médicos, há modos distintos de efetivar medidas, que variam de governo a governo, na busca do que pode ser mais eficiente, menos custoso e mais adequado para o momento.

Também há ordem de procedimentos, pautas de prioridades, análises meticulosas de cada doença, proporção populacional, seus efeitos, tudo cotejado com os recursos dispensáveis para a sua proteção. Desse modo, a disponibilidade de um remédio ou a compra de certo número de máquinas para tratamento passa a não ser fruto de decisão isolada em face de um caso particular. É consequência de um plano político realizado, num contexto amplo, com a difícil tarefa de alcançar o maior número de pessoas possíveis, sempre atento aos limites financeiros.

No orçamento público, trabalha-se num espectro chamado de *macro alocação*, referente às decisões sobre o montante de recursos a ser repassado para cada unidade orçamentária, e noutro chamado de *micro alocação*, que diz respeito às específicas alocações, com referência às quais instituições ou tipos de serviços que serão contemplados. Não há análise individuada.

De notar que é o Executivo, com aprovação do Legislativo, quem vai decidir nos casos de micro ou macro alocação. E assim o fazem pautados em regras alocatícias previstas na Constituição e em leis infraconstitucionais. Mas nem todas as regras são objetivas, claras, para o que se valem dos princípios constitucionais, das normas programáticas, dos fundamentos e dos objetivos constitucionais, da ponderação, da razoabilidade, de modo que, ao construírem o orçamento, a ele se vinculam. Ao final, decidem-se as alocações politicamente, de acordo com um afunilamento de prioridades definidas na Constituição, pautadas no que é prioritário para o País, Estado ou Município.

---

[252] Para o tema ver ÁVILA, Humberto. *Teoria da igualdade tributária*. São Paulo: Malheiros, 2008.

Caso inexistisse direcionamento constitucional das políticas públicas, aliadas à sua implementação via orçamento, haveria completo caos dos serviços a ofertar à população. Em tempos de crescente evolução de conhecimento e tecnologia, onde a todo instante se descobre um tratamento médico mais eficiente e mais caro, em que há aumento da população idosa, e cresce a expectativa de um Estado social (*welfare state*), a ausência de um planejamento orçamentário resultaria em desordem na prestação dos serviços públicos, pois cada indivíduo avocaria o serviço que lhe parecesse mais pertinente, com total desatenção aos reflexos que esse atendimento personalizado dimanaria nos demais concidadãos.

Só um macro planejamento é capaz de estimar os melhores meios de satisfação dos direitos coletivamente considerados. E para isso é que se prestam as leis orçamentárias, aqui incluídas o plano plurianual, a lei de diretrizes orçamentárias e a lei orçamentária anual. A ordem é planejar, o que restaria alterada com a concessão de serviços específicos e individuados a determinados cidadãos por via não eleita no sistema orçamentário.

E esta é outra característica da lei orçamentária, que a distancia das demais, por ter campo mais restrito de intervenção judicial: é delicado o controle judicial das alocações financeiras, tendo em vista os efeitos vários daí decorrentes na satisfação de outros direitos e de outras obrigações a que o Estado já se comprometeu.

Tal possibilidade ocorre quando o orçamento é claramente afrontoso à Constituição e às demais normas pré-orçamentárias, como se dá com os patentes percentuais alocativos, o procedimento formal de sua aprovação, o conteúdo proibido pela Constituição, dentre outros. Tirantes estas hipóteses, casual alteração orçamentária para atendimento de pedidos isolados, ou até em conjunto, teriam claras e reflexas referências com o polêmico tema da escassez de recursos e sua alocação.

Outrora desatento, o Judiciário passou a ser sensível à finitude de recursos, permitindo a discussão do tema no bojo da análise judicial: é o tema da *reserva do possível* ou *pensamento do possível*, que pode ser jurídica, quando o orçamento não permite determinado dispêndio, ou fática, quando comprovado não haver recursos para determinado pleito. Nesse sentido, farta a jurisprudência brasileira, embora ainda não ordenada num consenso.[253]

A reserva do possível jurídica tem tido pouca aplicação no âmbito judicial. É que não se dá muita atenção para a força normativa do orçamento, de modo que, afirmar-se ser a lei orçamentária óbice para a atuação judicial soa vazio, tendo em vista a concepção formal do orçamento,

---

[253] RE 436.996-AgR; RE 463.210-AgR; RE 436.996-AgR; RE 271.286-AgR, RE 393.175, RE 242.859, RE 267.612, RE.

redutora da sua materialidade. Forte é a doutrina no sentido de que alegações orçamentárias devem sucumbir-se diante da decisão judicial: "Neste caso, deverá a Administração prover-se de créditos orçamentários *sem observar as regras acima indicadas* [normas constitucionais sobre orçamentação], *cuja eficácia é afastada*".[254] (grifos originais)

Já a reserva do possível fática não se pode negar. Comprovada a ausência de recursos, eventual proteção judicial cairia no vazio. O problema não é mais jurídico, mas fático. É inescusável afirmar que não basta o Poder Público alegar a ausência de recursos para se furtar da implementação de direitos fundamentais, mas deve comprovar o quanto mencionado, e, diferentemente do que pensam alguns,[255] a lei orçamentária juntamente com os balancetes mensais do Executivo servem como critério objetivo a demonstrar a incapacidade financeira do ente público.

Da autoridade do orçamento infere-se que, até mesmo na primeira hipótese, em que há recursos, mas também limitação da lei orçamentária, não se pode pretender que a Administração sucumba às decisões judiciais, porque implicaria desordem das contas públicas. A limitação de recursos e os critérios de alocação demonstram quão complexa é a estruturação orçamentária a ponto de não poder ser alterada aleatoriamente por decisões judiciais. O cobertor é curto: a proteção de uns resvala na desproteção de outros.

2.4.9.4.2. Escolhas trágicas

É comum verificar os enormes recursos que a sociedade expende para salvar as pessoas perdidas, as que tentam o suicídio, as envolvidas em sequestro, em incêndio, ou em outros acidentes ocasionais. Tais recursos são simbólicos tendo-se em vista o valor da vida e o dever da sociedade para salvar indivíduos em desastres. Parece provável que se tais acidentes acontecerem mais rotineiramente, a intensidade desses auxílios diminuiriam. Faltariam recursos para todas as demandas. Mas nem por isso significaria redução do valor da vida que deve ser protegida pelo Estado. Simplesmente não haveria recursos para solucionar todos os proble-

---

[254] GRAU, Eros. Despesa pública – princípio da legalidade – decisão judicial. Em caso se exaustão da capacidade orçamentária deve a Administração demonstrar, perante o Supremo Tribunal Federal, a impossibilidade do cumprimento da decisão judicial condenatória. *Revista de Direito Administrativo* n.. 191, São Paulo, 1993, p.. 325.

[255] SOUZA, Luciane Moessa de. Reserva do Possível x Mínimo Existencial: O controle de constitucionalidade em matéria financeira e orçamentária como instrumento de realização dos direitos fundamentais. *XVI Congresso Nacional do CONPEDI*, 2007, Belo Horizonte – MG. Anais do XVI Congresso Nacional do CONPEDI. Florianópolis – SC : Fundação Boiteux, 2007. A autora afirma que a ausência de recursos (reserva do possível fática) tem sido alegada indiscriminadamente e ainda faltam critérios objetivos para delimitá-la, p. 4000.

mas, mormente os decorrentes de condicionantes naturais. Essa é a lógica nas escolhas alocatícias: quando feitas, opta-se por proteção de um direito e o adiamento do outro, às vezes tão importante quanto o escolhido.

Voltando ao exemplo da saúde, por ser tema dos mais controversos na realidade jurídica brasileira, imagine-se o surgimento de novas técnicas médicas para casos isolados. No início atende-se a todos os pacientes. Mas, crescente a demanda, o impacto financeiro da prestação do serviço levantaria questionamentos acerca da continuidade da sua prestação e da procura de outros meios menos custosos, embora menos eficientes em algumas situações. E aí surge a necessidade da escolha trágica, ocorrente quando os recursos presentes no Orçamento não se tornam viáveis para toda larga população de pacientes.

A questão de saber se é razoável a destinação de determinado valor para a saúde, para a infra-estrutura ou para a propaganda está fora desta análise: são questões intermináveis na política, na filosofia e no Direito. No âmbito do Direito, aqui o mais importante, para além das situações que a legislação expressamente determina o percentual do recurso a ser aplicado, importa saber é se as prioridades constitucionais estão sendo alcançadas com relação aos seus fins últimos.

No entanto, e é bom lembrar, por mais que se aloquem recursos em uma ou em outra área, a questão da escolha *trágica* não terminará. Se hoje dobrarem-se os recursos em saúde, não significa atendimento *integral* da demanda, nem resolução de todos os problemas, posto que há problemas no déficit habitacional que exigem prioridade, há problemas infindáveis na educação e a realidade do saneamento causa espanto. Como há limitação de recursos, sempre há de contar-se com escolhas *trágicas*, com a plena ciência de que algumas necessidades não serão atendidas do modo pretendido.

Não é que direitos demandam "caixas cheios" para serem protegidos. Proteção há. Como se verá, a sistemática constitucional vigente obsta a "proteção zero" para direitos tidos como fundamentais. A Constituição determina a previsão de recursos para as áreas mais carentes e não faltam programas protetores dessas áreas.[256] O problema aparenta ser outro, que não apenas alocação orçamentária.

---

[256] A lista de programas é farta. Adstringindo-se apenas ao campo federal, têm-se os seguintes: *a) Coordenados pela Caixa Econômica Federal*: Programa Pró-Moradia <https://webp.caixa.gov.br/urbanizacao/Publicacao /Texto/Programa/pro_moradia-.htm>; Programa Pró-Saneamento <https://webp. caixa.gov.br/urbanizacao /Publicacao/Texto/Programa/pro_saneamento.htm>; Programa de Arrendamento Residencial <https://webp .caixa.gov.br/urbanizacao /Publicacao/Texto/ Programa/ PAR.htm>; Programa Morar Melhor <https://webp .caixa.gov.br/urbanizacao /Publicacao/Texto/ Programa/morar_melhor_saneamento.htm>; Programa de Infra-Estrutura Urbana <https://webp. caixa.gov.br/urbanizacao/Publicacao/Texto/Programa/pro_infra.htm>; Infra-Estrutura Des-portiva e Turística <https://webpcaixa.gov.br/urbanizacao/Publicacao/Texto/Programa/pro_desporto.

Saliente-se que a expressão "escolhas trágicas" tem sido rechaçada tendo em vista o caráter definitório que a impregna, ao estipular que determinadas escolhas *devem* ser feitas, dentre elas, algumas que representam tragédias, ou seja, há algo trágico a resultar das escolhas alocatícias. Mas é inevitável se pensar assim, e nada há de mascarado por trás das escolhas. Os recursos são escassos e essa escassez leva a escolhas. Sempre o interesse de alguém será preterido. Não se trata meramente de simples escolha, que resultará numa consequência desejada por quem fez a opção, mas de real escassez. São escolhas que ninguém quer fazer, mas que devem ser feitas.

Por isso, "escolhas trágicas" infunde, por si só, a crítica ou a autor-reflexão de que alguma injustiça é realmente inescapável na consciência da sociedade. Não se trata de uma distribuição de injustiça padronizada, mas de episódica distribuição de injustiça, que não está indene de críticas.[257] O aleatório é moralmente tolerável num mundo onde justiça perfeita não é realizável.

Orçamento que opta por gastar mais em publicidade do que em educação ou mais em guerra do que em saúde, sem análise detalhada das especificidades do caso concreto, apresenta um padrão de injustiça intolerável, que deveria ser combatido política e socialmente. Mas um orçamento que, embora prevendo elevadas quantias de recursos à proteção de direitos fundamentais, mesmo assim lida com situações em que o alcance de proteção política não se dá à altura do esperado, não se pode afirmar que é injusto.

---

htm>; Programa de Infra-Estrutura e Serviços em Projetos de Assentamento (https://webp.caixa.gov. br/urbanizacao/Publicacao/Texto /Programa/incra.htm>; Programa Nacional de Fortalecimento da Agricultura Familiar <https://webp.caixa.gov.br/urbanizacao/Publicacao/Texto/Programa/ pronaf.htm>; Projetos de Apoio ao Desenvolvimento do Setor Agropecuário <https://webp.caixa. gov.br/urbanizacao/Publicacao/Texto/Programa/prodesa.htm>. *b) Ministério da Educacao*: Programa Nacional da Bolsa Escola <https://www.mec.br>; Programa Segundo Tempo Escolar <https:// www.esporte.gov.br>; FUNDESCOLA <https://www.fundescola.gov.br>; Programa Nacional do Livro Didático; Programa Nacional Biblioteca da Escola; Programa Alimentação Escolar; Programa Dinheiro Direto na Escola; Programa Nacional de Transporte Escolar; Programa Nacional De Saúde Escolar; Programa Educação Fundamental de Jovens e Adultos <https://www.fnde.gov.br>; *c) Ministério da Saúde:* Programa Saúde da Família <https://dtr2001.saude.gov.br>; Programa Bolsa-Alimentação <https://portal.saude.gov.br>; Programa Nacional de Saúde – FUNASA <https://www. funasa.gov.br>; *d) Ministério da Cultura:* Recuperação/ Conservação do Patrimônio Histórico e Artístico Nacional; Implementação de Bibliotecas; Montagem de Espetáculos; Apoio a Divulgação de Filmes; Exposição de Artes Plásticas <https://www.cultura.gov.br> *e) Ministério do Esporte:* Projeto Esporte de Criação Nacional com Identidade Cultural; Projeto Esporte Especial; Projeto Esporte Solidário; Projeto Vida Ativa na Terceira Idade <https://www.esporte.gov.br>; *f) Ministério da Ação Social:* Agente Jovem de Desenvolvimento Social e Humano; Centros da Juventude; Geração de Renda <https:// www.assistenciasocial.gov.br>.

[257] PIETERSE, Marius. Health care rights, resources and rationing. *The South African Law Journal*. Vol. 124, part 3, p. 20.

O resultado deve ser/parecer necessário, inevitável, antes do que escolhido. Do contrário, o que é um fatal infortúnio parecerá uma escolha *trágica*. O Estado não escolhe diversas pessoas, dentre milhares, à infelicidade de não ter uma casa, como se tivesse opção inversa. É uma fatalidade que tal ocorra. Por isso procura, ou deve procurar, diariamente promover políticas habitacionais para diminuir o déficit.

Como o orçamento não é vocacionado à satisfação de necessidades específicas, não há falar-se em distribuição de injustiça do ponto de vista individual. A escolha orçamentária não é *trágica* do ponto de vista geral, mas pode sê-lo do ponto de vista individual, e isso não transforma o orçamento numa peça distributiva de injustiça.

O que pode ser analisado, inclusive do ponto de vista judicial, é a questão da injustiça generalizada por conta de alocação orçamentária destoante dos fins constitucionais, e não questões pontuais, porque qualquer alocação de recursos violará, no mínimo, algum valor individual, resultando em conflito de valores. Em um ou em outro caso, não é o Judiciário quem banirá a *tragédia* da decisão, uma vez que, além de não haver previsão constitucional para controle judicial nessas escolhas, quando assim o faz, outras escolhas passam a ser feitas.

A previsão legal orçamentária expressa um consenso democrático de aplicação dos recursos, que acaba por não excluir os cidadãos da decisão alocativa.[258] Aqui a sua importância enquanto lei, na medida em que se posiciona, do ponto de vista jurídico-político, como norma legítima a expressar a vontade do povo. Não se pode deixar que outros tomem a decisão que possa afetar a vida popular profundamente sem ser-lhe dada a oportunidade de participar na tomada de decisões. A decisão é científica e técnica, além de democrática, demonstrando-se, por isso, que o Judiciário não está vocacionado a tomá-la.

A regra é que a alocação deve partir de deliberações regradas em lei e fruto da vontade soberana do povo, expressa pelos poderes Executivo e Legislativo.

Como a alocação é genérica, falha em não prever especificidades em determinadas áreas. Mas esse é o custo de se ter um mundo governado por regras. Sempre haverá uma situação por ela não albergada,[259] em que pese a origem democrática das escolhas, que dá autoridade ao orçamento e dota as alocações de impessoalidade e imparcialidade.

---

[258] FLECK, Leornard M. Just health care rationing: a democratic decisionmarking approach. *University of Pennsylvania Law Review*. Vol. 140, April 1992, p. 1616.

[259] SCHAUER, Frederick. *Playing by the rules*. Oxford: Clarendon Press, 2002, p. 174-175.

Tendo em conta que o orçamento é feito pelo Executivo, com a aprovação do Legislativo, o peso das prioridades é matéria de julgamento de cada autoridade política, guardando em mente seus deveres, que vão ao encontro dos requerimentos da satisfação dos representados. Pode acontecer que uma autorização legal, quando adotada uma política geral em relação a um tratamento particular, permita haver exceções, desde que haja excepcional circunstância. Mas até essa excepcional circunstância deveria ser previamente estabelecida pela lei, uma vez que a escassez de recursos é critério tanto da escolha da política pública quanto das exceções que existirão.

O Judiciário pode desempenhar um papel institucional de exigir do administrador, por exemplo, transparência e racionalidade na alocação de recursos para as áreas sociais. Pode, ainda, fiscalizar a efetividade da participação popular nesse processo, garantindo o real funcionamento dos diversos mecanismos do controle social (conselhos de saúde, educação, habitação, criança e adolescente), e, em casos em que não há política pública alguma, pode até esforçar-se mais assertivamente para romper a inércia do legislador.[260] Mas decidir de modo aleatório, sem analisar o impacto distributivo de suas decisões, ainda que dotadas de boa intenção, merece atenção mais cuidadosa.

---

[260] COUTINHO, Diogo R. & FERRAZ, Octávio Luiz Motta. Direitos sociais e o ativismo judicial. *Jornal Valor Econômico*. Legislação & Tributos. E2. São Paulo. Segunda-feira, 27 de outubro de 2008.

3. Fundamentos teóricos – por que o orçamento deve ser respeitado?

Tem sido comum verificar-se certo desrespeito à autoridade das leis, mais ainda quando a sua sanção não é comumente aplicada. Parte da mitigação dessa autoridade deve-se ao descrédito dispensado ao Legislativo, por conta da falta de zelo, ao longo da história, no trato com a política, e, consequentemente, com os produtos do seu trabalho.

Hannah Arendt assinalou essa observação. Afirma que parte da aversão à política deve-se a Platão que deformou o seu sentido, criando uma lacuna entre o pensar e o agir, o que formaria a concepção da política por séculos.[261] Embora os romanos estivessem afeitos a questões políticas, Roma não produziu nem um filósofo à altura de ir ao encontro das ideias gregas.[262] Em Marx também não se encontra uma valorização da política, e ele demonstra repúdio à política ao venerar o trabalho e a produção em detrimento de uma atividade pluralística de discurso político.[263] A sociedade de classes explicitada por Marx era antipolítica, e não apenas apolítica.

Na sociedade moderna a aversão à política ainda é muito presente. As pessoas têm pressuposições negativas sobre as atividades desta ordem. Assim, política é associada com corrupção, tirania, desonestidade, burocracia, etc., o que desencadeia diversos pensamentos nos mais diferentes contextos.[264] Tal perspectiva evidencia-se mais na atualidade, em

---

[261] ARENDT, Hannah. *The Promise of Politics. Edited with an introduction by Jerome Kohn*. New York: Schocken Books. 2005, p. 06.

[262] ARENDT, op. cit., p. 54.

[263] Ibidem, p. 79-80.

[264] Vanderlei Siraque destaca os seguintes fatores como mácula ao correto papel do Legislativo: a) clientelismo político; b) tráfico de influências; c) assistencialismo e o paternalismo político. O autor destaca diversos fatos repudiados pelo direito e pela política, mas que são rotineiros na vida política brasileira, e aponta alternativas de como minorar a sua existência. In SIRAQUE, Vanderlei. *Controle social da função administrativa do Estado. Possibilidade e limites na Constituição de 1988*. São Paulo: Saraiva, 2005, p. 143 e ss.

que permanecem vivos na memória os reflexos do totalitarismo presente em diversos países. Daí advém um prejuízo incalculável na reputação e valorização das atividades políticas.

Com essas implicações, deturpa-se a forma de se conceber o Legislativo, mormente na aprovação da lei orçamentária. Esta é vista como o local de conchavos. Emendas são propostas, na visão crítica, mais com o intuito de liberação de recursos a empresas que patrocinaram campanhas políticas, do que com o fito de produzir alterações que visem à melhoria de determinado setor na área pública, o que tende a minar a autoridade da legislação.

Esse desprestígio político e legislativo, bem como orçamentário, implica desencanto com qualquer argumentação que busque a sua força. Assim, pouco reforço argumentativo traz ao processo se o mesmo estiver pautado numa lei orçamentária, como, por exemplo, a demonstração de que não é possível atender determinada decisão judicial, por conta de critérios orçamentários. Argumentos desse jaez já *saem perdendo* numa discussão judicial.

Mas seria inocência, ou até mesmo espontaneidade, ignorar os fatos envolvidos na elaboração do orçamento, fazendo afirmação em sentido contrário? A realidade do parlamento brasileiro, as manobras que evitam a cassação de mandatos, a ausência de punição, enfim, esses tipos de atitudes não levam a uma direção no sentido de que pouco crédito resta ao parlamento nos aspectos de moralidade e boa-fé nas aprovações de leis?

É fato que o desgaste político, atrelado à corrupção, está presente em todo o mundo, em maior ou menor intensidade (questão de grau). No entanto, o que é importante verificar é o modo como essas atitudes parlamentares e os seus resultados legislativos se comunicam.

Embora tais aspectos não sejam ignorados, deve ficar claro que, juridicamente, a lei não sofre as mazelas de seus fautores. Enquanto lei, é dotada de autoridade no seu cumprimento até que eventual vício seja encontrado e juridicamente sanado. A autoridade é do instrumento da lei e imperfeições subjetivas do legislador não perpassam ao mundo do dever-ser. Desacertos morais no Legislativo não minguam a autoridade do produto de sua reflexão.

Bobbio afirma que "embora a respectiva organização seja estatal ou de ladrões, ou seja, como tem acontecido em todos os tempos, um organismo estatal governado por ladrões, o instrumento que eles criarem será sempre jurídico: a regra jurídica".[265] É o controle de constitucionalidade que sanará eventual vício, e não o descumprimento da lei. Descrédito

---

[265] BOBBIO, *apud* BECKER, Alfredo Augusto, p. 19.

popular/social não anula a sua força. Ainda que o Legislativo caia em descrédito, a sua produção será sempre um ato jurídico que deve ser respeitado.

Por outro lado, inexiste razão universal para acreditar que o Legislativo seja necessariamente corrompido. Sobrevivem fortes razões de suspeita a membros de instituições políticas, mas isto não induz à interpretação de que inevitavelmente o caminho de autopromoção ou a busca de benesses é o norte a guiar as decisões legislativas. Há infinitas razões para se aprovar leis e para a coletividade ser regida por estas. Se não se confiasse ao Legislativo a capacidade de representar o interesse coletivo, não se teria uma genuína declaração de direitos na Constituição Federal de 1988, a justificar a mudança no que se refere ao respeito aos direitos.

Assim é que há circunstâncias indicadoras para se acreditar no Legislativo e na autoridade da legislação. Quando um parlamentar vota, por exemplo, não se sabe se sua intenção é agradar o eleitorado, visando à reeleição, ou a de transmitir a individual convicção do direito em pauta. Ambas podem ser suportadas por motivos lógicos. A primeira, por externar o tipo de motivação que repousa nos eleitores os quais se quer agradar, e a segunda, por expor valores que repousam no entendimento pessoal desses direitos. O raciocínio deve ser aprofundado.

As motivações da votação podem variar por área: pode haver interesse pessoal numa lei que assegura a concessão de um canal televisivo, enquanto outra pode ser guiada por valores dos representantes, mesmo que conflite com o entendimento dos representados. Leis que tratam de aborto ou casamento entre pessoas do mesmo sexo são bons exemplos.

Nestes casos, pode haver tentativa de agradar ao eleitorado, o que assegura um impacto indireto nos valores sobre a legislação, ou pode existir desatenção ao clamor popular, mas concentração no que o parlamentar individualmente entende como valor a seguir. Não há critério objetivo norteador da decisão parlamentar. Daí afirmar-se, por um lado, que não há relação direta entre o interesse do eleitor e o do seu representante, e, por outro, entre os valores do representante e o seu voto na função parlamentar.

Pode um parlamentar votar contra o interesse do seu representado, mas a favor de sua convicção valorativa, ou no interesse do seu representado, mas contra a sua convicção. Em um ou em outro caso, o produto do seu debate é uma lei, que possui autoridade e deve ser respeitada, independente dessas peculiaridades que norteiam a sua aprovação.

O caso da lei orçamentária não é diferente. Como se viu, trata-se de norma, no sentido supremo do termo, e o seu conteúdo pode expressar, quer a vontade popular, quer pontualmente a vontade do parlamentar, mas, em todo caso será uma lei com autoridade.

Isso implica que as normas atinentes ao orçamento, abrigadas constitucionalmente, ocupam o mesmo patamar das normas comumente conhecidas como protetivas de direitos e impositivas de deveres. Logo, do ponto de vista formal, todas ocupam a mesma posição, e só podem ser alteradas pelos mecanismos legais existentes.

Igualmente, o orçamento também ocupa lugar de primazia, no que pertine ao aspecto material, e não pode ser colocado no contexto de normas secundárias, dada a importância do seu conteúdo como modelador de comportamentos. Daí se afirmar que as normas orçamentárias não possuem conteúdo restrito e de menor importância quando da ponderação de decisões que envolvam dispêndios públicos. São normas como as demais.

E o maior motivo que dá autoridade ao orçamento é porque ele é lei e, como qualquer outra lei, deve ter a sua observância respeitada, exceto se for alterado por decisão judicial, no controle de constitucionalidade, como sói acontecer com as demais leis. Seja a lei de teor protetivo de direito, de conteúdo estabelecedor de sanção ou de matéria direcionadora de recursos, por ter sido originada do Legislativo, todas trazem em si a mesma carga de observância. E é com essa análise que se busca o resgate da valorização dos atos Legislativos, tendo-se como foco o orçamento público, insistentemente relegado ao desprezo da análise jurídica.

3.1. O RESPEITO À LEGISLAÇÃO

O respeito à lei, elevada como fonte suprema do direito, é tema recorrente nos últimos séculos. Não há corrente doutrinária que negue o seu inestimável papel, uns mais, outros menos. A sua força sustém-se na sua feitura pelo Legislativo, órgão de representação da vontade popular, que tem como fim criar e modificar o direito. O Judiciário, adstrito à lei, não tem o poder de criar direito na mesma intensidade que o Legislativo. Quando decide, até mesmo retirando uma lei do ordenamento jurídico, este ato não implica superioridade, se comparado aos demais poderes.

O fundamento da legislação está no fato de que, numa democracia, como as demandas governamentais são feitas pelas pessoas ou por seus representantes, e como se torna cada vez mais difícil às pessoas decidirem diretamente os atos que regularão as suas vidas, só mesmo um instrumento como a lei pode ser elemento substitutivo dessa vontade.

Mas pode ocorrer a aprovação desse instrumento Legislativo em desconformidade com a Constituição. Neste caso, cabe ao pequeno grupo de juízes a responsabilidade de fazer cumprir a vontade popular expressa na Constituição Federal, através do controle de constitucionalidade das leis, embora não sejam eleitos pelo povo e não haja responsabilidade dos seus atos à população. Anote-se que, fora dessa moldura, não há falar-se em controle de leis através de decisões que indiretamente alteram o seu conteúdo. Se feito desse modo, trata-se de mal que deve ser extirpado do sistema.

Assim, quando uma lei, embora constitucional, é alterada obliquamente, via decisão judicial protetiva de direito, entende-se haver usurpação de poder, desrespeito ao legislador e supressão de escolha democrática. Agindo por esta via, o juiz está a rever os atos de governo de modo juridicamente não aceito, eis que não respeita a justificação politicamente decidida, tampouco o faz pela via jurídica do controle de constitucionalidade. A lei, por presunção, nasce constitucional e tem autoridade pelo simples fato de ser lei. Não pode ter a sua autoridade minguada por força de decisões judiciais. Algumas teorias justificam essa autoridade e o respeito que lhe é subsequente.

3.2. O QUE JUSTIFICA O RESPEITO À LEI

Várias são as justificativas que visam a clarificar porque as leis possuem autoridade frente às decisões judiciais ou aos atos do Executivo.

3.2.1. Sabedoria da multidão

Ao longo da história, formou-se entendimento no sentido de que entre o poder político distribuído na mão de muitos indivíduos ou de poucos com extraordinária sabedoria, é mais equânime e prudente dar primazia ao primeiro.[266]

Na visão aristotélica, por exemplo, cada indivíduo, entre os muitos, tem uma sabedoria prática, e, quando se reúnem, torna-se um todo mais sábio. Esse ponto de vista indica que os indivíduos reunidos podem trazer uma diversidade de perspectivas para lidar nas questões complexas e são capazes de administrar essas perspectivas na busca de melhores decisões. Considerando-se o todo, ele é mais completo, porque somam-se os diferentes conhecimentos de cada um, e, entre eles, forma-se o enten-

---

[266] WALDRON, op. cit., p. 120 e ss.

dimento que une esse "todo".[267] Cada um tem experiências e diferentes visões sobre alguma coisa, que contribuem para um entendimento mais completo sobre o que se pretende decidir. Assim, quando as ideias são trazidas à discussão, há um efeito dialético que permite a maturação das mesmas, emergindo uma discussão.

Daí a defesa de que a legislação deve ser feita por muitas pessoas, de diferentes conteúdos, origens, histórias e pontos de vista. Daí também a inafastabilidade, ao longo dos anos, de grandes casas legislativas para decisões que alcançam a todos. Não se analisa, neste estudo, a questão da sua efetividade, mas tão somente o fato de que a pluralidade sempre foi mais aceita do que a decisão isolada.

Para uns, o tamanho da casa legislativa atrapalha mais do que ajuda.[268] É verdadeiro obstáculo: quanto maior o Legislativo, menor a média de sabedoria entre seus componentes, além de que grande multidão é sempre tendente a várias formas de confusão e intemperança. Dificilmente sairia alguma coisa coerente de uma babel de interesses e de propostas contrapostas. Seguindo este raciocínio, pessoas de diferentes naturezas, aparências e linguagens, não poderiam chegar a um denominador comum sobre qualquer matéria. Na Inglaterra se diz "uma grande reunião nunca decide nada".[269]

Já para outros, só grandes debates permitem grandes discussões e grandes (corretas) escolhas. Tanto é que esse tipo de deliberação é a comumente aceita ao redor do mundo. Daí que aludida ideia continua sendo essencial à organização do Estado. Deve haver um importante motivo para que grande parte das decisões, independente do seu grau de importância, seja tomada pela escolha da maioria. Por que quase toda decisão, independente do seu grau de importância, opta pelo caminho da maioria?[270] Afirma-se que tal fato ocorre por ser mais viável no plano das ideias, até que se descubra uma forma mais satisfatória. É mais fácil aceitar a autoridade de uma lei resultante de debates numa assembleia do que produto de uma só pessoa. Esta última significa imposição da vontade de um só, o que dificilmente atenderia a vontade dos demais.

Nesse sentido, a visão de um grupo tende a ser "melhor" e a merecer maior confiança do que a visão de um único membro, por mais distinto que seja, posto que a visão particular revela a posição parcial de

---

[267] ARISTÓTELES *apud* WALDRON, p. 136.

[268] É Jeremy Waldron quem faz menção às várias ideias contra as grandes casas legislativas. In WALDRON, op. cit, p. 80 e ss.

[269] BAGEHOT, *apud* WALDRON, Jeremy. *Law and Disagreement*, Oxford University Press. 1999, p. 53.

[270] Esse é o questionamento que Waldron faz para demonstrar a importância das decisões de maioria. In WALDRON, op. cit., p. 135 ss.

todo o corpo Legislativo. É importante que haja centenas de pessoas, com diversas visões, filiações e alegações. Contudo, lembra Jeremy Waldron, apenas a multidão não é suficiente. Tal corpo precisa de específicos procedimentos formais em ordem a determinar o que conta como sua decisão.[271] Fala-se aqui em corpo para demonstrar a unidade do Legislativo, separando-o do autor do projeto ou da ideia, evitando-se confusão entre a intenção do autor com a intenção do texto.

A unidade é fruto da divergência. O Legislativo incorpora discordância no seu procedimento e toma decisões nesse meio de pluralidade. Os legisladores fazem o direito com base nas visões dos partidos e nos votos dos seus membros. E esse fato estrutural é importante para a teoria do Direito e significante para a autoridade da lei. Afirma Waldron "que o objetivo de uma assembleia legislativa é representar as principais facções da sociedade e fazer leis de modo a acolher suas diferenças, seriamente, antes do que num modo que finge que suas diferenças não são sérias ou não existem".[272] Lei, nesse sentido, deve refletir as reais divergências do seio social e não a unidade de pensamento ou de vontade.

3.2.2. Reconhecimento da comunidade

Cláudio Michelon,[273] na defesa da autoridade da legislação, vai além do que Waldron propõe. Segundo o primeiro, a autoridade da legislação está relacionada ao reconhecimento de uma comunidade e só pode ser causada por essa comunidade. Essa concepção destoa da mera sabedoria da multidão, assim como do fato de que, como a lei gera melhor resultado, deve ter a sua autoridade defendida. Nega, pois, a possibilidade de a autoridade legislativa ter sucesso devido ao processo de passagem pelos representantes do povo. Além disso, rompe com uma tese que poderia ser suscitada a favor do Legislativo e contra o Judiciário, de que por haver menos pessoas neste último, haveria falta de representação ou falta de igualdade. Para o autor, o respeito à decisão majoritária pode ser justificativa da tomada de decisões pelo Legislativo, mas nunca a última razão.

O melhor caminho para entender a autoridade da legislação passada por uma assembleia é o fato de que obedecer tal legislação é uma forma de reconhecer um tipo de valor em cada cidadão, enquanto os mesmos são levados num risco ou aventura coletiva. Fala-se em risco, porque, de certo modo, trata-se de uma decisão coletiva de como a sociedade se mo-

---

[271] WALDRON, op. cit., p. 142.

[272] Ibidem, p. 27.

[273] MICHELON, Claudio. Politics, Practical Reason and the Authority of Legislation (December 10, 2007). *Legisprudence*, v. 1, n. 3, p. 263-289.

verá. Legisladores são designados para permitir e favorecer o desenvolvimento de comunidades na troca dos seus argumentos e, fazendo isso, eles encorpam o tipo de reconhecimento que é essencial nas políticas. Em contraposição ao Judiciário, este não alimenta na comunidade o mesmo caminho. Por isso, legislação deve ter maior valor constitucional do que decisões judiciais.

Por fim, o autor afirma que o último grau de autoridade da legislação é o relacionamento social entre os membros de uma comunidade que reconhece cada outro como apto de um raciocínio prático.[274]

3.2.3. Formalidade na sua elaboração

É inegável o valor da formalidade, presente na elaboração de uma lei, como elemento de sua autoridade. O complexo de estruturas e hierarquias, fidelidade partidária, convencimento de bancadas, associações, conversa de corredores, requerimento constitucional que o projeto de lei seja aprovado pelo Congresso, quórum para deliberações, enfim, essas ações parlamentares reportam-se ao patamar de autoridade que a legislação exerce no seio da comunidade. Não se traduzem, assim, em um artifício ou mero procedimento sem importância, mas funcionam como diferencial autorizativo.

Há um procedimento estabelecido na Constituição a ordenar *como* a lei deve ser construída, o que, por evidente, tem uma determinada razão, qual seja, a importância deste instrumento. Dito rito procedimental não ocorre como os demais atos resultantes dos outros poderes, tais como os decretos ou decisões judiciais.

Jeremy Waldron traça o laborioso processo da formação das leis, que envolve sucessivos estágios de deliberação e votação nas casas legislativas, compostas por pessoas representantes de diversos segmentos e interesses sociais.[275] No caso do bicameralismo federal brasileiro, por exemplo, a produção de um texto é fruto de deliberação, consideração de cada artigo individualmente, formação de comissões específicas de análise, publicidade dos debates Legislativos, sucessivas etapas de deliberação, e tempo para as considerações.[276] Essa é a sucessão de atos do procedimento formal, prevista na Constituição Federal, e que deve servir de regra geral para toda deliberação.

---

[274] MICHELON, op. cit., p. 280.

[275] WALDRON, op. cit., p. 43 e ss.

[276] WALDRON, Jeremy. Legislation and the Rule of Law. *Legisprudence*, v. 1, n. 1, January , 2007, p. 107.

Por esse prisma, os requisitos formais não são aleatórios, escolhidos arbitrariamente apenas para cumprir um rito. As regras procedimentais, embora atendam a requisitos formais, cercam-se de mais fatores além da praxe legal. Há uma razão moral no trâmite Legislativo. Não fosse isso, poderia ser aceitável uma regra que permitisse mandatos parlamentares de 40 anos, ou a impossibilidade de derrubar veto presidencial, a desnecessidade de duas câmaras no âmbito federal, a alteração constitucional com maioria simples, etc.

Os requisitos são formais, mas não se esgotam na simples formalidade; há uma estrutura mais abrangente que os sustenta. Referida estrutura é montada visando à construção de uma base comum de argumentação que aumenta a força do resultado desse trabalho procedimental.

Exemplificando-se, os procedimentos de aprovação das leis por maioria podem ser meramente técnicos, criados sem profundo debate, variáveis entre os sistemas jurídicos, mas não deixam de ser um método que é moralmente respeitável num caminho que outras técnicas e convenções não são.

É possível até suscitar a diferença material e formal existente entre lei ordinária e complementar, ou entre lei constitucional e infraconstitucional, ou ainda entre código tributário e código civil. Mas essas diferenças não seriam suficientes para alterar a autoridade da legislação. A Constituição, o Código Civil e todas as demais leis devem ser obedecidas na mesma intensidade, partindo-se do pressuposto que de que são leis, independente de escala hierárquica. Do contrário, seria suficiente dizer que uma lei nominada de Constituição, Código ou simples lei ordinária, por esse motivo, é autorizativa em diferentes graus. E isto não ocorre: uma lei não é mais intensa que outra, e a sua hierarquia não interfere na intensidade dessa aplicação.

Desse modo, defende-se a autoridade da legislação pelo respaldo social e moral do procedimento legislativo presente quando de sua elaboração. As classificações prévias, quando a própria Constituição delimita matérias para leis complementares ou não, e posteriores, quando o doutrinador diferencia tipos de normas, não diminuem a autoridade, apenas diferenciam modos de distribuição da mesma.

3.2.4. Impossibilidade de completa concordância social

No mesmo passo, a autoridade da legislação justifica-se pela impossibilidade de uma única conclusão, a que todos aquiesceriam. Assim, descansa a autoridade no fato de que os cidadãos confiam no outro a tomada de decisão que provavelmente ele faria. Como é impossível que a opinião de cada um seja aceita, tendo em vista as diferentes concepções do que é certo ou errado, o caminho viável é a confiança no outro, que tome a decisão que reflita a média do que se pensa entre correto e errado.

A comunidade se dispõe a eleger um terceiro que tome a provável decisão que ela tomaria, uma vez que haveria sempre um desacordo sobre questões de relevância. Nunca se teria um acordo único. A decisão pode ou não ser correta, na perspectiva de um terceiro, mas será sempre correta na perspectiva de quem a toma.

Decisões que manifestam os valores da sociedade, ainda que haja certo grau de discordância, são decisões do povo, que as escolheu como forma de meios comuns de convivência. Não são decisões que juízes devem tomar, mas a coletividade, enquanto cidadãos, incluindo os juízes. Daí se afirmar que o direito não é algo que possa ser descrito com a independência que os participantes de suas práticas jurídicas creiam que é.

Nessa linha, o respeito à legislação está ligado à necessidade de viver em grupo e de se observar certas regras enquanto tal. O respeito pela legislação é, em parte, o tributo que se paga para a conquista ou o sucesso do cooperativo e coordenado nas circunstâncias da vida moderna. Por vários motivos pensa-se que se deve agir em conjunto para muitas coisas e fins. A máxima da proteção ambiental "agir localmente e pensar globalmente" é um bom exemplo do atuar conjunto da sociedade moderna, que pode ser aplicado nas mais diversas áreas.

Agir em acordo não é fácil. As pessoas têm o senso delas mesmas como indivíduos únicos e os caminhos que agem com os outros podem conflitar com a pequena escala de projetos que cada um tem. Daí a necessidade de uma decisão que vincule a todos e que, de certo modo, reflita a vontade da maioria ou os anseios de uma sociedade igualitária. Por esta razão que, na ausência de conformidade sobre um tema, alguém tem de decidir, e essa decisão, quando feita por um órgão colegiado, reflete, com maior clareza, a síntese dos diversos posicionamentos existentes.

A necessidade entre os membros de certo grupo por uma estrutura comum, por uma decisão ou por um curso de ação, em algumas matérias, mesmo em face de discordância sobre o que essa estrutura, decisão ou ação deve ser, ressaltam a importância da legislação.

É bom lembrar que a discordância não é eliminada com a simples aprovação de uma lei. Com este ato apenas estabelece-se a vontade dos votantes, que representam a população como o todo, de onde se extrai a autoridade da lei.

AUTORIDADE DA LEI ORÇAMENTÁRIA

3.3. O RESPEITO À LEGISLAÇÃO E A RELAÇÃO COM O SEU CONTEÚDO

Parece imune de dúvidas a concepção de que, com raras exceções, o respeito à lei não deve variar de acordo com o seu conteúdo. Imagine-se a possibilidade de cada cidadão, ao deparar-se com uma norma, verificar, previamente, o seu conteúdo e, apenas em caso de concordância, dispor-se a cumpri-la. Estar-se-ia fadado ao cumprimento apenas das leis que vão ao encontro da vontade dos indivíduos, em sua subjetividade, até porque sempre haverá opinião diferente a variar de acordo com os interesses.[277]

Não se está a anular a importância do conteúdo para o respeito à legislação, mas apenas verifica-se que o mesmo não é o primeiro fator a ser levado em consideração.[278] O fato de ser lei, por si só, impõe-se.

Afirma Bobbio, "é um fato que uma lei geralmente seja obedecida somente porque é uma lei, independentemente de qualquer consideração pelo seu conteúdo (antes, com a convicção de que se ordenam coisas irracionais)".[279]

Waldron[280] ensina que, uma vez votada, a lei é encorpada com o respeito que a comunidade lhe confere, sem considerar o mérito substantivo do seu conteúdo. Leis que condenam o estupro, ou proíbem estacionamento de veículos em determinada área, em regra, devem ter a mesma deferência judicial e popular. Num primeiro momento, a materialidade legal não é importante como critério para a sua observância.

Fernando Atria deixa claro que "dizer que o direito tem autoridade quer dizer que as regras jurídicas valem, não porque sejam corretas, senão porque são jurídicas".[281] Importa mais o resultado de sua observância do que o sentimento que evoca na pessoa do destinatário.[282]

---

[277] Se assim fosse, leis tributárias, pela natural rejeição social, seriam dificilmente observadas.

[278] A questão do conteúdo é muito bem expressa por Raz ao diferenciar o observador do participante. O participante seria aquele que se submete às regras jurídicas sem precisar, para tanto, de nenhum grau de aceitação ou reconhecimento distinto da mera constatação de que este é o direito vigente. (In SÁNCHEZ-PESCADOR, Liborio Luis Hierro ¿Por qué ser positivista? *Doxa: Cuadernos de filosofía del derecho*, n° 25, 2002, p. 268)..

[279] BOBBIO, op. cit., p. 98.

[280] WALDRON, op. cit., p. 45 e ss.

[281] ATRIA, Fernando. El derecho y la contingencia de lo político. *Revista Doxa* n. 26, 2003., p. 322.

[282] Autores como Idowu W. Willian afirmam o inverso. Para ele não existe obrigação *prima facie* de se obedecer a uma lei que seja perniciosa ou injusta, posto que a obrigação de obedecer ao Direito é moral, o que quer dizer que deriva do conteúdo do direito e, portanto, que é externa ao mesmo. (WILLIAN, Idowu W. La doctrina de la revisión judicial y la obligación de obedecer el derecho. *DOXA*. Cuadernos de Filosofía del Derecho. 27, 2004, p. 349-376.

A observância da legislação está ligada ao que é comum aos seus destinatários, bem como aos anseios morais presentes na sociedade. Quando vai ao encontro do anseio social, a legislação é facilmente cumprida; quando desperta interesse na sociedade, incorpora-se a esta, ou por outro meio, torna-se legislação porque reflete o desejo social. Em sentido oposto, quando esbarra na necessidade ou no interesse contrário da população, tende a ser descumprida. A análise da eficácia social que certas normas exercem em um determinado ambiente, transfere o objeto da investigação para outro ângulo que não pode ser justificador da autoridade da lei.

Embora haja forte relação de identidade entre lei e sociedade, no que se refere à sua autoridade, não se pode dizer que a mesma esteja vinculada apenas à aceitabilidade social. Pesam fatores sociais na influência do cumprimento de lei, mas não podem minar a sua autoridade. Portanto, a resistência social não faz uma lei deixar de sê-la. Para tanto há a sanção, a impor o seu cumprimento.[283]

Não pode haver completa distorção entre a lei feita e a sua aplicabilidade. A lei deve ter eficácia plena decorrente de sua autoridade. Afirma Ivan Barbosa Rigolin:[284]

> A alusão à "lei que pega" ou àquela que "não pega" constitui (...) uma calamidade institucional, uma prova viva e pulsante de subdesenvolvimento entre as nações modernas, a evidenciar o mais tosco e rústico primitivismo jurídico, pois que não pode nem poderia existir, nunca em tempo algum, uma lei que não pegasse, qual se fora mero boato, folgueado ou fuxico entre compadres. As leis de um Estado de direito não se podem jamais prestar a semelhante humilhação, ou a uma tal degradação.

O descontentamento do autor procede, mas deve ser tomado com temperanças porque, às vezes, soa até natural uma lei não "pegar". Há decisões legislativas que não são aquilo que o povo ansiava, portanto, elas caem em desuso, ou que podem chegar atrasadas quanto ao fenômeno social que pretendia regular, ou a sociedade já criou outra forma de resolver aquela circunstância que não havia previsão em lei. É o que ocorre com as normas penais que não apenam, por exemplo.

Mas essas circunstâncias não minam a importância da lei. O conteúdo é importante quanto à sua aceitação social, mas o critério de sua autoridade é o fato de ser lei, muito embora deva estar pautada em crité-

---

[283] Bobbio eleva a sanção ao critério diferenciador das normas jurídicas das outras normas, embora não negue a existência de normas sem sanção: "Somos inclinados a considerar um ordenamento tão mais jurídico quanto mais a técnica da sanção vai se aperfeiçoando". (In BOBBIO, Norberto. *Teoria da norma jurídica*. São Paulo: Edirpro, 2003, p. 170).

[284] RIGOLIN, Ivan Barbosa. *Lei de Responsabilidade Fiscal – Teoria e Prática*. "Serviço terceirizado" não é, nunca foi nem jamais será despesa de pessoal – o insólito e absurdo § 1°, do art. 18, da Lei de Responsabilidade Fiscal. p 110.

rios de justiça, igualdade, dentre outros, até porque não se propugna um positivismo cego a valores.[285]

Não se está aqui a defender a autoridade da lei do *Reich*. Foi essa atenção extremista ao entendimento de que toda norma legal é direito, sem considerar seu conteúdo, que resultou na barbárie do nacional-socialismo e desembocou na revisitação do positivismo.

O conteúdo é critério material de controle de sua constitucionalidade, mas não deve ser visto isoladamente. Como afirma Gustav Radbruch, "o direito injusto não é direito válido".[286] Vale dizer que, não se trata de simples injustiça, como afirma o autor, porque "a norma não perde seu caráter jurídico quando for injusta, mas quando a injustiça alcança uma medida insuportável".[287]

O importante a lembrar, por ora, é que o simples fato de ser lei já traz implícito um valor a ser respeitado, independentemente de seu conteúdo. Por questão de segurança jurídica, é mais viável sua aplicação sem questionar o seu conteúdo do que a prévia análise do conteúdo para posterior aplicação. Aos órgãos de controle de constitucionalidade de leis cabem essa função, extirpando-as, se for o caso, do ordenamento jurídico, quando contrárias às normas constitucionais. É claro que segurança jurídica não é o único e decisivo valor que deva realizar o direito,[288] mas é imprescindível.

No âmbito orçamentário, vale lembrar, argumentos que reduzem a sua qualidade normativa não prosperam. Ainda que a análise do conteúdo fosse fator primordial para definir a sua autoridade de lei, não restaria o orçamento abalado por conter normas que direcionam a Administração onde efetuar os gastos públicos. Nada há de menor relevância nesse conteúdo.

O conteúdo do orçamento, aprovado democraticamente, impõe deveres à Administração, afastáveis apenas nas hipóteses legalmente permitidas. Logo, a sua autoridade é confirmada tanto pela sua forma quanto pela sua matéria.

---

[285] A ideia de positivismo é a ideia de uma proposição que é arbitrária, que é tratada como fonte do direito em virtude de algum fator ou ação que não tem intrínseca conexão com o conteúdo ou qualidade da proposição em si. In WALDRON, op. cit., p. 47 e ss.

[286] RADBRUCH, Gustav. *Relativismo y derecho*. Tradução de Luis Villar Borda. Monografías Jurídicas 82. Santa Fe de Bogotá: Editorial Temis, 1999. p 24.

[287] ALEXY, Robert. *La Pretensión de Corrección del Derecho – La Polemica sobre la Relación entre Derecho y Moral*. Colombia: Universidad Externado de Colombia, 2005, p. 23.

[288] RADBRUCH. op. cit., p. 31.

3.4. O PROCEDIMENTO LEGISLATIVO COMO PURIFICADOR DA PESSOALIDADE REPRESENTATIVA

É comum a tentativa de minguar a autoridade de determinadas leis, principalmente as de caráter orçamentário, em virtude da marca de pessoalidade do seu autor. A fase de "emendas ao orçamento" é conhecida como aquela em que representantes digladiam-se em busca de "verbas" para o seu público eleitoreiro. Do mesmo modo, cada específica bancada (ruralista, sindicalista, empresarial, etc.) busca representar os interesses do seu grupo, em clara dissonância, na maioria das vezes, dos interesses da sociedade. Aqui, questiona-se se essas leis estariam a refletir ou não o interesse individual do seu mentor, e se isso afetaria na sua autoridade.

Entende-se que não. Primeiro porque, se a intenção do legislador fosse levada em consideração, esse seria o primeiro critério interpretativo da lei. Quem melhor entenderia o sentido da lei seria aquele que soubesse o que o legislador tinha em mente ao elaborá-la. Segundo porque, se se percebe que há boa intenção na elaboração da lei, poder-se-ia segui-la apenas pela sua finalidade, sem olhar o seu conteúdo: o fim justificaria o meio, o que não pode ocorrer. Terceiro porque, analisar a intenção significa levar em consideração pronunciamentos ou elementos ocorridos durante o curso de aprovação de uma lei, ponto em que a síntese conclusiva pode ainda não ter sido realizada, o que não revelaria a sabedoria da multidão.[289] E, por fim, é bom lembrar que a lei vai além dessas questões pontuadas. Ela pode ser mais inteligente do que seus autores e o intérprete pode entendê-las melhor do que os seus criadores. Há uma riqueza interpretativa que vai além da intenção do legislador.[290]

Por outro lado, também é legítima a defesa parlamentar de uma opinião ou ponto de vista que, de boa-fé, entende-se como verdadeiro. Questões difíceis como aborto, eutanásia e pena de morte são defendidas de acordo com o ponto de vista pessoal, o qual pode coincidir ou afastar-se da posição da comunidade representada pelo parlamentar. Nestes casos, não parece haver interesse individual na votação de leis desse teor.[291]

Por conseguinte, nota-se que o direito impõe limites impeditivos da prevalência da vontade individual sobre o interesse coletivo. A feitura da lei subordina-se a outras normas, que têm a função de retirar a marca

---

[289] WALDRON, op. cit., p. 141.

[290] RADBRUCH, op. cit., p. 38.

[291] Nesse sentido, diferença de entendimento pessoal entre o legislador e os representantes não altera o respeito que a lei deve ter. Exemplifique-se com a inclusão de determinado remédio na lista de gratuidade pelo governo. Tal inclusão não perpassa pelo interesse individual de quem a faz; no entanto, uma vez que contraria o interesse daquele que pretende ver-se incluído, para esse indivíduo, sempre haverá discordância, e se tem em mente que o critério legal é exclusivo do seu caso.

de pessoalidade possivelmente presente. Assim, a indicação de emenda ou de despesa, quando convertida em lei, cessa de ser a vontade do parlamentar ou do presidente, e passa a ser a vontade da maioria legítima a representar a vontade popular, embora haja discordâncias pontuais sobre essa decisão, visto que não foi unânime.

Os marcos legais têm o poder de refutar particulares contribuições que não são suportadas pelo direito. Afasta-se o que extrapola os seus termos. Nesse sentido, a análise jurídica se circunscreve ao momento da aprovação da norma e ao seu conteúdo, desvinculando-se dos elementos volitivos que a circundavam. Nesse processo deliberativo, há outros aspectos que não são contemplados pelo direito cuja importância é secundária.

Igualmente, seria excessivamente irrazoável afirmar-se que a distribuição de serviços é baseada em autointeresse. Há uma questão de justiça por trás dos debates parlamentares sobre que tipos de serviços deverão ser entregues à população, de modo que, configurada qualquer violação ao direito, deverá a mesma ser afastada pelos controles juridicamente existentes.

No sentido puro da expressão, não se pode dizer que não há intenção na lei. Quando o juiz se coloca diante de uma lei para aplicá-la, ele deve tratá-la como o produto da intenção de alguém. No entanto, aceitar a intenção de uma lei não é o mesmo que aceitar a intenção do legislador. Interpretar um texto não significa determinar a intenção de quem o produziu, mas, sim, descobrir o sentido expresso no texto.[292] Isso se confirma por ser possível haver leis cuja interpretação não reflita o propósito dos legisladores que juntos as aprovaram.

Jeremy Waldron tenta mostrar que é frequentemente implausível descrever os atos do Legislativo como ato intencional debaixo das condições da legislação moderna, muito embora eles ocorram num contexto organizado intencionalmente.[293] Toda lei é interpretada à luz da intenção e dos valores de alguém. Contudo, a pretensão da lei não corresponde, necessariamente, com a do legislador.

Intenção e sentido são diferentes. Interpretar um texto é descobrir o sentido que o mesmo expressa, desconsiderando, na maioria das vezes, a

---

[292] WALDRON, op. cit., p. 125.

[293] A questão da intenção do legislador é tema profundamente analisado pela teoria do direito, principalmente no sentido de revelar-se ou não como um recurso apropriado no auxílio interpretativo, dentro do seu viés histórico. Se o apelo a esse recurso é correto ou não, depende de outros fatores, como a análise de qual recurso deve ser prevalente na interpretação. Não deixa de ser um tópico delicado. Assim, quais evidências da intenção compartilhada pelo legislador emerge das gravações dos debates Legislativos ou de outras fontes? Em que medida os legisladores perseguem compartilhadas intenções quando eles legislam? Essas e outras questões, por estarem mais no âmbito interpretativo, não serão aqui tocadas. Apenas sinalizaremos para a importância do reflexo da intenção na autoridade da legislação. WALDRON, op. cit., p. 128 e ss.

intenção de quem o produziu. Assim, o patamar da autoridade da lei não é o reflexo das visões ou propósitos de algum legislador particular, mas do que será melhor para o todo.[294] Compreende-se, assim, o sentido da autoridade atribuída a uma lei, ainda que não satisfaça a todos.

Nesse ponto, não se deve confundir contribuições individualmente apresentadas com o texto finalmente aprovado. Legislatura é um espaço social onde muitas coisas são ditas, mas apenas algumas delas são aprovadas.[295] Ao final, com o debate e a posterior aprovação da lei, retira-se o caráter de sua pessoalidade. E assim, o que norteará os cidadãos a agirem de acordo com o direito é o resultado legislativo, e não a vontade individual de um parlamentar.

A produção legislativa tem inteira diferença após a publicação. Ainda não publicada, é opinião válida apenas para quem a defende. Mas, após aquela, é a lei de todos, e não mais a lei da maioria. Até o momento da votação final, a produção legislativa é uma proposta de uma facção partidária. Seus defensores podem dizer fazê-la para proveito próprio, e não para a comunidade toda. Até a aprovação e publicação, a minoria derrotada não aceitava aqueles enunciados como lei. Após estas fases, o outrora projeto torna-se lei e os vincula.

Então, por que a minoria derrotada tem de adotar esse texto como lei, sendo que ela não votou a favor, apresentando diversos pontos de discordância à sua aprovação e até fez defesas contrárias ao texto? Porque, após o preenchimento dos requisitos formais, ela se torna lei que vincula todos indistintamente. As discussões na fase legislativa dão-lhe autoridade quando de sua conclusão.

Como afirma Waldron,[296] uma lei passada pelo Congresso é uma lei do Congresso e não um ato da maioria de certo partido. Se pessoas ordinárias submetem-se à lei aprovada por partido da maioria que elas não votaram, tal se dá porque elas respeitam a legislação e os procedimentos e instituições formais de sua elaboração, e não porque elas concordam com a maioria. Observa-se o princípio da maioria, e não os membros da maioria. Esse é o sentido de observância das leis, ainda que desconforme aos interesses particulares.

O desenho constitucional de aprovação legislativa não é fortuito. Como se disse, cada etapa que a lei se submeteu foi justificada por um requisito moral que corroborou a sua autoridade. Daí se verificar que os requisitos formais e materiais não são estanques e distantes como apa-

---

[294] WALDRON, op. cit., p. 139.

[295] Ibidem, p. 42

[296] Ibidem, p. 143.

AUTORIDADE DA LEI ORÇAMENTÁRIA

rentam. Ambos protegem a moralidade e dão autoridade à legislação, purificando-a de eventual pessoalidade.

Desse modo, pode-se afirmar que os requisitos formais também corroboram a autoridade material da legislação. Um e outro estão intimamente relacionados. Juntos, os critérios materiais (conteúdo) e formais (procedimento) formam a base do argumento que explica a obediência a uma determinada lei, ou o motivo para os cidadãos cumpri-la.

Ocorre, porém, que muitas leis são aprovadas sem a discussão devida da sua matéria, sem a análise aprofundada ou os debates demorados. Também há leis votadas de modo desatencioso a alguns procedimentos. Veja-se, por exemplo, quando o Congresso é pressionado por quantidade excessiva de medidas provisórias (o que impede a necessária discussão das leis em pauta), quando leis são votadas apressadamente,[297] quando Casas ficam vazias em determinadas matérias e cheias em outras, ou quando o processo legislativo é dominado pelo Executivo, tanto por ter maioria na base, quanto pelas iniciativas dos projetos de lei. Estes são alguns dos sintomas que aparentemente maculam o caminho de aprovação da lei. Tal desacerto causa a impressão que o processo legislativo está sendo usado e abusado apenas como instrumento de poder político.

Ora, uma lei não tem a sua autoridade mitigada por ser de iniciativa do Executivo, tampouco menos força se a discussão envolvesse menos tempo, posto que o processo Legislativo não é ignorado em tais situações. O Código Civil em vigor (Lei n. 10.406/2001), que tramitou 26 anos e teve diversas emendas, tem a mesma autoridade da Lei do Processo Administrativo (Lei n. 9.784/99) que foi aprovado em tempo menor sem nenhuma emenda e pouquíssima discussão.[298] Uma vez obedecidos os procedimentos formais e com matéria suportada pela Constituição, o projeto de lei, aprovado e publicado, adquire autoridade de lei.

Diferentes nuanças das variáveis individuais acima apontadas podem afetar o julgamento quanto ao grau de confiabilidade na instituição, mas ainda assim não são capazes de retirar a autoridade de uma lei. Se ela não se choca com os princípios e valores constitucionais e se foi aprovada com observância do seu procedimento, preserva a sua autoridade. Isto reside no simples fato de ser lei, com as implicâncias que a mesma traz em seu bojo, por fazer parte de um sistema jurídico que funciona com a sua aplicação.

---

[297] Pode acontecer o caso de lei "copiada" de outro sistema jurídico que, por semelhante ao brasileiro, demande pouco debate, ou, porque tão bem elaborada por um conjunto de juristas especialistas da área, e, por isso, seja aprovada sem maiores discussões.

[298] Disponível em <http://www.camara.gov.br/sileg/Prop_Detalhe.asp?id=203729>.

3.5. O ORÇAMENTO E A SUA AUTORIDADE

A autoridade da lei orçamentária tem sido duramente criticada, ao passo que tem recebido pouca contribuição ao seu aperfeiçoamento. Afirma-se que a feitura do orçamento é o lugar onde o *lobby* tem o local predileto,[299] mas não o *lobby* como canal de representação dos interesses dos diversos segmentos da sociedade, e sim aquele que busca canalizar forças políticas para a obtenção de favores e benefícios.

Contudo, e com base nos fundamentos acima, essas mazelas do procedimento legislativo não afetam a sua autoridade. Afirma Waldron, na linha de Bismarck, que ninguém que goste de direito ou de salsicha deve prestar atenção no processo pelo qual são feitos. Leis são como salsichas: não se deve olhar o modo como são feitas, pena de minar a sua autoridade. E ironiza ao afirmar que "quanto menos pessoas souberem como salsichas e direitos são feitos, melhor elas dormirão à noite", confirmando que desde àquele tempo já se tinha em mente o caótico caminho de se produzir leis.[300] E mesmo depois de todo esse processo (que parece solene e digno, mas não passa de uma votação majoritária), a lei tem a sua autoridade e deve ser respeitada.

E é no caminho das demais leis que está o orçamento, que em tudo e por tudo deve também ter a sua autoridade respeitada. Quando aprovado, exterioriza decisões que não podem ser contestadas judicialmente, se tomadas de boa-fé e se razoáveis, na linha do permitido constitucionalmente. Assim, a definição de quais medidas serão tomadas para a proteção da saúde, a escolha de construção de uma ponte, e não de uma escola, etc., são providências que, à luz do direito, realizadas sozinhas ou conjugadas, são pertinentes. Importa a aprovação legislativa, e é isso que deverá ser observado.

Como já exposto, lei é lei, independente da classificação e do conteúdo. É óbvio que nela não há espaço para corrupção ou desmandos, e qualquer viés que vá de encontro às normas constitucionais encontra no Judiciário o órgão de seu controle. O desvio de recursos públicos e a corrupção não servem de escusas para descrédito e descumprimento do orçamento público. A lei serve como gestora de conflitos dessa ordem, e como tal deve ser seguida, preservando-se a segurança jurídica.

E o critério de sua aprovação, aí incluído o orçamento, é o mesmo utilizado para as decisões dos Tribunais: a aprovação da maioria. Ou seja,

---

[299] O autor, citando Gastão Alves de Toledo, dá o sentido de *lobby*, partindo da distinção entre grupos de interesse convertidos em grupos de pressão, no sentido de que *lobby* seria a forma sob a qual a ação dos grupos de pressão se materializa. TRISTÃO, Gilberto. Dificuldades na democratização do orçamento público. *Revista de Informação Legislativa* a. 26, n. 104. Brasília: Senado Federal, 1964, p. 125-126.

[300] WALDRON, op. cit., p. 85.

expostas as razões do seu convencimento, tanto o Judiciário quanto o Legislativo valem-se do mesmo critério para a decisão conclusiva. Como no Parlamento, as decisões dos tribunais também são decididas, em caso de empate, pelo voto de apenas um. Assim, determinar que uma ação seja decidida pelo Judiciário ou pelo Legislativo, de certo modo, redundará na escolha da maioria. Muda-se apenas o poder.

Inexiste um "problema" na votação. Basta notar que, em diversas instituições este critério é o meio eleito à tomada de decisões que refletem o desejo da maioria. É a forma de minimizar discordâncias sobre quais políticas ou princípios a comunidade deve aderir. No caso orçamentário, como nas demais leis, sua autoridade não é diminuída pelo procedimento de sua aprovação, pelo seu conteúdo ou pela forma diferenciada de sua alteração. A redação final do projeto de lei, aprovado pela maioria, é um traço de coerência com o ordenamento.

Jeremy Waldron defende que o objetivo de uma assembleia legislativa é representar as principais facções da sociedade e fazer leis de modo a acolher suas diferenças seriamente, e não fingir que suas diferenças não são sérias ou não existem.[301] E aqui o orçamento: não importa se houve discordâncias na sua aprovação, tampouco se há outros meios mais eficientes de elaborá-lo, visto que, por mais aperfeiçoado seja o processo legislativo, toda lei será feita com o pleno conhecimento de suas discordâncias e com a possibilidade real de que apenas um voto tem o condão de mudar todo o seu conteúdo, e isso não lhe retira o mérito de lei.

Essa autoridade de lei deverá ser respeitada em todas as circunstâncias e principalmente: a) na observância pelo Executivo do conteúdo do orçamento como norma impositiva de deveres à Administração; b) na impossibilidade de sua alteração por decisões judiciais, ainda que seja protetiva de direitos sociais; e c) na impossibilidade de sua alteração pelo Executivo quando desfigura, unilateralmente, o projeto desenhado pelo Legislativo.

Entendida essa autoridade e as restrições, ter-se-á no orçamento uma norma vinculante como outra qualquer, norma pela qual a própria sociedade estabelece as suas prioridades quanto à aplicação dos recursos deles arrecadados, e exige o cumprimento de cada uma delas. Não é uma simples orientação na gestão das finanças públicas, mas uma norma que descreve condutas, as quais devem ser obedecidas, pena da imposição das sanções previstas pelo direito.

---

[301] WALDRON, op. cit., p. 27

Capítulo II

4. Intervenção judicial no orçamento público

Há questionamento crescente quanto ao comportamento do Judiciário nas demandas que desafiem, indiretamente, seu posicionamento acerca da alocação de recursos públicos. É a *justicialidade das alocações orçamentárias*, temática ainda pouco investigada no direito nacional.

O ponto central da justicialidade das alocações orçamentárias está em saber se a proteção a direito fundamental assegura ao Judiciário legitimidade para alterar alocações orçamentárias, até porque, parte-se do pressuposto de que não há como dissociar direito fundamental de orçamento. Afirma Ricardo Lobo Torres que "Os direitos fundamentais têm uma relação profunda e essencial com o orçamento público. Dependem, para a sua integridade e defesa, da saúde e do equilíbrio da atividade financeira do Estado, ao mesmo tempo em que lhe fornecem o fundamento da legalidade e da legitimidade".[302]

Diferentes pontos de vista há de se esperar: a) ampla discricionariedade do Executivo em alocar os recursos públicos de acordo com o seu plano de governo, de modo que, por ser a alocação tema político, descabe qualquer controle judicial; b) ampla intervenção judicial na proteção de direitos fundamentais, independente dos reflexos orçamentários; c) restrita atuação judicial na proteção de direitos que envolvem reflexos orçamentários, exceto naqueles casos em que o percentual definido legalmente não esteja sendo observado; d) moderada atuação judicial em todos os direitos fundamentais, desta feita, quanto aos meios de sua proteção, respeitados, em todos os casos, os limites orçamentários estabelecidos; e e) restrita atuação judicial, não sendo possível qualquer decisão com reflexos orçamentários.

Parece óbvio afirmar que os extremos são de fácil conclusão: nem há plena discricionariedade orçamentária e nem todo direito pode ser protegido sem considerações quanto aos recursos envolvidos. No entanto, não

---

[302] TORRES, Ricardo Lobo. *Tratado de Direito Constitucional Financeiro e Tributário*. vol. V – O Orçamento na Constituição. Rio de Janeiro: Renovar, 2000, p. 166.

se aventou ainda solução nos casos em que a efetivação de direitos fundamentais enseja alteração nas alocações orçamentárias. Em regra, quanto mais claro na Constituição o direito a ser protegido, por expresso amparo do legislador, maior a possibilidade de o Judiciário interferir no orçamento para a sua proteção, e quanto menos presente essa relação, maior liberdade política na aplicação do recurso.

Mas seria simplista essa relação? Sabidamente não. Apenas serve de norte, mas não apresenta critérios de solução. Tal se dá, dentre outras razões, porque a Constituição não fixou o conteúdo dos direitos fundamentais e porque não se sabe com clareza o grau de relação entre a aplicação de recurso público e a efetivação de direito fundamental. Conquanto seja axiomático afirmar que maior alocação de recursos significa maior proteção do direito destinatário desses recursos, a relação nem sempre é direta.

Se, num ponto de vista, o pagamento da dívida externa não tem qualquer relação com direito fundamental, num outro, a imbricação é clara, pois: i) aumenta a credibilidade externa do país; b) permite maiores investimentos; c) evita a fuga de capital; d) gera desenvolvimento; e) diminui o desemprego; f) permite maiores salários; g) e, emprego e salário apropriados estão vinculados com a dignidade humana, fundamento da República Federativa do Brasil, e, não menos, direito fundamental.

Daí não se poder afirmar, por exemplo, que deve o Executivo suspender o pagamento da dívida externa a fim de investir os recursos diretamente em infraestrutura, saúde e educação, com o fito de proteger os direitos fundamentais.[303] Há diversos fatores jurídicos, filosóficos, sociais, políticos e econômicos, de elevada complexidade, que afastam a aplicabilidade do aparente silogismo.

É com o fim de traçar parâmetros para a construção desse raciocínio que se dedica esse capítulo do estudo. Tentar-se-á descobrir qual é o papel do Judiciário na resolução da tensão fundamental entre as políticas públicas e a efetividade de direitos fundamentais e qual o peso que tem o orçamento como norma de inegável importância nessa solução. Será também analisado se o modelo presente nas decisões judiciais, tendente a garantir direitos constitucionais independente de questões orçamentárias, é o mais condizente com a Constituição, e, se não, qual deve ser a posição do Judiciário na proteção de direitos fundamentais quando há importantes reflexos na alocação de recursos.

---

[303] Como se viu, há uma concepção no senso comum de que os recursos destinados ao pagamento da dívida externa, por exemplo, deveriam ser canalizados à proteção de direitos fundamentais. Há, inclusive, doutrina no sentido de que a dívida pública é óbice à proteção de ditos direitos: CARNEIRO, Maria Lucia Fattorelli. *A Dívida Pública impede a Garantia dos Direitos Fundamentais*. Disponível em <http://www.social.org.br/relatorio2004/relatorio039.htm>. Acesso em 10.02.2010.

Parte-se do pressuposto lógico de que efetivar os direitos fundamentais na sua plenitude é vontade não só do Judiciário, mas do Executivo e do Legislativo. Seria muito mais cômodo para o gestor, na condição política, mesmo sabendo da elevada despesa da efetivação de direitos, ceder às pressões sociais, do que negar pedidos de interesse também eleitoreiro. Todo gestor público minimamente sensato gostaria de receber prêmios nacionais e internacionais por erradicar o analfabetismo, a mortalidade infantil e o déficit habitacional. No entanto, como tais proteções envolvem custos, e "dinheiro não nasce em árvores",[304] há de se alocar os recursos com atenção ao custo dos direitos, às prioridades constitucionais e à aplicação das políticas públicas idealizadas como as mais adequadas à realidade. O cobertor é curto, e os direitos não podem ser protegidos sem consideração dos seus custos.

Como se verá, a Constituição de 1988 configura um papel fundamental na virada interpretativa do sistema jurídico brasileiro, porque serviu de paradigma para a revisão do plano teórico de abordagem dos direitos, teve a sua normatividade reconhecida e aplicada, permitiu expansão da jurisdição constitucional, e promoveu novos métodos interpretativos, não mais consentâneos com os anteriormente evoluídos do direito privado. Nesse sentido, afirma-se a imprescindibilidade do seu papel como marco de uma nova visão na leitura de todos os direitos, não apenas os constitucionais,[305] devendo-se iniciar este capítulo a partir de sua análise.

4.1. CONSTITUIÇÃO FEDERAL DE 1988 – REFLEXOS IMEDIATOS

4.1.1. Atuação judicial distante dos custos

A Constituição de 1988 é um marco na mudança da atuação judicial.[306] A presença de direitos fundamentais decorre de aspectos jurídicos

---

[304] Parafraseando a expressão de que "Direitos não nascem em árvores", subtítulo do livro do Professor Flávio Galdino: GALDINO, Flavio. *Introdução à teoria dos custos dos direitos. Direitos não nascem em árvores*. Lumen Júris: São Paulo, 2005.

[305] Para análise do marco constitucional estabelecido pela Constituição de 1988: BARROSO, Luís Roberto. Neoconstitucionalismo e Constitucionalização do Direito (o triunfo tardio do Direito Constitucional no Brasil). *Revista Eletrônica sobre a Reforma do Estado* (RERE), Salvador, Instituto Brasileiro de Direito Público, n. 9, março/abril/maio 2007. Disponível em <http://www.direitodoestado.com.br/redae.asp>.

[306] O período após a Constituição de 1988 é chamado de neoconstitucional, marcado pelo final de um tempo onde a Constituição tinha valor essencialmente político, passando a ser essencialmente normativo. Nas palavras de Ana Paula de Barcellos, que condensa as características da quadra atual, o neoconstitucionalismo se caracteriza pelas seguintes premissas: (I) a normatividade da Constituição, isto é, o reconhecimento de que as disposições constitucionais são normas jurídicas, dotadas, como

e políticos diversos entre os quais: o impacto do direito internacional e dos tratados que o Brasil é signatário; a mudança de um regime autoritário e intolerante para um Estado Democrático de Direito; a concepção de uma nova Constituição tida não mais como repositório de promessas vagas, de nítido cunho político e sem aplicabilidade imediata, mas como norma de plena eficácia, dotada de juridicidade.

O momento de sua aprovação era propício para um entendimento diferente. Época de liberdade democrática e de respeito às diferenças, o Brasil vivenciava um momento político e cultural, de certa forma, dissociado do restante do universo, com a aprovação de uma Constituição que pudesse assegurar aos cidadãos o que até então o Estado tinha se omitido de resguardar. Havia um espírito repleto de garantias e direitos, mas também cheio de ambiguidades, reflexo da Casa que a elaborou:

> Enquanto o perfil do socialismo real levado a cabo em alguns países entrava em colapso ou era simplesmente modificado ou substituído por modelos nada ortodoxos, ou mesmo híbridos, ou mesmo no momento em que a própria social democracia européia era questionada, nossos constituintes sonhavam com uma Carta que pudesse assegurar o *welfare State* a todos os cidadãos.[307]

Esse novo perfil constitucional fez nascer um desafio para o Judiciário que, no papel de *guardião da Constituição*, viu-se no dever de efetivar "todos" os *direitos* ali encartados no grau máximo possível. No mesmo sentido, pelo controle de constitucionalidade, passou à prerrogativa de invalidar decisões legislativas que, no seu entender, restringissem a eficácia de direitos constitucionais de modo contrário ao previsto.

Na ânsia de proteger direitos fundamentais, outrora fortemente vilipendiados, o Judiciário assumiu a postura de invalidar atos tendentes a obstruir o seu exercício, sem se preocupar com as consequências de sua decisão, mormente quanto ao impacto financeiro subjacente. Assim, assistiu-se a um Judiciário alheio a questões orçamentárias e à finitude de recursos.

---

as demais, de imperatividade; (II) a superioridade da Constituição sobre o restante da ordem jurídica (cuida-se aqui de Constituições rígidas, portanto); e (III) a centralidade da Carta nos sistemas jurídicos, por força do fato de que os demais ramos do Direito devem ser compreendidos e interpretados a partir do que dispõe a Constituição. In: BARCELLOS, Ana Paula de. Neoconstitucionalismo, direitos fundamentais e controle das políticas públicas. *Revista Diálogo Jurídico*, Salvador, Centro de Atualização Jurídica (CAJ), n. 15, jan/mar 2007. Disponível em <http://www.direitopublico.com.br>. Chamando atenção a essas características ver ÁVILA, Humberto. "Neoconstitucionalismo": entre a "ciência do direito" e o "direito da ciência". *Revista Eletrônica de Direito do Estado* (REDE). Salvador, Instituto Brasileiro de Direito Público, n. 17, jan/fev/mar de 2009. Disponível em <http://www.direitodoestado.com.br/rede.asp>. Acesso em 10 de setembro de 2009.

[307] MONTESSO, Cláudio José; FREITAS, Marco Antônio de; e STERN, Maria de Fátima Coêlho Borges (Coord.). *Direitos sociais na Constituição de 1988 – Uma análise crítica vinte anos depois.* Associação Nacional dos Magistrados da Justiça do Trabalho. São Paulo: LTr, 2008, p. 9.

As seguintes decisões do Supremo Tribunal Federal confirmam essa afirmação:

> O Estado deve assumir as funções que lhe são próprias, sendo certo, ainda, que problemas orçamentários não podem obstaculizar o implemento do que previsto constitucionalmente.[308]
>
> Senhor Presidente, não me preocupa o problema de caixa do erário, como também não preocupa aos demais ministros que integram esta Corte. Preocupa-me, sim, a manutenção da intangibilidade da ordem constitucional.[309]
>
> Nós não julgamos preocupados com os cofres públicos, e sim com os fundamentos da Constituição. O Supremo não é órgão governamental.[310]

Além dessas decisões, outras, de diferentes nuances, foram elaboradas, desde aquela que obriga o governo a custear o tratamento no exterior, arcando com todas as despesas do paciente e de sua família, independente do número de dias e custo,[311] à que determinou que os recursos arrecadados com a CPMF de certa região não fossem aos cofres do Erário, mas diretamente aplicadas em determinado hospital que necessitava de recursos públicos,[312] ou a construção de quase mil escolas em certo período de tempo[313] ou a duplicação de rodovia federal.[314]

---

[308] Trecho do voto do Ministro Marco Aurélio no julgamento do RE 195192.

[309] Trecho do voto do Ministro Marco Aurélio, no julgamento do RE 150.764 – 1 – PE.

[310] PINHEIRO, Aline. Os caminhos do Fisco. Veja como o Supremo influi na política tributária. *Revista Consultor Jurídico*. 24 de setembro de 2006.

[311] "Não se pode generalizar a aplicação da norma que veda ao Estado a concessão de auxílio financeiro para tratamento fora do País, a ponto de abandonar, à sua própria sorte, aqueles que, comprovadamente, não podem obter, dentro de nossas fronteiras, tratamento que garanta condições mínimas de sobrevivência digna". Ministro João Otávio Noronha, da Primeira Seção do Superior Tribunal de Justiça. Mandado de Segurança 8.740. 06.03.2003. Noutro caso, O TRF-1 (Tribunal Regional Federal da 1ª Região) concedeu a 12 portadores de retinose pigmentar doença degenerativa que ocasiona perda da visão – o direito de receberem da União pagamento para tratamento da doença em Cuba.

[312] Em ação movida pelo Hospital Municipal de Novo Hamburgo (RS), o TRF-4ª Região entendeu ser possível o bloqueio de verbas provenientes da Contribuição Provisória sobre Movimentação Financeira (CPMF) em agências do Banco do Brasil na região do Vale dos Sinos (RS), para não comprometer os serviços de urgência do hospital. No entanto, o STF suspendeu a tutela dada ao Hospital, sob a alegação de que "a decisão liminar impugnada constitui, indubitavelmente, intervenção inconstitucional na gestão orçamentária do produto da arrecadação da CPMF, a qual possui destinação constitucional específica ao Fundo Nacional de Saúde, ao custeio da previdência social e ao Fundo de Combate e Erradicação da Pobreza, conforme o disposto no art. 84 do Ato das Disposições Constitucionais Transitórias". (Suspensão de Tutela Antecipada (STA) 81, ajuizada pela União. Relator Ministro Gilmar Mendes).

[313] Justiça manda governo goiano construir 953 salas de aula. Disponível em <www.conjur.com.br>. Quinta-feira, dia 06 de dezembro de 2007.

[314] AÇÃO CIVIL PÚBLICA. DUPLICAÇÃO DE RODOVIA FEDERAL. INTERVENÇÃO DO PODER JUDICIÁRIO NA ADMINISTRAÇÃO PÚBLICA. POSSIBILIDADE. ANTECIPAÇÃO DE TUTELA. (Processo n. 200404010145703, SC, 4 T, DJU 04.08.2004.

A doutrina que embasa esse entendimento afirma que "os problemas de *caixa* não podem ser guindados a obstáculos à efetivação dos direitos fundamentais sociais, pois imaginar que a realização desses direitos depende de *caixa cheios* do Estado significa reduzir a sua eficácia a *zero*, o que representaria uma violenta frustração da vontade constituinte".[315]

Sustenta-se também que a previsão orçamentária não pode ser limite à decisão judicial, porque "a necessidade de previsão orçamentária para realização de despesas públicas é regra dirigida essencialmente ao administrador, não ao juiz, que pode deixar de observar o preceito para concretizar uma outra norma constitucional, através de uma simples ponderação de valores".[316]

É cediço que decisões judiciais podem alcançar despesas públicas. Melhor, grande parte das decisões contra o poder público envolve gastos, uns mais, outros menos, mesmo aquelas que não dizem respeito a ações afirmativas. Já não mais persiste o mito separador dos direitos em negativos e positivos, no sentido de que apenas os últimos envolvem custos.[317] É artificiosa essa separação porque todos os direitos, no sentido de custos, são positivos. O Estado sempre gasta recursos na proteção de direitos,[318] na menor hipótese, quando da manutenção dos órgãos judiciais que os garantem.

Mas o modo aqui apresentado é diferente. Trata-se das situações em que o Judiciário intervém no orçamento de forma não permitida pela Constituição, por via oblíqua. Dá-se de modo indireto, quando, com vistas à proteção de direitos, ele obriga o ente público a cumprir onerosas obrigações não previstas na sua despesa orçamentariamente fixada, sendo que o único meio para cumpri-las é alterando-se o orçamento.

Agindo assim, de modo indireto, políticas públicas começaram a ser feitas por um corpo de oficiais não qualificados, os detentores de conhecimento jurídico. E para a sua defesa, afirma-se que "são pessoas inteligentes, bem intencionadas e de real conhecimento dos direitos, que merecem maior confiança do que os órgãos eleitos. Afinal, são os juízes, diferente-

---

[315] CUNHA JUNIOR, Dirley da. *Controle judicial das omissões do poder público*. São Paulo: Saraiva, 2008, p. 298-299.

[316] LIMA, George Marmelstein. *Efetivação judicial dos direitos econômicos, sociais e culturais*. Dissertação de Mestrado. Fortaleza, 2005. Disponível em <www.georgemlima.blogspot.com>. Acesso em 02.02.2009, p. 92-93.

[317] Sobre esse tema se discorrerá mais à frente.

[318] O mito da separação dos direitos em negativos e positivos foi amplamente discutido por Cass Sustein e Stephen Holmes, no livro "The Cost of Rights", concluindo, seus autores, pela positividade de todos os direitos. HOLMES, Stephen *et* SUSTEIN, Cass. *The cost of rights – why liberty depends on taxes*. New York: W. W. Norton and Company, 1999.

mente do Parlamento, estes, sim, reunião de lobos, com nítidas intenções fraudulentas".[319]

Para justificar a ação judicial, tenta-se desprestigiar o Legislativo, afirmando-se que o momento é de "crise da lei", de "falência dos parlamentos", da lei como "mero resultado do prevalecimento ocasional de alguns interesses", bem como dos atos legislativos como "instrumentos de manobras".[320] Já o Judiciário, diferentemente, é "atual", "renovado" e "forte", e deve exercer "criativa atividade de interpretação e realização dos direitos".[321]

Com essas concepções, ampliou-se o âmbito de atuação judicial, com pouca percepção. Como afirma William Kristol: "Deram um passo, e não houve resistência. Um outro, com pouca resistência, e continuaram avançando. Se esse poder não for analisado e corretamente delineado o seu contorno, continuará a crescer e a tomar outros espaços, como tem ocorrido".[322]

A crise foi muito bem percebida por Luis Roberto Barroso:[323]

O sistema, no entanto, começa a apresentar sintomas graves de que pode morrer da cura, vítima do excesso de ambição, da falta de critérios e de voluntarismos diversos. Por um lado, proliferam decisões extravagantes ou emocionais, que condenam a Administração ao custeio de tratamentos irrazoáveis – seja porque inacessíveis, seja porque destituídos de essencialidade –, bem como de medicamentos experimentais ou de eficácia duvidosa, associados a terapias alternativas. Por outro lado, não há um critério firme para a aferição de qual entidade estatal – União, Estados e Municípios – deve ser responsabilizada pela entrega de cada tipo de medicamento. Diante disso, os processos terminam por acarretar superposição de esforços e de defesas, envolvendo diferentes entidades federativas e mobilizando grande quantidade de agentes públicos, aí incluídos procuradores e servidores administrativos. Desnecessário enfatizar que tudo isso representa gastos, imprevisibilidade e desfuncionalidade da prestação jurisdicional.

No entanto, a constante alegação governamental, tanto da escassez de recursos, quanto do caráter político de sua alocação, fez iniciar o debate sobre quem deve estar diretamente envolvido em decisões que abar-

---

[319] Expressão utilizada por Jeremy Waldron retratando a concepção que se cria do Parlamento. A relação entre a valorização do Judiciário e a desvalorização do Legislativo é delineada pelo autor. WALDRON, Jeremy. *Law and Disagreement*, Oxford University Press. 1999.

[320] Jeremy Waldron retrata as várias concepções atribuídas impropriamente ao Legislativo, o que lança dúvida sobre as suas credenciais como fontes respeitáveis do direito. WALDRON, Jeremy. *The Dignity of Legislation*. Cambridge University Press. 1999.

[321] CUNHA JUNIOR, Dirley da. op. cit., p. 353.

[322] KRISTOL, William. Legislative and judicial questions. *Harvard Journal Law & Publics Politics*. Vol. 07, 1984, p. 43.

[323] BARROSO, Luis Roberto. *Da falta de efetividade à judicialização excessiva*: direito à saúde, fornecimento gratuito de medicamentos e parâmetros para a atuação judicial. Disponível em <http://www.lrbarroso.com.br/pt/noticias/medicamentos.pdf>, p. 12-13.

quem a distribuição de recursos escassos. Ainda não se chegou a uma solução, mas ao menos se começou a notar amadurecimento no trato com as questões alocatícias.

O Judiciário tem avocado para si esse importante papel. Nesse sentido, afirma Dirley da Cunha Júnior[324] que

> [...] as omissões do poder público, principalmente as do Legislativo, acabaram por conferir ao Judiciário uma legítima função normativa, de caráter supletivo, no exercício de sua típica função de efetivar as normas constitucionais, de tal modo que hodiernamente já se fala – como ocorre na Alemanha – na tendência da passagem do *Rechtsstaat* ou Estado Legislativo para o *Justizastaat* ou Estado de Jurisdição Constitucional, em razão do evidente crescimento da importância da função jurisdicional.

Por outro lado, o Executivo tem insistido no argumento de que ele é o órgão apropriado para eleger as escolhas alocatícias, em observação aos parâmetros traçados na Constituição, de modo que, naquilo que a Constituição não delimitou taxativamente, a ele cabe decidir, até porque o tema das alocações é tipicamente político.

A questão posta à análise é saber até que ponto ao Judiciário compete decidir o nível de proteção dos direitos que deve ser efetivado, bem como se os custos devem ou não estar alheios à sua atenção, ou, ao contrário, se essa função é eminentemente política, como tradicionalmente ocorre.

4.1.2. Do crescente aumento do papel do Judiciário (ativismo judicial)

A visão de um Judiciário como o meio mais hábil de se resolver conflitos, mesmo os que envolvem políticas públicas, tem reflexo histórico. Nos tempos de ditadura, Executivo e Legislativo eram pouco confiáveis: como arriscaria o cidadão voltar-se ao Executivo, na ânsia de exigir a satisfação de direito, em tempos que sequer a vida, o mais sagrado dos direitos, era politicamente protegida? Como acreditar numa Constituição alterada por simples ato do Executivo? Nesses casos, só o Judiciário sobressaia-se como ramo incólume à atenção da real necessidade dos cidadãos.[325]

---

[324] CUNHA JÚNIOR. op. cit., p. 347.

[325] Muitas são as fontes que atestam a proteção dada pelo Judiciário, principalmente aos perseguidos políticos, na época da ditadura militar: "Nas poucas vezes em que foi possível ao Poder Judiciário julgar procedimentos – em que o regime militar preferia vê-los fora do contencioso judicial – o Brasil mostrou ao mundo que nossos juízes não temiam represálias, mesmo sem as garantias da magistratura, então suspensas", afirmou o advogado. Ele exemplificou, recordando o Mandado de Segurança (MS) concedido ao Semanário "Opinião", pelo antigo Tribunal Federal de Recursos (TFR); a decretação da ilegalidade da detenção de empresários, mediante Portaria, com suspeita de sonegação do IPI, pelo STF; e a procedência da ação ordinária da indenização contra a União, no caso Vladimir Herzog".

Ocorre que, se outrora o Executivo e o Legislativo eram Poderes, não de proteção aos direitos humanos, mas de franco abatimento da sua eficácia, e só o Judiciário tornava-se capaz de esperançar a sua defesa, a mesma pecha continuou em evidência, mesmo após a virada sistemática com a nova Constituição. Assim, embora na atualidade sejam os Poderes Executivo e Legislativo legitimamente constituídos e dotados de respaldo democrático, sem as baldas do período autoritário, o entendimento que o Judiciário continua sendo o "único" órgão de defesa de direitos ainda parece bem presente.

Embora vencida a ditadura, políticos continuam largamente desacreditados e há forte convicção que política é negócio "sujo". Como visto, a pequena valorização política é histórica e resulta em pequeno estímulo para que cada cidadão seja coparticipante, não apenas através do voto, mas da tomada de todas as decisões que lhe dizem respeito. Já o Judiciário, ao contrário, tido como único instituto protetivo dos cidadãos, a cada momento tem o seu prestígio elevado. Não tem ele recebido o mesmo acolhimento dos ramos eleitos, desde os tempos não democráticos.

Sendo assim, o desenho constitucional do Supremo Tribunal Federal, suas aspirações, o alto prestígio que rapidamente o Judiciário adquiriu, e a relativa fraqueza do largamente desacreditado ramo eleito do governo, criou um ambiente no qual o fez ganhar significante papel na construção do direito.

Em parte, tal se deve à habilidade judicial de desenhar a neutralidade de que goza, fruto do paradigma do processo judicial e da visão do juiz neutro entre as partes. Não se presencia, aqui, com a mesma frequência, o elemento "interesse pessoal", que pode estar presente nos outros poderes, o que o torna, de certo modo, livre da crítica social que recai sobre os demais.[326]

Por conta desse elevado prestígio, o Judiciário continuou tendo a última palavra no que a Constituição atribuiu a um esforço conjunto de todos os poderes. Seu entendimento substitui a visão dos ramos eleitos, quando há colisão entre as duas visões sobre a amplitude do direito a

---

Depoimento do advogado Pedro Gordilho. Disponível em <http://www.praetorium.com.br/home. php?section=noticias&id=8215&coo=true>. Acesso em 03/03/2009. Mas houve oscilações de posicionamentos, frutos de tensões políticas e de contradições internas nos tribunais, com momento também de omissão do Judiciário. Demonstrando com muita propriedade esse enfrentamento ver: SWENSSON JUNIOR, Walter Cruz. *Os limites da liberdade: a atuação do Supremo Tribunal Federal no julgamento de crimes políticos durante o regime militar de 1964 (1964-1979)*. Disponível em <http://www.teses.usp. br/teses/disponiveis/8/8138/tde-10072007-112654/>. Acesso em 01/05/2009.

[326] De lembrar que a EC n. 45/04 instituiu a "Reforma do Poder Judiciário" com o fito também de resolver mazelas do Poder Judiciário, com a criação de um órgão externo de controle (Conselho Nacional de Justiça), verdadeira corregedoria para os atos dos membros dos Tribunais, inexistente até então, com o fim de fiscalizar as condutas dos seus membros.

defender. Desse elevado poder surgem os conflitos em torno dos seus limites, posto que, no seu exercício, não raras vezes, o Judiciário impõe obrigações aos ramos eleitos que, se bem analisadas, extrapolam da competência jurisdicional. A esse *plus* denomina-se *Ativismo Judicial*. Dá-se quando o Judiciário, no importante papel de proteger direitos fundamentais, acaba ingerindo-se num campo em que não foi convidado, ou, no caso sob análise, quando tenta resolver questões de políticas sociais.[327] São os típicos casos de excessos e inconsistências nas decisões judiciais.[328]

Alguns indícios podem demonstrar a presença do viés ativista: a) se há um conjunto de normas que tornam possível ao Judiciário negar um pedido (suposto direito), mas se em nome de *valores* e *princípios*[329] tende a escolher a sua efetivação, tem-se indício de ativismo; b) se é possível sustentar uma lei como constitucional, mas também há a possibilidade de ser anulada, e o Judiciário prefere a última, nota-se um viés ativista;[330] e c) toda vez que uma decisão é apoiada em noções constitucionais vagas, ambíguas ou abstratas, quando poderia ater-se a outras normas, de igual hierarquia, porém de clareza meridiana, que obsta o desiderato judicial, também se nota a faceta ativista. Em todos esses casos nota-se um Judiciário que age na tentativa de fugir dos limites postos pelo legislador. Interpreta-se a Constituição tentando fugir dos limites e não os procurando.

Bastaria, nessa ótica, reduzir todos os poderes ao "poder judicial" (Estado Jurisdicional de Direito), em que as decisões são tomadas pelo poder que não é eleito pelos cidadãos e que não responde politicamente aos seus atos. No caso, acontece a regra inversa: o correto seria a procura de meios e modos de realizar o Estado de Direito sem ter que passar necessariamente pelo Judiciário, mas não é o que acontece.

---

[327] COHN, Margit; KREMNITZER, Mordechai. Judicial Activism: A multidimensional model. Heionline. 18. *Canada Journal in Law and Jurisprudence*. 2005, p. 334.

[328] A expressão "ativismo judicial" é ampla. A pergunta central é: ativismo em relação a quê? Aos atos do Legislativo e do Executivo? Ao sentido das palavras postas na Constituição? Aos princípios ou aos propósitos postos na Constituição? Aos precedentes legais estabelecidos? Definir a aplicação para um ou outro caso é importante para o correto entendimento da pesquisa. O cerne mesmo da expressão está voltada à possibilidade de o juiz impor sua preferência pessoal nas suas decisões. Para esse trabalho, foca-se em ativismo em relação à interpretação dos termos constitucionais que geram reflexos nas atribuições dos demais poderes. Sobre o tema ver SOWELL, Thomas. *Judicial Activism Reconsidered*. USA: Stanford University, 1989.

[329] Destacam-se aqui *valores* e *princípios* pois esses têm sido os correntes argumentos judiciais a justificar sua atuação. Recente doutrina tem trazido o significado de princípio, não no sentido de permissão judicial a completar o seu sentido livremente, afastando-se de regras, mas no sentido de normas cuja Constituição também delimitou o sentido, com pouca margem de atuação valorativa do intérprete. Por todos, ÁVILA, Humberto. *Teoria dos Princípios*. 5ª ed. São Paulo: Malheiros, 2006.

[330] O exemplo da declaração de inconstitucionalidade sem redução de texto é uma alternativa a evitar a invalidação de lei na sua totalidade.

Mudou-se radicalmente: ou a Constituição tem pouca juridicidade (passado) ou ela é completamente exigida pelo Judiciário (presente). O pacto constitucional, pacto político fundamental, passa a ser um pacto com o Judiciário, e não com o Legislativo ou o Executivo. Só o Judiciário fiscaliza e dá a última palavra sobre o nível de atuação para a efetiva proteção dos direitos fundamentais.

Esse argumento acaba por afastar a responsabilidade que os demais Poderes também possuem de executar a Constituição e realizar a justiça, além de atribuir somente ao Judiciário a função fiscal do cumprimento da Constituição.

Ora, todos os poderes estão engajados na sua concretização e tal não se deve ocorrer ao modo pensado e idealizado apenas pelo Judiciário. Embora a Constituição faça-lhe menção como seu guardião, daí não se conclui seja o único a buscar o seu cumprimento. Há um equilíbrio nos poderes, cada um do seu modo, na busca da efetivação constitucional: o Executivo implementa políticas adequadas à Constituição, o Legislativo elabora leis condizentes com a Constituição, e o Judiciário julga dentro dos parâmetros constitucionais.

Com base na Constituição, o Judiciário tem o poder de invalidar lei em desacordo com a Constituição, mas não é o único que tem poder corretivo ou fiscalizador. Há fiscalização recíproca entre os Poderes, do ponto de vista da observância da Constituição. Todos os Poderes realizam a Constituição e assim fazem o direito. É imaturo pensar que só o Judiciário protege a Constituição e vela pelo Estado de Direito, muito embora se saiba que institucionalmente cabe ao Judiciário essa finalidade. Sua missão é interpretar as leis e a Constituição, tornando-se o árbitro do seu sentido. Mas isso não significa que os demais Poderes estejam alijados desse mister.

O papel do Judiciário é diferente do destinado aos demais Poderes, devendo sempre minimizar sua intrusão em decisões que competem a outros poderes, e vice-versa. Os patamares de sua decisão não são políticos, de modo que a preferência moral e política dos juízes não entra no processo de julgamento.[331]

A Constituição de 1988 estreitou os âmbitos de atuação do Judiciário com os demais Poderes devido à ampla proteção de direitos, principal-

---

[331] A distância da decisão judicial do aspecto político refere-se à distância do ideal político do julgador e não dos reflexos políticos da decisão, até porque o Judiciário tem uma função política. "E isto é expresso nas sentenças, nas suas posturas perante os casos que lhe são submetidos (cumprindo sua função institucional e, portanto, estatalmente política), na tutela de interesses metaindividuais, públicos, sociais, econômicos, financeiros; nas manifestações da Justiça Eleitoral (ao preservar o regime representativo) etc.". LIMA, Francisco Gérson Marques de. *O STF na crise institucional brasileira*. São Paulo: Malheiros, 2009, p.77 .

mente os sociais, cujo conteúdo permite aparente livre apreciação judicial. Houve intensa aproximação entre o político e o jurídico, tornando sua diferença substantiva difícil de ser delimitada.

Naquilo que a Constituição não delimitou objetivamente, até porque não é do seu alvitre descer a minúcias, deu aparentemente azo ao Judiciário para alargar a sua atividade. No entanto, como não pode ser interpretada em tiras,[332] de outra banda, a própria Constituição estabeleceu normas limitadoras ao potencial ativismo judicial que poderia ocorrer. Se mantida a responsabilidade primária de cada Poder, e o que é mais adequado a cada um desempenhar, atritos poderiam ter sido evitados. Mas é que as normas limitadoras (no caso aqui, as orçamentárias) são pouco levadas em consideração e até então têm sido menoscabadas pelo Judiciário.

Ativismo judicial pode ser mais presente em sistemas jurídicos em que há permissivo constitucional para tanto, seja pela ausência de categorias lógico-jurídicas a delimitar o julgador, ou pela presença de normas "abertas" ou "vagas", que permitem preenchimento judicial. Em tais casos, a habilidade interpretativa e criativa do Judiciário permite consideráveis mudanças na atenção aos direitos fundamentais e demais consectários.

No entanto, como se verá, tal não se dá com a Constituição de 1988 no que respeita aos institutos orçamentários. Embora tenha aproximado o direito da política, deixou claro, principalmente no tocante aos direitos sociais (saúde, educação, moradia, etc.) que a sua implementação se dá mediante políticas públicas[333] e não mediante interpretação judicial criativa.[334]

Parte do ativismo judicial brasileiro deve-se à influência do mesmo fenômeno principalmente dos Estados Unidos. O que lá se presenciou

---

[332] "Não se interpreta *textos de direito* isoladamente, mas sim o *direito*, num todo. Dizendo-o de outro modo: não se interpreta o direito em tiras, aos pedaços. A Constituição também, não se interpreta em tiras. A interpretação de qualquer texto de direito impõe ao intérprete, em qualquer circunstancia, o apanhar pelo percurso que se projeta a partir dele – do texto – até a Constituição". GRAU, Eros Roberto. Orçamento estimativo: interpretação do §2º, II, do art. 40 da lei n. 8.666/93. *Revista Trimestral de Direito Público n. 15*. Malheiros: São Paulo, 1997, p. 183.

[333] Quanto à saúde, por exemplo, o art. 196 na sua literalidade afirma que será efetivada "mediante políticas sociais e econômicas que visem à redução do risco de doença e de outros agravos e ao acesso universal e igualitário às ações e serviços para sua promoção, proteção e recuperação". Não fala em efetivação por meio judicial. Também fala que é dever da família, da sociedade e do Estado assegurar à criança e ao adolescente, entre outros, o direito à saúde (art. 227). Sobre o tema ver FERRAZ, Octávio Luiz Motta. *De quem é o SUS?* Folha de São Paulo. Opinião. São Paulo, 20 de dezembro de 2007. Quanto aos remédios, há a Política Nacional de Medicamentos (PNM) que dispõe sobre as diretrizes, prioridades e responsabilidades das esferas de governo no âmbito do Sistema Único de Saúde (Portaria n. 3916).

[334] LOPES, José Reinaldo de Lima. Direito subjetivo e direitos sociais: o dilema do Judiciário no Estado Social de Direito. In *Direitos humanos, direitos sociais e justiça*. José Eduardo Faria (Coord.). São Paulo: Malheiros, 1994.

nos últimos 40 anos foi um ativismo pautado num modelo em que o Judiciário tem papel diferente se comparado ao brasileiro. Faz parte da fonte do direito (*common law*) uma decisão judicial em proporção diferente da existente no sistema nacional (*civil law*).[335] Basta ver o caminho sugerido por Ronald Dworkin quando aborda o tema,[336] ao entusiasticamente aprovar o ativo e poderoso papel da Suprema Corte Americana. A formal ausência da doutrina do *stare decisis* na tradição legal brasileira justifica entendimento diverso.[337] No sistema americano, um forte precedente provê um grau de consistência com todo o sistema judicial. Precedente é uma fonte do direito. No Brasil, precedente tem sua importância, mas a legítima fonte do direito é a lei.[338]

Ainda na *common law*, a falta de categorias lógico-jurídicas a delimitar o julgador permite maior ação/intromissão judicial. A habilidade interpretativa e criativa do Judiciário permite consideráveis mudanças na atenção aos direitos fundamentais. Basta ver que, ao manto da mesma Constituição, a Corte Suprema, no passado, se alinhou à escravidão[339] e ao tratamento desigual entre negros e brancos,[340] o que seria inconcebível na realidade da Constituição de 1988. Daí a inaplicabilidade da referência

---

[335] Sobre as diferenças os sistemas de direito existentes ver DAVID, René. *Os grandes sistemas do direito contemporâneo*. São Paulo: Martins Fontes, 2002.

[336] O autor prevê a possibilidade de atuação judicial inclusive em temas referentes à atuação do governo em caso de guerras, políticas adequadas a esse fim. DWORKIN, Ronald. *Taking Rights Seriously*. Cambridge: Harvard University Press. 1978, p. 143.

[337] *Stare decisis* está vinculado à força do precedente no direito da *common law*, de modo que uma questão já estabelecida deve ser seguida. Visa a segurança jurídica nas relações, evitando alteração constante no direito, dotando-o de maior previsibilidade. Contudo, as decisões podem ser mudadas. "Uma regra do precedente rigorosamente concebida não representa uma necessidade absoluta na *common law*. A diferença pode ser bastante tênue, entre o reconhecimento desta regra num plano jurídico e a adesão voluntária dos juizes, por argumentos de razão, às doutrinas ostuladas pelos seus predecessores". In DAVID, René. op. cit, p. 491.

[338] "In common-law adjudication, by no means restricted to the legal institutions of common-law systems such as those of the United States, England, and Australia (and not necessarily exhaustive within those systems, the judicial role is not perceived as primarily involving the application and interpretations of canonical texts containing lists of equally canonical rule-formulations. Instead, common-law judges make decisions by applying legal principles contained in generations of previous judicial opinions, with each of those previous opinions being the written justification and explanation of the decision in a particular lawsuit" (SCHAUER, Frederick. *Playing by the rules*. Oxford: Clarendon Press, 2002, p. 174-175).

[339] Nesse sentido foi a decisão da Corte Suprema, em Dred Scott vs. Sandford ao afirmar serem inconstitucionais as leis que pretendessem conferir cidadania aos negros: "... all blacks -- slaves as well as free -- were not and could never become citizens of the United States". Disponível em < http://www.pbs.org/wgbh/aia/part4/4h2933.html>.

[340] Decisão da Suprema Corte, ainda no século XIX, no caso *Plessy vs. Ferguson*, no qual a Suprema Corte decidiu, por 7 votos contra 1, que a segregação racial em locais públicos era "razoável" e não violava a Cláusula da Igual Proteção da Décima Quarta Emenda. Mais recente, com a decisão no caso *Brown vs. Board of Education*, a Suprema Corte acabou com a política de segregação racial nas escolas públicas, provocando uma forma de revolução na forma de pensar a matéria nos Estados Unidos.

estrangeira de modo acrítico, dada à peculiaridade do sistema brasileiro, todo ele pautado numa Constituição rígida. Aqui o juiz está adstrito à lei e à política, estabelecida a última na sua maior parte através da norma orçamentária. Não pode o Judiciário ser guiado por uma forma individual de resolver os conflitos, pois essa atitude rende inacreditáveis consequências, que coloca o juiz como centro das decisões políticas, afastando-se tanto a política do Executivo quanto a previsão do Legislativo. É a consequência do ativismo judicial.

4.1.3. Da inabilidade judicial de proferir decisões com efeitos de lei

Parece inocente afirmar, mas elaborar lei é a atribuição principal do Poder Legislativo.[341] Em virtude da elevada carga democrática de que é dotada, não se pode deixar ao Judiciário o papel de determinar comandos com força de lei. Prestada atenção à sua legitimidade, percebe-se que ele não pode legislar, quer direta ou indiretamente. O Judiciário constrói o direito, não a lei. Cria o direito de modo diferente como o Legislativo o produz. Na alçada judicial estão questões de justiça *inter partes*, e não o estabelecimento de regras gerais a vincular toda a comunidade – o que seria um curioso caminho de mudança legal da legitimidade para tais decisões.[342]

Enquanto a mentalidade do Legislativo é gerencial, e, num primeiro momento, volta-se à organização do Estado, a judicial é primeiramente voltada à resolução de conflitos. Assim, no que o Legislativo é vocacionado a atuar, não pode haver intervenção judicial. Decisão judicial não pode intervir em deliberações políticas, principalmente as que dispõem sobre a organização estrutural e administrativa do Estado. Quanto maior o reflexo na estrutura do Estado, menor a liberdade de atuação judicial.

A função judicial é diferente. Presta-se ao cumprimento da lei, lembrando que, embora a aplicação direta da Constituição aparente dar maior liberdade ao Judiciário, este não deixa de estar atrelado ao que reza o legislador ordinário, que concretiza a norma constitucional num pri-

---

[341] Não se afirma aqui que cada poder (legislativo, executivo e judiciário) exerce uma única função, como que se as mesmas fossem estanques. Há uma prioridade em cada poder, mas todos eles exercitam atos da função típica dos outros. Assim, o Executivo pode realizar funções legislativas (decretos, medidas provisórias) e judiciais (processos administrativos); o Legislativo pode exercer as funções de julgar (julgar o presidente da república por crime de responsabilidade) e administrar (o que faz com os seus próprios órgãos); e o Judiciário pode exercer a função de legislar (elaborar o regimento interno) e de administrar (os seus próprios órgãos).

[342] WALDRON, op. cit, p. 100.

meiro momento.[343] Vale o primado de concretização do legislador, principalmente em situações em que são aplicados princípios que deixam em aberto diferentes possibilidades de individualização normativa, caso em que os tribunais estão vinculados à escolhida pelo legislador ordinário, salvo se a opção do legislador contradiz a norma constitucional.[344]

E na análise dessa contradição, o Judiciário não pode declarar inconstitucional toda lei que não atenda a *sua* concepção do que seja a *melhor* política protetiva de direitos, de modo que a lei será inconstitucional até que o Legislativo acerte, no sentido de que o Legislativo reiteradamente elaborará normas até que as mesmas sejam coincidentes com o desiderato judicial. Se assim o fosse, todas as celeumas políticas relevantes ficariam a depender da última palavra judicial e, ao final, seria do Judiciário a política implantada.[345]

Três pontos são suficientes para convencer o intérprete da necessidade de, num primeiro olhar, velar pela manutenção da ordem jurídica como posta pelo legislador: a técnica da "interpretação conforme a Constituição", a "declaração de constitucionalidade parcial sem redução de texto" e o "princípio da presunção de constitucionalidade das leis".

No primeiro caso, é assente que a declaração de inconstitucionalidade deve ser o último recurso de que o juiz lançará mão. Na interpretação da Constituição que envolve normas com mais de um sentido, por exemplo, deve-se buscar aquele que seja o mais consentâneo com a Constituição. Como afirma Humberto Ávila: "quando uma lei pode ser interpretada de várias formas, quando sejam concebíveis múltiplas variantes interpretativas, de modo que uma interpretação entraria em conflito com a Constituição e provocaria a nulidade da lei e uma outra interpretação seria com ela compatível, deve ser escolhida aquela que se compatibiliza com a Constituição".[346] Essa opção visa a conservar a norma, preservan-

---

[343] Não há essa regra de aplicação automática. Há casos de aplicação de princípios direto da Constituição sem alusão a outra norma ordinária. Na visão de Dworkin, voltados à ideia de coerência, os princípios estão ligados a todo o ordenamento jurídico de onde, por indução, retira-se o seu conteúdo. Confere: DUQUE, Marcelo Schenk. A Importância do Direito Ordinário frente à Supremacia da Constituição. *Cadernos do Programa de Pós-Graduação em Direito (UFRGS)*, v. IV, p. 7-38, 2006.

[344] LARENZ, op. cit., p. 445. Humberto Ávila afirma: "Ao se admitir o uso dos princípios constitucionais, mesmo naquelas situações em que as regras legais são compatíveis com a Constituição e o emprego dos princípios ultrapassa a interpretação teleológica pelo abandono da hipótese legal, está-se, ao mesmo tempo, consentindo com a desvalorização da função legislativa e, por decorrência, com a depreciação do papel democrático do Poder Legislativo" (ÁVILA, Humberto. Neoconstitucionalismo... op. cit., p. 8.)

[345] "O juiz, mesmo quando livre, não o é totalmente. Ele não pode inovar a seu bel-prazer. Não é um cavalheiro-errante, vagando à vontade em busca do seu próprio ideal de beleza ou de bondade". CARDOSO, Benjamin N. *A natureza do processo e a evolução do direito*. Porto Alegre: AJURIS, 1978, p. 134.

[346] ÁVILA, Humberto. *Teoria da Igualdade Tributária*, op. cit., p. 182.

do a autoridade do comando normativo e o princípio da separação dos poderes.

Já o segundo significa que os julgadores não alteram a redação da norma, matéria afeta ao Poder Legislativo, no entanto delimitam o seu sentido, de modo que exclui todas as interpretações existentes que não sejam compatíveis com o sentido atribuído à norma. Agindo assim, o Judiciário fixa a única interpretação possível para que seja compatível com a Constituição.

A presunção de constitucionalidade das leis, por sua vez, significa que, havendo dúvida sobre a constitucionalidade da lei, deve o intérprete optar pela interpretação compatível com a sua constitucionalidade. Afirma Luis Roberto Barroso: "a dúvida milita em favor da lei, que a violação da constituição há de ser manifesta e que a inconstitucionalidade nunca se presume".[347] A presunção de constitucionalidade "é uma decorrência do princípio geral da separação dos poderes e funciona como fator de autolimitação da atividade do Judiciário que, em reverência à atuação dos demais Poderes, somente deve invalidar-lhes os atos diante de casos de inconstitucionalidade flagrante e incontestável".[348]

Assim se posicionou o Supremo Tribunal Federal quanto à matéria:

A reserva de lei constitui postulado revestido de função excludente, de caráter negativo, pois veda, nas matérias a ela sujeitas, quaisquer intervenções normativas, a título primário, de órgãos estatais não-legislativos. Essa cláusula constitucional, por sua vez, projeta-se em uma dimensão positiva, eis que a sua incidência reforça o princípio, que, fundado na autoridade da Constituição, impõe, à administração e à jurisdição, a necessária submissão aos comandos estatais emanados, exclusivamente, do legislador. Não cabe, ao Poder Judiciário, em tema regido pelo postulado constitucional da reserva de lei, atuar na anômala condição de legislador positivo (*RTJ* 126/48 – *RTJ* 143/57 – *RTJ* 146/461-462 – *RTJ* 153/765, *v.g.*), para, em assim agindo, proceder à imposição de seus próprios critérios, afastando, desse modo, os fatores que, no âmbito de nosso sistema constitucional, só podem ser legitimamente definidos pelo Parlamento. É que, se tal fosse possível, o Poder Judiciário – que não dispõe de função legislativa – passaria a desempenhar atribuição que lhe é institucionalmente estranha (a de legislador positivo), usurpando, desse modo, no contexto de um sistema de poderes essencialmente limitados, competência que não lhe pertence, com evidente transgressão ao princípio constitucional da separação de poderes.[349]

Do ponto de vista orçamentário, questiona-se até que ponto as decisões judiciais protetivas de direitos e que, por envolverem gastos de recursos, implicam alterações orçamentárias, seriam ou não decisões que ferem a reserva de lei. Isso porque, se a lei orçamentária, embora

---

[347] BARROSO, Luis Roberto. *Interpretação e aplicação da constituição*. São Paulo: Saraiva, 2008, p. 170.

[348] Ibidem, p. 174.

[349] MS 22.690, Rel. Min. Celso de Mello, julgamento em 17-4-97, *DJ* de 7-12-06.

não declarada inconstitucional, necessita ser alterada para o cumprimento de decisão judicial, tem-se uma situação de ingerência judicial na lei, que é desautorizada constitucionalmente. Podendo o Judiciário alterar o orçamento, não tardará a modificar as regras da aposentadoria, as alíquotas de impostos, os tipos penais, tudo com base na proteção de direitos.[350]

Afirma Humberto Ávila que

[...] o aplicador só pode deixar de aplicar uma regra infraconstitucional quando ela for inconstitucional, ou quando sua aplicação for irrazoável, por ser o caso concreto extraordinário. Ele não pode deixar de aplicar uma regra infraconstitucional simplesmente deixando-a de lado e pulando para o plano constitucional, por não concordar com a conseqüência a ser desencadeada pela ocorrência do fato previsto na sua hipótese.[351]

Se há lei (constitucional) afirmando que os recursos arrecadados com a Contribuição Provisória sobre Movimentação ou Transmissão de Valores e de Créditos e Direitos de Natureza Financeira (CPMF) serão destinados ao Fundo Nacional de Saúde, ao custeio da Previdência Social e ao Fundo de Combate e Erradicação da Pobreza (art. 84 da ADCT, revogado pela EC n. 56/2007), não pode o Judiciário afirmar que os recursos da CPMF, de determinada região, tendo em vista a necessidade local de atender aos pacientes num determinado hospital, não serão destinados mais aos fundos e à previdência, conforme previstos na Constituição, mas entregues especificamente a certo hospital,[352] muito embora seja a regra constitucional.

Decisão dessa ordem, sobre adentrar em matéria reservada ao Legislativo e ao Executivo no tocante às políticas públicas, não é tolerada pelo Direito. O seu cumprimento implica clara alteração da lei orçamentária e não passa de uma decisão com efeito de lei.

---

[350] As sugestões doutrinárias são as mais criativas possíveis: 1) "Não seria inviável – tendo em vista a essencialidade da prestação em tela [do fornecimento de remédios], repita-se à exaustão – que o juiz autorizasse uma farmácia a fornecer determinado medicamento, deferindo-se a compensação desta despesa com o ICMS ou outro tributo. Compensações tributárias normalmente exigem lei autorizativa, mas a excepcionalidade da prestação justificaria tal aval do Judiciário. Possivelmente os tribunais superiores não reformariam uma decisão nesta trilha, diante do tanto que já permitiram em sede do direito à medicação". GOUVÊA, Marcos Masseli. O Direito ao Fornecimento Estatal de Medicamentos. Rio de Janeiro: Slaib Filho. [on-line] Disponível em <http://www.nagib.net/texto/varied_16.doc>. Acesso em: 14 abr. 2007; 2) "Assim, por exemplo, o magistrado pode determinar que um hospital particular execute um determinado tratamento cirúrgico em um paciente coberto pelo SUS, autorizando que o hospital faça a compensação dos gastos efetuados com a operação com tributos de responsabilidade do ente demandado". LIMA, George Marmelstein. Efetivação Judicial dos Direitos Econômicos, Sociais e Culturais. Dissertação de Mestrado, p. 237. Disponível em <georgemlima.blogspot.com>.

[351] ÁVILA, Humberto. Neoconstitucionalismo..., op. cit., p. 6.

[352] Suspensão de Tutela Antecipada (STA) 81, ajuizada pela União. Relator Ministro Gilmar Mendes.

4.1.4. Atividade política e o papel judicial

Inócua a tentativa de diferenciar rigidamente a atividade política da jurídica, porque, "em rigor, não há o fato econômico puro, o político puro ou o jurídico puro";[353] haverá sempre uma zona intermediária, uma vez que "as normas sustentam o poder, e o poder dá às normas a provisão de eficácia indispensável à sua função estabilizadora de equilíbrio":[354] atividades política e judicial se entrelaçam.

Num primeiro momento, a política gozava de certa prioridade frente ao direito, tendo havido hoje uma inversão, com a sujeição da política ao direito, tendo em vista que este estrutura, limita e ordena o conflito político. Mas essa opção do direito como meio de expressão do conflito político só se justifica porque o direito é pretensamente *neutro*, é dizer, o discurso jurídico permite a expressão sem as distorções das pretensões políticas.[355] Se deixar de sê-lo, faz-se política, e não direito.

Alfredo Augusto Becker diferencia as funções política e jurídica atribuindo à política a execução de meios para se atingir aos fins constitucionais e ao direito o controle de legalidade dos atos públicos para se chegar a esses fins. Esse raciocínio, com o devido respeito, não chega a ser completo para diferenciar os campos de atuação da política e do direito, visto que os fins visados pela política são os mesmos protegidos constitucionalmente, e, por isso, permitem atuação judicial. Afirma o autor:[356]

> [...] em primeiro lugar, é preciso determinar o que se quer fazer, definir o resultado que se pretende obter. Este é o trabalho próprio da política, no seu sentido pleno de arte de governar, inspirada pela Economia, pela Ciência das Finanças, pela Sociologia e pela observação dos fatos que podem, ou que devem, influenciar a orientação governamental, até mesmo sob o aspecto ético. Só depois de definido o objeto da ação é que se procuram os meios para conseguir esse resultado. E a função do Direito é, simplesmente, a de fornecer aqueles *meios de atuação* para obtenção de um resultado predeterminado que não é, *por si mesmo*, jurídico. (grifos do original)

Mas de que modo são definidos os fins constitucionais alcançados através de políticas públicas? Com a proteção de direitos fundamentais. E *quem* deve interpretar e aplicar as normas protetivas dos direitos em jogo? O legislador, a Administração e o Judiciário.

Num primeiro momento, e na linha afirmada acima, é o legislador que tem a autoridade para interpretar. E isso se refere à própria Consti-

---

[353] VILANOVA, Lourival. *Escritos jurídicos e filosóficos*, vol. 1, Política e Direito: relação normativa. São Paulo: Axis Mundi: IBET, 2003, p. 368.

[354] Ibidem, p. 368.

[355] ATRIA, Fernando. ¿Existen derechos sociales?, *Revista Doxa*, 2005, p. 35.

[356] BECKER, op. cit., p. 64.

tuição, inclusa, também, entre os materiais que serão interpretados. Ele tem o direito a dar a primeira palavra em relação à Constituição na especificação dos princípios abstratos (delimitadores das políticas), ao contrário do que pensam muitos estudiosos, que deixariam a tarefa nas mãos dos juízes.

Na complicada dança de proteger direitos entre os ramos do poder, o Judiciário tem ocasionalmente legitimado as políticas do Executivo e do Legislativo e, por vezes, adentrado em questões onde os demais temem entrar, quer porque não têm soluções genéricas, quer porque não atentaram às prioridades constitucionais. Sua intrusão parece legitimada pelos outros poderes, pois quando agem, ainda que pontualmente, para além dos seus limites ideais, a situação de fato ainda perdura, dando ensanchas a nova atuação judicial.[357]

A função judicial na política dá-se na medida em que o direito exerce papel fundamental na sua concretização: o direito estabelece as precondições para a realização da política, cria o espaço nos quais as políticas podem ocorrer:[358] espaço sem direitos são políticas vazias. É dizer, a realização de políticas públicas deve ser sempre suportada pelo direito.

Agindo assim, o direito não restringe as ações políticas, mas as incentiva. Tanto é que o direito que serve a uma determinada política, como a política de reforma social, terá, necessariamente, estrutura jurídica com caracteres e feições nitidamente diferentes daquele que servirá a outra política, a exemplo da conservação do capitalismo-liberal.[359]

É nesse quadrante que se vislumbra a atividade judicial, não na definição da política a ser executada, mas na verificação se o Direito aceita como válida a política apresentada. Por exemplo, no âmbito do direito constitucional, percebe-se a criação de vários espaços políticos, como promoção de bem-estar, política carcerária, política educacional, proteção à saúde, dentre outras. Surgindo lei limitando esse espaço, fora do permissivo constitucional, o controle judicial certamente banirá a sua aplicação.

Os direitos também servem de guias para a execução de políticas públicas, antes de dependerem das políticas para serem protegidos. A análise deve ser inversa da que se costuma pregar. Proteger direitos constitucionalmente significa nortear as políticas à sua defesa dando-lhes prioridades. Nesse ponto, antes de ser uma faculdade, a política de proteção ao direito passa a ser um dever do Estado. Mas um dever que não pode ser simplesmente imposto pelo direito, uma vez que há fatores ex-

---

[357] KRISTOL, op. cit., p. 44.

[358] ARENDT, op. cit., p. 190.

[359] BECKER, op. cit., p. 213.

ternos ao direito que fazem a satisfação plena do direito ser estritamente vinculada.

A regra é que o Judiciário não pode intervir nos meios políticos utilizados para a promoção do direito. Mas nem sempre é fácil se comportar distante desses meios, uma vez que há situações em que o meio é completamente inapto para atingir o fim, ou, em caminho diverso, sequer o fim protegido pelo direito é visado pela política pública. A maior dificuldade no Judiciário, assim, é evitar a tentação de permitir o senso pessoal do que é uma boa política substituir o seu julgamento do que o direito requer. Resistir essa tentação é uma grande virtude.[360]

Se o Judiciário for entendido como o meio comum de forçar o cumprimento de políticas públicas, uma vez que estas visam à satisfação das necessidades públicas e de direitos, juízes seriam como árbitros que fortalecem essa realização. Por outro lado, entendendo-se que políticas públicas não são justiciáveis, muito embora direitos fossem violados, não poderia o Judiciário se manifestar quanto aos meios políticos empregados na consecução dos fins.

Apenas em casos extremos estaria o Judiciário autorizado a intervir, não declarando o que deve ser feito, mas apontando a irregularidade de determinado programa ou objetivo incompatível com o direito, como foi apontado acima. Alargar ou diminuir o acesso ao Judiciário como via de implantação de política pública parece ser um problema ainda não solvido.

A análise da normatividade do país é quem determinará o grau de atuação judicial. Assim, os casos em que o direito deu ensejo à atuação judicial são os que o próprio direito definiu os fins que devem ser alcançados com a política pública ou os critérios para aplicação de recursos. Desse modo, embora o legislador não tenha definido o modo como a política será realizada, percebe-se se os meios são hábeis a alcançá-la ou não pela demarcação dos fins, o que dá ensanchas à atuação judicial. E o orçamento público é importante instrumento de análise para a efetividade desse controle judicial.

Numa situação específica, em que a Constituição determina a política educacional que deve ser implantada, afirmando, inclusive, ser direito subjetivo o acesso ao ensino básico, o Judiciário tem mantido firme a proteção ao direito, de modo mais realista e acertado, envolvendo, na análise, os aspectos da escassez de recursos, das dotações orçamentárias, das políticas públicas previstas constitucionalmente, da reserva do possível,

---

[360] George Bush, falando da confissão que um amigo juiz lhe fez. In BUSH, George. The interaction of the legislative, judicial, and executive branches in the making of foreign policy. *Harvard Journal Law & Publics Politics*. v. 11. 1988, p. 01.

enfim, todos os pontos essenciais delimitadores da sua atuação, ementados do seguinte modo:[361]

ADMINISTRATIVO E CONSTITUCIONAL – ACESSO À CRECHE AOS MENORES DE ZERO A SEIS ANOS – DIREITO SUBJETIVO – RESERVA DO POSSÍVEL – TEORIZAÇÃO E CABIMENTO – IMPOSSIBILIDADE DE ARGUIÇÃO COMO TESE ABSTRATA DE DEFESA – ESCASSEZ DE RECURSOS COMO O RESULTADO DE UMA DECISÃO POLÍTICA – PRIORIDADE DOS DIREITOS FUNDAMENTAIS – CONTEÚDO DO MÍNIMO EXISTENCIAL – ESSENCIALIDADE DO DIREITO À EDUCAÇÃO – PRECEDENTES DO STF E STJ.

1. A tese da reserva do possível assenta-se em idéia que, desde os romanos, está incorporada na tradição ocidental, no sentido de que a obrigação impossível não pode ser exigida *(Impossibilium nulla obligatio est* – Celso, D. 50, 17, 185). Por tal motivo, a insuficiência de recursos orçamentários não pode ser considerada uma mera falácia.

2. Todavia, observa-se que a dimensão fática da reserva do possível é questão intrinsecamente vinculada ao problema da escassez. Esta pode ser compreendida como "sinônimo" de desigualdade. Bens escassos são bens que não podem ser usufruídos por todos e, justamente por isso, devem ser distribuídos segundo regras que pressupõe o direito igual ao bem e a impossibilidade do uso igual e simultâneo.

3. Esse estado de escassez, muitas vezes, é resultado de um processo de escolha, de uma decisão. Quando não há recursos suficientes para prover todas as necessidades, a decisão do administrador de investir em determinada área implica escassez de recursos para outra que não foi contemplada. A título de exemplo, o gasto com festividades ou propagandas governamentais pode ser traduzido na ausência de dinheiro para a prestação de uma educação de qualidade.

4. É por esse motivo que, em um primeiro momento, a reserva do possível não pode ser oposta à efetivação dos Direitos Fundamentais, já que, quanto a estes, não cabe ao administrador público preterí-los em suas escolhas. Nem mesmo a vontade da maioria pode tratar tais direitos como secundários. Isso, porque a democracia não se restinge na vontade da maioria. O princípio do majoritário é apenas um instrumento no processo democrático, mas este não se resume àquele. Democracia é, além da vontade da maioria, a realização dos direitos fundamentais. Só haverá democracia real onde houver liberdade de expressão, pluralismo político, acesso à informação, à educação, inviolabilidade da intimidade, o respeito às minorias e às ideias minoritárias etc. Tais valores não podem ser malferidos, ainda que seja a vontade da maioria. Caso contrário, se estará usando da "democracia" para extinguir a Democracia.

5. Com isso, observa-se que a realização dos Direitos Fundamentais não é opção do governante, não é resultado de um juízo discricionário nem pode ser encarada como tema que depende unicamente da vontade política. Aqueles direitos que estão intimamente ligados à dignidade humana não podem ser limitados em razão da escassez quando esta é fruto das escolhas do administrador. Não é por outra razão que se afirma que a reserva do possível não é oponível à realização do mínimo existencial.

6. O mínimo existencial não se resume ao mínimo vital, ou seja, o mínimo para se viver. O conteúdo daquilo que seja o mínimo existencial abrange também as condições sociocultu-

---

[361] REsp. n. 1.185.474-SC. Relator Ministro Humberto Martins. 2ª T., unanimidade. 20.04.2010.

rais, que, para além da questão da mera sobrevivência, asseguram ao indivíduo um mínimo de inserção na "vida" social.

7. Sendo assim, não fica difícil perceber que dentre os direitos considerados prioritários encontra-se o direito à educação. O que distingue o homem dos demais seres vivos não é a sua condição de animal social, mas sim de ser um animal político. É a sua capacidade de relacionar-se com os demais e, através da ação e do discurso, programar a vida em sociedade.

8. A consciência de que é da essência do ser humano, inclusive sendo o seu traço característico, o relacionamento com os demais em um espaço público – onde todos são, *in abstrato* , iguais, e cuja diferenciação se dá mais em razão da capacidade para a ação e o discurso do que em virtude de atributos biológicos – é que torna a educação um valor ímpar. No espaço público – onde se travam as relações comerciais, profissionais, trabalhistas, bem como onde se exerce a cidadania – a ausência de educação, de conhecimento, em regra, relega o indivíduo a posições subalternas, o torna dependente das forças físicas para continuar a sobreviver e, ainda assim, em condições precárias.

9. Eis a razão pela qual o art. 227 da CF e o art. 4º da Lei n. 8.069/90 dispõem que a educação deve ser tratada pelo Estado com absoluta prioridade. No mesmo sentido, o art. 54 do Estatuto da Criança e do Adolescente prescreve que é dever do Estado assegurar às crianças de zero a seis anos de idade o atendimento em creche e pré-escola. Portanto, o pleito do Ministério Público encontra respaldo legal e jurisprudencial. Precedentes: REsp 511.645/SP, Rel. Min. Herman Benjamin, Segunda Turma, julgado em 18.8.2009, DJe 27.8.2009; RE 410.715 AgR / SP – Rel. Min. Celso de Mello, julgado em 22.11.2005, DJ 3.2.2006, p. 76.

10. Porém é preciso fazer uma ressalva no sentido de que mesmo com a alocação dos recursos no atendimento do mínimo existencial persista a carência orçamentária para atender a todas as demandas. Nesse caso, a escassez não seria fruto da escolha de atividades não prioritárias, mas sim da real insuficiência orçamentária. Em situações limítrofes como essa, não há como o Poder Judiciário imiscuir-se nos planos governamentais, pois estes, dentro do que é possível, estão de acordo com a Constituição, não havendo omissão injustificável.

11. Todavia, a real insuficiência de recursos deve ser demonstrada pelo Poder Público, não sendo admitido que a tese seja utilizada como uma desculpa genérica para a omissão estatal no campo da efetivação dos direitos fundamentais, principalmente os de cunho social. No caso dos autos, não houve essa demonstração. Precedente: REsp 764.085/PR, Rel. Min. Humberto Martins, Segunda Turma, julgado em 1º.12.2009, DJe 10.12.2009.

No caso, há uma política delimitada no art. 227 da Constituição Federal e no art. 4º da Lei n. 8.069/90, que garante o acesso gratuito e obrigatório em creches e pré-escolas às crianças de zero a seis anos de idade. Logo, exigir o cumprimento dessa norma não é uma atividade que extrapola os lindes judiciais. Por outro lado, como a Constituição definiu a política educacional, não há usar o orçamento público como óbice à sua implementação. Ao contrário, o orçamento deve mirar, primeiramente, o cumprimento das políticas constitucionais, mormente quando voltadas ao cumprimento dos direitos humanos. Por fim, apenas em casos de real escassez de recursos é que a política não deve ser implantada, na linha do já mencionado, a chamada reserva do possível fática.

Impende afirmar que o fato de o direito estabelecer precondições para a implementação de políticas, não significa que o tema passou a ser jurídico. Por exemplo, por haver normas sobre guerra, seus níveis e as formas pacíficas de solução de conflitos, não significa que esse tema passou a ser jurídico ou que o Judiciário é quem decide o momento oportuno para a sua deflagração. As normas continuam a guardar a guerra no campo político. Apenas proíbem o pior meio de sua ocorrência.[362] Não é porque a Constituição fala em direito à moradia que o Judiciário passa a ter controle sobre as políticas públicas atinentes a esse fim. O tema continua no terreno político. Só será jurídico quando a Constituição definir os fins a serem alcançados, donde se retira a adequação dos meios, ou até mesmo o meio pelo qual deva ser realizado, quais os direitos subjetivos protegidos, bem como os caminhos juridicamente vedados. Fora isso, o tema é do terreno político.

É bom lembrar que os direitos, *prima facie*, podem ter diferentes níveis de proteção, sejam eles civis, políticos ou sociais. É questão de grau. Importa saber o nível *determinado* ou *idealizado* pelo legislador, o que faz diferença. Há casos que a satisfação mínima basta. Noutros a proteção deve ser maior. Em todo o caso, para além das premissas jurídicas, outras como o nível socioeconômico do país é importante. Ao Judiciário compete definir o grau de atuação estatal quando há norma jurídica a suportar essa exigência. Do contrário, estaria ele definindo a ação política para a proteção dos direitos.

Dentre as várias possibilidades de ação, a proteção judicial se dá quando age contra os critérios arbitrários e discriminatórios no acesso a determinado programa, por exemplo. Não pode o Judiciário ordenar ao Estado a cumprir o programa que entenda ser o melhor, mas, havendo o programa, pode agir para promover o acesso em regime de igualdade. Haveria excesso de atuação judicial quando, para além de proibir exclusões arbitrárias e discriminatórias, determinasse ao governo a adoção de medidas efetivas que, no *seu* modo de pensar, cumprem o definido na Constituição. Até porque não pode a Administração agir sem previsão legal e, no tocante aos programas, a Administração se vincula à efetivação do que foi previsto em lei, não podendo atender demanda individual para estabelecer proteções que não sejam abarcantes de todos igualmente considerados.

Daí não se concordar com a prática judicial decisiva que parece certa isoladamente, mas que não pode fazer parte de uma teoria abrangente

---

[362] ARENDT, op. cit., p. 132.

dos princípios e das políticas gerais que seja compatível com outras decisões igualmente consideradas certas.[363] E a defesa dos direitos sociais tem esse dilema: protege-se individualmente o que não pode ser levado a cabo para todos os casos da mesma situação.

4.1.5. Dos direitos sociais

O ponto central de discussão passa pelo entendimento do que são os direitos sociais. Não se destinará aqui muito espaço para uma abordagem ampla, tendo em vista a abundância de eventos históricos que culminaram na concepção atual e ao diferente tratamento que lhes é dispensado pelo sistema jurídico de cada país, mas tão somente serão traçadas as suas principais características, porquanto em torno do seu conceito e da sua judicialização direta através dos dispositivos constitucionais é que se pauta o Judiciário para atuar mais intensamente.[364]

São direitos resultantes da necessidade de atuação direta do Estado para minimizar desigualdades gritantes e atender exigências essenciais da população. São chamados direitos a prestações do Estado, onde nele se busca meios indispensáveis ao exercício efetivo e concreto dessas prescrições. Impõem atuação positiva do Estado travestida num benefício material, seja bem ou serviço.

Na origem dos direitos sociais, como a nomenclatura leva a crer, os mesmos apelavam para uma ideia de comunidade, cujo requerimento central era que as pessoas se importassem com os demais e, quando ne-

---

[363] DWORKIN, Ronald. *Taking rights seriously*. Cambridge: Harvard University Press. 1978, p. 87.

[364] O tema dos direitos sociais é extenso, e é difícil chegar a uma análise que extirpe as dúvidas sobre o seu status jurídico, no sentido de informar o tipo de direitos que são, ou em que sentido pode-se dizer que são "direitos". Para Ricardo Lobo Torres os direitos sociais e econômicos diferem-se dos direitos fundamentais, embora possuam características complementares. O autor apresenta as diversas posições da doutrina no tocante ao relacionamento dos direitos sociais com os direitos fundamentais, que variam a depender de posições ideológicas ou de visões do mundo. In TORRES, Ricardo Lobo. A cidadania multidimensional na era dos direitos. In *Teoria dos direitos fundamentais*. Ricardo Lobo Torres (org.). Rio de Janeiro: Renovar, 2001, p. 283 e ss.. Ricardo Lobo Torres ainda diferencia os direitos sociais dos mínimos sociais. Para o autor "os mínimos sociais se estremam perfeitamente dos direitos sociais diante do orçamento. Aqueles compõem o quadro dos direitos fundamentais, gozam do *status positivus libertatis*, prescindem de lei ordinária para a sua eficácia, podem ser garantidos pelo Judiciário e ingressam necessariamente no orçamento. Os direitos sociais não se consideram direitos fundamentais, gozam do *status positivus socialies*, que os torna dependentes da concessão do legislador, não são garantidos pelo Judiciário na ausência da lei e se encontram sob a reserva do orçamento". In TORRES, Ricardo Lobo. Os mínimos sociais, os direitos sociais e o orçamento público. *Revista ciências sociais*. Edição especial. Rio de Janeiro: Universidade Gama Filho. Dez 1997, p. 227. Sua posição não é acompanhada pela maior parte da doutrina que afirma serem os direitos sociais verdadeiros direitos fundamentais, e que, pela sua natureza, não podem ser impedidos de ser efetivados. In SARLET, Ingo Wolfgang. Os Direitos Fundamentais Sociais Na Constituição de 1988. *Revista Diálogo Jurídico*, Salvador, CAJ – Centro de Atualização Jurídica, v. 1, n. 1, 2001. Disponível em <http://www.direitopublico.com.br>. Acesso em 04.03.2009.

cessário e possível, se preocupassem com a sorte desses demais. Estava voltada à noção de preocupação de uns com os outros,[365] em contraposição ao individualismo dos direitos civis e políticos.

Ocorre que essa noção de comunidade tornou-se incompatível com outra que concebe os seus membros primariamente como portadores de direitos, visto que expressões como "tenho um direito" ou "não tens o direito a" evocam uma guerra latente e despertam um espírito de contenda, de modo que aplicar a noção de direito ao centro dos direitos sociais é inibir qualquer impulso à caridade em ambos os lados.[366]

Na visão de Fernando Atria, na medida em que um juiz atende a uma demanda envolvendo direito social, na verdade, a concepção utilizada não foi de um direito social, pois "não pode ser um direito social, senão uma demanda privada, que aí expressa não a ideia de uma forma superior de comunidade, mas sim a negação desta: a pretensão do demandante de que seu interesse seja atendido à custa do interesse dos demais".[367]

Desse modo, a noção de que os direitos sociais distinguiam-se dos direitos civis e políticos pelo seu viés de solidariedade e reciprocidade acaba caindo no vazio, visto que a sua proteção individuada trai o seu próprio significado.

Esse posicionamento poderia ter sido visto de modo menos severo, pois não se há negar a ação processual como instrumento para a proteção dos mesmos direitos. Mas não deixa de ser um alerta ao individualismo daquele que pretende ver a obtenção do *seu* direito independente da situação do outro.

Como se trata de um "direito de crédito frente ao Estado",[368] surge a questão em torno da conclusão, de que é, como os demais, um direito subjetivo e, portanto, pode ser reclamado judicialmente do mesmo modo como o são os direitos civis e políticos, uma vez que na cultura jurídica ocidental a ideia de direito subjetivo está sempre e necessariamente vinculada à ação para exigir o cumprimento coativo.[369] Pensar o contrário é

---

[365] COHEN, por que nao el socialismo, *apud* ATRIA, Los derechos sociales, op. cit., p. 53-54.

[366] ATRIA, ¿Existen derechos sociales?, op. cit., p. 54. O autor ainda exemplifica outros "direitos" que, se vistos na concepção de direito exigível judicialmente, implicam a sua desnaturação, como ocorre com o direito ao matrimonio, à amizade e ao trabalho. Desse modo, havendo primariamente direito sociais significa que os indivíduos que concorrem aos mesmos direitos são "ameaças contra os quais os indivíduos devem se defender".

[367] ATRIA, Fernando. ¿Existen derechos sociales?, op. cit., p. 46.

[368] CUNHA JÚNIOR, op. cit., p. 212.

[369] ATRIA, Fernando. op. cit., p. 47.

admitir a possibilidade de haver *direitos* que não sejam justiçáveis e ainda assim são *direitos*.[370]

Para Robert Alexy, tratam-se de direitos justiçáveis. São "direitos do indivíduo frente ao Estado a algo que – se o indivíduo possuísse meios financeiros suficientes e se encontrasse no mercado uma oferta suficiente – poderia obtê-los também de particulares".[371] O conceito, ademais de geral, faz inferir que o problema da sua exigibilidade se delimita à existência ou não de recursos necessários, o que, *prima facie*, é sabido que vai além.

Diferentemente da justicialidade dos direitos civis e políticos, a dos direitos sociais, em certa medida, depende de sistemas que o juiz não pode criar, pelo tipo de cargo que ocupa, incluindo aí planejamento, previsão orçamentária e sua execução, o que, por natureza, correspondem aos poderes políticos, sendo limitados os casos em que o poder judicial pode levar a cabo a tarefa de suprir a inatividade daqueles.[372] O obstáculo está mais em como proceder a sua adequada justicialidade do que reconhecer a necessidade de o Estado proceder à proteção, já que, informa Hesse, o Estado tem a obrigação positiva de fazer todo o possível para realizar os direitos fundamentais, mesmo quando não digam respeito a qualquer direito subjetivo dos cidadãos.[373]

Para a resposta, inevitável analisar as normas positivas de cada sistema jurídico, porque a nomenclatura *direito* não satisfaz à mesma conclusão da necessária justicialidade.[374] E, por outro lado, sobre haver óbices para que o governo se escuse de cumprir determinada prestação, nada diz com referência ao interessado "ter" ou "não ter" um direito. O direito decorre da norma e a primeira análise há que se partir dela.

No entanto, pode haver questões fáticas que impossibilitem o cumprimento das obrigações impostas pelas normas jurídicas. E mais, pode

---

[370] Não se descarta aqui essa possibilidade, na linha apresentada por Atria.

[371] ALEXY, Robert. *Teoría de los derechos*. Madrid: Centro de Estudios Políticos y Constitucionales, 2002, p. 482.

[372] ABRAMOVICH, V; COURTIS, C. *Los derechos sociales como derechos exigibles*. Madrid: Trotta, 2002, p. 44.

[373] *Apud* ALEXY, Robert. *Teoria de los derechos fundamentales*, p. 499.

[374] Por todos, o filósofo francês Michel Villey, que vai procurar no direito romano o sentido da palavra direito, para concluir que a definição aplicada na expressão "direitos humanos" não tem relação com o sentido de direito inicialmente estudado, voltado para a mensuração de proporções justas na partilha dos bens exteriores. O autor demonstra que a utilização da palavra *direito* em acepções como "direitos humanos" permitiu-se espraiar uma concepção distinta de direito, de modo que hoje se fala em "direito ao sol", "direito à neve", "direito dos jovens a serem eles mesmos", "direito à felicidade" num sentido inaplicável ao que comumente se entende por direito. Com uma incursão histórica, o autor demonstra que os direitos humanos não são "direitos" no sentido do positivismo jurídico, mas um ideal, de modo que "cada um dos pretensos direitos humanos é a negação de outros direitos humanos, e praticado separadamente, é gerador de *injustiças*". VILLEY, Michael. *O direito e os direitos humanos*. São Paulo: Martins Fontes, 2007, p. 8.

haver no próprio ordenamento jurídico possibilidade de restrição de aplicação de normas, de modo que, após levar-se em consideração diversos fatores, aquela norma de eficácia aparentemente plena, necessita ser ponderada ao ponto de não mais prevalecer do modo inicialmente imaginado. Daí a importância de se extrair das normas positivadas a posição correta à plena exigibilidade.

No sistema constitucional brasileiro, o direito social expressamente denominado "direito subjetivo" é o direito à educação.[375] Todos os demais *devem* ser implementados mediante políticas públicas.[376] Em nenhum momento o legislador constituinte determinou o seu grau de proteção, visto que, se assim o fizesse, poderia ser norma sem eficácia, dada a sua estreita vinculação com as possibilidades financeiras do Estado. Ora, se o legislador quis dar efetividade a todos os direitos sociais, por que apenas nominou o direito ao ensino obrigatório como "direito subjetivo"?

Direitos que não são acompanhados por cláusulas explícitas que permitem restrições ou promoções têm a sua satisfação deixada à execução da política pública. Isso não quer dizer que lhes faltam critérios constitucionais para delimitar sua restrição e sua aplicação. A Constituição não foi desatenta a esse quesito. Apenas não definiu um patamar judiciável de sua efetividade.

Daí a dificuldade de se delimitar níveis de efetivação dos direitos sociais, porque a matéria de sua extensão é objeto de tensões políticas intermináveis. Faz parte da essência da política determinar o grau de proteção desses direitos. Sendo delimitado judicialmente, significaria que o Judiciário passaria a ditar o que deve ser feito ou não em matéria de políticas públicas.

A inclusão dos direitos sociais na Constituição implica o reconhecimento da sua importância, mas daí não se retira as mesmas conclusões aplicadas aos demais direitos. A sua menção sempre foi dilema a perseguir os estudiosos,[377] visto que duas alternativas aparentemente indese-

---

[375] A jurisprudência do STF é pacífica quanto à subjetividade do direito à educação, com especial atenção ao RE 436996/SP, Pleno, Rel Min. Celso de Mello. "Criança de até seis anos de idade. Atendimento em creche e em pré-escola. Educação infantil. Direito assegurado pelo próprio texto constitucional (CF, art. 208, IV). Compreensão global do direito constitucional à educação. Dever jurídico cuja execução se impõe ao poder público, notadamente ao município (CF, ART. 211, § 2º). Recurso extraordinário conhecido e provido". No mesmo sentido, a jurisprudência do STJ, com destaque para o recurso de embargos de divergência n. 485.969 – SP, DJ. 11.09.2006, relator Ministro José Delgado; e recursos especiais n. 575.280 – SP, DJ 25.10.2004, relator Ministro Luis Fux; n. 493.811 – SP, DJ 15.03.2004, e REsp n. 429.570 – GO, DJ 22.03.2004, ambos relatados pela Ministra Eliana Calmon.

[376] Quanto à saúde, por exemplo, o art. 196 da CF é claro no sentido de que o Estado deve instituir o "acesso universal e igualitário às ações e serviços para sua promoção, proteção e recuperação".

[377] Não falta, mesmo na atualidade, posicionamento contra a constitucionalização dos direitos sociais: ROSENKRANTZ, C. La pobreza, la ley y la constitución. In A Bullard, J Couso *et al. El derecho como Objeto e Instrumento de Cambio Social*. Buenos Aires: Editores del Puerto, 2003; MICHELMAN, Frank I.

jadas se apresentavam: ou os direitos sociais seriam apenas promessas, não podendo ser judicialmente exigíveis – o que poderia enfraquecê-los e levar o empreendimento constitucional ao descrédito; ou o Judiciário empreender-se-ia na busca da sua efetividade, deixando de ser um tribunal meramente negativo,[378] no sentido de banir as iniciativas estatais contra os padrões constitucionais, passando à função de decidir positivamente, num campo tradicionalmente reservado às iniciativas políticas.[379]

É óbvio que não é a menção de um direito em nível constitucional que resulta em política social avançada. Há países com políticas das mais generosas e desenvolvidas em termo de bem-estar (*Welfare*) que não possuem proteção constitucional dos direitos sociais.[380] Prática ao redor do mundo mostra não há apertada simbiose entre quão generosa é a Constituição sobre os direitos sociais e quão abarcante é a política empregada. Há casos contrários, inclusive.[381] Sempre vigorou o aspecto político de sua efetivação como mais importante.[382] No entanto, a sua menção no âmbito constitucional traz importante significado para a sua proteção.

Normalmente, a concretização de tais direitos se dá através de políticas públicas. Afirma Canotilho, quando da análise da Constituição da República portuguesa, que os Tribunais entendem que "as concretizações legislativas de direitos derivados a prestações indissociáveis da realização efectiva dos direitos sociais assentam, na prática, em critérios de

---

The constitucion, social rights, and liberal political justification. *Oxford University Press and New York School of Law*. 2003, v. 1, p. 13-34 (Neste artigo o autor apresenta três objeções possíveis à constitucionalização dos direitos sociais). No âmbito político brasileiro, basta acompanhar a tramitação da PEC n. 21/01, no Congresso Nacional, convertida na EC n. 64/2010, que incluiu o direito à alimentação como direito social.

[378] O Judiciário tem a função de "legislar negativamente, no sentido de eliminar do ordenamento jurídico a norma incompatível com a Constituição, mediante um juízo de exclusão, não podendo criar a norma jurídica geral diversa da instituída pelo Poder Legislativo". (In ÁVILA, Humberto. Conteúdo, limites e intensidade dos controles de razoabilidade, de proporcionalidade e de excessividade das leis. *Revista de Direito Administrativo n. 236*. Renovar: Rio de Janeiro, 2004, p. 379. O autor, nesse artigo, apresenta elementos que permitem verificar que a tese do legislador negativo não pode ser utilizada de modo incondicional. Há fragilidades no uso desordenado dessa tese.

[379] Embora já consagrados positivamente, recente abordagem trouxe à tona estudo aprofundado dos direitos sociais no sentido de que, atribuir-lhes a mesma ideia de direito subjetivo é uma contradição em termos. (In ATRIA, Fernando. ¿Existen derechos sociales?, op. cit.

[380] Como é sabido, não há Constituição escrita no Reino Unido e tampouco a Constituição (escrita) americana destina proteção expressa aos direitos sob comento. Daí não se dessume que não há proteção a esses direitos.

[381] SADURSKI, Wojciech. *Rights Before Courts*. Kluwer Academic Publishers Group, 2007, p. 173.

[382] Os programas sociais no Brasil são analisados sob óticas distintas e nunca há um consenso sobre os elementos norteadores das diretrizes governamentais para as suas políticas sociais. O caráter político é predominante, mas não deixa de haver um marketing governamental em cada ação protetiva de direito fundamental. Todos os programas sociais são previstos em lei e atendem a fins constitucionais. Não podem ser determinados pelo Judiciário: MOURA, Paulo Gabriel Martins. *Rev. Katálisys*. Florianópolis, v. 10, n. 1, p. 122. Jan/jun 2007.

oportunidade técnico-financeira e política".[383] E não é outra a conclusão que se retira da Constituição brasileira,[384] porque raramente da sua proteção individuada dimana mudança social.[385]

O tema dos direitos sociais e a complexa atuação judicial na sua proteção envolvem dois aspectos que serão analisados: a) a indefinição do seu conteúdo e b) o dispêndio de recursos públicos na sua proteção.

4.1.6. Indefinição do seu conteúdo

Inegável afirmar a importância dos direitos sociais. Igualmente clara a necessidade de sua proteção em grau suficiente a evitar restrição que, de forma gradual, poderia comprometer até mesmo os propósitos da vida. Mas afirmar sua importância e sua essencialidade não diz com sua conceituação.[386] Trata-se de tema que, na realidade, está no centro da atividade política e varia de acordo com o padrão construído por cada Estado do que pode ser concedido, levando-se em consideração diversas variáveis sociais e econômicas e não apenas considerações jurídicas.

Definir o que é o direito à saúde, à educação, à moradia, ao salário, dentre outros, não é tema de fácil conclusão, porque eventual definição implicaria fazer decisões de elevada complexidade política e orçamentária. Como afirma Claudio Michelon, diferentes concepções dos direitos sociais podem justificar formas distintas de tomar decisões políticas sobre o emprego de escassos recursos.[387] As dúvidas envolvem (i) a possibilidade ou não de se retirar das normas jurídicas uma definição abarcante do seu sentido (definição legislativa), (ii) a análise se o seu conteúdo só seria definido caso a caso, com demarcação flexível (definição judicial), ou, ainda, (iii) a verificação se ditos direitos só seriam definidos através do alcance das políticas públicas, o que implica certa maleabilidade na sua extensão (definição executiva – política). Em suma, as incertezas residem

---

[383] CANOTILHO, J. J. Gomes. *Direito constitucional e teoria da constituição*. 3ª ed. Coimbra: Almedina, p. 484.

[384] BARROSO, Luis Roberto. *Da falta de efetividade à judicialização excessiva*: direito à saúde, fornecimento gratuito de medicamentos e parâmetros para a atuação judicial. Disponível em <http://www.lrbarroso.com.br/pt/noticias/medicamentos.pdf>.

[385] Nos EUA, por exemplo, as decisões judiciais em torno da segregação racial não foram decisivas para o fim da discriminação racial. Apenas com a implantação de políticas públicas percebeu-se o abrandamento dessa separação. No Brasil, o caso das decisões judiciais para a doação gratuita dos remédios para o HIV foi uma atuação isolada que deu certo, em meio a tantas outras ainda em discussão.

[386] Abaixo será feita distinção entre *conceito* e *concepção*, essencial para o deslinde de dúvidas em torno dos direitos sociais.

[387] MICHELON, Claudio. Introducción: derechos sociales y la dignidad de la igualdad. Edición digital a partir de *Discusiones*: Derechos Sociales, n. 4, 2004, p. 7.

AUTORIDADE DA LEI ORÇAMENTÁRIA

na competência para decidir o seu conteúdo e na exigibilidade de satisfação do conteúdo definido.

Uma vez inquirido o conceito de qualquer direito social, ter-se-iam distintas acepções, em nenhum caso podendo-se dizer certas ou erradas. A saúde, na visão do médico, é diferente da visão do paciente, do dentista, do físico, do sociólogo, etc. A visão de um juiz com índole liberal é diferente da visão de um socialista. Tais discordâncias conceituais, presentes entre pessoas razoáveis e de boa-fé, parecem indicar que não há "canônico" sentido em qualquer direito particular. Não deixa de ter um cunho valorativo também. O modo distinto de conceituá-los não passa de um pequeno caminho para referir-se a um pacote de valores. Como as pessoas discordam sobre o próprio conteúdo desses valores, também discordarão sobre o correto sentido de algum particular direito, muito embora possam concordar sobre o valor do direito estabelecido em abstrato, e necessariamente vago, na forma constitucional.

O conflito está em saber quem está dotado da atribuição de definir o seu conceito, sempre lembrando que não basta definir, deve-se garantir o que foi definido. É difícil encontrar harmonia. Na saúde, novamente o exemplo devido a abundância de celeumas, ainda que houvesse consenso da maioria sobre os tipos de tratamento essenciais e que jamais poderiam ser negligenciados, ainda assim encontrar-se-ia um caso especial em que o *direito* foi violado. A concepção é sempre de que a Constituição protege os direitos irrestritamente.

Esse entendimento divide os seres humanos, pois a vida é o bem que mais se tutela e, como o Estado é o detentor de recursos, deve o Judiciário, em caso de negativa, forçá-lo à proteção. As medidas chegam a tal grau, que não raro vê-se Juiz determinando a prisão de servidor público ou quem esteja à frente de algum serviço público, quando não atende a sua decisão, sem que adentre nas razões fáticas justificadoras do seu descumprimento.[388]

Não se lança culpa a qualquer dos envolvidos no processo. Tanto o cidadão que procura o Judiciário, porque o hospital não lhe atendeu, quanto o diretor do hospital que disse "não" ao necessitado, como o juiz que diz "sim" ao tratamento caro, e o Executivo que demonstra a dificuldade financeira, todos agem com sinceridade, mostrando as razões que os levaram à decisão. E num ponto deveriam ser concordes: há ingenui-

---

[388] No RS, a 6ª Vara da Justiça Federal condenou à prisão procurador da União acusado de não atender decisão que determinava o fornecimento de remédio a um menor (HC n. 2009.04.00.011894-4). No mesmo sentido, juiz mandou prender médica por não ter conseguido vaga em rede pública de hospital (Médica é presa por não internar paciente – Jornal O Globo. 27.07.2009. In http://oglobo.globo.com/rio/mat/2009/07/29/medica-presa-por-nao-internar-paciente-757019873.asp).

dade em afirmar que os direitos devem ser protegidos sem qualquer restrição. Doutrina e jurisprudência são pacíficas nesse sentido.[389]

Todo direito pode ser restringido por motivo interno (razões jurídicas) ou externo (razões outras que não jurídicas), o que torna incabível negar-se restrições.[390] No âmbito interno, a análise da restrição decorre da decomposição das normas jurídicas que delimitam as restrições legais, ou no caso de ponderação com outros direitos em cena. No âmbito da restrição externa, o elemento custo tem assumido importância, restando saber se o mesmo deve ser desconsiderado pelo Judiciário ou se deve ser dado ao Estado a oportunidade de demonstrar as questões orçamentárias em seu torno.

Não se fala aqui apenas de análise da existência ou não de recursos, posto que, se assim o fosse, a existência do direito estaria subordinada a um simples fato empírico, o de o Estado dispor ou não de fundos para atender o direito. A questão seria de prova: sendo o custo da satisfação do direito o valor x, dever-se-ia saber se o Estado tem ou não o valor x para cobrir o serviço. O direito estaria numa disputa contábil de crédito e débito. Tem fundo, há direito; não tem, não o há.[391]

A análise da norma orçamentária vai além, pois ela não dispõe sobre a atenção a um caso concreto, mas sobre as políticas públicas que devem ser desempenhadas num intervalo temporal, de modo que, eventual alteração redundaria num emaranhado de consequências além da análise judicial.

Daí por que não se pode afirmar que os direitos sociais são judiciáveis no mesmo patamar dos demais direitos implica atribuir-lhes grau de exigibilidade impossível de ser atingida equanimemente. Imagine-se a judicialidade da educação, da saúde, do trabalho, da moradia, do lazer, da segurança, da previdência social, da proteção à maternidade e à infância e da assistência aos desamparados (rol dos direitos sociais contidos no art. 6º da CF). Como deveria se comportar o juiz diante de demandas envolvendo esses *direitos*?

---

[389] Robert Alexy; "O conceito de restrição de um direito nos parece familiar e não problemático. Que os direitos estão sujeitos a restrições e podem ser delimitados ou limitados parece ser um conhecimento evidente e até trivial que na Lei Fundamental se manifesta com toda claridade...". In ALEXY, Robert. Teoría..., op. cit., p. 267 e ss. MS 23.452, Rel. Min. Celso de Mello, Julgamento em 16.09.99, DJ de 12.05.00

[390] Sobre os limites de restrição dos direitos fundamentais, ver ADAMY, Pedro Guilherme Augustin. *A Renúncia a Direito Fundamental no Direito Tributário Brasileiro*. Dissertação apresentada ao Programa de Pós-graduação em Direito na UFRGS. Porto Alegre, 2008.

[391] Essa é a concepção de Flávio Galdino, no sentido de que só há falar-se em direito subjetivo se houver possibilidade real de efetivá-lo. Do contrário, não há direito (GALDINO, Flavio. *Introdução à Teoria dos Custos dos Direitos – Direitos Não Nascem em Árvores*. Lumen Juris: Rio de Janeiro, 2005, p. 343).

Há quem aponte a solução, no caso, diante do direito a um salário mínimo suficiente às despesas vitais, pouco importando o que daí sucede:[392]

> Assim, cabe ao juiz da causa, no desempenho de efetivo controle incidental da constitucionalidade da omissão do poder público, reconhecendo e declarando a inconstitucionalidade *in concreto* da lei que fixou um salário mínimo insuficiente, condenar o empregador a pagar a diferença, com base no novo valor que será judicialmente estabelecido. Nem se alegue que o juiz estaria impossibilitado de definir o valor de um salário mínimo suficiente e que atenda aos fins constitucionais.

Para quem prega ativismo desse grau, até soluções a prováveis danos econômicos já foram aventadas: o juiz também determinaria o aumento de alíquotas dos tributos para fazer face ao aumento em cascata das despesas públicas por conta do acréscimo salarial.[393] Nessa linha, o juiz decidiria o que é *correta educação, satisfatória prestação do serviço de saúde, adequado tempo do aviso prévio,*[394] dentre outros. Ao final, ao Judiciário competiria dar a última palavra sobre efetividade de direitos sociais.

Com o devido respeito, é simplista esse modo de pensar, de que o direito tudo pode fazer, o que acaba por inviabilizar um debate realista do seu papel. O direito não é a solução para todos os males, nem os juízes os únicos que, ao final e ao cabo, imporão uma correta justiça distributiva. O direito não tem como atender todas as pretensões judiciais de efetivação plena dos chamados direitos sociais e é imaturo pensar que tudo em decisões judiciais envolvendo direitos sociais será de pronto atendido. Afirma Rafael Bicca Machado:[395]

> Falta dinheiro para pagamento de funcionários públicos? Vêm as liminares ordenando o pagamento imediato dos servidores. Faltam vagas para todos os alunos nas escolas públicas? Surgem as sentenças ordenando a abertura de vagas. Os juros dos empréstimos estão demasiadamente altos? Simples – dizem alguns – basta limitá-los a um patamar "adequado".
>
> Só que, ao contrário do que os iludidos sonham e os desinformados tentam crer, o Direito não cria o dinheiro para pagar os servidores. Não levanta as paredes da escola nem monta as carteiras escolares. E, ao contrário de reduzir as taxas de juros, acaba ao fim somente por aumentá-las.

Daí volta-se à concepção dogmática de que a forma de satisfação dos direitos sociais (art. 6º da CF), dá-se "na conformidade da Constituição". E nela não se encontra espaço para medidas desse grau. Ao contrário, a Constituição, como de se esperar, não trata dos direitos sociais de forma

---

[392] CUNHA JÚNIOR, op. cit, p. 304.

[393] Idem, p. 306.

[394] Ibidem, p. 307

[395] MACHADO, Rafael Bicca. Direito e economia. Luciano Benetti Timm (org.). "Cada um em seu lugar. Cada um com sua função": apontamentos sobre o atual papel do Poder Judiciário brasileiro, em homenagem ao ministro Nelson Jobim. *Direito e economia*. São Paulo: IOB Thompson, 2005, p. 42-43.

detalhada, a ponto de se extrair única concepção do seu conteúdo. Antes, trata-os abstratamente, sempre direcionando a sua execução às políticas públicas. Naquilo que especificou, permitiu a sua proteção judicial. No que não, entregou o seu preenchimento às políticas públicas.

Desse modo, pode-se afirmar que os fatores impeditivos da proteção judicial de tais direitos não são empíricos apenas, no sentido que a sua proteção varia na medida dos recursos financeiros disponíveis. Sem dúvida, a insuficiência de recursos para atender todas as demandas não passa ao largo de qualquer discussão. Mas, antes, há a barreira conceitual, que opera como contraponto entre a repartição igualitária de recursos, bens e serviços, e a atribuição de um direito subjetivo individual em detrimento de igual direito dos demais cidadãos.

Em Fernando Atria, encontra-se plausível resolução para o impasse. Reproduzindo as consequências decorrentes da ausência de definição legal dos direitos sociais, o autor afirma que as normas constitucionais sobre os direitos sociais não poderiam ser consideradas normas no sentido da palavra, uma vez que expressam conceitos e não concepções. Conceito é uma formulação muito abstrata do conteúdo de uma ideia. Como é abstrato, é politicamente incontrovertido. Pessoas com diferentes concepções de justiça não precisam ficar discutindo o seu conceito. Podem reservar seus argumentos para o momento em que for especificar o seu conteúdo na aplicação. Essa posterior especificação constitui a concepção.[396]

Isso não quer dizer que conceitos são vazios. Ao contrário, formam o pilar dos direitos. Como exemplos, igualdade, liberdade e justiça são conceitos que ajudam a discussão em torno do direito. Conflitos envolvendo esses conceitos não podem ser resolvidos com a aplicação das normas que protegem a igualdade, a liberdade e a justiça, pois são normas comuns, e, aplicadas parcialmente, não se resolve dúvidas em seu torno. Cada um tem a sua concepção.

Diante de um conflito envolvendo a justiça, pode-se dizer que há um patamar comum sobre o seu conceito, mas um patamar inútil para dirimir o conflito. Conceitos abstratos, com zona comum de aceitação, mas sem definição precisa, não podem servir de elemento diferenciador para decidir o conflito. Caso se resolva o conflito, não se trata de norma comum. Deixa de ser conceito e passa a ser concepção.[397]

Continua o autor:

(...) se os direitos constitucionais expressam *conceitos*, então eles são efetivamente "normas comuns", porém são normas cuja aplicação não ajuda na solução do conflito. Para

---

[396] ATRIA, op. cit., p. 331.

[397] Ibidem, p. 332.

resolver os conflitos os conceitos que aparecem no art. 19 da Constituição (chilena) devem ser complementados por uma concepção desses direitos. Mas essa concepção não está na Constituição, porque a Constituição é (ou deve ser) neutra em relação às diversas concepções (precisamente porque é, ou deve ser, "nossa", comum). Portanto, se usamos a aplicação judicial da Constituição para dirimir o conflito político, então estamos exigindo ao juiz que complemente o conteúdo do art. 19 *com sua própria concepção* dos direitos fundamentais. Porém então o juiz deixa de ser um terceiro imparcial, cuja neutralidade do conflito das partes era, recorde-se, a melhor garantia de que seu juízo seria correto. Agora, sim, nos importa se o juiz é socialista ou liberal, e com isto violamos a segunda condição estabelecida ao princípio: não tem maneira "jurídica" de decidir esses conflitos que não seja uma reprodução do conflito político. O juiz pode seguir chamando-se juiz, porém agora é um aliado de uma das partes (liberal, conservador ou socialista, etc.) disfarçado de juiz.[398]

Na defesa dos direitos, a solução torna-se política, e não jurídica. O juiz só consegue resolver conflitos envolvendo esses direitos caso adira à alguma concepção política de resolvê-lo. A liberdade para escolher o sistema de saúde que entende adequado habilita-o (nesse raciocínio) a diversos outros atos, como eleger a alíquota do imposto que mais atende a justiça distributiva,[399] o regime adequado de pena para reduzir a delinquência, o que considera crime,[400] etc. Nesse sentido, a concepção judicial sobre saúde, educação, moradia, trabalho é a que justifica a concepção política do juiz. Arremata o autor: "Se o dever de um membro de um tribunal constitucional é complementar os conceitos constitucionais de igualdade e liberdade (etc.) com *suas próprias concepções*, então todos os conflitos políticos são solucionados pela Constituição assim complementada. Podemos prescindir do Parlamento e pedir aos membros do tribunal constitucional que tomem as decisões por nós".[401] (grifo original)

A ideia de um Judiciário que efetiva *suas* políticas públicas não é aceitável. Ele é parte da efetivação dos direitos e não remanejador de serviços públicos. Como os seus membros não se candidatam, não se elegem e não prestam contas a cada eleição, não têm também legitimidade para fazer ou alterar políticas públicas estabelecidas pelos detentores de mandato popular.[402] São os outros poderes que efetivam direitos diariamente,

---

[398] ATRIA, op. cit., p. 332.

[399] Usando exemplos do autor: ATRIA, op. cit., p. 332.

[400] STF: "Estupro. Configuração. Violência presumida. Idade da Vitima. Natureza. O estupro pressupõe o constrangimento de mulher à conjunção carnal, mediante violência ou grave ameaça – artigo 213 do Código Penal. A presunção desta última, por ser a vítima menor de 14 anos, é relativa. Confessada ou demonstrada a aquiescência da mulher e insurgindo da prova dos autos a aparência, física e mental, de tratar-se de pessoa com idade superior aos 14 anos, impõe-se a conclusão sobre a ausência de configuração do tipo penal. Alcance dos artigos 213 e 224, alínea a do Código Penal (JSTF 223/372-3)".

[401] ATRIA, op. cit., p. 335.

[402] MACHADO, Rafael Bicca. *Direito e economia*. Luciano Benetti Timm (org.). "Cada um em seu lugar. Cada um com sua função": apontamentos sobre o atual papel do Poder Judiciário brasileiro, em homenagem ao ministro Nelson Jobim. São Paulo: IOB Thompson, 2005, p. 43.

e na sua imensa maioria sem a atuação judicial. Ao Judiciário só chegam as ausências de *efetivação*. Ocorre que, quando noticiado dessa ausência, não pode ele efetivar a *sua* política, o que se dá ao definir materialmente o conteúdo dos direitos e ao exigir a sua conformação pelos demais poderes.

O correto sentido dos direitos deve ser objetivamente discernido por raciocínio humano, não aplicado a uma situação apenas, mas a todos os que se encontram nas mesmas situações. Em sentido amplo, pode-se pensar que a objetivação dos direitos é construída na prática política, havendo razão para controle judicial na medida em que haja desvio do seu conteúdo com o preconizado constitucionalmente. E a Constituição não define o conteúdo material dos direitos sociais, tampouco delega ao Judiciário a função definitória, embora possa dar-lhes infindáveis contribuições.

Afirmar que ao Judiciário cabe definir o conteúdo dos direitos e ao Executivo o dever de implementá-lo redundaria, no mínimo, em duas consequências: (i) se a implementação fosse compulsória, ter-se-ia o Judiciário definindo o alcance das políticas públicas, e (ii) se a definição fosse meramente indicativa, questionar-se-ia sua finalidade, uma vez que não exerce qualquer repercussão de obrigatoriedade aos agentes executores. Mas, nesse segundo papel, a decisão judicial pode servir de norte ao Executivo, embora nem sempre seja possível executar essa pretensão.

Não se defende o juiz como mera "boca da lei", concepção do século XIX, como se viu, em que não poderia haver qualquer ato criador, apenas executor. Toda interpretação é um ato de criação, além de que há situações em que o próprio legislador deixou ao Judiciário o dever de completar as valorações legislativas (conceitos indeterminados e cláusulas gerais), como no caso de fixar a "justa indenização" na desapropriação, a "boa-fé" nos contratos privados e a determinação do *quantum* da pensão alimentícia (necessidade/possibilidade).

Ocorre que, nesses casos, diferentemente dos direitos sociais, há previsão legislativa de atuação judicial porque, se o legislador que promulgou as cláusulas gerais tivesse desejado estabelecer concepções particulares, teria se valido do tipo de linguagem que era convencionalmente usado para isso.[403]

Mas seria o preenchimento do alcance dos direitos sociais diferente do preenchimento dos conceitos indeterminados? Sobre o tema, afirma Dirley da Cunha Júnior:[404]

---

[403] DWORKIN, Ronald. *Taking rights seriously*. Cambridge: Harvard University Press. 1978, p. 136.

[404] CUNHA JÚNIOR, op. cit., p. 296-7.

Os que objetam a existência desses direitos originários a prestações (direitos sociais) na condição de direitos subjetivos, e, consequentemente, negam a aplicabilidade imediata dos direitos sociais, normalmente invocam, inicialmente, o argumento de que os dispositivos que os prevêem são abertos, indeterminados e imprecisos, surgindo daí a necessidade, segundo sustentam, de integração legislativa.

Indiscutivelmente, esse argumento não pode prosperar. Com efeito, a existência de expressões ou conceitos vagos ou indeterminados não é, e nunca foi, obstáculo à aplicação imediata das normas jurídicas, notadamente das normas jurídico-constitucionais definidoras de direitos fundamentais, que gozam, por determinação da própria Constituição (art. 5º, §1º), de plena eficácia e aplicabilidade direta e imediata. Esse argumento é ainda mais frágil, quando, ademais, temos consciência de que, no sistema jurídico brasileiro, constitui missão indeclinável dos juízes e tribunais – para o fim de assegurar o exercício do direito, dele afastando qualquer tipo de lesão ou ameaça (CF, art. 5º, XXXV) – a determinação, *in concreto*, do conteúdo e alcance dos preceitos normativos, exatificando os conceitos abertos e integrando as lacunas ou omissões porventura existentes, para tanto valendo-se da analogia, dos costumes e dos princípios gerais do direito (LICC, art. 4º e CPP, art. 126), além de uma atividade de interpretação criativa e concretizadora.

Acrescentamos, ainda, que por mais vago que seja o conceito ou a expressão utilizada na definição dos direitos sociais, sempre haverá um núcleo essencial incontestável. É, portanto, puramente ideológico, e não científico, o entendimento que faz depender de lei o exercício dos direitos sociais definidos em termos fluidos ou vagos. Muito pelo contrário, partimos da premissa de que como os direitos sociais são frequentemente definidos em termos muito vagos e fluidos, mostra-se inevitável o alto grau de ativismo e criatividade do juiz chamado a interpretá-los.

Em que pese essa posição, não se pode confundir os conceitos jurídicos indeterminados, abertos ou vagos, em que houve opção legislativa por esse caminho, com os direitos sociais, e por duas razões: (i) permissão legal do preenchimento de conceitos e (ii) reflexos políticos da definição.

Quanto à permissão legal de preenchimento de conceitos, já foi dito que os juízes atuais possuem maior liberdade de análise se comparados com os juízes da interpretação clássica do direito (juiz como "boca da lei"). Hoje se fala na existência de formas legais, adrede imprecisas e indeterminadas, que dão azo a essa (re)construção judicial, tendo em vista a impossibilidade do legislador prever a melhor alternativa na resolução do caso concreto. Trata-se de permissivo legal, de espaço deixado deliberadamente pelo legislador, em que a margem de atuação judicial se dá por expressa decisão legal.

Assim é que, ao decidir, termos como "justo" e "boa-fé" são definidos caso a caso, quando o juiz sopesa os elementos trazidos ao processo, com o fito de encontrar a solução que o Legislativo não poderia predicar na feitura da lei. São casos de permissão legislativa. Trata-se de técnica "que abre ao jurista um leque maior de soluções possíveis, incumbindo-lhe escolher a mais justa".[405] Permite uma acomodação da norma com as exigências sociais, porque pode haver adequação normativa com a interpretação mais consentânea com o caso concreto.

É bom repetir que a cláusula geral ou o conceito jurídico indeterminado[406] foi expressamente inserido pelo legislador, de modo que este abriu mão do direito de decidir genericamente, entregando-o ao Judiciário. A técnica é fruto da mudança social que exige maior mobilidade do direito, pois nem tudo pode ser precisado e enunciado abstratamente. Afirma João Hora Neto:[407]

> Inserida numa sociedade em diuturna mutação, cada dia mais massificada, plural, despersonalizada, produtora voraz de contratos em massa, inclusive de contratos eletrônicos (via internet), da biogenética, da clonagem, entre outros fenômenos da sociedade pós-moderna, a cláusula geral tem sido um instrumental hermenêutico poderoso, indispensável e imprescindível, à disposição do magistrado, na proteção do contratante vulnerável (aderente) e, por via reflexa, na consecução do ideal de Justiça Social.

Mas cláusula geral tem conotação distinta da vagueza dos direitos sociais. A uma, porque cláusula geral é uma técnica expressa do legislador que confere ao magistrado maior liberdade para solucionar casos específicos, o que não ocorre com os direitos sociais, para o que o legislador não deu essa "permissão". Ao contrário, a Constituição confere expressamente às políticas públicas o papel de desempenhar a efetivação dos aludidos direitos. A duas, porque a cláusula geral também não se confunde com os princípios jurídicos, a que comumente fazem-se referência com os direitos sociais. Ambos contêm valores e encerram noções imprecisas, mas apartam-se pela inexistência de aparentes antinomias que são presentes nos princípios. É que, a depender da casuística, um princípio prevalece em relação ao outro por causa de seu maior suporte constitucional. Já nas cláusulas gerais há uma definição ou escolha *a priori* do legislador sobre o tipo de solução mais adequada. Por fim, não há confundir-se porque enquanto a cláusula geral é tema afeto às questões de justiça e razoabilidade, no caso dos direitos sociais, a atuação judicial inevitavelmente resvala na realização de políticas, com clara usurpação judicial das atribuições dos órgãos eleitos para esse fim.

---

[405] SANTOS, Eduardo Sens. O novo Código Civil e as cláusulas gerais: exame da função social do contrato. In *Revista de Direito Privado*. n. 10, p. 10. É fruto da concepção de que o sistema jurídico não deve ser um sistema fechado, como já se cogitou, mas "um sistema aberto, com normas e expressões multissignificativas e de vagueza semântica", p. 15.

[406] Para a doutrina, *cláusula geral* difere de *conceito jurídico indeterminado*. Este "pode ser precisado com base em regras de experiência, ou, por exemplo, a partir de um parecer técnico, ao passo que as cláusulas gerais não permitem uma precisão abstrata". Na cláusula geral o juiz concorre ativamente para a formulação da norma, sua operação intelectiva é mais complexa. Exemplo de cláusula geral: boa-fé e função social, ambas pertencente ao sistema de direito privado. In SANTOS, p. 17.

[407] HORA NETO, João. O princípio da função social do contrato no Código Civil de 2002. In *Revista de Direito Privado* n. 14, p. 42.

No que respeita aos reflexos políticos da definição, apenas por força do argumento, ainda que fosse possível ao julgador trazer a sua concepção sobre os direitos sociais, outro óbice afastaria a pretensão de igualar a resolução do problema: as consequências políticas de sua decisão (que são especialmente diretas se comparadas com as demais). É que habita gritante diferença entre uma decisão particular, em que o próprio legislador delegou ao Judiciário a função de definir o alcance da expressão no caso concreto, para uma decisão que, embora particular, tenha ampla repercussão de cunho político.

Ao definir o que entende por saúde, educação, ou outro direito social, o Judiciário acaba impondo a execução de política não discutida publicamente nos seus aspectos de viabilidade, graus de alcance e reflexos orçamentários. Mesmo que o litígio envolva apenas "A" e "B", o seu efeito multiplicador, de um lado, ou os ideais de justiça e de igualdade, de outro, forçarão a execução de medidas de amplo alcance que sequer foram analisadas pelos órgãos originariamente executores. Como não há limite concreto à imaginação, tampouco se sabe o reflexo da medida judicial, é juridicamente prudente não atribuir-lhe mais uma função.

Não há culpar o Legislativo pela falta de definição constitucional do alcance desses direitos. Não é praxe legal conceituar. A lei, ela mesma, não conceitua os institutos, porque a norma não precisa explicar-se.[408] A divergência seria maior se a Constituição apregoasse determinado nível de proteção que a circunstância fática não permitisse.[409] A fórmula sabidamente posta na Constituição mostra exatamente a sua fraqueza e a sua força. Fraqueza por permitir constante atrito institucional. Força porque no vai-e-vem de atribuições, há um nítido evoluir da proteção dos direitos fundamentais.

O fato de atribuir-se aos órgãos eleitos a última palavra em matéria de efetivação dos direitos, não anula a construção judicial protetiva. Há necessidade de se construir um diálogo interinstitucional, o qual deve objetivar uma arrazoada deliberação sobre a mais plausível articulação de institutos constitucionais vagos. A finalidade de não se atribuir ao Judiciário essa função isoladamente é o risco de sua proteção judicial tornar-se maior do que possa ser politicamente dispensada.

---

[408] Afirma Lourival Vilanova que o campo da normatividade é o deôntico e não tem as normas compromisso com a "verdade" das coisas como nós a entendemos frequentemente. VILANOVA, Lourival. *As estruturas lógicas e o sistema do direito positivo*. São Paulo: RT, 1977, p. 30-31

[409] O que a CF prometeu ela deve cumprir. Por exemplo, na educação afirmou que o ensino fundamental é obrigatório e *é direito subjetivo*. Por que realçou apenas essa parte do ensino como direito subjetivo? Porque sabia, de antemão, que no evolver dos fatores econômicos, ao menos esse acesso, independente de quaisquer circunstancias, deveria ser garantido. O mesmo não se diz dos demais direitos sociais.

Deixar ao Judiciário ou ao Legislativo e Executivo a última palavra não significa que um ou outro seja privado de efetivar os direitos constitucionais. A visão judicial, por mais abarcante, não anula a dos entes eleitos, tampouco o posicionamento político deverá se distanciar dos valores constitucionalmente previstos e judicialmente protegidos. Eventual definição judicial, se ampla e aparentemente inalcançável, não será descartada simplesmente pela sua distância da realidade socioeconômica do país. Ao contrário, poderá servir de norte indicador dos fins políticos a serem alcançados. Mas não se pode confundir sonho com realidade, praticidade com romantismo.

Por fim, é bom lembrar que a construção do direito acima mencionada não significa liberdade do legislador ao arrepio do próprio direito. Quando há a possibilidade de determinado texto ser construído de um modo A ou B, o que determina qual interpretação é suportada pelo direito é o dever de não haver controvérsia entre a norma interpretada e as demais normas estabelecidas. Desse modo, deve-se escolher a norma que não resulte em inconsistência ao sistema jurídico,[410] ou seja, se a construção do direito social for a que vai de encontro ao estabelecimento de políticas públicas, às previsões orçamentárias, à igual proteção de direitos, dentre outras normas, deve-se optar por aquela construção normativa que seja coerente, não apenas com a visão pessoal do julgador, mas com a do direito como um todo.

4.1.7. Dispêndio de recursos públicos na sua proteção

Já se falou que os direitos sociais são os que demandam recursos para a sua proteção em intensidade maior que outros direitos. Essa ideia está atrelada à clássica divisão dos direitos constitucionais em negativos e positivos,[411] sendo os primeiros os que protegem os indivíduos da interferência do Estado ou de cidadãos (sem custos ao Estado), e os segundos, os que impõem uma obrigação ao Estado, um dever de agir (com elevados custos).

Auxiliado pelo entendimento levantado por Cass Sustein e Stephen Holmes,[412] no sentido de que todos os direitos implicam custos para o Estado, independente de sua classificação, percebeu-se que os custos, em

---

[410] MACCORMICK, Neil. *Rethoric and the rule of law*. A theory of legal reasoning.. Oxford University Press. 2005, p. 196.

[411] Essa distinção já foi mencionada acima como falaciosa do ponto de vista orçamentário, porque todos os direitos envolvem custos.

[412] HOLMES, Stephen *et* SUSTEIN, Cass. *The cost of rights – why liberty depends on taxes*. New York: W. W. Norton and Company, 1999.

qualquer caso, não podem ser ignorados. Não que o Judiciário prive-se de decidir quando haja repercussão financeira na sua decisão, mas tão somente que sejam admitidos argumentos orçamentários na sua análise. Desse modo, esses argumentos deixarão o universo da falácia[413] e passarão a ser condição para a eficácia dos direitos.

A ideia de não se afastar da análise dos custos na efetivação dos direitos é evitar a inefetividade das decisões judiciais ou a chamada *ilusão constitucional*,[414] fruto do descompasso entre a Constituição e a realidade:[415]

> Antes de se afirmar que uma pessoa determinada possui um direito fundamental determinado, há que se analisar os custos desse direito e, somente diante da confirmação de que há possibilidades reais de atendimento ao ainda então invocado direito, reconhecer-se tal postulação como direito fundamental.

Integrar os custos ao conceito de direito fundamental oferece a vantagem de evitarem-se soluções fictícias e insatisfatórias.[416] Impede-se, desse modo, a ruptura do sistema, quando alguém tem o direito em abstrato, mas não o tem em concreto, por força das limitações orçamentárias.

Flávio Galdino, fazendo referência aos direitos fundamentais, assevera que só se pode reconhecer "um alegado direito subjetivo como sendo um direito subjetivo fundamental quando, dentre outras condições, houver possibilidade real de torná-lo efetivo, ou seja, quando a análise dos respectivos custos e benefícios autorizar o reconhecimento do direito em questão".[417]

Embora o custo seja realidade na efetivação de todos os direitos, nos direitos sociais é mais presente: qualquer passo judicial para além dos lindes postos nas políticas públicas definidoras da sua proteção resulta em elevada soma de recursos quando se dimensiona todos os que se encontram na mesma situação de necessidade. Essa a peculiaridade que não pode passar ao largo da atuação judicial.

---

[413] O autor fala dos argumentos orçamentários como "falácia do limite fático da reserva do possível" CUNHA JÚNIOR, op. cit, p.308.

[414] Expressão utilizada por Marx na Nova Gazeta Renana. *Apud* CUNHA JÚNIOR, op. cit, p.37 (nota de rodapé n. 37). Daniel Sarmento afirma que "Assegurar a todos uma dada prestação apenas "no papel", sem que haja meios materiais para sua realização é frustrar o comando constitucional ainda mais do que negar a efetividade atual do comando prescritivo da prestação". In GUSTAVO, Amaral. A interpretação dos direitos fundamentais e o conflito entre poderes. *Teoria dos direitos fundamentais.* Ricardo Lobo Torres (org.). Rio de Janeiro: Renovar, 2001, p. 112.

[415] GALDINO, op. cit., p. 342.

[416] Idem, p. 342.

[417] Ibidem, p. 343.

5. Da não justicialidade das alocações orçamentárias

É comum ouvir que o tema da alocação de recursos não é matéria judicial. Trata-se de tema eminentemente político, pois envolve matéria de alta tecnicidade, que leva em consideração as prioridades constitucionais, o custo de efetivação dos direitos ou da prestação de serviços, a escassez de recursos, a escolha da melhor política pública para atender aos interesses da nação, e outras variáveis mais complexas. Por isso o Judiciário não está habilitado para rever a *correção* de determinada alocação.

Essa conhecida concepção não tardaria para ser repensada, porque cedo ou tarde a questão das despesas passaria a ser acompanhada mais de perto pelo cidadão, que exige maior controle. Se no passado as questões orçamentárias eram questionadas apenas no âmbito da receita, não demoraria de ser levado ao Judiciário questionamento também atinente às despesas. Como vaticinou Gilberto Tristão,[418]

> No campo orçamentário, o Judiciário tem sido demandado na área da Receita, sobretudo quando se cria novo tributo ou é ampliado o nível de exigência dos existentes. Entretanto, com o fortalecimento da democracia e o aprimoramento do grau de politização da sociedade, questões surgirão também na área da Despesa. E elas abrangerão desde questionamentos na esfera da legalidade e da malversação de recursos públicos, até sobre a legitimidade de certos projetos ou de certas despesas.

Esse controle passou a ser presente na mudança de postura judicial, por exemplo, no controle dos atos administrativos discricionários, na análise da razoabilidade da despesa considerada supérflua e na mudança da legislação que criou leis rígidas de controle dos gastos públicos, a exemplo da Lei de Responsabilidade Fiscal.[419]

Uma das razões que atraiu o Judiciário à análise de questões orçamentárias se deu pela impossibilidade de cumprimento de suas decisões por questões dessa natureza. Nesse sentido, o Judiciário passou a ser

---

[418] TRISTÃO, op. cit., p. 130.

[419] Além da LRF, aprovou-se também a lei que trata dos crimes contra a ordem financeira (Lei n. 10.028/00).

acionado por supostas violações de direitos, principalmente os direitos sociais, em que se exija a tomada de postura frente à negação de determinados pedidos, ocorrendo que a sua proteção fatalmente resvalaria nos custos públicos. Aí a celeuma: estaria o Judiciário impedido de decidir quando a sua decisão envolvesse pesados custos ao Poder Público, com necessidade de alteração no orçamento público? A resposta envolve dificuldades que precisam ser esmiuçadas.

De início, afirma-se que o âmbito de atuação judicial que dimane reflexos orçamentários depende do tipo de alteração orçamentária que poderá desencadear. À guisa de exemplo, não há invasão de competência no ato judicial que altera o orçamento em virtude de controle de norma substancial (declaração de inconstitucionalidade de tributo ou obrigação de cumprir índice constitucional de despesa). No entanto, quando há necessidade de alteração do orçamento para satisfazer decisão protetiva de supostos direitos, há provável extrapolação da função judicial, porque a atuação judicial não é a prevista na Constituição.

No primeiro caso, há parâmetros na Constituição que determinam a cobrança do tributo ou a elaboração da despesa dentro de determinados moldes. Mas no segundo, porque envolve a proteção de direitos sociais, a Constituição não deixou à discrição judicial esse dever. É clara quando remete às políticas públicas a sua satisfação. Logo, essa realocação é dita *não justiciável*, não poderia ocorrer por conta de decisão judicial.

Quando se fala que o orçamento é não justiciável, num primeiro momento, significa dizer que a lei orçamentária, se constitucional, não pode ser alterada para atender decisão judicial. Efeito inverso: não pode ser cumprida determinada decisão se, para esse fim, tiver de se alterar o orçamento. Fala-se das decisões judiciais que não podem ser cumpridas por conta da legalidade orçamentária. Eventual necessidade de alteração do orçamento, num primeiro momento, poderá ocorrer dentro das hipóteses permitidas em lei. Mas há situações que carecem de permissão legal ou que as opções legais existentes já foram utilizadas ou, ainda, mesmo se fossem possíveis, não haveria recursos suficientes. Em todos eles há impossibilidade de cumprimento da decisão.

Se o Judiciário determina que certo tratamento médico deva ser realizado, porque não adequadamente oferecido pelo SUS,[420] que escolas devem ser construídas, embora não previstas no orçamento,[421] que a dívida

---

[420] No sítio <www.direitosfundamentais.net>, George Marmelstein cita diversas decisões nesse sentido, inclusive uma de sua lavra, em que determinou a internação de cidadão em hospital privado à custa do Estado, inclusive dando o direito ao hospital de abater a dívida gerada pela internação, dos tributos a serem pagos, caso o Estado não quitasse a dívida.

[421] Justiça manda governo goiano construir 953 salas de aula. Quinta-feira, 06 de dezembro de 2007. In. Consultor Jurídico. Disponível em <www.conjur.com.br>. Acesso em 10 de janeiro de 2009.

externa não deve ser paga, a despeito de lei determinando o pagamento dos serviços da dívida, inevitavelmente, apenas com alterações do orçamento é que tais decisões poderiam ser satisfeitas.

Logo, estando constitucionalmente adequado, o orçamento não poderá ser alterado (apenas) por decisão judicial, ainda que haja direito fundamental em debate. Relembre-se: a alteração do orçamento precisa se dar pelas vias legais e não do modo imposto judicialmente.

Por ora, não se retira da Constituição qualquer conclusão atinente à possibilidade de alteração orçamentária via efetivação de direitos fundamentais. O orçamento é lei e como tal deve ser cumprido nos moldes aprovados pelo Legislativo. Permitir a sua alteração por individuais decisões judiciais significa, dentre outras coisas, alterar a própria lei. E o Judiciário não altera lei.

Não se está aqui reduzindo as conquistas dos direitos sociais. Para todos eles, principalmente saúde e educação, não há como um orçamento abandoná-los. Por imposição constitucional ao menos 15% e 25% das receitas dos impostos e transferências constitucionais devem ser-lhes aplicados, respectivamente, pelos Estados, Municípios e Distrito Federal, como preceituam as normas legais. Aos demais direitos, há uma série de programas[422] contemplando-os, de modo a não serem abandonados. O que não pode é haver a proteção dos direitos do modo confabulado isoladamente pelo Judiciário, pois, inevitavelmente haverá impacto alocativo, o que é vedado.

5.1. IMPACTO FINANCEIRO E IMPACTO ALOCATIVO

Foi visto que a atuação judicial pode comprometer o orçamento, quer direta ou indiretamente, e que decisão que declara tributo inconstitucional ou que impõe uma obrigação de fazer ao Estado, suportada constitucionalmente, tem, no orçamento, direta intromissão. Ao conjunto de todas essas decisões judiciais que resvalam no orçamento denomina-se *decisão com reflexos orçamentários*.

Mas há se clarear cada categoria apontada acima, pois podem estar no campo das decisões configuradoras do orçamento ou no campo das decisões que repercutem na execução orçamentária, ambas pertencentes ao gênero decisões com reflexos orçamentários.

---

[422] Veja a nota n. 255 do capítulo anterior. Lá estão listados dezenas de programas que visam ao atendimento dos direitos sociais.

Decisões configuradoras do orçamento estão ligadas à alteração direta do orçamento com o fito de conformá-lo às normas previamente estatuídas para a sua elaboração, portanto, de observância obrigatória. Pode haver efeito financeiro, mas o mesmo se refere à adequação aos índices percentuais que o orçamento deve observar, aos critérios técnicos de repartição de receitas, dentre outros. Eventual alteração na ordem dos recursos posta inicialmente deve-se à desatenção executiva/legislativa de observância das normas constitucionais/legais. São as decisões voltadas à atuação do Judiciário no controle do orçamento, modificando-o por impor uma observância legal ou constitucional, seja de ordem formal (competência) ou material (percentual ou conteúdo).

Decisões que repercutem na execução orçamentária, por sua vez, referem-se àquelas que obrigam um ônus ao Estado ou que diminuem a sua receita, alterando a sua carga de previsibilidade. Podem afetar receitas ou despesas.

Decisões que afetam receitas são as voltadas ao controle judicial de constitucionalidade de tributos, como sua alíquota, base de cálculo, ou outras receitas do Estado, como as originárias. Nessa categoria estão todas as decisões que diminuem os ingressos públicos. É bom ressaltar que as decisões de inconstitucionalidade de tributos têm consequências amplas, (i) tanto diminuindo receita, quando os tributos deixam de ser cobrados ou são compensados, (ii) quanto aumentando despesas, na medida em que exigem a restituição do indébito tributário. É sempre bom lembrar que este aumento de despesa não altera o orçamento, visto que já há conta específica com dotações reservadas para o pagamento de despesas públicas advindas de decisões judiciais. Em caso de restituições vultosas, o orçamento pode ser programado para realizá-las de forma progressiva, na medida da disponibilidade de recursos.

Já as *decisões que afetam despesas* são as que alteram a previsibilidade de pagamento autorizado no orçamento, podendo alcançar tanto as *despesas previstas* como as *despesas não previstas.*

O primeiro refere-se àquelas situações que possuem previsão orçamentária para o seu cumprimento, como ocorre com as ações de indenização, as ações trabalhistas e os precatórios, por exemplo. Nestes casos, o direito já criou mecanismos que evitam novo impacto na alocação de recursos, uma vez que há no orçamento rubrica específica para tais despesas (Encargos Especiais). Há respaldo jurídico e econômico a suportar a decisão. Como já há conta específica, previamente delimitada no orçamento, daí não resulta alteração do seu valor com o volume de decisões judiciais,[423] até porque existe uma média estimada dos aludidos custos ocorridos no exercício anterior. Pode acontecer que os recursos previstos não sejam suficientes, mas, como se verá ao final, há diversos mecanismos para o deslinde do problema.

O segundo refere-se às despesas imprevistas, originadas de decisões judiciais protetivas de direitos. São chamadas de *decisões com impacto alocativo* e, na ótica aqui apresentada, são decisões não suportadas pelo direito, não justiciáveis. Quando o Judiciário determina obrigações ao Estado não constantes do plano orçamentário, há clara propensão no sentido de alterar específica alocação orçamentária. Agindo assim, o Judiciário molda os gastos públicos ao sabor da efetivação de direitos, com ingerência na execução da despesa que ocorreria sem autorização legislativa, o que, em acontecendo, implica responsabilidade.

Os efeitos dessas decisões imporiam consequência direta na alocação de recursos, de tamanha significância, de modo que o orçamento precisaria ser alterado para atendê-las. Diz-se que há impacto porque a distribuição dos recursos prevista na lei deverá ser revista por conta do efeito colateral de um julgamento. A vedação dessa revisão orçamentária pauta-se no emaranhado de leis, constitucionais e infraconstitucionais, que regem o orçamento.

Como há casos fáceis e difíceis – e até certo ponto o grau de facilidade ou dificuldade é trazido pela inteligibilidade das partes ao apresentarem variáveis ainda impensadas – o Judiciário se comporta, na maioria deles, como se fossem de fácil resolução, tendendo sempre à efetivação do direito. Foca apenas *as partes*, e não *o todo*. Temas como escassez de recursos, discricionariedade alocativa, autoridade da lei orçamentária, separação de poderes, igual distribuição de recursos, inexistência de programa estabelecido em lei, dentre outros relevantes, não são trazidos ao bojo de discussão, restando afastados em nome da proteção do direito social. Aí a *fácil* solução.

Ora, distribuição de recursos, embora esteja voltada à questão de justiça, está no centro de análise política. O Judiciário deve internalizar a visão de que decidir em favor de A certamente implicará falta de recurso a B, pois a força dada a um direito significa a retirada dessa mesma força de outro em termos financeiros. Essas são circunstâncias que jamais podem estar distantes na tomada de decisão.

---

[423] A inserção em Orçamento de despesas judiciais somente ocorre se atendidas as delimitações estabelecidas no art. 100 da CF, dentre elas a exigência de ofício requisitório que alcance a Administração até 1° de julho do ano em elaborado o Orçamento. Pela novel regra imposta pela EC n. 62/2009, se houver ofício requisitório, aludido valor deve ser incluído no orçamento sob pena de sequestro da quantia respectiva (§ 6° do art. 100 com a nova redação da EC n. 62/2009).

AUTORIDADE DA LEI ORÇAMENTÁRIA

Mas o que se percebe é que *decisões com impacto alocativo* têm sido pouco arguidos no Judiciário, além de que, embora fossem cuidadosamente balanceados, poderiam não se dar do modo como confabulado antes de decidir. Há efeitos não apenas do ponto de vista da despesa especificamente gerada, mas, além do seu efeito multiplicador, há de se pensar no modo como o orçamento se rearranjaria.

Por outro lado, a análise feita pelos setores técnicos quando da oferta de serviços não é a mesma feita pelo Judiciário no atendimento a um caso particular. Há estreita relação entre o meio como o serviço público será disponibilizado e o impacto alocativo desse meio. A escolha do meio não se afasta da análise do seu custo e decisão judicial não leva em conta essa ordem.

Também não se pode esquecer que a garantia dos direitos sociais não encontraria unanimidade se mostradas à população as restrições que desencadeariam do seu exercício judicial. Se o Legislativo afirmasse "a garantia individual do irrestrito direito à saúde implicará decréscimo no atendimento dos serviços X, Y e Z", por certo, a medida careceria de maior reflexão. Surgiria outra discordância sobre quais direitos ou quais tipos de tratamento poderiam ser prioritários pela população, ou quais tributos aumentados para suportar o novo custo. Aí a complexidade técnica, econômica e política da alocação de recursos.

Diferentemente, se o Legislativo autorizasse o grau de proteção ao direito, tal ofereceria maior liberdade ao Judiciário para determinar o seu cumprimento, com menor análise do seu custo. Neste caso, os poderes eleitos se comprometeram a esse fim, e, cientes da sua possibilidade, permitiram ao Judiciário atentar-lhes do seu dever quando de eventual violação. Nos casos em que não há essa asserção, vale a relação: quanto mais genérica a proteção legal, sem individuar os bens e/ou serviços que são deveres legais, menor liberdade tem o Judiciário para determinar o grau de proteção.

É irrepreensível afirmar que proteções judiciais que alteram o orçamento têm o mesmo efeito de decisão judicial de controle das alocações financeiras. Seria apenas um caminho diferente, mas o controle é o mesmo. Em ambos os casos, o Judiciário força o governo a realocar recursos de uma para outra área, recursos esses que já foram distribuídos à luz do poder competente, o que só poderia ocorrer, em regra, com alteração do próprio orçamento. Vários são os entraves dessa impossibilidade judicial.

5.2. ENTRAVES TÉCNICOS

As alocações orçamentárias são pautadas em meticulosa análise técnica dos tipos de serviços a serem prestados, do modo da sua prestação, da sua abrangência, dos critérios de sua distribuição, dentre outros. Tais aspectos são analisados tecnicamente com vistas à (maior) proteção dos que se encontram na mesma posição de necessidade e ao alcance das políticas públicas.

Pela sua natureza as alocações são policêntricas: cada sutil variação pode ter um significante impacto no interesse da potencialidade de destinatários dos recursos. Ou seja, como os recursos são os mesmos, alteração do destino dos recursos para alocá-los em outros fins significaria simples rearranjo, com carência de recursos de um lado e satisfação de outro. No mesmo sentido, elas envolvem a confluência de decisões tipicamente consideradas como de política financeira. Por conta dessas implicações, onde decisões alocatícias são desafiadas por infringir ou limitar *direitos* constitucionais, o Judiciário não têm opção de decidir.

Isso se dá porque a alocação judicial de recursos não leva em consideração os critérios técnico-científicos da distribuição de recursos. O Judiciário guia-se por depoimentos e alegações que tendem, em alguns deles, a distorcer a evidência dos fatos, montados de modo a guiar a conclusão a chegar (há muita insinceridade nisso tudo, afirma Neil MacCormick),[424] dispensando pouca atenção ao que resulta de sua decisão. Mesmo no caso de juiz conhecedor de todas as nuanças, outro fator influencia suas decisões: quando diante do caso é provavelmente norteado pela desesperada situação do interessado. E, como afirma Leonardo Fleck, regras enraizadas num espírito de compulsão e aplicadas emocionalmente, caso a caso, não são amigas da segurança jurídica.[425] Além do conhecimento técnico das alocações, falta também conhecimento em relação ao caso concreto.[426]

---

[424] MACCORMICK, Neil. *Rethoric and the rule of law.* A theory of legal reasoning. Oxford University Press. 2005, p. 102.

[425] FLECK, Leonard M. Just health care rationing: a democratic decisionmarking approach. *University of Pennsylvania Law Review.* Vol. 140, April 1992, p. 1682

[426] No direito à saúde, que envolve maior atenção, pode haver tratamento manifestamente ineficiente ou médico que tem pouca ideia do que está fazendo. É frequentemente possível levantar razoável dúvida se um tratamento será eficiente ou não. Para alguns tratamentos, ainda há poucos dados quanto à efetividade. Para outros, há discordância sobre como interpretar certos dados. Muitas as práticas pendentes de demonstração científica. E mais, entre diversos tratamentos possíveis, há sempre a tendência de escolha do mais caro, como se fosse sinônimo de eficiência. Grande é a responsabilidade técnica, para não dizer médica, tendo em vista ser o médico a única pessoa que tem a competência e o conhecimento necessários para julgar o tratamento que deve ser dado a um paciente. Médico nenhum foi instruído a escolher o tratamento menos caro, embora com grau de eficiência aproximado ao mais caro. Por outro lado, numa sociedade criativa e inventiva como a atual, não há limites para as diferentes possibilidades de se tratar pessoas doentes. O avanço da medicina tem ido mais rápido do que a habilidade de pagar. Os EUA enfrentaram problemas, principalmente no tocante à liberdade dos médicos de envidarem todos os esforços para salvar a vida do seu paciente. Deveriam prescrever o melhor e mais caro? Poderiam ser instruídos a encontrar um equilíbrio nessa conta? A limitação de recursos pode interferir na escolha do melhor tratamento? Ou seria a análise técnica dos órgãos públicos a correta escolha, porque já levou em consideração todos esses fatores? (in HAVIGHURST, Clark

No caso da saúde, por exemplo, não se sabe se a alternativa médica apresentada é a orçamentariamente mais adequada, ou se há outra, embora com menor eficiência, consideravelmente menos custosa. A população de pacientes é heterogênea, o que resulta, por um lado, em incertezas devido às muitas intervenções médicas e, por outro, em decisões variáveis, embora se tratando do mesmo problema, tendo em vista a decisão clínica também ser iterativa, fruto das informações obtidas do relacionamento entre o médico e o paciente.

Numa análise específica, dos portadores de Hepatite C, a prova de que um outro medicamento com 45% de eficiência comprovada em contraposição ao de 36% doado pelo Estado, foi suficiente para o Judiciário determinar a utilização do primeiro na rede pública, muito embora o custo do tratamento se tornasse 27,5 vezes maior. A utilização do novo medicamento, apresentado por um interessado, significou um custo de R$ 200 milhões anuais em vez dos R$ 15 milhões ao tempo usados para tratar sete mil doentes.[427] A vida humana vale investimentos vultosos, é certo, porém recursos disponíveis são alocados com atenção não apenas a uma doença específica, mas às inúmeras outras que também carecem atenção.

Nesse contexto, a disposição do médico em prover cuidado e a intensidade desse cuidado são influenciados pela habilidade do paciente de conversar (e de pagar). Sensação de recursos disponíveis significa ampliação dos serviços providos. Como o suposto financiador será o Estado, a *mais rica* de todas as instituições, não se hesita em afirmar que tratamentos e remédios caros são os mais adequados.[428] De outro lado, depende muito do paciente trazer ao processo possibilidades não aventadas por quem é menos esclarecido, de modo que proteção judicial desse tipo recai mais em pacientes de classe média, e não de classe baixa.[429] O "tipo" de

---

C. Prospective self-denial: can consumers contract today to accept health care rationing tomorrow? *University of Pennsylvania Law Review*. Vol. 140, p. 1755).

[427] TRF obriga União a fornecer medicamentos a portador de Aids e Hepatite C. Fonte. Tribunal Regional do Federal, 4ª Região. 07.11.2003. O argumento da desembargadora federal, Silvia Goraieb, foi o de que "o caso merece a solução que mais se aproxima do espírito que deve nortear as decisões judiciais, que devem ser sempre pautadas pela valorização do ser humano".

[428] De lembrar que, do ponto de vista internacional, o Estado é obrigado a dar os remédios de preços módicos e não aqueles cujo custo foge da razoabilidade, como sói acontecer nas demandas judiciais. Nesse sentido, o Comitê internacional "Expert Committee on the Selection of Essential Drugs" definiu como remédio essencial "todos aqueles que satisfazem as necessidades da maioria da população e que devem estar disponíveis em todos os tempos em adequadas quantidades em apropriadas dosagens" (HASWA, p. 554. Ver também em "Essential Medicines", disponível em <http://healthshares.org/global_health/essential_medicines.shtml). Mais adiante acresceu que os remédios devem ser disponíveis "ao preço que os indivíduos e a comunidade podem pagar". Haswa, 554.

[429] COSTA, Priscyla. Justiça beneficia classe média se manda estado fornecer remédio. Disponível em <http://www.conjur.com.br/2008-fev>. Acesso em 20 de julho de 2009.

cidadão beneficiado é o que está disposto e tem condições de seguir até a última instância na busca do seu direito, e não aquele que depende do paternalismo.[430]

Em sentido macro, o Estado se aparelha a prestar um serviço dentro de parâmetros dificilmente cotejáveis pelo Judiciário. Não são projetos de curto prazo, executados individualmente quando surge a demanda, mas planos que são levados a efeito paulatinamente, por etapas, e que podem ser obstaculizados com eventual decisão judicial. Daí a imposição constitucional do plano plurianual, da lei de diretrizes orçamentárias e da lei orçamentária anual. Há uma lógica programática em tudo isso.

Atento ao processo político implementado em longo prazo, Murray Wesson[431] afirma que a dificuldade de atendimento de medidas emergenciais como moradia precária, apenas para uma situação particular, ainda que seja em tendas ou coisas do tipo, ou um remédio urgente, apenas para uma questão individual, dá-se por que não constituem investimento de longo prazo. Certamente constituem mais um gasto público, quem sabe, até mesmo supérfluo. Tais medidas devem ser cuidadosamente pensadas para serem efetivadas. Além do mais, medidas devem ser tomadas para aprimorar a satisfação das necessidades em diferentes graus, e não como meros paliativos. Emergências devem estar ligadas a programas – tais como a construção de casas, reparação de estradas, construção de hospitais – que constituem investimentos duráveis, que deixam livres recursos para aplicação em outros lugares.

O certo é que há dificuldades consideráveis, até mesmo no Legislativo, para aprovar norma no sentido de efetivar políticas sensíveis às necessidades públicas, até porque, na dicção constitucional, toda emenda do Legislativo deve ser acompanhada da indicação dos recursos necessários para a efetivação da proposta, os quais, necessariamente são provenientes de anulação de outras despesas.[432] A aprovação e a implementação da legislação enfrentam diversos obstáculos, maiores às vezes que o próprio programa a ser implementado. Por isso é que a legislação

---

[430] É difícil estabelecer padrões pragmáticos em virtude da variedade de problemas e nuanças que inevitavelmente ocorrem no contexto dos serviços médicos. Se tal se aparenta embaraçoso para quem possui conhecimento específico, mais ainda aos magistrados, que decidem ao sabor de prescrições médicas, muitas vezes contestáveis. Elevado valor dos direitos individuais auxiliado pela grande fé no poder da tecnologia, fazem pacientes ir aos Tribunais à busca de recursos ilimitados à atenção ao seu direito. O juiz, indiscutivelmente, carece de conhecimento técnico suficiente para sopesar o melhor serviço, sua relação com o custo, qual outro serviço será afetado pela transferência do recurso para atendimento de caso específico e, o mais gravoso, o potencial efeito multiplicador da decisão, que implicará extensão a todos que se encontram na mesma situação.

[431] WESSON, Murray. *Grootboom and beyond*: reassessing the socio-economic jurisprudence of the South African constitutional court. In South African Journal on Human Rights n. 20. 2004, p. 304.

[432] Constituição Federal, art. 166, § 3º.

sobre a entrega de serviços públicos (*welfare legislation*) ilustra um clássico problema de escolha pública.

Para além desses entraves, o Judiciário não sabe ou não tem como aferir o padrão considerado suficiente à proteção de cada direito, não tem condições de indicar qual despesa deverá ser supressa a fim de indicar a que entende necessária, além da probabilidade de resistência pública no sentido de aumentar o nível de serviço, se, para tanto, houver aumento da carga tributária. Empecilhos tais devem ser levados em consideração no momento da decisão.[433]

Não que a elevada tecnicidade da matéria afaste por completo o Judiciário do seu controle e do exame de sua execução. Pondera Humberto Ávila:[434]

> O que o Poder Judiciário não pode fazer é, sem correspondente comprovação técnica que revele o evidente equívoco do estudo proveniente do Poder competente, substituir simplesmente as premissas adotadas por esse Poder e rever, sem mais, os efeitos que as medidas irão produzir no que concerne à realização das finalidades constitucionais. Isso conduz à conclusão de que quanto mais difícil e técnico for o juízo exigido para o tratamento da matéria, tanto maior será a liberdade de configuração do Poder Legislativo, quer quanto à fixação de premissas de fato, quer quanto à previsão de efeitos futuros da lei.
>
> Logo se vê que esses critérios não afastam o controle do Poder Judiciário, mas, apenas, modificam-lhe a qualidade e intensidade. Conquanto o Poder Judiciário não possa substituir, sem mais, essas premissas empíricas, e contrariar a previsão de efeitos, ele deve verificar se o legislador fez uma avaliação objetiva e sustentável do material fático e técnico disponível, se esgotou as fontes de conhecimento para prever os efeitos da regra do modo mais seguro possível, e se se orientou pelo estágio atual do conhecimento e da experiência. Em qualquer caso, é preciso verificar *em que medida* essas competências estão sendo exercidas, cabendo ao Poder Judiciário "avaliar a avaliação" feita pelo Poder Legislativo (ou pelo Poder Executivo) relativamente à premissa escolhida. (grifos originais)

A atuação judicial, mais intensa ou não, varia de acordo com a dificuldade técnica do problema em tela. O Judiciário pode recusar uma intromissão devido a um intuitivo cálculo de que o nível de interferência orçamentária, técnica e política requerem complexas digressões para encontrar a efetiva solução. Mas poderá atuar comprovado o erro dos critérios técnicos apresentados como escusas da proteção do direito pelos poderes eleitos.

A liberdade de atuação judicial na proteção de direito será tanto menor quanto mais técnica for a área do direito a ser protegido. Se demonstrado, pelo Executivo, a existência de planos e programas de trabalho que

---

[433] A relação entre prestação de serviços pelo Estado social (custos – direito financeiro) e o seu reflexo na carga tributária é relatado de modo criativo por Fernando Facury Scaff: In SCAFF, Fernando Facury. O jardim e a praça ou a dignidade da pessoa humana e o direito tributário e financeiro. *Revista do Instituto de Hermenêutica Jurídica*. Porto Alegre, 2006, v. 4, p. 97-110.

[434] ÁVILA, Humberto. *Teoria da Igualdade Tributária*, op. cit, p. 171.

contemplam a proteção do direito, ainda que em longo prazo, se comprovado que a análise feita por equipe especializada do governo entendeu por bem determinado nível de proteção do direito, dado o conjunto de fatores em seu torno, como custo, eficiência e alcance, e se demonstradas as elevadas minúcias e as evidentes repercussões na proteção de outros direitos, não poderá o Judiciário alterar o programa ou o nível de proteção do direito ofertado, salvo se, diante de elementos novos, a ofertar dados que abarquem toda análise técnica já feita em torno do custo, da eficiência e do alcance da proteção, encontre alternativas que deveriam ter sido cogitadas pelo Executivo, que poderá apreciá-las, dentro das competências constitucionalmente estabelecidas.

5.3. ENTRAVES JURÍDICOS

5.3.1. Normas constitucionais orçamentárias

Além dos entraves técnicos, há outras barreiras que normalmente não são levadas em consideração na proteção judicial de direitos. Tratam-se das normas constitucionais que regem as despesas públicas. São normas que esmiúçam os exatos campos da incidência da norma orçamentária e indicam os parâmetros e os comandos gerais da sua elaboração, da sua alteração, da sua aplicação e do seu controle.

As principais normas de âmbito constitucional são:

(i) nada pode ser pago sem autorização orçamentária (art. 167, II, da CF);

(ii) não pode haver gastos além dos valores orçamentariamente delimitados (art. 167, II, da CF);

(iii) a desobediência de qualquer das limitações (i) e (ii) constitui crime de responsabilidade (art. 85, VI, da CF);

(iv) a abertura de créditos adicionais depende de autorização legislativa (art. 167, V, da CF);

(v) é vedada abertura de crédito suplementar ou especial sem prévia autorização legislativa e sem indicação dos recursos correspondentes (art. 167, VI, da CF);

(vi) é vedada a transposição, o remanejamento ou a transferência de recursos de uma categoria de programação para outra ou de um órgão para outro, sem prévia autorização legislativa (art. 167, VI, da CF);

(vii) é vedado o início de programas ou projetos não incluídos na lei orçamentária anual (art. 167, I, da CF);

(viii) qualquer investimento cuja execução ultrapasse um exercício financeiro não poderá ser iniciado sem prévia inclusão no plano plurianual, ou sem lei que autoriza a inclusão, pena de crime de responsabilidade (art. 167, § 1º, da CF);

(ix) o Município sofrerá intervenção do Estado se a) não pagar, sem motivo de força maior, por dois anos consecutivos, a dívida fundada; b) não forem prestadas contas devidas, na forma da lei; c) não tiver sido aplicado o mínimo exigido da receita municipal na manutenção do ensino e nas ações e serviços públicos de saúde (art. 35, incisos I, II e III, da CF); e (x) o mesmo se dá com a União em relação aos Estados. A União poderá intervir nos Estados para reorganizar as finanças da unidade federal que suspenda o pagamento da dívida fundada por mais de dois anos consecutivos, salvo motivo de força maior (art. 34, V, *a*), e se o Estado não aplicar o mínimo exigido da receita resultante de impostos estaduais, compreendida a proveniente de transferências, na manutenção e desenvolvimento do ensino e nas ações e serviços públicos de saúde (art. 34, VII, *e*).

Os objetivos das disposições constitucionais são vários, podendo ser assim condensados: i) por imperativo do Estado de Direito, deve haver responsabilidade fiscal e adequação legal dos gastos públicos; ii) a lei orçamentária não pode destoar do plano plurianual e da lei de diretrizes orçamentárias; e iii) não pode haver alterações na lei orçamentária sem autorização do Legislativo. Esmiuçando, todo gasto deve ser primeiramente previsto e adaptado a cada programa que será implantado, e não há créditos ilimitados para programas, pena de impossibilidade do seu cumprimento.

Quanto aos programas que o Estado desenvolve, há aspectos legais importantes em seu torno. Isso porque, impor um programa ao Estado (construção de casas, pavimentação de ruas, etc.) pode ir na contramão dos arts. 48, IV; 167, I e § 1º e 165, §4º, todos da Constituição. Primeiro, porque há programas que só podem ser veiculados por lei. São aqueles "planos e programas nacionais, regionais e setoriais" (art. 165, §4º, da CF), previstos na Constituição, e que devem ser necessariamente apreciados pelo Congresso Nacional e elaborados de acordo com o plano plurianual. Nesse caso, pouco importa que haja ou não investimentos ou despesas para o governo. E segundo, porque os programas previstos em lei devem também ser inclusos no orçamento, obviamente, quando envolverem gastos públicos. Daí se questionar da possibilidade de serem determinados por decisão judicial, sem a devida previsão legislativa na linha definida na Constituição.[435] [436]

---

[435] STF, ADIQO 224/RJ.

[436] Quanto à possibilidade do cidadão valer-se do Mandado de Injunção para exigir do Executivo que contemple determinado programa no Orçamento, o Judiciário já afirmou que a medida não é cabível visto que o mesmo precisa de lei específica para se efetivar. Embora seja um instrumento adequado a evitar o cerceamento de direitos e garantias constitucionais por falta de norma regulamentadora dos mesmos, não é aplicável no caso orçamentário (Voto do Ministro Néri da Silveira. MI 296/DF. DJ de 28.02.92, p. 14). Situação diversa ocorre quando o Executivo é compelido, por meio de precatório extraído de sentença condenatória ou de mandado de injunção, a providenciar inclusão na dotação necessária no orçamento do ano seguinte. Tal se dá pelo suporte jurídico do precatório em si e não porque houve um programa criado pelo Judiciário.

Existindo o programa e a sua previsão legal, o Judiciário pode determinar ao Executivo que o cumpra, ou pode atender a demandas individuais para assegurar o exercício do direito em litígio. Até porque ao instituir o programa, o Executivo previamente analisou a sua capacidade de financiamento e logicamente não poderá se furtar à sua execução ou executá-lo com critérios que ferem à isonomia. Decidiu o TJ/SP:

> Se não havia verba, porque traçou ele um programa específico? Para efeitos eleitoreiros e populares ou pela necessidade da sociedade local? O moderno Direito Administrativo tem respaldo constitucional suficiente para assumir postura de parceria e, dessa forma, ser compelido, ou compelir os seus parceiros a cumprir os programas traçados conjuntamente.[437]

Atuação judicial nesse sentido implica diminuir elevada discussão política de promessas eleitoreiras, mas de pouca efetivação, com consequências na frustração da proteção de direitos dos indivíduos.

O que não pode é o Judiciário instituir um programa e determinar o seu cumprimento. Até porque programas que envolvem custos dependem de previsão orçamentária. Ora, se o Legislativo, ao emendar o orçamento, ainda que seja para instituir um programa em atenção a direito fundamental, necessita apontar a origem dos recursos para a sustentação do seu programa, indicando as despesas que serão anuladas (art. 166, § 3º, da CF), como se comportaria o Judiciário em relação a essa exigência constitucional? Poderia ele determinar quais despesas serão anuladas e quais programas devem existir?

As normas constitucionais orçamentárias possuem razão de ser que não pode ser desconsiderada pelo Judiciário. Comentando normas de igual envergadura constantes da CF/67, afirmou Pontes de Miranda:

> Se lei complementar diz que nenhuma despesa será ordenada ou satisfeita sem que exista "saldo de verba" ou "crédito votado" pela Câmara, o Poder Executivo não pode ordenar que se pague sem que exista saldo de verba ou crédito votado. Quem vota a verba ou o crédito é o Poder Legislativo. O Poder Executivo, diante da falta de saldo, não pode ordenar que se pague, nem pode pagar: tem que pedir que se vote a verba ou o crédito.[438]

O mesmo se aplica às ordenanças do Poder Judiciário: só muda o Poder, não as regras.

Nesse ponto, surge o impasse: de um lado, um emaranhado de normas jurídicas vedando a realização de qualquer despesa sem previsão legal; de outro, decisão judicial determinando uma obrigação de fazer que não pode ser realizada a menos que seja feita alteração orçamentária.

---

[437] TJ/SP. Voto da Des. Maria Elza, Proc. n. 1.0133.05.027113-8/001. DJ 19.12.2007.

[438] MIRANDA, Pontes. *Comentários à constituição de 1967 com a Emenda n. 1 de 1969*, 2ª ed. São Paulo: RT, 1970, p. 213.

Duas posições antagônicas que demandam ponderação para a escolha da alternativa melhor suportada constitucionalmente.

É que, se por um lado é mandamento constitucional observar as decisões judiciais, por outro, essa observância implica violação de igual mandamento constitucional. Basta analisar, de modo exemplificativo, a comum situação em que eventual gestor público, derrotado no pleito para a reeleição, altera os vencimentos dos servidores no final do mandato, determinando a vigência da norma a partir do exercício seguinte, sendo que, se o pagamento for realizado nos moldes previstos na novel lei, resultará em inobservância dos limites legais para gasto com pessoal, com claras sanções administrativas e penais para o gestor que assim proceder. O Judiciário, atento à proteção ao direito ao salário, compele o Executivo a observar o reajuste, independente dos argumentos orçamentários contrários. Como se comportar?

O mesmo ocorre em relação aos pagamentos e parcelamentos acima do poder de endividamento dos entes públicos, com desrespeito às leis orçamentárias, bem como em relação aos sequestros das contas públicas, para pagamento de precatórios e Requisições de Pequeno Valor, acima do montante aprovado na Lei Orçamentária Anual. Em nenhum desses casos o orçamento é tido como norma a ensejar limites na proteção judicial.

Ao tempo certo se verá que se extrai maior precisão para o agir com certeza a partir das regras constitucionais orçamentárias do que dos vagos termos protetores de direitos. Aí a solução que se busca, mas alcançada apenas quando da análise dos fatores a favor de uma interpretação restritiva dos direitos sociais através das normas orçamentárias.

Nessa ótica, as normas constitucionais orçamentárias levam à conclusão de que a liberdade de atuação judicial com reflexos orçamentários será tanto menor quanto mais técnica for a área do orçamento que deverá ser alterada. Se a *adequação orçamentária* puder ser feita por simples atos do Executivo, dentro do seu poder de suplementação, sem alterar a ordem dos programas já estabelecidos, maior possibilidade haverá no seu atendimento.

Por outro lado, se a *adequação orçamentária* necessitar de meticulosas análises técnicas, com rearranjo das alocações orçamentárias, instituição de novos programas e alterações advindas de autorizações legais, dado a minuciosa análise dos tipos de serviços que serão restringidos e dos programas afetados, menor será a possibilidade de atendimento do desiderato judicial. Em qualquer caso, decisões judiciais não poderão ser satisfeitas ao arrepio da lei orçamentária. Há que se promover ditas alterações para adequar os gastos ao harmônico sistema jurídico.

5.3.2. Efeitos consequencialistas da decisão

É sabido que toda decisão tem consequências, não importa quão simples sejam, sempre há reflexos para além do caso submetido à decisão. E podem ser de diferentes tipos, até mesmo imprevisíveis. A diferença é que algumas decisões têm incorporadas a análise das consequências na sua formação, ou seja, na sua justificativa, a presença de elementos consequencialistas foram importantes, enquanto, em outras, nada é mencionado. Mas tal não significa que nas últimas não haja aspectos consequencialistas a serem analisados.

As consequências alcançam diferentes dimensões e variam quando se trata de julgamento com efeitos *erga omnes* ou *inter partes*, ou quando a razão de decidir de determinado pronunciamento é levada em consideração nos demais julgamentos, dado ao nível de generalidade que possui. Para se constatar a sua importância basta analisar as razões das recentes Súmulas Vinculantes no sistema brasileiro, que dotaram as decisões do Supremo Tribunal Federal de ampla repercussão normativa, aliado ao instituto da repercussão geral[439] e ao impedimento do recurso repetitivo,[440] todos eles a revelar a crescente importância dos efeitos das decisões judiciais.

Mesmo com as novidades acima mencionadas, a análise das consequências das decisões judiciais tem tido pouca relevância na realidade judicial brasileira. Na justificação das decisões raramente se explicita que a sua motivação deu-se pautado num raciocínio de consequências, ou seja, que a preferência por uma interpretação sobre outra se deveu à preferência do Tribunal sobre umas consequências no lugar de outras. Embora possível essa análise, raríssimas vezes torna-se pública, porque sempre camuflada por argumentos de outra ordem.

Tratando-se de questões jurídico-orçamentários, nota-se a tentativa de afastar-se o elemento consequencialista de qualquer análise:[441]

> Senhor Presidente, não me preocupa o problema de caixa do erário, como também não preocupa aos demais ministros que integram esta Corte. Preocupa-me, sim, a manutenção da intangibilidade da ordem constitucional.

Assim, pouco interessa se os efeitos das decisões ruirão ou não os cofres públicos ou se há recursos suficientes para a eficácia da decisão.

---

[439] Instituído pela Lei n. 11.418/06, que estabeleceu a repercussão geral como requisito de admissibilidade de recurso extraordinário.

[440] Lei n. 11.672/08, que impede o ajuizamento de recursos especiais repetitivos no Superior Tribunal de Justiça, com a finalidade de desafogar o Tribunal e impedir a chegada de milhares de recursos sobre questões já pacificadas.

[441] Min. Marco Aurélio de Mello, RE 150.764 – 1 – PE.

Esquece-se que, ao decidir, deve o Judiciário mirar não apenas o passado (consistência e coerência), mas também o futuro (consequências), no sentido de projetar o estado de coisas que surgirá de sua decisão, em cotejo com o que provavelmente surgiria caso sua decisão fosse em sentido contrário.

O direito social ao salário mínimo, por exemplo, capaz de prover as despesas vitais do indivíduo (art. 7º, IV, da CF), não pode ser definido pelo juiz caso a caso, dentre outras razões, por dois motivos: (i) a expressa previsão constitucional de que só lei poderá fazê-lo e (ii) os efeitos econômicos da aplicação da decisão. No entanto, há quem pense que "não são, nem podem ser alçados a obstáculo à efetivação judicial desse direito ao salário mínimo, os eventuais reflexos que da fixação de seu valor podem gerar na economia e nas finanças públicas. (...), esse argumento não resiste a uma analise jurídica, pois tal ocorreria (aqueles reflexos), igualmente, se fosse fixado o valor por lei".[442] Trata-se, com a devida vênia, de atuação judicial sem levar em conta suas consequências.

Como o Judiciário não dispõe de força e habilidade para realizar os efeitos das suas decisões, acaba por não dispensar a atenção devida ao tema limitando-se a relegar à Administração a tomada de providências. Esquece-se que, dentre os elementos mais importantes da obtenção da resolução de conflitos está, na verdade, a avaliação prévia das consequências previsíveis[443] e que não se pode deixar fora da análise judicial as consequências que podem advir da sua decisão.[444]

A regra é que toda decisão, principalmente a dos Tribunais Superiores, deve ser meticulosamente analisada do ponto de vista das suas consequências. O juiz, quando diante da escolha entre dois julgamentos igualmente plausíveis, deve tomar a opção mediante uma antevisão do resultado que de cada julgamento decorre. A consequência da sua decisão é relevante e deve ser sopesada. Deve-se argumentar a partir do resultado onde as decisões jurídicas dependem das consequências reais nelas pressupostas.[445]

É difícil a escolha quando se está entre a vida e a morte. Mas se por um lado é fácil entender que o juiz faria tudo para garantir a cobertura do pedido do interessado, essa responsabilidade ignora as implicações da sua decisão, tanto no âmbito público, no tocante às políticas públicas,

---

[442] CUNHA JÚNIOR, op. cit., p.306.

[443] LARENZ, op. cit., p. 516.

[444] Após vencidos os testes da coerência e consistência, o argumento sobre as consequências é o que faz a diferença para a decisão. MACCORMICK, Neil. *Legal Reasoning and Legal Theory*. Clarendon Press. Oxford. 1978, p. 104.

[445] LARENZ, op. cit., p. 300.

quanto no âmbito privado, no tratamento das questões envolvendo os seus limites contratuais.[446]

Não há como manter-se distante dessa análise, visto que não apenas nos sistemas jurídicos na ordem do *common law*, em que a força dos precedentes é patente, mas também em sistemas da *civil law*, em que a lei tem importância visceral, a influência da decisão judicial é igualmente inegável na construção do direito.[447]

Dois exemplos atestam a assertiva. No primeiro, embora o Código Penal seja claro quanto à tipificação de estupro presumido (menor de quatorze anos), o STF entendeu, num caso isolado, que não houve o crime porque a situação fática possuía peculiaridades, dentre elas o fato de a menor já ter tido relação anterior e ter aparência de adulta.[448] Noutro caso, no mesmo Tribunal prevaleceu o entendimento de que se deve dar interpretação flexível à rigidez anacrônica do artigo 224, *a*, do CP, posto ser norma forjada na década de 40 do século 20 e não mais adequada à hodierna realidade social.[449]

As consequências dessa decisão não foram sopesadas. É que grande parte das situações envolvendo estupro se dá com as peculiaridades do

---

[446] O Judiciário deve ficar atento aos efeitos de suas decisões, não apenas no âmbito do direito público, mas no direito privado, em que cresce a doutrina da relativização dos efeitos dos contratos, como resultado da doutrina solidarista que apregoa a relevância social dos contratos, a necessária cooperação entre os contratantes e também dos contratantes para com terceiros e vice-versa. Os efeitos dos contratos espraiam-se para além das partes, na medida em que atende aos interesses das partes e de toda a cadeia econômica em que se insere. Os efeitos consequencialistas devem ser meticulosamente analisados também no âmbito privado. (SILVA, Luis Renato Ferreira da. A função social do contrato no novo código civil e sua conexão com a solidariedade social. *O novo código civil e a Constituição*. Ingo Wolfgang Sarlet (org.). Porto Alegre: Livraria do Advogado, 2003, p. 127-150; AZEVEDO, Antônio Junqueira de. Princípios do novo direito contratual e desregulamentação do mercado – Direito de exclusividade nas relações contratuais de fornecimento – Função social do contrato e responsabilidade aquiliana do terceiro que contribui para o inadimplemento contratual. *Revista dos Tribunais*. São Paulo: RT. v. 750, 1998; MORAES, Maria Celina de. O Princípio da Solidariedade. (Org) Manoel Messias Peixinho, Isabella Franco Guerra e Firly Nascimento Filho. *Os Princípios da Constituição de 1988*. Rio de Janeiro: Lumen Júris, 2000; TIMM, Luciano Benetti . As origens do contrato no Novo Código Civil: uma introdução à função social, ao welfarismo e ao solidarismo contratual. *Revista dos Tribunais*. São Paulo, v. 844, n. fevereiro, p. 85-95, 2006; WALD, Arnold. O Novo Código Civil e o Solidarismo Contratual. *Revista de Direito Bancário, do Mercado de Capitais e da Arbitragem*. Ano 6, n. 21. São Paulo: RT, 2003. No mesmo sentido deve redobrar atenção quando protege interesses não acordados privadamente, como ocorre com os planos de saúde, em que se defere judicialmente o que não foi acordado: ver TJ/MG. Apelação Cível n° 1.0024.05.642074-8/001. Relator Des. Bitencourt Marcondes, Data da Publicação: 16/07/2007; REsp 952144 / SP. Ministro Humberto Gomes de Barros. Terceira Turma.DJe 13/05/2008; Autos n. 604.2009.000675-5. Comarca de Porto Velho. 4° Juizado Especial Cível – Porto Velho. Juiz Guilherme Ribeiro Baldan. Porto Velho, 02 de julho de 2009.

[447] O Brasil tem mostrado, com as recentes alterações legislativas e posicionamentos judiciais, forte tendência pela valorização dos precedentes, em aproximação clara dos institutos da *common law*.

[448] HC 91414. Supremo Tribunal Federal. 2ª Turma anula condenação contra acusado de estupro presumido que casou com a vítima. 11 de março de 2008; HC 90140. Acusado de estupro que casou com a vítima obtém liberdade no SUPREMO TRIBUNAL FEDERAL.

[449] Manifestação do Min. Marco Aurélio, proferido no julgamento do HC 73.662.

caso *paradigma*, tornando-se essa decisão referência nos diversos rincões do país, afastando estupradores das penalidades da lei, em clara afronta à regra límpida do direito e a um conjunto de valores já estabelecidos.[450]

O outro exemplo é no âmbito orçamentário. A decisão do Supremo Tribunal Federal abaixo assinalada teve resultado semelhante:[451]

> Entre proteger a inviolabilidade do direito à vida, que se qualifica como direito subjetivo inalienável assegurado pela própria Constituição da República (art. 5º, caput e art. 196), ou fazer prevalecer, contra essa prerrogativa fundamental, um interesse financeiro e secundário do Estado, entendo – uma vez configurado esse dilema – que razões de ordem ético-jurídica impõem ao julgador uma só e possível opção: aquela que privilegia o respeito indeclinável à vida e à saúde humana, notadamente daqueles que têm acesso, por força de legislação local, ao programa de distribuição gratuita de medicamentos, instituído em favor de pessoas carentes.

Essa decisão foi fundamentada na premissa de que as questões alocatícias dizem respeito a "interesses financeiros" e "são secundárias". Esqueceu-se que tal fato interessa a todo restante da população, já que esta compete por escassos recursos. Ademais questões orçamentárias são também de ordem constitucional, e nada lhes há de secundário dado previamente pelo legislador.

Aludida decisão espraiou os seus efeitos na ordem jurídica, de modo que há pouca serventia a invocação das normas orçamentárias como legitimadora para reger os gastos públicos. Pouco importa também a ausência fática do recurso financeiro pretendido. Para resolver questões envolvendo proteção aos direitos sociais, e citando a decisão paradigma, afirma-se: "a melhor solução é o bloqueio de valores do erário a fim de custear tratamento médico ou fornecimento de medicamento... A medida evita o excesso e permite presteza":[452] é a consequência da generalização previamente impensada.[453]

---

[450] Sexo "consentido" com menina de 12 anos não é estupro. "A 6ª Câmara do TJ-RS manteve sentença que absolveu um jovem de 20 anos por ter mantido relações sexuais com sua namorada de 12. Para o magistrado, o caso é "emblemático e paradigmático" e lembrou que a jurisprudência do Supremo Tribunal Federal já considerou a flexibilização do artigo 224 do Código Penal, que estabelece como violência presumida a prática de relações sexuais com menores de 14 anos. O Presidente da sessão, Desembargador Aymoré Roque Pottes de Mello, acrescentou: "No caso sob exame, diante de suas peculiaridades fáticas – todas muito bem ressaltadas e valoradas pelo Relator em seu voto –, impunha-se a relativização da presunção de (incorrente) violência e a conseqüente absolvição do réu".

[451] RE 271286- RS. Rel. Min. Celso de Mello. DJ. 23.08.2000.

[452] MEZZOMO, Marcelo Colombelli. O Direito à Saúde em juízo. Disponível http://jus2.uol.com.br/doutrina/texto.asp?id=7894. Acesso em 10 de janeiro de 2009.

[453] A decisão *paradigma* tem sido utilizada para justificar posicionamentos judiciais inimagináveis. No caso de uma senhora que solicitou transferência do seu tratamento para o ambiente domiciliar (*home care*), a *decisão paradigma*, mais uma vez, foi norte para se confirmar o pedido. No caso a interessada teve traumatismo craniano após acidente de motocicleta, e, embora tivesse feito duas cirurgias, encontrava-se num hospital em estado vegetativo e não mais aceitou o tratamento recebido. Pautado no entendimento de que "O Estado deve desenvolver as atividades de saúde dos níveis mais básicos

E assim se repete no sistema brasileiro uma variedade de decisões, de grande relevância para as finanças públicas, tendo-se como parâmetro decisões que desprestigiam a força do orçamento, e não a matéria normativa que realça a sua autoridade. Do ponto de vista prático e no foco dado nesse trabalho, quer-se afirmar que a decisão judicial, ao intervir judicialmente na política de distribuição de remédios ou tratamento de saúde, bem como nas demais áreas sociais, num contexto de milhares potenciais carecedores do mesmo benefício, embora isolada, poderá espraiar seus efeitos e alcançar a todos que se encontram na mesma situação jurídica, bastando apenas que ingressem judicialmente com o pedido do seu interesse, o que significa sérias restrições das políticas públicas via decisão judicial.

Não é que o Judiciário desconheça que decorrem consequências de suas decisões. A questão é outra: embora sabedor, considera-as irrelevantes e inaceitáveis como critério de solução. E pouco atenta à possibilidade de a mesma decisão servir de solução para outros casos idênticos, sendo que "há fortes razões de princípios para que a mesma decisão cubra não apenas o caso particular, mas todos os outros possíveis casos semelhantes".[454]

Aos mesmos fatos, as mesmas regras. A proteção judicial num caso significa mesma solução para os semelhantes. E se a repetição da proteção judicial significar elevados custos (que não foram inicialmente pensados quando da primeira proteção judicial), o Judiciário poderá ser convencido a mudar de posicionamento, mas aí já se terá uma posição desconfortável em que parte dos demandados foram satisfeitos e os demais não serão.

A análise consequencialista é vista como elemento diferencial no estágio final de interpretação, principalmente nas situações de difícil análise, *hard cases*. Decisões envolvendo os direitos sociais são um bom exemplo, devido à ausência de taxatividade no seu alcance normativo. Afirma Neil MacCormick que "parece essencial que a justificação de alguma decisão em áreas não governadas por normas expressas, ou quando do tais regras são ambíguas ou incompletas, deve-se proceder pelo teste

---

de cuidado até os mais complexos", o juiz decidiu, em matéria liminar, o fornecimento gratuito de internação domiciliar por meio do imediato enquadramento no sistema *home care*, colocando à disposição da interessada toda a estrutura necessária requerida nos processo, e, para o caso de eventual descumprimento da ordem, fixou-se a multa diária em R$ 5.000,00 (cinco mil reais), dando ciência aos gestores que eventual descumprimento da ordem judicial resultaria na ciência dos fatos ao Ministério Público para adoção das providências legais atinentes à responsabilização civil e criminal da autoridade descumpridora. Processo 121/2007. Comarca: Várzea Grande. 3ª Vara Especializada da Fazenda Pública. Juiz Rodrigo Roberto Curvo.

[454] MACCORMICK. Neil, *Legal Reasoning and Legal Theory*. Clarendon Press. Oxford. 1978, p. 83

das decisões à luz de suas consequências".[455] Serve como critério a ser levado em consideração no preenchimento das normas, na sua construção.

Quando há conflito de provisões normativas que podem ser simultaneamente aplicadas, com maior margem à atividade construtiva do intérprete, compete ao Judiciário ter habilidade para comparar os potenciais efeitos de suas decisões e optar pela que mais se amolda na órbita da sua competência, sempre com base nas consequências. Deve fazer a análise da projeção de resultados levando-se em conta os casos futuros que poderão estar protegidos pela generalidade da decisão. Em havendo mais de uma decisão correta, porque o direito assim admite, o peso das consequências deve ser fator determinante da escolha de uma ou outra decisão.

Não se está aqui a falar que a interpretação da norma é guiada pela ideia da consequência da decisão, tampouco o ato de interpretação. A consequência não sublima os patamares de interpretação existentes no direito.[456] Não é o ponto principal a encetar por si só a conclusão. Necessário demonstrar a necessidade do sopesamento das consequências juntamente com os demais elementos a guiarem a interpretação. Trata-se aqui da pré-consciência do impacto da decisão imanente em todo juízo.

Os reflexos da decisão podem ser vários: no orçamento, em relação à necessidade de sua alteração; nas políticas distributivas, pela inevitável adequação; no Judiciário, pelo seu abarrotamento dado o grande número de ações; e no próprio âmbito jurídico, quando há a universalização das razões de decidir. Esta ocorre quando a verdade jurídica presente na interpretação da norma pode ser universalizada com a decisão. Nesse caso a formulação da norma universal eleita para governar os fatos relevantes acaba por ser generalizada, de modo que a norma construída da interpretação é aplicável a todos os casos. A decisão de inconstitucionalidade do IPTU do município do Rio de Janeiro[457] serve de exemplo. A verdade juridicamente universalizada com essa decisão foi a possibilidade de não haver restituição tributária na possibilidade de perdas financeiras vultosas aos cofres públicos.

Não se pretende reduzir a *análise jurídica* à *análise das consequências*, até porque, em assim o fazendo, mudar-se-ia o foco do julgamento apenas para as consequências que se sucederão da decisão, outro ponto de infindáveis discórdias. Como se disse, os critérios de julgamento não são

---

[455] MACCORMICK, op. cit., p. 149-150.

[456] O juiz, diante de uma nova norma, não pode pensar: "Posso aplicar essa norma sem saber das suas conseqüências na sociedade?". Toda decisão implica consequência jurídica ainda impensada, mormente se se trata de norma jurídica recém criada. O caso aqui é de consequências de repetição do mesmo pedido, posto haver inúmeros casos iguais, e que, ao final, representarão enorme impacto alocativo.

[457] AI-AgR, 634522. Rio de Janeiro. Rel. Min. Eros Grau. Julg. 12.06.2009.

limitados às consequências de uma particular decisão. Elas devem ser levadas em conta mas não como único norte interpretativo. Condição necessária, mas não suficiente, visto que sempre há consequências impensadas e probabilidades de resultados muitas vezes imprevisíveis. Há uma predição da provável consequência, mas não uma certeza do grau de sua ocorrência.

Neil MacCormick retrata o dilema:

O julgamento pelas conseqüências pode ter dois extremos: de um lado, a justificação apenas pelas conseqüências, contudo remota, onde se analisa toda a rede de benefícios, agregando todas as conseqüências em conjunto e julgando-as por algum adequado critério de benefício e dano. Outro extremo envolve a natureza e a qualidade da decisão, sem consideração de algumas conseqüências. Neste caso seriam suficientes para permitir a relevância da sua justificação. Nenhuma visão é aceitável.[458]

E continua o autor:[459]

A primeira exclui a possibilidade de alguma justificação racional da decisão, desde que o futuro é incerto e as cadeias de conseqüências estendem-se ao infinito. É também defensável que há algum critério último de valor (prazer, dúvida, satisfação ou preferência) nos termos dos quais nós podemos fazer todos os cálculos de custo/benefícios. A segunda visão ignora duas coisas cruciais: ignora a extensão para o qual a natureza e a qualidade das decisões e atos são eles mesmos constituídos das conseqüências pensadas por quem decide, suas expectativas ou esperanças de trazer algo à matéria. Por outro lado, ignora a extensão para o qual ambos, prudência e responsabilidade dos seguidores da decisão, requer que alguém dê sério pensamento para a previsível conseqüência dos atos da decisão, antes de decidir.

Rejeita, portanto, ambos os extremos, sem apartar a ideia de que há alguns tipos e alcances de consequências que devem ser relevantes para a justificação das decisões. O caso concreto é que vai decidir.

O que parece razoável nesses dilemas: os juízes devem olhar para a escolha diante deles em termos de suas consequências, num caminho ou no outro em relação ao direito. Decidir um caso e justificar uma decisão requer que isso seja universalizado, ao menos implicitamente.[460]

As dificuldades para isso são várias. Afirma MacCormick que é difícil dimensionar a extensão das consequências que os juízes devem avaliar e a base na qual eles devem fazer a avaliação. As consequências sociais de adotar uma regra e não outra são notoriamente difíceis de calcular. Pode não haver confiança sobre as consequências de uma nova lei, por exemplo, porque a normal operação do direito pode não ser previsível ou ter consequências inimagináveis. Além disso, juízes e advogados são pouco

---

[458] MACCORMICK, Neil. *Rhetoric and the rule of law*: A theory of legal reasoning. New York: Oxford University Press, 2005, p. 101.

[459] Idem, p. 102

[460] Ibidem, p. 102-103.

AUTORIDADE DA LEI ORÇAMENTÁRIA

informados sobre o tipo de avaliação se comparado com o Executivo e o Legislativo.[461]

Por fim, a dificuldade está no ato de avaliar em si mesmo. Mesmo se alguém tem estabelecido prováveis consequências de uma decisão, e não outras, o modo como avaliadas não é claro. Há diversos sistemas métricos de avaliação, com variáveis de análises diferentes em cada caso, por um lado propostos pelos analistas econômicos do direito, por outro, por técnicas arbitrárias de incomensuráveis valores, numa escala de medida que não parece clara. Nesse sentido, não há resposta taxativa.

Importa salientar que, embora nem todas as consequências admitam mensuração, há aquelas que não se tem como afastar, como se dá com o custo da efetivação dos direitos. Parece óbvio que exigir análise de todas as consequências seria o mesmo que submeter o Judiciário a uma cartomancia jurídica, de modo a conjecturar e sopesar hipóteses num trabalho infindo, emperrando toda e qualquer decisão. Porém, exigir análise dos custos na efetivação dos direitos é situação distinta; demandaria apenas análise normativa do orçamento para verificar o que foi juridicamente previsto dentro das reais possibilidades de pagamento do governo. O que, na prática, demandaria apenas requisitar cópia da peça orçamentária, seus anexos e os níveis de demanda.

O fim a que se visa atingir aqui é que as prováveis consequências sejam trazidas ao bojo da análise judicial, como se faz largamente na modulação dos efeitos da declaração de inconstitucionalidade, embora, em muitos casos, de forma temerária.[462] Nesse caso, entre as vantagens e desvantagens do efeito *ex nunc* da decisão, opta-se pelo meio que traga menores desvantagens, com menor gravame no âmbito público.[463]

A análise consequencialista é aquele "ponto final" na discussão a favor de um posicionamento em contraposição aos demais, posto que, embora todos encontrem respaldo jurídico na sua adoção, se aceita apenas um por conta das consequências que dos demais adviriam. O juiz deve optar pela decisão que, das suas consequências, há maior suporte jurídico.[464]

---

[461] NEIL, op. cit., p. 103-104.

[462] VELLOSO, Andrei Pitten. A temerária "modulação" dos efeitos da pronúncia de inconstitucionalidade em matéria tributária. *Revista Dialética de Direito Tributário*, n. 157, out. 2008, p. 7-16.

[463] "Os princípios da boa-fé e da segurança jurídica autorizam a adoção do efeito *ex nunc* para a decisão que decreta a inconstitucionalidade. Ademais, os prejuízos que adviriam para a Administração seriam maiores que eventuais vantagens do desfazimento dos atos administrativos". RE 442.683, Rel. Min. Carlos Velloso, julgamento em 13-12-05, *DJ* de 24-3-06.

[464] John Dewey, citado por MacCormick, afirma que, nas clássicas situações de pragmatismo, o direito deveria ser desenvolvido aos pés de uma "lógica relativa a conseqüências e não a antecedentes, uma

Não se trata de análise judicial das consequências atrelada às conjecturas que surgem da aplicação de novas leis ou de novos posicionamentos, pois, se assim o fosse, haveria fundado temor na aplicação de qualquer lei recém-criada devido ao sem-número de potenciais consequências que poderiam advir. O consequencialismo aqui referido reside no "efeito dominó" ou "efeito em cascata" advindo de decisão protetiva de direitos alheias à realidade do orçamento. As decisões aqui exemplificadas reproduzem a reação imediata de exigência da mesma proteção judicial aos que se encontram nas mesmas condições, tendo-se aí a implantação de verdadeira política protetiva de direito pelo Judiciário. Essa a consequência inaceitável. Se houvesse um espectro de profundidade da análise que deve ser feita pelo Judiciário no proferimento das decisões, a graduação dessa análise seria a mais profunda nesses casos tendo em vista às suas consequências.[465]

Se, por um lado, o direito deve proteger igualmente os mesmos fatos, por outro, resultaria impossível economicamente satisfazer todas as decisões, seja por limitações na legislação orçamentária, seja por inexistência de recursos financeiros para tanto. Aí a importância da distribuição de serviços públicos de modo igual, tanto para ampliar os serviços oferecidos, quanto para restringi-los.

Com essas premissas afirma-se que a liberdade de atuação judicial na proteção de direitos será tanto menor quanto maiores forem os efeitos consequencialistas de sua decisão no tocante aos elevados custos da proteção do direito, à amplitude dos sujeitos que poderão ser envolvidos dentro do efeito multiplicador das decisões, à necessidade de alteração dos programas do governo para atendimento do pleito e à possibilidade da medida judicial tornar-se a porta de entrada da proteção dos direitos, e não as políticas públicas, que comumente, e juridicamente, têm sido o caminho normal de sua proteção.

5.4. ENTRAVES ÉTICO-POLÍTICOS

5.4.1. Da igualdade

A par das infindáveis discussões em seu torno, a igualdade aqui será analisada como instrumento para garantir tratamento antidiscriminató-

---

lógica de predição de probabilidades e não uma de dedução de certezas". In MACCORMICK, Neil. Op. cit., p. 107

[465] WESSON, Murray. *Grootboom* and beyond: reassessing the socio-economic jurisprudence of the South African constitutional court. In *South African Journal on Human Rights* n. 20. 2004, p. 305.

rio: uma vez descoberto algum sujeito que tenha obtido determinado tipo de tratamento vantajoso, a mera comparação com ele já proporciona a expectativa de tratamento igualitário.[466] Fala-se aqui da igualdade de tratamento justificado que exige universalização das razões determinantes da decisão, de modo a aplicá-las às idênticas situações.

O simples fato de ser dispensado determinado serviço público a um cidadão e não sê-lo a outro é razão forte para a violação da igualdade: "o sujeito não deve ser tratado igual apenas porque a norma deixou de ser aplicada a ele, mas, *também*, porque foi aplicada a outro sem ter sido aplicada a ele".[467]

Trata-se de princípio[468] reitor do ordenamento jurídico, presente em todas as normas, de ponta a ponta, sendo o primeiro princípio caso se pense numa suposta hierarquia dos princípios constitucionais.[469]

Quando Dworkin trata do liberalismo baseado na igualdade, afirma que o seu princípio constitutivo e principal é que o governo deve tratar a todos os seus constituintes como *iguais,* ou seja, como merecedores de igual respeito e preocupação.[470] Esse caminho exige que o governo seja sensível para as suas disparidades relacionadas com suas ambições, projetos e escolhas, mas não pode dispensar-lhes tratamentos diferenciados na execução dos serviços públicos.

E é esse o sentido aqui empregado, o de que cada pessoa tem o direito a um estado de igualdade no tocante aos serviços públicos, sem considerar a origem da sua eficácia, se do Legislativo, do Executivo ou do Judiciário. Critérios espúrios a beneficiar um em detrimento do outro, sejam eles formalizados administrativamente ou através de decisões ju-

---

[466] PINTO, Maria da Glória Ferreira *apud* ÁVILA, Humberto. *Teoria da Igualdade Tributária*. São Paulo: Malheiros, 2008, p. 143.

[467] MÜLLER, Geor *apud* ÁVILA, Humberto. Ibidem, p. 143.

[468] A ideia de chamar a igualdade de princípio decorre de uma opção entre as possíveis na estrutura normativa, visto ser a que mais se aproxima do alcance que se pretende dar. Para Humberto Ávila, a palavra-signo "igualdade" pode ter três sentidos normativos diferentes: princípio, regra e postulado. No viés principiológico, aqui adotado, pretendeu o constituinte um compromisso de se buscar um estado de igualdade, o que demanda comportamentos que promovam este estado. Como regra, a igualdade não aponta uma meta sem predeterminação dos meios, mas descreve aquilo que o ente estatal pode ou não pode fazer. E como postulado determina que as demais normas do sistema jurídico sejam aplicadas de modo isonômico, ficando garantida a sua aplicação a todos quantos preencherem os seus requisitos. In ÁVILA, Humberto. Ibidem, p. 135-144.

[469] Afirma Souto Maior Borges: "Note-se que, na linguagem-objeto do texto constitucional (art. 5o, *caput* e item I) a isonomia, tal como relativamente à CF de 1946 anotara Francisco Campos, vem em 1° lugar no elenco dos direitos e garantias constitucionais, não só isso porém. A igualdade tem dupla primazia "topográfica": está no *caput* do art. 5° e no seu item I.". *Revista Trimestral de Direito Público* n. 01. Pro-dogmática: por uma hierarquização dos princípios constitucionais, p. 146.

[470] DWORKIN, Ronald. What is Equality? Part 2. Equality of resources. 1981. *Phil & Publ. Affairs 4*, p. 205.

diciais, devem ser rejeitados. A política instituída com o fim distributivo de serviços deve ser capaz de realizar os direitos dos indivíduos na maior extensão possível. Assim, ninguém pode invocar a plena satisfação de um direito a menos que os demais, na mesma situação, também possam alcançá-lo.[471]

A distribuição de serviços públicos deve ser respaldada por uma teoria moral envolvendo a igualdade (intimamente relacionada com a justiça).[472] Essa distribuição é contextual e depende de como a comunidade vê as várias necessidades dos seus membros. Dado que as necessidades, ao contrário dos recursos, podem crescer sem limites, a comunidade deve decidir quais serviços ou quais bens devem ser garantidos aos seus membros.

Há várias comunidades, com diferentes anseios e diferentes conceitos dos bens a serem distribuídos, fato que inviabiliza uma lista prévia e comum, ou um simples princípio a determinar qual a distribuição apropriada dos serviços públicos. Essa atividade varia em cada sociedade. Mas como os serviços precisam ser entregues, ainda que não haja a perfeita distribuição, alguém precisa decidir quais e como tais serviços deverão ser distribuídos. Daí a autoridade que reside nos órgãos políticos para tomarem a decisão que afetará a todos que se encontram na mesma situação de igualdade. Decisão judicial nesses casos padece de um mal: permite a "concessão de privilégios a alguns jurisdicionados em detrimento da generalidade da cidadania, que continua dependente das políticas universalistas implementadas pelo Poder Executivo".[473]

Nesse sentido já decidiu o Tribunal de Justiça do Rio Grande do Sul: "O direito à saúde é exercido pelo acesso igualitário às ações e serviços prestados pelo Estado. Assim, a gestão dos recursos destinados à saúde deve levar em consideração o bem de todos os membros da comunidade e não apenas o do indivíduo isoladamente".[474] Noutro caso, o mesmo Tri-

---

[471] Quando trata do direito à saúde, Octávio Ferraz afirma "O direito à saúde deve ser interpretado como um direito à igualdade de condições (equidade) no acesso aos serviços de saúde que determinada sociedade pode fornecer com os recursos disponíveis. É essa a interpretação mais adequada do art. 196 da Constituição, que garante 'acesso universal e igualitário' aos serviços e ações de saúde. É ainda corroborada pelo principal tratado internacional ratificado pelo Brasil para a proteção dos direitos sociais, que impõe aos Estados o dever de protegê-los progressivamente 'até os limites de seus recursos disponíveis' (art. 2º do Pacto Internacional dos Direitos Econômicos, Sociais e Culturais)". FERRAZ, Octávio Luiz Motta. Direito à saúde, escassez e o Judiciário. *Folha de São Paulo*. Opinião. 10 de agosto de 2007

[472] Para Aristóteles, justiça e igualdade não são absolutamente idênticas nem genericamente diferentes. ARISTÓTELES, *Ética a nicômaco*. São Paulo: Edirpro. 2007, p. 159.

[473] BARROSO, Luis Roberto. Da falta de efetividade à judicialização excessiva: direito à saúde, fornecimento gratuito de medicamentos e parâmetros para a atuação judicial. *Revista de Direito Social*, Ano IX, Abr/Jun 2009, n. 34. Notadez: Porto Alegre, 2009, p. 13.

[474] (Apelação e Reexame Necessário nº 70018519421, Vigésima Segunda Câmara Cível, Tribunal de Justiça do RS, Relator: Maria Isabel de Azevedo Souza, Julgado em 29/03/2007).

AUTORIDADE DA LEI ORÇAMENTÁRIA

bunal decidiu que "Viola a reserva do possível a pretensão que, se satisfeita, pode gerar um desequilíbrio no sistema jurídico, afetando inclusive o princípio da igualdade material e do Estado Social".[475]

Distribuir serviços corresponde ao anseio social que enfatiza os aspectos relacionais de identidade e o sentido de que as pessoas dependem umas das outras para viver em sociedade, principalmente na área de distribuição de recursos e serviços. Tal distribuição nunca será igual com a entrega singular a indivíduos selecionados através de processos judiciais. Os critérios devem ser sempre comuns: sacrifício e recompensa mútuas em prol do bem comum. Até porque, como afirma Flávio Galdino, "reconhecer um direito concretamente a uma pessoa – especialmente em termos de custos e benefícios – pode significar negar esse mesmo direito (concretamente) e talvez vários outros a muitas pessoas que possivelmente sequer são identificadas em um dado litígio".[476]

Daí não se legitimar decisão que protege um interessado num caso e não o faz num outro. Como afirma Neil MacCormick, razão justificadora no direito não pode ser apenas individual e particular.[477] Se há razão a justificar a medida judicial a determinado interesse, então essa razão deve ser igualmente uma boa razão para qualquer outro necessitado que se valha do mesmo caminho para obter o mesmo remédio judicial. É esse, em princípio, o maior limite de proteção a um direito: um outro igual direito que também deve ser protegido, conforme insculpido no art. 4º da Declaração dos Direitos do Homem e do Cidadão: "o exercício dos direitos naturais de cada homem não tem outros limites senão os que asseguram aos demais membros da sociedade o gozo dos mesmos direitos".

Se o Estado garante proteção de direito em determinada medida, deve assegurar o mesmo para os iguais. Do contrário é possível alegar violação de obrigações do Estado por assegurar o direito discriminatoriamente.[478] Afirma Claudio Michelon:[479]

> De fato, a idéia da igualdade é uma idéia relacional. Sua implementação depende da possibilidade de fazer comparações entre os cidadãos para que os critérios utilizados para distribuir os bens obedeçam a certos critérios distributivos. Os direitos subjetivos, ao contrário, são tradicionalmente entendidos como formas de exclusão, do processo racional de

---

[475] TJRS, Agravo de Instrumento nº 70009692245 – 4ª Câmara Cível – Relator Des. Araken de Assis – julgado em 27/10/2004.

[476] GALDINO, op. cit, p. 345.

[477] MACCORMICK, Neil. *Legal Reasoning and Legal Theory*. Oxford: Clarendon Press, 1978, p. 70.

[478] ABRAMOVICH, V y COURTIS, C. *Los derechos sociales como derechos exigibles*. Madrid: Trotta, 2002, p. 43.

[479] MICHELON, Claudio. Introducción: derechos sociales y la dignidad de la igualdad. Edición digital a partir de *Discusiones*: Derechos Sociales, n. 4, 2004, p. 10.

decisão, de considerações sobre o bem-estar dos demais membros da comunidade (são "trumps" para utilizar uma expressão tipicamente liberal).

Eis o porquê da legitimidade dos ramos eleitos para temas alusivos à distribuição de serviços. O Executivo e o Legislativo intencionaram garantir a todos que estivessem na mesma situação jurídica a garantia do direito, conforme prestado, e não que o Judiciário determinasse o grau de sua satisfação. Agindo desta forma, o caráter coletivo dos direitos sociais resta afastado, posto que, o que originalmente se consistia numa garantia de um determinado nível de atenção a *todos* – porque uma comunidade que todos se preocupam com todos é uma comunidade mais decente do que outra na qual cada um persegue seu bem-estar individual e o resto pela mão invisível do Estado – converte-se num direito individual alegado pelo demandante, sem que as necessidades dos outros possam ser relevantes, uma vez que passam, na visão do juiz, como objetivos de política ou aspirações comunitárias.[480] Nesse sentido, quem reclama um direito se separa da comunidade e afirma o *seu* direito, ainda que seja contra a comunidade, se preciso for.[481]

Por estas razões, não é possível ao Judiciário determinar tratamento diferenciado entre os iguais membros da comunidade. Nessa linha de argumento, quanto maior a possibilidade de tratamento discriminatório com a proteção judicial de um direito, menor será a liberdade de atuação judicial na sua proteção. Igualmente, quanto maior a possibilidade de ocorrência da mesma situação fática, em que pese não protegida por políticas públicas no patamar ideal, do ponto de vista Judiciário, menor o seu grau de atuação na proteção do interesse, tendo em vista ser a política pública o meio comum do seu atendimento. De outro lado, quanto mais rara a possibilidade de ocorrência do fato, e porque não haverá muitos casos de desproteção do potencial direito, maior o poder de ação do Judiciário. O poder do Judiciário será tanto maior quanto menos sua proteção possa discriminar.

5.4.2. Da Justiça

Aparenta pretensioso valer-se da justiça como critério justificador da impossibilidade de proteção judicial dos direitos sociais. Mas, como se verá, não há a sua realização quando demandas individuais são atendidas ao passo que as demais, porque não tiveram acesso judicial, restam desprotegidas.

---

[480] ATRIA, op. cit., p. 45.

[481] Ibidem, p. 52.

A definição da justiça é assunto sobre o qual se discorrem tentativas de conceituações diversas, de modo que não passaria de pura ambição percorrer os vários matizes para, após, optar por um entendimento mais adequado ao que se pretende aqui comentar.

Ao longo da história, diversos autores debruçaram-se sobre o tema, cada um definindo-a à sua forma, de modo que não se tem, ao certo, uma única demarcação abarcante de todos os significados que o termo pode sugerir. Como afirma Jeremy Waldron, "todo filósofo político tem sua própria teoria de justiça e deleitamo-nos com o fato de que nenhuma coincide com outra".[482] No entanto, a importância da concepção ocidental de justiça, contida no *Digesto*, deve ser lembrada, no sentido de que justiça consiste na disposição ou virtude permanente de dar a cada um o que lhe é devido.

Embora visivelmente tautológica, a definição sugere a necessidade de distinção entre duas dimensões importantes da repartição: a formal e a material. A primeira aponta para o fato de que toda divisão deve estar assentada em parâmetros aceitos por todos. A segunda indica a necessidade de identificação dos princípios a serem utilizados na repartição (necessidades, merecimentos, posições sociais, etc.).[483]

Dessa fórmula, retiram-se três elementos essenciais da justiça: a alteridade, a igualdade e a exigibilidade do débito. Em síntese, a justiça ocorre sempre no âmbito de uma relação intersubjetiva, deve conter um elemento de simetria e impõe uma exigibilidade com relação àquilo que é devido. Busca, na esfera da distribuição, repartir os benefícios e encargos advindos de uma relação intersubjetiva.[484]

E é justiça nessa forma de repartição, segundo critérios formais e materiais pré-definidos, que se tentará abordar. Para os termos deste trabalho, a acepção de justiça está atrelada à igual distribuição de serviços públicos em contraposição à distribuição (de justiça) isolada com a tutela judicial, até porque a aplicação do critério de justiça somente adquire algum sentido relevante quando a postura ou a ação de uma determinada pessoa é pensada e relacionada com a de outra. A justiça é intersubjetiva, não havendo como pensá-la centrada apenas em um indivíduo ou exclusivamente sobre um objeto.

A constante concepção de justiça isolada deve-se, em princípio, porque é possível pronunciar-se sobre a justiça de dar, fazer ou não fazer w a z sem necessidade de avaliar o impacto que dar, fazer e não fazer w a z

---

[482] WALDRON, Jeremy, *The dignity of legislation*. op. cit., p. 60.

[483] RABENHORST, Eduardo Ramalho. *Dicionário de Filosofia do Direito*. Vicente de Paulo Barreto (Coord.). Editora Unisinos, RS, 2006, p. 493.

[484] Ibidem, p. 493.

terá em outros aspectos moralmente valiosos. Dizer que w tem direito a que v cumpra sua promessa é dizer que em princípio é justo que v faça o que prometeu fazer, conclusão a que se pode chegar sem necessidade de considerar o impacto que a ação de cumprir sua promessa terá em outras questões igualmente valiosas.[485]

De um lado, entender que seja justo (bom, correto etc.) que alguém tenha um trabalho, uma casa ou um tratamento, não decorre um direito subjetivo acionável contra o Estado, tampouco seria plena realização da justiça. De outro, justiça não pode ser entendida como decisão de cada caso, com seu mérito próprio, sem considerar regras ou princípios de generalização, pois algo não pode ser bom num caso específico e não ser bom para a generalidade dos casos. Os méritos do caso individual devem ser méritos dos tipos de caso o qual este pertence,[486] e não analisados separadamente. Aqui o ponto-chave: a concretização dos direitos deve ser pensada enquanto abarcante de todos os iguais na sociedade e não de acordo com interesses individuais. Pacientes/Interessados individuais e sociedade não são entidades distintas; antes representam posições distintas de cada membro da coletividade, que se dá em diferentes épocas da vida.[487] Decisões protetivas dos interesses individuais, fora da proposta politicamente traçada, alteram o consenso racionalmente tomado do que poderá ser oferecido. Sendo assim, a desconsideração das regras impostas no plano político implica também uma forma de injustiça.[488]

Humberto Ávila aponta os perigos de um posicionamento apegado ao particularismo decisionista:[489]

> Num Estado de Direito, em que deve ser protegida a segurança jurídica, em virtude da qual se deve privilegiar a inteligibilidade, a estabilidade e a previsibilidade do ordenamento jurídico, não está o aplicador autorizado a buscar a melhor solução por meio da consideração de todas as circunstancias do caso concreto, desprezando justiça geral em favor da justiça particular. Em suma, a consideração de todas as circunstâncias do caso concreto, seja o que isso signifique, apesar das circunstâncias selecionadas pela regra legal, não é algo necessariamente positivo, e a contemplação dos elementos valorizados pela regra legal, apesar das circunstâncias do caso concreto, não é algo forçosamente negativo.

---

[485] ATRIA, Fernando. ¿Existen derechos sociales?, op. cit., p. 24.

[486] A noção de justiça formal requer que a justificação de decisões em casos individuais esteja sempre na base de proposições universais pra os quais o juiz esteja preparado para aderir como uma base para determinar outros casos igualmente e decidi-los da mesma maneira do presente caso.

[487] EDDY, David M. The Individual vs. Society: Is There a Conflict? 265 *JAMA*, 1446, 1449-0 (1991).

[488] Sobre o tema ver Humberto Ávila. Neoconstitucionalismo": entre a "ciência do direito" e o "direito da ciência". *Revista Eletrônica de Direito do Estado* (REDE)., op. cit, p. 13-15.

[489] Idem, p. 15.

Dois exemplos, aplicados à saúde, clarificam a relação entre justiça individual e coletiva.[490] No primeiro, um advogado de classe média, cujo plano de saúde não custeava o transplante de pâncreas, obteve junto ao Judiciário o direito de realizar a sua cirurgia pelo Estado, no melhor hospital do país (Hospital Albert Einstein em São Paulo), bem como as passagens aéreas e a hospedagem para si e seus acompanhantes. Os custos para cumprir essa decisão eram equivalentes ao dobro do valor desembolsado no mês anterior para gastos com tratamentos fora de domicílio de pacientes atendidos pelo SUS no Estado de Alagoas, num total de 127 pessoas beneficiadas, a maioria delas vítima de câncer.[491] Seria justo atender às 127 pessoas vitimadas pelo câncer ou dar suporte ao advogado com enfermidade também crônica? E se outras pessoas precisassem do mesmo tratamento?

Para o caso é bom distinguir justiça de generosidade. Uma coisa é "dar (ou fazer ou não fazer) x a w é bom (justo etc.)", outra é "w tem direito a x".[492] Não que ambas sejam independentes e excludentes, mas são diferentes. Quando se diz que "w tem direito a x" não se quer dizer apenas que "é bom que se dê x a w"; o Estado deve assegurar a pretensão sem considerações sobre a justiça do caso. Mas quando se diz que é apenas "justo" que se faça isso, não significa real existência do direito prestacional. No caso concreto, mesmo se o Estado quisesse ser generoso, falharia com outras pessoas igualmente necessitadas do mesmo tratamento. Ser generoso não significa ser justo, é ser benevolente, e só poderia haver generosidade se as demais necessidades básicas estivessem sendo satisfeitas.

Noutro exemplo, envolvendo a atenção judicial ao direito à medicação, o depoimento do então Secretário da Saúde do Estado de São Paulo é exemplar:[493]

> Nos últimos anos, o avanço da indústria farmacêutica tem sido notório. Entretanto, muitos produtos recém-lançados possuem, em maior ou menor grau, eficácia similar à de remédios já conhecidos, disponíveis no mercado e inclusos na lista de distribuição da rede pública de saúde. No entanto, os novos remédios custam muito mais que os atualmente

---

[490] É sempre bom lembrar que a intensa exemplificação em relação ao direito à saúde dá-se porque é este o direito mais conflituoso e de maiores dúvidas, posto que a sua negação, diferentemente dos demais, significa negação da própria vida. Daí o emaranhado de posicionamentos em seu torno.

[491] Caso citado por George Marmelstein Lima In Efetivação Judicial dos Direitos Econômicos, Sociais e Culturais. Dissertação de Mestrado. Fortaleza, 2005. Disponível em <www.georgemlima.blogspot. com>. Dados extraídos do Mandado de Segurança 2000.80.006986-8, que tramitou na Justiça Federal do Estado de Alagoas.

[492] Ilustração utilizada por Fernando Atria. ¿Existen derechos sociales? p. 22.

[493] BARROSO, Luiz Roberto. É positivo que o Estado seja obrigado por decisão judicial a fornecer certos medicamentos? Disponível em <http://www.tj.es.gov.br/Novo/conteudo.cfm?conteudo=4079>. Acesso em: 10 abr. 2007.

padronizados pelo SUS. Outros produtos, comercializados fora do Brasil ou ainda em fase de testes, não possuem registro no país e não devem ser distribuídos pelo SUS, pois podem pôr em risco a saúde de quem os consumir. São justamente esses medicamentos que o Estado mais vem sendo obrigado a fornecer por pedidos na Justiça. É importante ressaltar que a entrega de medicamentos por decisão da Justiça compromete a dispensação gratuita regular, já que os governos precisam remanejar recursos vultosos para atender situações isoladas. Em São Paulo, a Secretaria da Saúde gasta cerca de R$ 300 milhões por ano para cumprir ações judiciais para distribuição de remédios não padronizados de eficácia e necessidade duvidosas. Com esse valor é possível construir seis hospitais de médio porte por ano, com 200 leitos cada. Além de medicamentos, o Estado vê-se obrigado a entregar produtos como iogurtes, requeijão cremoso, queijo fresco, biscoitos, adoçante, leite desnatado, remédio para disfunção erétil, mel e xampu, dentre outros itens. Em 2004, por exemplo, chegou a ter de custear, por força de decisão judicial, a feira semanal para morador da capital.

A aplicação dos recursos direcionados judicialmente, do modo acima posto, não observa os ditames da justiça distributiva, uma vez que não considera o impacto judicial na generalidade dos necessitados. Duas as alternativas: ou a distribuição de serviço ocorre indistintamente, de acordo com as regras traçadas pela Administração Pública, ou se permite maleabilidade, com mudança de regras caso a caso, distribuindo-se a *justiça* de modo individual, sem análise das suas consequências. A questão é, ou atende-se a regra geral de distribuição de serviços ou abrem-se exceções de acordo com os casos particulares.

Afirma Frederich Schauer[494] que:

> (...) não há nada essencialmente *justo* na tomada de decisões baseada em regras. Mas é inegável que uma decisão baseada em regra é mais justa do que a que a afasta para levar em consideração todos os fatores. À medida que os fatores forem escondidos para num caso particular se encontrar uma solução justa, a justiça desse caso impede a justiça de outros semelhantes em longo prazo.

Este é o raciocínio que se pretende correto. No caso de se seguir a regra genérica de distribuição de serviços, o controle dos gastos tem a vantagem de ser impessoal, com valores neutros e segue um caminho não discriminatório. Sempre haverá indivíduos afetados por essas medidas, mas não serão politicamente visíveis, porque a negação do *direito social* lhes parecerá como simples infortúnio, uma mera extensão da loteria natural. Nenhum individuo identificará tais problemas como sendo afrontoso à sua dignidade, pois poderia acontecer com qualquer outro. Por outro lado, também não será um problema moral, visto que não se aponta um fator humano de atuação direta com o caso individual.

---

[494] SCHAUER, op. cit., p. 20 e ss.

No entanto, tratando-se de decisões judiciais protetivas, com a consequente desatenção dos que não buscaram no Judiciário igual pretensão ou a tiveram negada, ter-se-ia flagrante injustiça, além de violação de premissa lógica, como destinação pública dos recursos para custo de pesquisas, remédios, estratégias de controle, dentre outros, que estão fora da competência judicial. Agir desse modo é como lançar-se numa luta do tipo salve-se quem puder, na contramão da isonomia na distribuição dos serviços públicos.

Afirma Gustavo Amaral:[495]

Pretender que as prestações positivas possam, sempre e sempre, ser reivindicáveis, pouco importando as conseqüências financeiras e eventuais impossibilidades do Erário é divorciar tais pretensões de qualquer fundamento de justiça, seja porque a falta de recursos provocará discriminações arbitrárias sobre quem receberá a utilidade concreta e quem não receberá (*e.g.* quem teve mais sorte na distribuição da demanda judicial, quem conseguiu divulgação na mídia, quem reivindicou primeiro) e, ainda, desequilíbrio entre as pretensões voltadas para a utilidade em debate e as pretensões voltadas para abstenções arrecadatórias e, ainda com anseios difusos, voltados para um estado de equilíbrio social, incompatível com a total desestabilização das finanças públicas.

A nosso ver, a própria concepção dos direitos fundamentais deve ocorrer sob a ótica de uma sociedade aberta, democrática e pretensamente justa, o que exclui a visão autoritária de um único intérprete autorizado a fazer opções maniqueístas, nos moldes do "tudo ou nada" ou do "certo e errado". Como bem destaca Bonavides, há que se dar preponderância aos direitos relacionados com a democracia, informação e pluralismo, o que abre a hermenêutica a inúmeros atores igualmente legitimados.

Em tais casos, a opção política é preferencialmente do legislativo e do executivo, cabendo ao judiciário o controle de razoabilidade.

Não que o Judiciário esteja peremptoriamente proibido de proteger situações individuais, mas essas proteções devem estar estabelecidas nas políticas públicas. Do contrário, os juízes agirão como verdadeiros intermediadores dos serviços que os cidadãos *querem*, dentro da sua ilimitada criatividade, com desatenção ao serviço que o Estado *pode dar*.

O direito não pode ser analisado do ponto de vista pessoal, atento a uma situação específica, num único átimo de tempo, produzido por um interessado. Vai além do curso da vida de uma pessoa e atinge o ponto de vista de um indefinido número de pessoas, com ou sem saúde, com ou sem casa, com ou sem trabalho, que resulta num complexo caminho onde numerosas vidas estão presentes.

Nenhum interessado questiona se há o direito e se é justo o gasto vultoso para um tratamento com 1% de chance de ser curado, ou a construção de uma casa para si, com um déficit habitacional de oito milhões

---

[495] AMARAL, Gustavo. A interpretação dos direitos fundamentais e o conflito entre poderes. *Teoria dos direitos fundamentais*. Ricardo Lobo Torres (org.). Rio de Janeiro: Renovar, 2001, p. 117-118.

de moradias,[496] até porque o que parece motivar, em geral, a conduta das partes, não é tanto que o juiz seja justo ou correto, que haja ou não o direito, mas que o resultado seja benéfico. O que lhes move não é a busca da verdade, mas a satisfação de seus interesses.[497] Esquece-se que "a determinação da justiça de uma ação concreta tomando em conta todas as considerações morais que poderiam ser pertinentes pode frustrar o resultado de outros interesses gerais".[498]

A justiça, no sentido de justa distribuição de recursos, não é alvo perseguido judicialmente, mas através de instrumentos políticos. Eventual distribuição de recursos pelo Judiciário (distribuição indireta) não se coaduna com a justiça e com a igualdade. Desse modo, ainda que se entenda haver *injustiça* na sua distribuição, o órgão de pressão a adequá-los aos anseios sociais, *a priori*, não é o Poder Judiciário, mas os ramos eleitos. O Judiciário não está autorizado a atuar quando na *sua* visão (justiça material) não há justa distribuição de recursos, até porque justiça a ser feita deve ser a de acordo com o direito, e não a justiça pura e simples.[499] Do contrário, será no Judiciário, e não no Executivo ou Legislativo a discussão das questões envolvendo alocações de recursos. O juiz deve decidir conforme as regras públicas, que são as que eram comuns às partes, e não de acordo com o que lhe parece substantivamente correto ou justo. Resolver pautado no direito não é o mesmo que resolver pautado na justiça.[500]

Do ponto de vista do direito, a justiça material pretendida pelo juiz deve ser tomada com temperamentos, porque não se busca a justiça que ele (o juiz) pretende, mas a que o direito estabelece. O juiz não pode fazer a *sua* justiça, mas a *justiça* que o direito ordena, pois orienta à unicidade, isto é, deve decidir de modo a estar disposto a adotar a mesma decisão para casos similares, porque uma particular resposta para uma particular questão envolve uma resposta universal para uma questão universal.[501]

Segundo Neil MacCormick, o juiz deve aderir ao princípio da justiça formal, como um mínimo requerido para fazer justiça no todo,[502] mas não se pode apartar da ampla justiça pretendida pelo direito. Assim, a depen-

---

[496] Déficit habitacional no Brasil é de 8 milhões de moradias e se concentra nas famílias com renda de até três salários mínimos. In UOL notícias. Em 25.03.2009. Disponível em <http://noticias.uol.com.br/cotidiano/2009/03/25/ult5772u3355.jhtm>.

[497] ATIENZA, Manuel. *Las razones del derecho*. Teorías de la argumentación jurídica. Universidad Nacional Autónoma de México: México, 2005, p. 193.

[498] PARCERO, Juan Antonio Cruz. *Leones, lenguaje y derechos*. Sobre la existencia de los derechos sociales (Réplica a Fernando Atria), p. 81.

[499] MACCORMICK, Neil. *Legal Reasoning and Legal Theory*. Clarendon Press. Oxford. 1978, p. 73.

[500] ATRIA, El derecho y la contingência de lo político, p. 326.

[501] Idem, p. 76.

[502] Ibidem, p. 78 e ss.

der da excepcionalidade do caso concreto (pouco grau de sua ocorrência), do custo da sua satisfação (repercussão no orçamento público), das permissões normativas do orçamento, da existência efetiva de recursos e da existência de solução possível dentro dos limites da razoabilidade e proporcionalidade, é possível atuação judicial protetiva de direito, para determinar aos demais poderes públicos o seu amparo. O que não se pode ocorrer é a efetivação dos direitos sociais sem atenção às normas estabelecidas pelo poder público, tampouco às questões envolvendo custos e repercussão da decisão. Pode haver a proteção judicial, mas com rigorosa análise dos seus termos.

Nem sempre o atendimento judicial de um caso isolado significa desapego à justiça. Há situações excepcionais, que envolvem baixos custos e poucos reflexos da decisão num conjunto de ações a serem tomadas pelo Estado, que permitem maior atuação judicial. Nesse sentido, o poder de atuação será tanto maior quanto menor e mais excepcional a situação que buscou tutela judicial; em sentido inverso, será tanto menor quanto maior a generalidade dos casos.

Mas, como se viu, não pode haver desatenção às regras dos custos postas no orçamento, que deverá ser trazido ao âmbito judicial de análise quando da proteção do pretendido direito.

5.4.3. Da separação de Poderes

A separação de poderes informa que há certas funções que repousam primariamente em determinada área. Cada ramo desfruta de uma especialidade primária, responsabilidade e poder, tendo-se em conta certos tipos de funções governamentais. Os ramos devem firmar-se no sentido de colocar freios nos outros e cada um deve ter freio sobre si. Não significa que há uma regra rígida que previne completamente um órgão de realizar algumas das funções normalmente sob a alçada de outro.[503]

Montesquieu, quando da defesa das três funções do governo, utilizou a Inglaterra como exemplo. Desse modo, dificilmente tinha imagina-

---

[503] O tema da separação dos poderes é extenso e aqui não é o momento propício para se discorrer sobre suas nuances. Não se abordará a sua concepção iniciada por John Locke (separação dual dos poderes: Executivo e Legislativo) seguida por Montesquieu (divisão tríplice: Legislativo, Executivo e Judiciário) que influenciaram o mundo ocidental, incluindo aí todas as constituições brasileiras, que consagraram o princípio da separação de poderes como um aspecto fundamental da estrutura política do Estado. Também não se abordará o vetusto entendimento que há uma divisão clara dos poderes de modo que um não pode adentrar no outro. Já se parte do pressuposto que a teoria clássica merece revisão por conta da transformação porque passa o Estado. A mais visível, sem dúvida, é a assunção judicial de diversas tarefas resultantes da eficácia dos direitos fundamentais, dentre eles, a dignidade da pessoa humana, tornando-o uma função de maior atuação se comparado com o clássico entendimento presente na original separação dos Poderes.

do uma absoluta separação entre as três funções, uma vez que certamente esse não era o caso da Inglaterra àquele tempo.[504] Assim, independente do país e do sistema constitucional, a separação de Poderes não sugere uma rígida separação de diferentes órgãos de poder dentro de inequívocos compartimentos, mas, antes, uma separação suficiente para notificar os perigos que são inerentes à concentração de poderes.[505]

Há situações que não se chega facilmente à conclusão de qual Poder deve atuar, e, em outros casos, se é cabível ou não a atuação conjunta de dois ou de todos os poderes. Tudo depende da herança da estrutura constitucional desenhada e dos poderes postos na Constituição. A zona de atuação de cada um é o que permanece depois de o Congresso ter terminado a elaboração da Constituição.

Na linha do novo constitucionalismo, entende-se ser inegável a defesa da ampliação do papel judicial, o que remodela a separação de Poderes, porque se torna o principal poder, em contraposição aos demais, que já tiveram momentos áureos de sobrepujança em relação à função judicial. Afirma Dirley Júnior:[506]

> Nesse contexto, o constitucionalismo contemporâneo reclama uma *ruptura* de modelos ou de sistemas até aqui desenvolvidos e adotados, e a sua *substituição* por outros, cujos paradigmas não guardam mais identidade de significado com aqueles que informaram os figurinos jurídicos e políticos que se tinham como certos até aqui. Ou seja, tudo leva a uma irrecusável mudança dos paradigmas culturais, determinada e determinante de uma transformação social, onde se reconheça a irrecusável expansão do papel do Poder Judiciário, que representa induvidosamente o necessário contrapeso num sistema democrático de *checks and balances*, à paralela expansão dos "ramos políticos" do estado moderno.
>
> Na esteira dessa transformação da realidade social, pode-se admitir que as omissões do poder público, principalmente as do Legislativo, acabaram por conferir ao Judiciário uma legítima função normativa, de caráter supletivo, no exercício de sua típica função de efetivar as normas constitucionais, de tal modo que hodiernamente já se fala – como ocorre na Alemanha – na tendência da passagem do *Rechtsstaat* ou Estado Legislativo para o *Justizstaat* ou Estado de Jurisdição Constitucional, em razão do evidente crescimento da importância da função jurisdicional, no âmbito do controle das ações e omissões do poder público, onde a chamada "crise da lei" e a superação do mito da "separação de Poderes" parecem ser realidades notórias..

Não se contesta a ampliação dos poderes judiciais, mais ainda num sistema em que os direitos fundamentais têm aplicabilidade imediata (art. 5º, § 1º, da CF), a dignidade da pessoa humana é um dos pilares do Estado (art. 1º, III, da CF) e nenhuma lesão ou ameaça a direito pode ser afastada do Judiciário (art. 5º, XXXV, da CF). Fora isso, fala-se da nova

---

[504] FOMBAD, Charles Manga. *The Separation of Powers and Constitutionalism in Africa*: The case of Botswana. Boston College Third World Law Journal. n. 25, 2005, p. 309.

[505] Ibidem, p. 341.

[506] CUNHA JÚNIOR, op. cit., p. 347-8.

AUTORIDADE DA LEI ORÇAMENTÁRIA

interpretação advinda de critérios constitucionais, que dá ao juiz maior dose de discricionariedade por conta dos novos meios de resolução de conflitos potencializadores de sua atividade criativa.[507]

Mas também não se deve, por esta razão, apequenar a função dos Poderes Executivo e Legislativo. A ampliação de um não significa diminuição do outro. Há espaços no Judiciário que foram cedidos pelo próprio Legislativo, em que pese o Judiciário avocar mais do que o comumente foi-lhe dado. Mas há aqueles espaços que primariamente pertencem ao Legislativo, e o Judiciário não poderá avocar. Como afirma Humberto Ávila:[508]

> Na sociedade atual, em que se asseguram as variadas manifestações de liberdade, não só existe uma pluralidade de concepções de mundo e de valores, como, também, há uma enorme divergência com relação a modo como essas concepções de mundo e de valores devem ser realizadas. Vale dizer, há divergência com relação aos valores e com referência ao modo de realização desses valores. A rigor, não há uma solução justa para o conflito e para a realização desses valores, mas soluções que precisam, por algum órgão, ser tomadas para pôr fim ao infindável conflito entre valores e às intermináveis formas de realizá-los.

> Pois bem, o Poder onde, por meio do debate, se pode *respeitar e levar em consideração* essa pluralidade de concepções de mundo e de valores, e o modo de sua realização, é o Poder Legislativo. Por meio dele é que, pelos mecanismos públicos de discussão e votação, se pode obter a participação de todos e a consideração da opinião de todos, em matérias nas quais não há uma solução, mas várias soluções para os conflitos de interesses, não um só caminho para a realização de uma finalidade, mas vários caminhos para a sua promoção.

Embora tamanha mudança, há de se investigar até que ponto o "Estado Judicial de Direito"[509] redunda em liberdade ao Judiciário no tocante à proteção dos direitos sociais, porque, estritamente nessa área, deixar ao Judiciário o dever de interpretar o escopo e limites desses direitos é

---

[507] Para verificar a nova interpretação constitucional veja BARROSO, Luiz Roberto. Neoconstitucionalismo e Constitucionalização do Direito (o triunfo tardio do Direito Constitucional no Brasil). Revista Eletrônica sobre a Reforma do Estado (RERE), Salvador, Instituto Brasileiro de Direito Público, n. 9, março/abril/maio 2007. Disponível em <http://www.direitodoestado.com.br/redae.asp>.

[508] ÁVILA, Humberto. Neoconstitucionalismo": entre a "ciência do direito" e o "direito da ciência". *Revista Eletrônica de Direito do Estado* (REDE). Op. cit., pp. 16-17.

[509] Afirma Ana Carolina Lopes Olsen: "A dúvida, no entanto, permanece: esta concentração de poder na mão dos juízes não afrontaria o princípio democrático? Não se estaria a adentrar uma nova espécie de ditadura, a ditadura dos juízes, já que de suas decisões não cabe controle exercido pelos demais poderes? Até que ponto eles podem determinar o cumprimento, pelo Executivo e Legislativo, dos programas previstos na Constituição Federal de 1988, segundo uma Teoria da Constituição Adaptada para Países de Modernidade Tardia?". A eficácia dos direitos fundamentais sociais frente à reserva do possível. Curitiba, 2006. OLSEN, Ana Carolina Lopes. *A eficácia dos direitos fundamentais sociais frente à reserva do possível*. Dissertação apresentada no Curso de Pós-Graduação em Direito do Setor de Ciências Jurídicas da Universidade Federal do Paraná. Curitiba, 2006, p. 303.

dotar-lhe da mais óbvia oportunidade de fazer julgamentos político-econômicos.[510]

Por isso se defendeu a restrição de incluí-los no corpo da Constituição,[511] temendo-se substancial alteração na tradicional separação de poderes. Wojciech Sadurski afirma que a primeira razão para desaprovar tais direitos na Constituição é que eles produzem uma (infeliz) mudança institucional na separação de Poderes e permitem (certamente, requerem) que juízes decidam matérias na qual eles não têm qualificação ou autoridade política.[512] No mesmo sentido Jerzy Ciemniewski, ao declarar que, se deixados – tais direitos – nas mãos do Judiciário, embarcar-se-ia num perigoso atalho de combinar os papéis e funções de diferentes categorias de ramos do Estado e confundir-se-ia o objetivo e a natureza das responsabilidades de cada corpo.[513]

Não se nega a importância dos direitos sociais constarem do rol dos direitos constitucionais, uma vez que refletem o anseio social protegido pelos poderes do Estado e fortalece o processo de sua institucionalização. Tampouco se afirma que são protegidos apenas porque lá estão, visto que, tanto o direito à moradia, só incluso no art. 6º da CF com a emenda n. 26/2000, quanto o direito à alimentação, recém-incluso com a emenda n. 64/2010, foram e continuam sendo política e judicialmente albergados sem consideração direta à sua presença na Constituição.

A topografia constitucional não é critério suficiente a ensejar efetivação judicial, porque da construção normativa extraída da Constituição pode se chegar aos mesmos resultados. No entanto, eles são os direitos que causam maiores repercussões na tormentosa questão institucional da separação de Poderes, visto que, pautados em princípios constitucionais e na vaga noção do seu alcance, o Judiciário acaba tendo larga margem de intervenção, a seu ver justificada, sem negar a relevante conotação política.

Com eles, o Judiciário é posto numa incômoda posição, de complexa resposta, pois, quando invocado à sua proteção, inevitavelmente faz

---

[510] É inegável afirmar-se que há certa exorbitância à judicialização de todas as coisas no estágio atual. Se se puder falar em fases de primazia de poder, na separação de poderes, falar-se-ia que no passado, na fase codicista, o Legislativo era o ramo mais prestigiado, do ponto de vista de predomínio e de atribuições. Após, principalmente nos períodos de ditadura, houve proeminência do Executivo sobre o Judiciário e Legislativo e nos tempos atuais, pode-se falar do Judiciário. O detalhe foi que não se preparou para essa expansão, de modo que o Poder cresceu sem limites e agora se torna difícil controlá-lo.

[511] DAVIS, D. M. The case against the inclusion of socio-economic demands in a bill of rights except as directive principles. HeinOnline 8. *South African Journal on Human Rights*. 1992, p. 475-490.

[512] SADURSKI, Wojciech. *Rights Before Courts*. Kluwer Academic Publishers Group, 2007, p. 174.

[513] *Apud* SADURSKI, Wojciech. Ibidem, p. 175.

política. Espanha[514] e Irlanda,[515] no intuito de evitarem essa *desordem* institucional, fazem clara divisão entre os direitos, afirmando que os direitos sociais não são reconhecidos através do Judiciário. A África do Sul faz depender a sua eficácia da disponibilidade de recursos,[516] e o Brasil, ao tempo que dá importância às políticas públicas como meio para a sua implantação, confere a todos os direitos ali inscritos aplicabilidade imediata, o que impõe responsabilidade ao Judiciário.

O Judiciário coloca numa vala comum os direitos civis e políticos com os direitos sociais, dando-lhes aparente igualdade quanto ao grau de justicialidade, gerando expectativas que não podem ser cumpridas e confusões – quanto ao âmbito de atuação de cada poder – que não podem ser facilmente resolvidas.

A confusão de chamar todas as proteções de direitos resulta em dificuldades. Por um lado, acentua Fernando Atria, porque os direitos civis e políticos têm uma peculiaridade: a especificação completa do conteúdo do aspecto *ativo* desses direitos *é ao mesmo tempo* uma especificação completa do conteúdo do seu aspecto passivo. Ao determinar quem tem o direito resta também determinado quem tem o dever. Daí a consequência de extraordinária importância porque esses direitos (de primeira geração) podem ser concebidos como naturais. Tal se dá porque, para especificar o seu conteúdo tanto ativo quanto passivo, é suficiente atender a posição do indivíduo isolado. Porém os direitos sociais são radicalmente diversos nesse sentido. A especificação do conteúdo do seu aspecto ativo não constitui uma especificação completa do conteúdo do seu aspecto passivo. Ela não inclui informação nem sobre quem é o sujeito obrigado, nem sobre qual é o conteúdo de sua obrigação,[517] o que confunde o Judiciário quando invoca para si a função de dissecar essas incertezas.

Em segundo lugar, os direitos sociais, como se viu, envolvem questões complexas de política e orçamento em proporção maior que os direitos civis e políticos, e não limitam os seus efeitos apenas *inter partes,* dado ao consequencialismo e à força das decisões, não se podendo, no caso,

---

[514] A Constituição Espanhola desenha a distinção entre "Direitos e Liberdades" (Capítulo II) a "Dos Princípios Reitores da Política Social e Econômica" (Capítulo III), e nega proteção judicial aos últimos, onde se encontram os direitos sociais. A questão é saber se se trata de uma exigência técnica ou representa o fruto de uma decisão política.

[515] A Constituição da Irlanda distingue entre "Direitos Fundamentais"(arts. 40-45) e "Princípios Diretivos da Política Social" (art. 45), e afirma no mesmo artigo que tais direitos "não devem ser reconhecidos pelas Cortes" (art. 45).

[516] A Constituição da África do Sul de 1996, na Seção 26, afirma: 1 – Everyone has the right to have access to adequate housing. 2 – The state must take reasonable legislative and other measures, within its available resources, to achieve the progressive realization of this right.

[517] ATRIA, Fernando. ¿Existen derechos sociales? Edición digital a partir de *Discusiones: Derechos Sociales,* n. 4, 2004, p. 19-20.

afirmar que violações ou atenções a direitos sociais são relevantes apenas para os individuais interessados.

Além dos receios jurídicos, no âmbito político, a proteção judicial dos direitos sociais vai além dos limites do Poder Judiciário porque, em muitos casos, dessa atuação decorrem alterações de planos de ação estrategicamente elaborados e aprovados em lei para o alcance dos cidadãos. No aspecto orçamentário, por sua vez, dá-se a alteração das modificações nas políticas públicas, visto que elas estão atreladas ao orçamento. E aqui dois obstáculos: tanto os planos governamentais de ação quanto os gastos públicos são definidos em lei, e alterá-los pela via judicial significaria modificação judicial da própria lei. E mais, modificação em área de elevada complexidade, como é o orçamento público.

O problema dos direitos sociais na separação de poderes está estampado nessas posições, uma vez que a noção de sua plena justicialidade e a sua menção constitucional supostamente permitiram virtuais zonas de superposição entre os poderes: de um lado, o Judiciário defendendo a sua plena eficácia, nos seus moldes, e, de outro, o Executivo e o Legislativo implantando-os através de políticas públicas. Assim, o exercício por um ramo de sua responsabilidade *supostamente* legitimada tem o potencial de afastar os outros de sua função nuclear. A decisão judicial faz uma reviravolta na escolha legislativa, tornando vencedor em perdedor e vice-versa.

Esse o dilema a reger as relações institucionais dos poderes, quando exige do Judiciário, para a proteção do direito, atuação além do que está no alcance de sua competência. E tal se dá, também, da leitura do art. 102 da Constituição, que confere ao STF, precipuamente, a guarda da Constituição, fazendo-lhe entender, como tem sido reiteradamente afirmado, que a última palavra em termos constitucionais lhe pertence, não restringindo o âmbito de sua atuação às questões jurídicas, mas alcançando temas dos mais variados, como os econômicos e os políticos.[518]

Esse entendimento exprime que, independente dos reflexos da decisão, a posição judicial é a *correta* e é a que se deve perseguir proteção, afastando-se a ideia de guarda da Constituição atribuída igualmente aos entes federativos,[519] bem como a de que a Constituição não é apenas um documento jurídico, mas de viés inegavelmente político.

Não se pode tentar resolver o problema, particularmente, por dizer que o Judiciário não faz política, ou que, havendo direito social em cotejo, compete-lhe a plena defesa sem considerações consequencialistas. Por

---

[518] Sobre o tema: LIMA, Francisco Gérson Marques de. *O STF na Crise Institucional Brasileira*. São Paulo: Malheiros, 2009.

[519] Art. 23. É competência comum da União, dos Estados, do Distrito Federal e dos Municípios: I – zelar pela guarda da Constituição...

causa do entrelaçamento da matéria, há funções para todos os poderes e a chave para a solução está no padrão de atuação judicial que poderá conformar a proteção do direito politicamente. A questão é se, com essas áreas de entrelaçamento, deve-se se inclinar a um julgamento cego do Legislativo, que segue um teste racional e pode desatender toda situação não abarcante pela norma, por mais merecedora de tratamento diferenciado que pudesse ser, ou a um julgamento realizado pelo Judiciário, que segue um padrão de estrito escrutínio, levando-se em consideração as peculiaridades do caso, não abarcante pela norma.

Rex Lee apresenta três motivos pelos quais se deve preferir o julgamento do governo e os valores que a legislação faz, tendo em vista a sua melhor posição para definir as prioridades: a) o Judiciário é limitado com respeito à qualidade e aos tipos de fatos que estão disponíveis para o propósito de resolver esse tipo de questão. É limitado aos fatos que lhe são postos pelas partes para um particular foco do litígio; a legislação não; b) quando se cria essa hierarquia, quando se diz que tal direito é fundamental, refere-se a direitos de pessoas que têm muito mais acesso aos legisladores que aos juízes. Assim surge uma grande oportunidade de interação entre a decisão do governo e aqueles que são afetados por essas decisões; e c) os erros do Legislativo são mais facilmente corrigidos que os erros judiciais.[520]

Embora sejam válidas as colocações do autor, o temperamento que se faz é sobre o grau de civilização da sociedade brasileira, distante dos padrões de países civilizados para quem aludidas soluções foram direcionadas. É que, deixar às relações entre os cidadãos e os ramos eleitos a busca de soluções envolvendo os problemas sociais ainda é caminho a ser aperfeiçoado.

Por essa razão, para além de não se negar a crescente relação entre representantes e representados, também não se nega o prestígio judicial na proteção dos direitos sociais (o que não significa imunidade de irregularidades), não no viés aqui fortemente combatido, mas no importante papel de levantar a atenção e assistir ao Executivo e ao Legislativo no preenchimento do sentido dos direitos sociais ou dos seus deveres legais. O Judiciário pode desenvolver o seu papel dialógico com o Executivo sobre tais direitos, e não ficar envolvido num território de discussões e desafios,[521] como se um se sagrasse vencedor e o outro perdedor.

---

[520] LEE, Rex. *Legislative and Judicial Questions*. Harvard Journal Law & Publics Politics. vol. 07, 1984, p. 39.

[521] BUEREN, Geraldine Van. *Alleviating poverty through the constitutional court. South African Journal on Human Rights*. 1999. vol. 15, p. 64.

Desenvolver uma cultura de cooperação entre o Judiciário, o governo e as pessoas, para preencher os direitos dos cidadãos é a consequência do parâmetro ora proposto. Através da revisão de detalhes práticos na implementação de direitos sociais, o Judiciário estará acrescentando e não minando as decisões democráticas, visto que tais atuações aumentam a participação das pessoas enfraquecidas ou desprotegidas.[522]

Todos os Poderes devem se esmerar no cumprimento da Constituição. A incumbência que recai sobre o Judiciário não é mais ou menos importante da que recai sobre o Executivo e o Legislativo. Pensar o inverso pode resultar em falha na solução de conflitos desse jaez.

5.4.4. Do princípio democrático

O último entrave a obstar a atuação judicial nas alocações orçamentárias, fora, obviamente, a hipótese de controle de constitucionalidade, é a força democrática que tem o orçamento, mais ainda com a obrigatoriedade, no caso brasileiro, da participação popular na sua feitura.[523] A escolha das alocações orçamentárias é uma opção democrática de modo que, eventual alteração deve se dar pelas vias da vontade de muitos e não de uns poucos, como se dá com a alteração judicial.[524]

Democracia significa que o povo decide por si mesmo as condições da vida social que eles têm interesse, através dos procedimentos políticos. Significa que tem "liberdade positiva", no sentido de autogoverno, e igualdade política enquanto cidadãos, porquanto tem igual voz no con-

---

[522] BUEREN, Geraldine Van. Ibidem, p. 65. Nesse sentido afirma Gilberto Tristão: "Na evolução do processo participativo em nosso País, será com o passar do tempo e a acumulação de erros e acertos que o povo aprenderá a importância de fazer uso das diversas instâncias de participação e dos vários canais de influenciação para aproximar-se das aspirações da comunidade a distribuição de recursos e a ação governamental". In TRISTÃO, Gilberto. Dificuldades na democratização do orçamento público. *Revista de Informação Legislativa* a. 26, n. 104. Brasília: Senado Federal, 1964, p. 130.

[523] O tema do orçamento participativo é cada vez mais debatido na literatura brasileira como mecanismo de aprofundamento da democracia e instrumento de diminuição dos graves problemas sociais enfrentados pelo país. (v. PIRES, Valdemar. Limites e potencialidades do orçamento participativo. *Revista da associação brasileira de orçamento público*. V.4, n. 43. Brasília: ABOP, 2002, p. 73-100; MIRANDA, Dalton Cesar Cordeiro de. Orçamento público participativo federativo: uma proposta de elaboração. Revista tributária e de finanças públicas n. 38. São Paulo: RT, 2001, p. 153-163.)

[524] Além de uma opção democrática, a participação popular é também meio de se evitar os desmandos nos gastos públicos. Afirma Paul Singer: "Não adianta pedir que haja mais fiscalização sobre o processo orçamentário, pois ela é sempre vulnerável ao poder do dinheiro e da influência política. O único jeito de coibir que obras superfaturadas continuem sendo financiadas e os pobres continuem morrendo à míngua de água limpa é abrir o processo orçamentário à participação popular. É preciso incluir na discussão das dotações todos os interessados, sobretudo os mais pobres e carentes. Para tanto, a discussão não pode ficar restrita aos palácios de Brasília; ela tem de ser levada às comunidades do interior e à periferia das grandes cidades". SINGER, Paul. "O que falta ao Orçamento: fiscalização ou participação?". Valor Econômico, p. A-12, 20.07.2000

teúdo das decisões políticas. Nesse sentido, democracia dota os indivíduos com a razão/raciocínio de identificar suas vontades políticas.[525]

Entretanto, correm-se riscos na democracia. Atribuir a alguns o governo da vontade de todos implica o risco de não vê-la representada do modo como os representados gostariam. Daí se segue que, em muitos casos, o melhor interesse seguido pelo legislador pode ir de encontro com o interesse do representado, não por má-fé ou por motivos escusos daquele, mas pelo simples fato que há diversas situações em que não há unicidade do que seja o "melhor interesse a ser perseguido".[526]

Do ponto de vista do debate, surge a tensão quando, de um lado, há restrição do governo aos direitos fundamentais, ao não protegê-los com dotações suficientes, o que demandaria atuação judicial para controlar a incompatibilidade da legislação orçamentária com as normas constitucionais, e, de outro, há reflexos jurídicos e políticos do controle judicial, que é um poder não eleito numa democracia política, e, agindo assim, invalida a atuação de poderes eleitos para tal fim.

No primeiro caso, o controle judicial serve como instrumento de proteção do processo legislativo, permitindo que minorias sejam representadas e que haja justa distribuição de bens e serviços, em observância à dignidade do ser humano. No segundo, essa mesma atuação fere a democracia, porque altera a vontade expressa por um ramo democrático eleito para esse fim.

O debate em torno da atuação judicial e o respeito ao princípio democrático já foi alvo de diversas discussões, principalmente nas visões de Jeremy Waldron e Ronald Dworkin. Cingiu-se ao campo da atuação do Judiciário nas normas em geral, mas não na seara orçamentária. É que, como visto, as normas orçamentárias não eram aceitas como normas, no estrito sentido do termo.

Para Waldron, o direito à participação é o "direito dos direitos", pois é o direito-base para a resolução de disputas sobre direitos,[527] o que justifica a importância da democracia e do direito que lhe assegura, porque garantem ao povo o governo sobre eles mesmos, de acordo com os seus próprios julgamentos. No entanto, se as pessoas resolvem deixar decisões políticas nas mãos do Judiciário, há recusa do autogoverno com prevalên-

---

[525] Aleksander Peckenick menciona oito critérios que entende essenciais numa democracia: a) Representação política de interesses; b) Regra majoritária; c) Participação; d) Liberdade de opinião; e) Direitos; f) Certeza jurídica; g) Divisão de poder; e h) responsabilidade dos que têm poder. In PECZENICK, Aleksander. *On law and Reason*. Kluwer Academic Publishers: Netherlands. 1989, p. 38-41.

[526] WALUCHOW, W. J. *A Common Law Theory of Judicial Review – The Living Tree*. Cambridge University Press. 2007, p. 93.

[527] WALDRON, Jeremy. *Law and Disagreement*, Oxford University Press. 1999, p. 254.

cia da vontade de uns poucos juízes. Decisões políticas que impactarão os cidadãos nos seus direitos e interesses devem ser tomadas pelos próprios cidadãos e não pelo Judiciário.

Por essa razão, desde que eventual revisão judicial exclua cidadãos do processo decisório, ambos, direito e democracia, são comprometidos, na visão do autor. Para ele, há tensão porque juízes não eleitos podem alterar a preferência política de representantes eleitos pelo povo.[528] Isso não quer dizer que Waldron é incrédulo acerca da visão democrática, no qual a regra da maioria pode operar como substituto da razão e da justiça. A regra majoritária não substitui a razão e a justiça, mas trata-se do correto procedimento para resolver discordâncias sobre o que a justiça e a razão requerem.

Ronald Dworkin, por sua vez, liberta a ideia de democracia da premissa majoritária e argúi não apenas que revisão judicial torna a sociedade mais justa, mas, também, que sua atuação não é antidemocrática. Ao contrário, é mais democrática, pois oferece aos cidadãos um raciocínio para identificar suas vontades com a vontade das decisões judiciais. Por esse caminho, além de tornar os princípios justiciáveis, evita-se a opressão da maioria sobre a minoria.[529]

Na linha apresentada por Dworkin, o controle jurisdicional não fere a legitimidade democrática, pois que, o povo, agindo inteira ou parcialmente através dos ramos eleitos, escolheu incluir princípios na Constituição, de modo que, ao aplicar esses princípios, o Judiciário tem o suporte das pessoas para a decisão. Ocorre que, como aludidos princípios não possuem o grau de precisão necessária para garantir a sua execução, os juízes, ao aplicá-los, valem-se de substrato moral ou de sua própria ideologia. Como não há resposta única, compete ao Judiciário dar a última palavra da Constituição.

Visto de modo apressado, o posicionamento de Dworkin conviria perfeitamente à realidade brasileira e justificaria o ativismo presente. Basta ver que a Constituição, por ser, também, instrumento político e por conter normas abertas, daria ao Judiciário o poder de decidir os rumos políticos, visto que a ele compete dar "a última palavra em termos constitucionais". Nessa linha, e na função de "guardião da Constituição", o STF poderia invalidar toda atuação que vai de encontro à *sua* posição do que seja a *melhor* atuação política para o país. E com isso, na visão do autor,

---

[528] Jeremy Waldron não está convencido de que o Judiciário seria o lugar mais adequado para solucionar as questões mais sérias envolvendo os direitos humanos. WALDRON, Jeremy. *The Dignity of Legislation*. Cambridge University Press. 1999, p. 5.

[529] DWORKIN, Ronald. *Taking Rights Seriously*. Cambridge: Harvard University Press. 1978, p. 140-147.

não se fere a democracia, até porque ela não é o único valor defensável na Constituição, e porque houve expressa vontade popular nesse sentido, uma vez que a autorização para a atuação judicial encontra-se na própria Constituição.

O debate, se a atuação judicial e o controle constitucional que exerce ferem ou não a democracia, considera-se aqui superado, uma vez que, embora se deva confiar na vontade e na inteligência das pessoas para aprovarem direitos, elas podem cometer erros ou priorizarem seus interesses sobre o interesse de todos, como admite o próprio Waldron.[530] É com o fim de corrigir tais distorções que age o Judiciário: evita o risco de leis míopes ou de defesa de interesse próprio.

Não é que se atribua ao Judiciário a especial condição de detentor de princípios morais não presentes nos demais cidadãos. Também não estão os juízes isentos de julgamentos errôneos,[531] pois, assim como pode haver decisão injusta da maioria, o mesmo pode se dar com as decisões judiciais. Juízes, não menos que cidadãos comuns no diálogo político, podem ser inclinados a tentar esconder sua preferência ideológica e interesses atrás de princípios.

Por fim, embora possa ser verdade que juízes têm mais tempo para decidir do que cidadãos comuns, que têm à sua disposição um corpo de precedentes e outros conhecimentos, e que desenvolvem uma técnica proficiente de transformar princípios em decisões concretas, não é claro que essas diferenças necessariamente tornem as suas decisões melhores ou devotadas mais a direitos morais do que as decisões de outras pessoas.[532] Como os demais poderes, o Judiciário também erra e pode decidir ao sabor de interesses vigentes, como se percebe da análise histórica do regime ditatorial, do racismo, da escravidão, das relevantes questões econômicas, em que os tribunais foram tão omissos quanto as legislações na proteção de direitos.[533]

---

[530] WALDRON, Jeremy. *Law and Disagreement*. op. cit., p. 250.

[531] LENTA, Patrick. Democracy, Rights Disagreements and Judicial Review. *South African Journal on Human Rights*. n. 20, 2004, p. 16.

[532] Ibidem. 21-22.

[533] Alguns exemplos: (i) o julgamento pelo STF da comunista Olga Benário Prestes, acusada de crimes contra a ordem pública e que, mesmo grávida, foi extraditada para a Alemanha nazista do Reich de Adolf Hitler para ser morta num campo de concentração. Hábeas Corpus n. 26.155. In Julgamentos que fazem parte da história do Supremo Tribunal Federal. Sábado, 04 de outubro de 2008; (ii) o caso do bloqueio dos cruzados, em que o STF denegou medida para liberar os valores retidos. STF, Pleno, ADIMC 534-DF, Rel. Celso de Mello, DJU, 8.4.1994, p. 07.239; (iii) o empate na votação da cassação dos direitos políticos do então presidente Fernando Collor, para o que teve de recorrer a ministros do STJ com o fito de decidir a questão. Tal fato acrescentou na população a desconfiança da altivez e desenvoltura do STF em grandes questões nacionais; (iv) os indícios de envolvimento do STJ com o crime organizado, nos anos de 2003 a 2007. Para análise mais detidas dessas e de outras questões: LIMA, Francisco Gérson Marques de. *O STF na Crise Institucional Brasileira*. São Paulo: Malheiros, 2009.

No entanto, quer uma posição ou outra, quis o legislador brasileiro que o Judiciário, no exercício do controle de constitucionalidade, invalidasse leis desconformes com a Constituição, diferente de países como Canadá e Bulgária, que a decisão final do Judiciário não tem supremacia frente ao Legislativo, havendo verdadeiro diálogo para o estabelecimento de interpretações de questões morais e políticas. Nesses países, a articulação de um "sentido verdadeiro" das normas constitucionais é tarefa tanto do Legislador, do Executivo, do público em geral, como da Suprema Corte.[534]

Do ponto de vista nacional, não se tem notícia de posições contrárias ao papel do STF no controle de constitucionalidade, até porque essa função foi-lhe atribuída democraticamente, e democracia requer mais que um simples respeito à vontade da maioria, requer uma conexão com a vontade geral do povo posta na Constituição. Nesse sentido, a legitimidade judicial é derivada dos direitos postos na Constituição que não se submetem à vontade da maioria quando contraria esses direitos. O Judiciário, por sua vez, pode anular a vontade da maioria desencontrada desses direitos, pois, se tal não ocorrer, a tirania da maioria pode se tornar norma.[535]

Entrementes, não se confundem a atuação judicial no controle de constitucionalidade, com a situação em que o Judiciário altera leis fora do âmbito que lhe foi constitucionalmente atribuído, o que afronta a própria democracia. Assim, quando o Judiciário afasta uma lei pelo controle de constitucionalidade, exerce a sua função constitucional, mas quando "define o conteúdo de direitos e, por isso, altera a execução de políticas públicas e a própria lei orçamentária", ele extrapola o seu poder de interpretar direitos, ampliando-o para a definição de políticas públicas. E não se tem como ignorar as consequências políticas dessas decisões.

Na inexistência de concordância sobre a correta significação dos direitos, e quando essa significação define o grau de sua exigibilidade, a interpretação judicial não é outra coisa senão a ascendência ilegítima da interpretação dos juízes sobre a interpretação posta pela maioria ou seus representantes (entendendo-se aqui o direito interpretado como o grau de proteção faticamente realizado). Não se pode confundir a intenção de um direito como princípio abstrato e sua interpretação judicial para um caso específico. Mas é justamente essa a confusão que impera na proteção dos direitos sociais.

Por outro lado, e apenas pelo amor ao argumento, porque ciente que o Judiciário não foi posto a esse fim, não se pode afirmar que políticas

---

[534] SADURSKI, Wojciech. *Rights Before Courts*. Kluwer Academic Publishers Group, 2007, p. 84.

[535] Ibidem, p. 86.

implantadas pelo Judiciário são mais eficientes do que se realizadas pelos poderes eleitos. O tratamento judicial do controle jurisdicional apenas dá um tratamento imparcial para as partes do processo, enquanto a deliberação legislativa considera o interesse de todos os cidadãos afetados por certo direito.[536] Diferentemente do que Dworkin afirma, que a qualidade do debate público aumenta quando a decisão é feita pelo Judiciário, na verdade, ocorre o inverso, uma vez que, embora os Tribunais sejam deliberativos, juízes são geralmente restritos para ouvir as partes e suas testemunhas e isso pode empobrecer a qualidade da decisão.[537] Tribunais geralmente não são requeridos a levar tudo em conta, ou muitas vezes são privados por conta dos argumentos e evidências não trazidos pelas partes. Já num aberto debate público entre cidadãos, há oportunidades para todos levarem suas razões e informações.

Por conta dessa restrição, pensava-se que a decisão faltava plenitude e poderia ser mais rica se o juiz, como faz o Legislativo, tomasse informações, não apenas das partes constantes no processo, mas procurasse conselhos em outras áreas e ouvisse outros não diretamente relacionados com o processo, ilimitando o acesso a fontes de informação. No entanto, na medida em que o Judiciário passa a levar em conta todos os pontos de vistas, deixa florescer o evidente aspecto político da decisão, pautando-a no entendimento popular do que seja o direito e não no que prediz a norma,[538] desempenhando o mesmo papel do Legislativo.

O julgamento dos fetos anancéfalos[539] por exemplo, embora louvável como decisão democrática, pois trouxe a sociedade para dentro do Tribunal, padece do mal do critério da decisão, suportada por elementos científicos, morais, religiosos, e não jurídicos. Do mesmo modo o julgamento da obrigatoriedade do Estado em fornecer medicamentos, neste caso, com maiores especificidades adiante abordadas.[540] Agindo assim, usurpa-se a

---

[536] LENTA, op. cit., p. 25

[537] Ibidem, p. 26

[538] Veja-se como exemplo a Audiência Pública na ADPF 54/DF – Feto Anencefálico – Interrupção da Gravidez – "O Tribunal concluiu, em 16.9.2008, audiência pública, determinada pelo Min. Marco Aurélio, nos autos da ADPF 54/DF, da qual relator, em que se pretende, com base nos princípios da dignidade da pessoa humana, da legalidade, da liberdade e da autonomia da vontade, e tendo em conta ainda os riscos à saúde da mulher, seja declarado o direito constitucional da gestante de se submeter a procedimento que leve à interrupção da gravidez e do profissional de saúde de realizá-lo, desde que atestada, por médico habilitado, a ocorrência de anencefalia do feto. A audiência pública foi realizada em quatro sessões, que ocorreram nos dias 26 e 28.8.2008 e 4 e 16.9.2008. Dela participaram vinte e sete especialistas." Informativo 520 do Supremo Tribunal Federal.

[539] ADPF n. 54/DF.

[540] STAs 175 e 178. O STF realizou Audiência Pública sobre a Saúde, envolvendo os seguintes temas, com representantes dos mais diversos órgãos ligados à temática: 1) O acesso às prestações de saúde no Brasil – Desafios ao Poder Judiciário (27.04.2009); 2) Responsabilidade dos entes da federação e financiamento do SUS (28.04.2009); 3) Gestão do SUS – Legislação do SUS e Universalidade do Siste-

função legislativa. Nesse sentido, cumpre atentar para a observação feita por Manuel Aragón Reyes, de que "a excessiva judicialização da política conduz, necessariamente, à politização da justiça".[541]

As decisões em torno dos direitos sociais, e sua relação com o orçamento, recaem no mesmo problema: abrem espaço ao Judiciário para adentrar no campo político. Desse modo, pelo voto decisório de um dos juízes, altera-se todo o procedimento de alocação de recursos, visto que o nível de proteção do direito ocorre nos moldes que o Judiciário entende como mais apropriado, e não como determinado politicamente. Agindo assim, o *lobby* de alteração de políticas públicas não é mais no Congresso Nacional, na Assembleia Legislativa ou na Câmara de Vereadores, mas, sim, no Judiciário. E em lugar de se buscar assinaturas, realizar passeatas, mobilizar jornais, promover debates, realizar protestos, dar opiniões, passar-se-ia a fazê-lo junto ao Judiciário, com nítido prejuízo à democracia.

Pelo mecanismo democrático, cada um é responsável pelas decisões tomadas e por suas consequências. A decisão política tomada se chega através de um processo em que indivíduos adquirem poder para decidir pelos propósitos de uma competitiva população que neles votou. Assim, os eleitores têm a oportunidade de periodicamente recompensar os políticos com a sua fidelidade que se reflete no desejo popular expresso no voto, ou punindo-os por terem ignorados os seus desejos. Esse mecanismo não pode ser aplicado à aprovação ou não das decisões judiciais.

Quando o Judiciário bloqueia uma estrada e determina o Executivo a recuperá-la no prazo de 10 dias,[542] ou obriga o Executivo a construir cerca de mil salas de aula num exercício financeiro,[543] inegavelmente força o Executivo, no caso de cumprimento da decisão, a alterar as alocações orçamentárias, em claro desprestígio às alocações democraticamente estabelecidas quando da aprovação do orçamento.

Em casos como esses, o Judiciário substitui sua própria interpretação de direitos – por vezes ainda vagamente definidos – pela interpretação, talvez honesta e de boa-fé, feita pela maioria parlamentar democratica-

---

ma (29.04.2010); 4) Registro na ANVISA e protocolos e diretrizes terapêuticas do SUS (04.05.2009); 5) Políticas públicas de saúde – Integralidade do sistema (06.05.2010); e 6) Assistência farmacêutica do SUS (07.05.2009).

[541] REYES, Manuel Aragón. *El juez ordinario entre legalidad y constitucionalidad*. Instituto de Estudios Constitucionales Carlos Restrepo Piedrahita. Colombia, 1997, p. 40.

[542] Processo n. 0471. 05.052460/5. 2ª Vara Cível de Pará de Minas, no estado de Minas Gerais. Juiz Carlos Donizetti Ferreira da Silva.

[543] Juizado da Infância e Juventude de Goiânia. Juiz Maurício Porfírio Rosa. Disponível em <http://www.direito2.com.br/tjgo/2007/dez/5/juizado-manda-estado-construir-cerca-de-mil-salas-de-aula#>.

AUTORIDADE DA LEI ORÇAMENTÁRIA

mente eleita. Num extremo, chega-se a afirmar que o modo como as decisões do Judiciário são produzidas na esfera política, por vezes torna o seu controle "o mais sério defeito do sistema de governo e o maior obstáculo para a manutenção do sistema democrático".[544]

Não se defende que o Legislativo sempre faz alocações visando ao interesse da comunidade. O Legislativo também tem problemas de estrutura, erra nas escolhas dos gastos, mas não padece do princípio democrático. Nesse ponto, o Judiciário exerce o importante papel de depurar os erros inerentes ao sistema político. Mas daí a substituir a vontade política, há longa distância.

Assim, quanto mais espaço tenha avocado o Judiciário na decisão que afeta um maior número de indivíduos, principalmente no que se refere à entrega de bens garantidos com recursos públicos, menor será a participação democrática, e maior a intervenção judicial.

Não se afirma que a atuação judicial, em qualquer medida, é sempre antidemocrática. A existência de um órgão imparcial, encarregado da tarefa de resolver conflitos, bem como reexaminar a legislação aprovada com fulcro nos valores constitucionais, é razoável. O Judiciário é um poder respaldado democraticamente, com vistas a (re)analisar os direitos em patamar distinto das controvérsias políticas, muito embora o fato de ter sido criado por uma maioria democrática não o torne mais ou menos democrático no seu modo de agir.

No entanto, deve ele cingir-se a essa zona de atuação. Será antidemocrático se, ao definir o direito, exigir a sua implantação nos moldes pretendidos, forçando os demais poderes a realizar a vontade judicial manifesta nessa elástica definição, com sérias consequências orçamentárias. É tempo de pôr-se um freio em decisões que comprometem o princípio democrático.

No aspecto orçamentário, o controle judicial a ser feito é o controle de sua constitucionalidade, uma vez que, como lei, passa por todo o crivo sistemático de sua adequação à norma constitucional. Além disso, se não se verifica qualquer vício na lei orçamentária, mas, quando da prática do ato administrativo da realização da despesa, nota-se a sua inconformação ao direito, o Judiciário poderá também controlá-lo, no sentido de afastar os seus efeitos.[545] Esse controle não lhe é negado e não fere a democracia.

---

[544] GRAGLIA, Lino A. The power of congress to limit Supreme Court Jurisdiction. *Harvard Journal Law & Publics Politics*. vol. 07, 1984, p. 23.

[545] "Embora não caiba ao Poder Judiciário apreciar o mérito dos atos administrativos, a análise de sua discricionariedade seria possível para a verificação de sua regularidade em relação às causas, aos motivos e à finalidade que ensejam". RE 365.368-AgR, Rel. Min. Ricardo Lewandowski, julgamento em 22-5-07, Informativo 468. Sobre o controle judicial dos atos administrativos orçamentários, ver ASSONI FILHO, Sérgio. A lei de responsabilidade fiscal e a coibição do desvio de poder na execução

Todavia, o mesmo não se dá quando o substrato não é jurídico, mas meramente ideológico ou pessoal.

Com essa posição, busca-se devolver o poder ao povo, de modo a (re)inserir os cidadãos no processo de fazer política pública diretamente nas suas comunidades. Alegações que a população não tem conhecimento, tempo, senso de civismo ou qualquer outro requisito essencial ao uso correto do sufrágio, e, por isso, o Judiciário é a melhor referência para a defesa dos seus interesses, devem ser superadas, uma vez que, agindo assim, receia-se que se eleve a posição dos juízes a verdadeiros engenheiros do desenvolvimento social e consequentemente eroda-se a influência da sociedade civil. Os cidadãos são hoje melhor educados, mais informados, e com capacidade para engajar-se na elaboração de decisões do que em qualquer tempo na história.[546]

Numa sociedade democrática e liberal como a brasileira, a responsabilidade por alocação de recursos deve ser de cada cidadão, através do processo político de discussão. Não é defensável a visão que uma pessoa isolada, através de decisão judicial, possa definir para onde vai o recurso. Como afirma John Friedmann, "o interesse público deve ser encontrado no público; ele flui única e exclusivamente de uma interação com o público. Este tem de aprovar seu próprio futuro".[547]

---

orçamentária. *Revista da faculdade de direito da universidade de São Paulo* v. 100. São Paulo: USP, 2005, p. 649-667.

[546] Nesse sentido, a importância do orçamento participativo. Trata-se de uma forma de controle social da função administrativa do Estado. In SIRAQUE, Vanderlei. *Controle social da função administrativa do Estado. Possibilidade e limites na Constituição de 1988.* São Paulo: Saraiva, 2005, p. 115 e ss. No mesmo sentido Regis Fernandes de Oliveira, ao tratar da importância do controle social. OLIVEIRA, Regis Fernandes. *Curso de Direito Financeiro.* São Paulo: RT, 2006, p. 298.

[547] FRIEDMANN, John *apud* Tristão. *Op. cit,* p. 129-130.

6. Do controle constitucionalmente previsto

Como foi visto, a atuação judicial com decisões de amplas repercussões financeiras deve ser afastada, se não totalmente, mas pelo menos do modo desordenado como sói acontecer. Mas tal não significa que a Constituição é omissa no controle dos gastos públicos, principalmente se houver desatenção à proteção dos direitos sociais e consideração desmedida aos gastos considerados não essenciais.

O campo orçamentário não é uma província sacrossanta de atuação Legislativa e Executiva isento a qualquer controle. As normas da Constituição desenham controles de diversas ordens, como o político, o popular e o judicial.[548]

O controle político é feito pelo Congresso Nacional (art. 49, IX e X, da CF), com o auxílio do Tribunal de Contas (art. 70 da CF), que fiscaliza os âmbitos contábil, financeiro, orçamentário, operacional e patrimonial das contas da Administração direta e da Administração indireta. Esse controle alcança a fiscalização formal (legalidade) e a material (economicidade), sintetizadas no controle da moralidade (legitimidade), isto é, estabelece o controle externo sobre a validade formal, a eficácia e o fundamento da execução orçamentária.[549]

É o controle mais amplo em torno das receitas e dos gastos públicos. Os critérios da legalidade, diretamente vinculada às observâncias das normas pré-orçamentárias, da economicidade, voltada à razoabilidade dos gastos públicos, e da legitimidade, que busca aproximar os gastos

---

[548] Na verdade, há diversos outros controles que não serão aqui mencionados. A doutrina é farta nesse sentido. O controle pode ser interno ou externo. Quanto ao órgão que o executa, pode ser administrativo, legislativo ou judiciário, e se efetua de forma prévia, concomitante ou *a posteriori*, envolvendo aspectos de legalidade ou de mérito. Sobre o tema ver MILESKI, Helio Saul. *O controle da gestão pública*. São Paulo: RT, 2003, p. 137 e ss. Para Luiz Celso de Barros, o controle da execução orçamentária pode ser classificado quanto à finalidade e quanto ao momento. No primeiro caso, pode ser controle de legitimidade, de mérito e técnico; no segundo, controle preventivo, sucessivo, repressivo e de inspeção. In BARROS, Luiz Celso de. *Ciência das Finanças*. Bauru: Edipro, 1999, p. 440 e ss.

[549] TORRES, Ricardo Lobo. *Tratado de direito constitucional financeiro e tributário*, op. cit, p. 368.

das aspirações sociais, servem como parâmetros que visam a por freios aos abusos nos gastos públicos. Como afirma Ricardo Lobo Torres:

> O controle da legalidade não se exaure na fiscalização formal, senão que se consubstancia no próprio controle das garantias normativas ou da segurança dos direitos fundamentais; o da economicidade tem sobretudo o objetivo de garantir a justiça e o direito fundamental à igualdade dos cidadãos; o da legitimidade entende com a própria fundamentação ética da atividade financeira.[550]

Tendo em vista a atribuição constitucional desse controle, o Judiciário não poderá nele adentrar por falta de permissivo legal. Novos mecanismos não poderão ser criados sem a permissão constitucional, visto que "não é dado criar novas interferências de um Poder na órbita de outro que não derive explícita ou implicitamente de regra ou princípio da Lei Fundamental da República".[551] Nesse sentido, a posição que o Judiciário pode intervir nos gastos públicos, reduzindo despesas supérfluas ou ampliando as despesas essenciais, padece de respaldo constitucional, visto que, para esses casos, há órgão específico de controle, exceto nos casos de irrazoabilidade ou ausência de observância dos princípios da Administração Pública elencados no artigo 37 da Constituição Federal,[552] como se verá.

A Constituição também previu o chamado controle popular. Conforme reza o § 2º do art. 74, "qualquer cidadão, partido político, associação ou sindicato é parte legítima para, na forma da lei, denunciar irregularidades ou ilegalidades perante o Tribunal de Contas da União". Do mesmo modo, previu que "qualquer cidadão é parte legítima para propor ação popular que vise a anular ato lesivo ao patrimônio público ou de entidade de que o Estado participe, à moralidade administrativa, ao meio ambiente e ao patrimônio histórico e cultural" (art. 5º, LXXIII).

E não se trata apenas de controle de aplicação dos recursos públicos, mas, também, de controle de responsabilidade política, demonstrado nas eleições. Em regra, a eleição retira e coloca quem a sociedade entende como inapto ou apto para desenvolver melhor as políticas públicas, intrinsecamente atreladas aos gastos públicos. A rejeição ou a aceitação não deixa de ser o custo político de decisões contra a vontade do povo.

---

[550] TORRES, op. cit., p. 368.

[551] "Do relevo primacial dos 'pesos e contrapesos' no paradigma de divisão dos poderes, segue-se que à norma infraconstitucional — aí incluída, em relação à Federal, a Constituição dos Estados-Membros —, não é dado criar novas interferências de um Poder na órbita de outro que não derive explícita ou implicitamente de regra ou princípio da Lei Fundamental da República. O poder de fiscalização legislativa da ação administrativa do Poder Executivo é outorgado aos órgãos coletivos de cada Câmara do Congresso Nacional, no plano federal, e da Assembléia Legislativa, no dos Estados; nunca, aos seus membros individualmente, salvo, é claro, quando atuem em representação (ou presentação) de sua Casa ou comissão". (ADI 3.046, Rel. Min. Sepúlveda Pertence, julgamento em 15-4-04, *DJ* de 28-5-04)

[552] São os seguintes princípios: legalidade, impessoalidade, moralidade, publicidade e economicidade.

AUTORIDADE DA LEI ORÇAMENTÁRIA

Os controles político e popular, contudo, não alijam o controle judicial naquilo que não forem conflitantes. O controle judicial nos gastos públicos é necessário, inevitável, porém limitado, tendo em vista que o primeiro árbitro dos recursos públicos é a autoridade pública e não o juiz. Significa que as decisões financeiras e orçamentárias devem ser respeitadas, desde que em observância dos fundamentos e dos objetivos constitucionais.

Não há lei que escape ao controle de constitucionalidade, mesmo a norma orçamentária, que também se submete aos limites legislativos dos critérios de razoabilidade e de racionalidade.[553] Além desses limites, outros definidos na própria Constituição (normas pré-orçamentárias) também servem de critério judicial para o controle orçamentário. Em suma, lei orçamentária, porque desatenta às regras postas na Constituição, ou porque "irrazoável" e "irracional", está no alcance do controle judicial.

Dito controle pode ser de três modos: prévio, concomitante e posterior. Será prévio quando analisar os aspectos jurídicos envolvendo a observância do trâmite procedimental para a aprovação do orçamento. Nessa fase, analisa-se se as alocações financeiras estão de acordo com os dispositivos legais. Cumprido o procedimento formal e observado a matéria quanto aos percentuais legais, a forma como os recursos serão alocados não passa de decisão política, pois a legislação orçamentária, presume-se, reflete os parâmetros político-ideológicos do governo, que serviram como pilar para a elegibilidade dos seus representantes. O Judiciário só atua na perseguição das normas legais atinentes aos aspectos materiais e formais da lei orçamentária, como ocorre, por exemplo, se o orçamento descumprir o percentual mínimo de aplicação dos recursos na saúde e educação[554] (aspecto material), ou se o Executivo efetuar, unilateralmente, cortes na proposta orçamentária do Judiciário.[555] (aspecto formal)

---

[553] "Abrindo o debate, deixo expresso que a Constituição de 1988 consagra o devido processo legal nos seus dois aspectos, substantivo e processual, nos incisos LIV e LV, do art. 5º, respectivamente. (...) *Due process of law*, com conteúdo substantivo – *substantive due process* – constitui limite ao Legislativo, no sentido de que as leis devem ser elaboradas com justiça, devem ser dotadas de razoabilidade (*reasonableness*) e de racionalidade (*rationality*), devem guardar, segundo W. Holmes, um real e substancial nexo com o objetivo que se quer atingir. Paralelamente, *due process of law*, com caráter processual – *procedural due process* – garante às pessoas um procedimento judicial justo, com direito de defesa". ADI 1.511-MC, voto do Min. Carlos Velloso, julgamento em 16-10-96, *DJ* de 6-6-03. Sobre o tema do controle material de constitucionalidade pautado no exame da razoabilidade, da proporcionalidade e da excessividade, ver ÁVILA, Humberto. Conteúdo, limites e intensidade dos controles de razoabilidade, de proporcionalidade e de excessividade das leis. *Revista de Direito Administrativo n. 236*. Renovar: Rio de Janeiro, 2004.

[554] RE 190.938, Rel. Min. Carlos Velloso, julgamento em 14-3-06, Informativo 419.

[555] Mandado de Segurança impetrado pelo Tribunal de Justiça do Estado de Rondônia contra ato do Governador daquele Estado consistente no corte unilateral na proposta orçamentária (MS 24.380/RO.

Será concomitante quando verificar a legalidade dos atos de execução orçamentária, principalmente os atos administrativos envolvendo os gastos públicos. Aqui é o momento para se analisar a legalidade dos gastos financeiros, se são condizentes com as dotações orçamentárias aprovadas e com os fundamentos e objetivos constitucionais, ou se há desvio de finalidade,[556] Será posterior no sentido de responsabilizar os Administradores por atos realizados ao tempo da execução orçamentária, mas só verificáveis após a vigência da lei.

Tendo em vista o foco do trabalho centrar-se nos limites e nas possibilidades do alcance do controle judicial, a este controle deve dedicar-se mais espaço.

De início, destaca-se o controle que, embora não esteja ligado diretamente ao orçamento público, com ele tem relação, pois reflete diretamente nos gastos públicos. Trata-se do controle dos critérios técnicos de distribuição dos serviços públicos.

Por *critério técnico* entende-se o parâmetro utilizado pelo Estado no sentido de discernir qual o melhor procedimento para a satisfação de determinado direito. Por exemplo: quanto ao direito à moradia, deve-se analisar quais são os critérios para a sua realização, se a liberação de linhas de crédito de construção, de doação de terrenos, ou qualquer outro; no direito à saúde, quais os critérios para obter um tratamento, qual o melhor medicamento nas condições fáticas existentes, etc. São normas administrativas para a regulação do serviço público prestado.

Os critérios técnicos têm caracteres operacionais e políticos. Os aspectos políticos, por estarem no campo da discrição dos órgãos públicos quanto a sua conveniência e oportunidade, não podem ser alvo de ação judicial, exceto aquelas políticas que o próprio legislador permitiu a atuação judicial, como ocorre com o ensino fundamental obrigatório, ou as políticas expressas na lei que instituiu o Sistema Único de Saúde, por exemplo. No entanto, no que se refere aos parâmetros operacionais ou técnicos, há maior suscetibilidade de análise judicial se os mesmos contrariarem regras ou princípios legais. Restrição a serviços públicos pautados na raça, na nacionalidade, na cor, no sexo, na religião, no *status* político, na opinião, na propriedade, na origem social, no nascimento ou

---

Relatora Ministra Ellen Gracie. DJ 23.10.2002). No mesmo sentido: MS 22.685, DJ 26.02.2002, Relator Min. Celso de Mello.

[556] No julgamento da ADI 4048, o STF entendeu que havia um patente desvirtuamento dos parâmetros constitucionais que permitiam a edição de medidas provisórias para a abertura de créditos extraordinários. Salientou que a abertura do crédito extraordinário só pode ser feita apenas para atender a despesas imprevisíveis e urgentes (CF, art. 167, § 3°), e que tal não se fazia presente pela leitura da exposição de motivos da Medida Provisória 405/2007 (ADI 4048 MC/DF, rel. Min. Gilmar Mendes, 14.5.2008. Informativo n. 506.)

AUTORIDADE DA LEI ORÇAMENTÁRIA 227

em critério semelhante, representa violação estatal da proibição de discriminação e poderá ser revista pelo Judiciário, por exemplo.

Mas se os parâmetros técnicos não ferem os princípios constitucionais, não há alterá-los pautado na proteção a direito individual. Utilizando-se um caso emblemático ocorrido na África do Sul, o caso *Soobramoney vs Minster of Health*[557] demonstra a dificuldade do Judiciário em intervir nos critérios técnicos postos pelo governo, e por isso a impossibilidade de seu controle, o que não lhe impede de saber a justificativa pública para a omissão. Na hipótese, Soobramoney, necessitando de tratamento médico, não se adequou às exigências técnicas do Hospital para concessão do benefício. Havia uma política hospitalar para a distribuição de escassos recursos com hemodiálise, e pacientes cuja condição era irreversível e que não eram aceitáveis para transplante de rim tinham negado o acesso a esses recursos, tendo em vista permitir o seu uso por outros pacientes que poderiam sobreviver enquanto esperavam pelo transplante. O Judiciário não pôde atender ao seu pedido sob o argumento da elevada tecnicidade dos critérios que permitiam ou não a sua atuação. Nesse sentido, ficou claro que quanto mais técnico for o argumento restritor do direito, menor a possibilidade de atuação judicial.

Outro controle exercido pelo Judiciário diz respeito à *justificativa do ato administrativo* do gasto. Ainda analisando o caso *Soobramoney*, embora o Judiciário não pudesse obrigar o Hospital a dar-lhe o tratamento, ele tinha o papel secundário de analisar a justificativa dos demais poderes. Nesse quesito, quando argumentos de ordem orçamentária forem a única justificativa a respaldar a ação/inação estatal, os mesmos devem ser trazidos ao processo. Ao Judiciário cabe verificar se o Estado foi diligente na proteção dos direitos ou se houve total desídia, visto que o simples argumento da ausência de recursos soa vazio. As razões apresentadas devem consistir num interesse público substancial que justifica a atuação estatal desempenhada. Portanto, a tarefa do Judiciário é proceder a *avaliação da avaliação* feita pelo Executivo relativamente à premissa escolhida, justamente porque o Poder Executivo/Legislativo "só irá realizar ao máximo o princípio democrático se escolher a premissa concreta que *melhor promova* a finalidade pública que motivou sua ação ou se tiver uma razão justificadora para ter se afastado da escolha da melhor premissa".[558] Compete ao Judiciário escrutinizar as razões num nível de intensidade que está por

---

[557] Constitutional Court of South Africa. Thiagraj Soobramoney – Appellant *versus* Minster of Health (Kwazulu-Natal) – Respondent. Case CCT 32/97. Disponível em <www.saflii.org>.

[558] ÁVILA, Humberto. Conteúdo, limites e intensidade dos controles de razoabilidade, de proporcionalidade e de excessividade das leis. *Revista de Direito Administrativo* n. 236. Rio de Janeiro: Renovar, 2004, p. 382.

trás da mera revisão legal de direito administrativo, posto que atenta a valores e a princípios constitucionais.

Em casos envolvendo trágicas escolhas, por exemplo, em que não se pode assegurar determinado tratamento por conta da escassez de recursos ou sua destinação a outro fim, o Judiciário não tem o poder de apontar determinado gasto público. Mas, pela busca da verdade, deve analisar a justificação que lhe é apresentada pelo Executivo, verificar se as medidas tomadas foram as mais apropriadas para a consecução do fim constitucional, examinar a política pública existente para efetivação desse direito, tudo com o fim de evitar contraste entre uma clara leitura da sua decisão e a realidade do Estado incapaz de efetivá-la. O crivo judicial de análise pode ser tão rígido quanto o caso aceitar, no sentido de buscar a correta justificação, posto que o Executivo não está desincumbido de apresentar as razões de suas decisões (art. 22, inciso IV, da Lei n. 4.320/64). O Judiciário, agindo assim, colabora para a conformação do princípio democrático em que os interessados ficam a par da aplicação dos recursos públicos, de modo que o que outrora era recôndito passa a ser revelado.

Essa justificação judicialmente exigida, por conta da limitação protetiva a um *direito*, dá-se por imperativo democrático, a fim de que haja uma clara manifestação do porquê da negação ao pedido judicialmente feito, e não por conta da transferência de decisão ao Judiciário, que, ciente onde encontrar recursos, determinaria alterações em ordem de proteger o pedido negado. Na priorização política o Judiciário não pode intervir.

Para tanto, o poder restritivo deve exteriorizar o seu fundamento e fazer explícitas as razões em que se apoia. Isso porque, como a Constituição pretende excluir as ações caprichosas, irracionais ou infundadas dos poderes públicos, estes devem fazer visíveis para todos os cidadãos que as decisões que adotam não têm tal caráter e que não são fruto de sua mera vontade ou de seu capricho, senão que contam com um sólido fundamento capaz de prestar a necessária justificação.[559]

Toda ação da Administração deve ser pautada objetivamente pelas circunstancias fáticas que conduziram o administrador a tomar uma decisão. Não pode ela ser pautada num fim privado do agente ou da autoridade administrativa, tampouco não pode tal fim, ainda que seja público, ser distinto do previsto e fixado pela norma que atribua a potestade. Em casos que tais há desvio de finalidade e enseja controle judicial.[560]

---

[559] FERNANDEZ, Tomas-Ramon. *De la arbitrariedad del legislador* – Una crítica de la jurisprudencia constitucional. Espanha: Civitas, 1998, p. 167.

[560] ASSONI FILHO, Sérgio. A lei de responsabilidade fiscal e a coibição do desvio de poder na execução orçamentária. *Revista da faculdade de direito da universidade de São Paulo* v. 100. São Paulo: USP, 2005, p. 654-655.

Por fim, não há afastar-se o controle judicial nos casos de orçamentos elaborados de modo *irracional*, com *má-fé* ou manifestamente *irrealizável*. Como instrumento político, o orçamento é elaborado dentro das prioridades constitucionais e executado do modo nele previsto. É indiscutível, nessa fase, a liberdade de conformação do legislador para escolher o modo como as políticas públicas deverão ser desenvolvidas. No entanto, por maior que seja a sua liberdade de configuração, diferente da mera discricionariedade administrativa, este poder não pode ser arbitrário, não pode assentar-se sobre a vontade ou o capricho de quem o detenha, porque também deve contar inescusavelmente com o apoio da razão para poder ser aceito como um poder legítimo.[561]

A norma orçamentária deve ser consistente com a realidade objetiva e obediente às regras implacáveis da lógica, já que ambas as coisas estão mais além e por cima de qualquer poder público que contam com apoio da norma fundamental e respeitem a ordem de valores que esta estabelece.[562] Sendo aprovada com distorção dessas premissas, há que agir o Judiciário para o seu pronto enquadramento ao sistema. E o caminho de sua ação é o controle de constitucionalidade, e não as alterações pontuais para resolver casos isolados.

O Executivo não poderá mais fazer um orçamento de ficção, não poderá *prometer* orçamentariamente o que de antemão se sabe irrealizável, não mais estimar o impossível, tampouco alocar o irrazoável. Se determinada alocação for "manifestamente absurda" ou fundamentada em motivo impróprio, tal como motivo discriminatório, ou, ainda, irreal e injustificada, ter-se-á aí uma situação passível de controle judicial. Como afirma Ada Pellegrini Grinover, "a intervenção judicial nas políticas públicas só poderá ocorrer em situações em que ficar demonstrada a irrazoabilidade do ato discricionário praticado pelo poder público, devendo o juiz pautar sua análise em atenção ao princípio da proporcionalidade".[563]

A ponderação a ser feita é sobre o aspecto predominantemente aberto do que seja "absurdo" ou "irrazoável", para ensejar o controle judicial, o que abona um controle judicial fraco, porque o Judiciário não é o órgão constitucionalmente indicado para avaliar o tipo de evidência que seria necessária ao Legislativo para testar a validade de julgamento políticos desse tipo. É fraco porque já há o controle político e o popular, que são desempenhados dentro das prerrogativas permitidas pela Constituição.

---

[561] FERNANDEZ, op. cit., p. 170.

[562] Ibidem.

[563] GRINOVER, Ada Pellegrini. Judiciário pode intervir no controle do Executivo. *Consultor Jurídico*. Maio de 2009, p. 08.

Esse controle judicial dá-se nos casos em que a norma orçamentária é objeto de análise judicial, e não quando está em cena a situação de um interessado na proteção do seu direito individual. Neste caso, como já foi visto, e em se tratando de direito social, o Judiciário deverá determinar a aplicação da política pública protetiva, exceto nos casos em que, da análise do orçamento, percebe-se que a própria política é inconstitucional, situação em que o controle judicial recairá no próprio orçamento. O que não pode, e foi exaustivamente afirmado, é promover alteração pontual no orçamento para a correlata adequação de cada decisão individual.

Mas o que fazer quando, mesmo com todas as restrições acima mencionadas, o Judiciário entende que, pela diminuta repercussão da sua decisão nas questões políticas e orçamentárias, a proteção ao suposto direito não pode ser negada? É o que se passa a analisar.

7. Como resolver conflitos

A primeira concepção a ter em mente é que a atenção a demandas individuais, protetivas de direitos sociais, não é o melhor mecanismo para a solução de conflitos, uma vez que atende de forma particular, fora de um contexto previamente estabelecido e planejado pelos agentes públicos em acordo com a sociedade, independentemente de existirem certas políticas públicas.[564] É um modelo individual e utilitarista, garantido pelo acesso ilimitado ao Poder Judiciário, e frequentemente pobre no espraiamento de vantagens coletivas.

Seu caráter deve ser sempre secundário, no sentido de substituir a resolução do litígio a que não se chegou particularmente. Sob esse aspecto, torna-se importante desenvolver relações institucionais entre os órgãos públicos, a fim de que sejam estabelecidas diretrizes para a busca da solução dos conflitos entre o grau de proteção do direito pretendido e do possível.

Ao menos os Estados do Rio de Janeiro e de São Paulo já agem por meio de acordos institucionais entre a Defensoria Pública e as Secretarias do Estado e do Município, o que tem reduzido sobremaneira as demandas judiciais relativas a essa área. No caso de São Paulo a redução foi maior de 90% (noventa por cento),[565] o que desafogou o Judiciário e tornou o caminho de solução mais ágil.

Não havendo solução administrativa, haverá a demanda judicial. A Administração será compelida, por decisão judicial, a efetuar determinados gastos, muitas vezes vedados pela legislação e pela situação fática, porque, ou não há autorização legislativa para efetuá-los, ou, quando há, faltam recursos no caixa que possibilitem o cumprimento, sem aventar a hipótese de não se obter a autorização legislativa que permita a despesa,

---

[564] CARVALHO, Leonardo Arquimimo de e CARVALHO, Luciana Jordão da Motta Armiliato de. Riscos da Superlitigação no Direito à Saúde: Custos Sociais e Soluções Cooperativas. *Revista de Direito Social* n.32. out/dez 2008. Porto Alegre: Síntese, 2008, p. 142.

[565] Defensoria Pública de São Paulo reduziu em 90% ações por medicamentos na Justiça. Direito/Notícias do STF. Em 29/04/2009.

muito embora a pretensão da Administração de cumprir a decisão. Essas situações colocam a Administração na difícil posição de escolher entre cumprir a decisão judicial ou observar o plexo de normas constitucionais orçamentárias que veda despesas sem previsão legal, ou, pior, quando não pode cumprir a decisão por ausência efetiva de recursos para atendimento do decisório.

De início, a Administração deve analisar o teor da decisão, e precisa fazê-lo por dois motivos. Primeiro, para saber se a decisão é compatível com os critérios acima analisados, ou seja, se ferem ou não institutos técnicos, jurídicos e ético-políticos. Isto porque decisão judicial manifestamente inconstitucional não deve ser cumprida pelo Executivo, devendo este valer-se das vias legais para afastar a decisão. Assim como o Executivo não está obrigado a cumprir decisões legislativas inconstitucionais, também não estará obrigado a cumprir decisões judiciais inconstitucionais, uma vez que essa inobservância significa cumprir a Constituição.

O fato de caber ao Judiciário a guarda da Constituição não retira dos demais Poderes da República o dever de refutar a aplicação de atos manifestamente ilegais e/ou inconstitucionais, sejam eles do Executivo, do Legislativo ou do Judiciário. Qualquer dos poderes está habilitado a negar validade ou eficácia a qualquer instituto (lei, sentença, decreto) que seja incompatível com a ordem jurídica posta, obviamente, com supedâneo no próprio ordenamento jurídico.

A submissão à decisão judicial deve ser àquela corretamente elaborada e que guarde conformidade com o sistema jurídico. Decisões que exorbitem o poder judicial não são decisões atendíveis, porquanto colidem com os mandamentos de lei superior. No embate entre o mandamento judicial e o constitucional, não pode aquele prevalecer, sendo certo, ademais, que a Administração, ao negar eficácia à decisão inconstitucional, está cumprindo a ordem jurídica. Compete ao STF dirimir o conflito.

Se assim não fosse, seria necessário admitir que a Administração, diante de decisão que determine a satisfação de direitos sociais, em qualquer caso e situação, estaria obrigada a cumpri-la, em razão de suposta legalidade, sem que pudesse, como de fato é devido, analisar a viabilidade orçamentária, política e administrativa de sua execução. É a situação típica de decisão judicial inconstitucional,[566] que não deve ser seguida.

---

[566] Tem-se avolumado no país a doutrina em torno de interpretação judicial tida como incompatível com a Constituição. Sob o fenômeno da coisa julgada inconstitucional desenvolveram-se vários estudos no sentido de que é possível relativizar-se o julgado inconstitucional superando-o em nome de outros valores. NASCIMENTO, Carlos Valder do (Coord.). *Coisa julgada inconstitucional*. Rio de Janeiro: América Jurídica, 2002;. NASCIMENTO, Carlos Valder do. *Por uma teoria da coisa julgada inconstitucional*. Rio de Janeiro: Lumen Juris, 2005; NASCIMENTO, Carlos Valder do; DELGADO, José Augusto (Coord.). *Coisa julgada inconstitucional*. Belo Horizonte: Fórum, 2008.

O ordenamento jurídico é um sistema que deve existir de forma coesa, de modo que decisão judicial desatenta às normas financeiras no todo, sem sequer cotejá-las no âmbito decisional, não pode ser considerada.

O segundo motivo porque se deve analisar o teor da decisão diz respeito a verificar se a obrigação nela imposta (de fazer ou de dar) é pautada na proteção de direito social ou em outra base prevista no direito. Isso porque todas as ações da Administração que envolvam bens e serviços estão vinculadas à sua estrutura programática, de modo que não é possível efetuar gasto sem essa integração (PPA, LDO e LOA). De que conta sairia o recurso do cumprimento de uma sentença judicial que não encontra respaldo no orçamento?

À guisa de exemplo, se o Executivo é obrigado a adquirir um medicamento, que por sua vez é um bem, essa aquisição deve estar atrelada a uma ação, que deve integrar-se a um programa compatível com esse fim. Se não houver o programa específico, não poderá o Executivo fazer a aquisição, sob pena de usar recursos programados para fins distintos. Em o fazendo incorrerá em desvio de finalidade.

Assim, proteção de direito social diferente do previsto nos programas (PPA, LDO e LOA), não encontra respaldo jurídico no orçamento. A única forma de alcance dos direitos sociais dá-se com a sua adequação ao planejamento existente para esse fim. Em sendo diferente, a alternativa para atender ao pedido judicial estaria na abertura de crédito adicional pelo Executivo para esse propósito, o que deveria ser feito através de autorização do Legislativo. Para além disso, resta saber quais recursos estariam disponíveis para a formação do crédito adicional, o que será abordado abaixo.

Outra análise a ser feita é examinar o lapso temporal para a satisfação da decisão, visto que o Judiciário pode requerer a sua satisfação imediata ou a sua inclusão no orçamento do(s) exercício(s) seguinte(s), prevendo a sua proteção crescente, progressiva, de acordo com a disponibilidade de recursos. Aqui se muda a análise, uma vez que a despesa será apreciada com mais vagar pelos poderes Executivo e Legislativo, que elaborarão o programa específico para o atendimento da decisão, o que se dá com respeito à separação de poderes e à autoridade democrática das leis.

A regra é que, sendo o orçamento constitucional, deverá ser observado em todos os seus sentidos, inclusive nos limites postos aos gastos públicos. As hipóteses de sua superação estão previstas na própria lei, e só por essa via é que o cumprimento de decisão judicial poderá ocorrer, comprovada a existência de recursos e a possibilidade de remanejamento sem desatenção a direitos igualmente importantes. Não se trata de respeito à legalidade pura e simples, mas de atenção aos critérios jurídicos, técnicos e ético-políticos assinalados. A legalidade é apenas a tentativa de equilibrar todos esses critérios num único instrumento.

Resta, agora, analisar separadamente as diversas hipóteses de atenção a decisões judiciais quando a Administração é compelida a cumpri-las: i) se há o programa respectivo com recurso disponível; ii) se não há o programa respectivo, mas há recurso disponível em outras dotações; iii) se não há o programa respectivo e não há recurso disponível e iv) se há programa para esse fim, mas não há recurso.

Cada situação específica demanda análise detida, que, diga-se, deve ser normativa e faticamente estudadas, visto que apenas referindo-se à lei orçamentária e à disponibilidade de recursos é que se poderá solucionar a pretensa intromissão judicial nas questões políticas. Outra solução, que unicamente louva a proteção dos direitos fundamentais, só convence quem não lida diariamente com os problemas da Administração e quem teoriza sem certeza de estar agindo com soluções práticas.

Na análise das normas legais, entende-se como *programa* o instrumento de organização da atuação governamental que articula um conjunto de ações que concorrem para a concretização de um objetivo comum preestabelecido, visando à solução de um problema ou ao atendimento de determinada necessidade ou demanda da sociedade. É uma hipótese normativa de fixação de despesa ou a importância consignada para atender determinada despesa, sem se atentar para a realidade da disponibilização dos recursos financeiros. Analisa-se, apenas, se há previsão orçamentária ou *recurso orçamentário*, sem se atentar, com isso, da existência ou não de *recurso financeiro*.

Já *recurso disponível* ou *receita financeira* é a real e efetiva disponibilidade de recursos públicos no caixa da Administração, desvinculados de um fim legal que os impeça de ser livremente gastos ou remanejados. Esse fim legal refere-se àquelas vinculações do serviço da dívida, das obrigações constitucionais e legais do ente e as constantes na lei de diretrizes orçamentárias (art. 9º § 2º, da LRF), que não podem ser remanejadas.

A distinção é importante porque, do ponto de vista legal, pode haver previsão orçamentária e do ponto de vista fático não haver recursos, ou situação inversa. Ou seja, há recurso orçamentário, mas não há recurso financeiro, o que faz diferença na lide diária da Administração.

7.1. QUANDO HÁ O PROGRAMA RESPECTIVO COM RECURSO DISPONÍVEL

Dotação orçamentária para um determinado programa não significa disponibilidade de recursos. Ou seja, receita orçamentária não quer dizer receita financeira. Na maioria das vezes há dotação orçamentária, mas não há recurso financeiro, ainda mais na praxe comum da Administração de elaborar dotações fictícias ou irrealizáveis.[567] A hipótese, contudo, é de previsão orçamentária de um programa e de efetiva disponibilização de recursos para essa previsão. Havendo decisão condenatória da Administração, impondo-lhe uma obrigação de fazer, e existindo o programa específico, não há cogitar-se de negativa da prestação se houver compatibilidade entre o teor da sentença judicial e o programa previsto no orçamento.

Neste caso, há uma política estatal que abrange a solução pleiteada pela parte e deferida pelo Judiciário. Logo, cumprir essa decisão é medida que se impõe, pois o Judiciário não está criando política ou programa, mas apenas determinando o seu cumprimento.

7.2. QUANDO NÃO HÁ O PROGRAMA RESPECTIVO, MAS HÁ RECURSOS DISPONÍVEIS

No caso, há sobra de caixa, disponibilidade financeira, que poderia permitir o cumprimento de decisões judiciais, mas não há recursos nos termos da normatividade constitucional. Há recurso financeiro disponível em área distinta da que poderia atender a demanda judicial.

Já foi visto que o Executivo não pode ordenar gasto se não há programa compatível com a despesa – legalidade nas despesas públicas. Caso necessite efetuá-lo, deve obter autorização do Poder Legislativo.

A questão é saber se o Executivo está obrigado a alterar o orçamento por força da decisão judicial, ou se o Poder Legislativo está jungido a aprovar o pedido de autorização para isso. A questão volta ao ponto inicial: depende do conteúdo da decisão. Se for tendente à invasão dos poderes, de nítidos reflexos políticos, com mandamento explicitamente irrazoável, os demais Poderes encontram argumentos sensatos à resistência do seu cumprimento. E nada o Judiciário poderá fazer, visto que, de posse do orçamento, o Executivo comprovará a inexistência de programa específico, e o Judiciário não poderia decidir contra a lei. O caso concreto definirá a possibilidade ou não de atendimento da decisão.

Pode acontecer que eventual remanejamento que a Administração faça, através de autorização legislativa, implique inobservância de outros deveres da Administração, desatendimento de outros direitos ou que não seja possível, dada as demais vinculações das verbas públicas.

---

[567] Essa é uma das situações que enseja o controle do Orçamento público através, também, do Poder Judiciário.

Sensível a essa intromissão, o Judiciário já decidiu que "Não é possível ao juiz substituir a Administração Pública determinando a realização de obras de infra-estrutura e instalação de equipamentos de sinalização em rodovia federal sem a existência de recursos disponíveis em previsão orçamentária".[568]

Mas nem sempre o Judiciário se comporta desta maneira. Em situação de necessidade de se conferir maior segurança ao setor de navegação portuária, por exemplo, decidiu-se pela construção de aterro ou usina de lixo, muito embora não previsto no orçamento ou discutido democraticamente qual a melhor medida para o problema existente, determinando, ainda, a abertura de crédito suplementar e subordinando à multa judicial no prazo de trinta dias em caso de não adoção dessa providência.[569]

No ponto, a hesitação: no caso de inexistência do programa, obrigaria o Executivo a cumprir a decisão, mesmo ao arrepio das normas orçamentárias? Estaria obrigado a efetivar o programa decidido judicialmente sem qualquer discussão legítima sobre a sua necessidade? Sobre o tema, a maioria da doutrina entende que sim, uma vez que "a legalidade orçamentária pode e deve ceder em prol da efetividade da Constituição".

Para a doutrina, no caso, ter-se-ia o confronto entre dois princípios. De um lado, a legalidade nas despesas públicas, que é instituto basilar do Estado democrático de direito, e que impõe ao administrador do dinheiro público a obrigação de observar, ao gastá-lo, as autorizações e limitações constantes do orçamento, o que significa dizer que *nada*, absolutamente *nada*, poderá ser pago sem aludida autorização, e eventual desobediência configura crime de responsabilidade (art. 85, VI, da CF).

De um outro, a obediência às decisões do Poder Judiciário, que, por sua vez, não tem importância menor, posto que se trata de submeter todo o Estado à força jurisdicional que visa a estabelecer a ordem social e oferecer estabilidade e previsibilidade para os jurisdicionados.

Para Eros Grau, no confronto entre esses dois princípios, um dos dois deve ser privilegiado através da ponderação da dimensão do peso de cada um deles. No caso, afirma o autor, é estreme de dúvida "quanto ao prevalecimento do princípio da sujeição da Administração às decisões do Poder Judiciário em relação ao princípio da legalidade da despesa pública":[570]

---

[568] TRF 4ª Região. Ag. 138172, DJ 24.09.2003, p. 508, Rel. Juiz Carlos Eduardo Thompson Flores Lenz.

[569] TRF 5ª Região. Ag. 980506588-0, DJ 06.07.2001, p. 229, Rel. Des. Ubaldo Ataíde Cavalcante.

[570] GRAU, Eros. Despesa pública – princípio da legalidade – decisão judicial. Em caso de exaustão da capacidade orçamentária deve a Administração demonstrar, perante o Supremo Tribunal Federal, a impossibilidade do cumprimento da decisão judicial condenatória. *Revista de Direito Administrativo* n. 191, São Paulo, 1993, p. 324.

Assim, ao princípio da sujeição da Administração às decisões do Poder Judiciário, quando em confronto com o princípio da legalidade da despesa pública, há de ser atribuído maior peso – e isso há de ocorrer sistematicamente, quando esse confronto se estabeleça (não visualizo situação nenhuma em que o inverso pudesse vir a ocorrer) – do que o revestido por este último.

Na resolução do caso concreto "deverá a Administração prover-se de créditos orçamentários sem observar as regras acima indicadas [da legalidade orçamentária], cuja eficácia é afastada".[571] No mesmo sentido, George M. Lima,[572] ao afirmar que

(...) não há vedação para que o juiz ordene ao Poder Público a realização de despesas para fazer valer um dado direito constitucional, até porque as normas em colisão (previsão orçamentária versus direito fundamental a ser concretizado) estariam no mesmo plano hierárquico, cabendo ao juiz dar prevalência ao direito fundamental dada a sua superioridade axiológica em relação à regra orçamentária.

É solução que, por um lado, resolve o problema do cumprimento da decisão, mas, por outro, traz questionamentos em termos de Administração Pública, relações institucionais e planejamentos de trabalho estabelecidos politicamente. É como se todo o ordenamento jurídico atinente aos gastos públicos, aos planos de orçamentação e às equipes técnicas especializadas para a prestação de serviços, tivessem de alterar o seu plano de trabalho, com todos os consectários daí decorrentes, para atendimento das decisões judiciais. Pondera-se o princípio da sujeição às decisões judiciais com o princípio da legalidade orçamentária, mas se esquece que está em jogo uma outra ponderação: a que envolve o direito dos que serão protegidos judicialmente com o direito dos que deixarão de sê-lo por conta da alteração do destino dos recursos para os primeiros.

Imagine-se uma das decisões acima expostas: a que determina ao Estado a construção de aproximadamente mil escolas em um exercício financeiro.[573] [574] Por mais que haja recursos, o cumprimento da decisão,

---

[571] GRAU, op. cit., p. 325.

[572] LIMA, George Marmelstein. Efetivação Judicial dos Direitos Econômicos, Sociais e Culturais. Dissertação de Mestrado. Fortaleza, 2005. Disponível em <www.georgemlima.blogspot.com>. Acesso em 02.02.2009, p. 93.

[573] Juizado manda Estado construir cerca de mil salas de aula. Disponível em <http://www.direito2.com.br/tjgo/2007/dez/5/juizado-manda-estado-construir-cerca-de-mil-salas-de-aula>.

[574] Esta decisão também se encontra na mesma direção: Processo civil. Agravo de instrumento. Ação civil pública. Segurança no setor de navegação aeroportuária. Construção de aterro ou usina de lixo. Necessidade. Abertura de crédito suplementar. Dotação. Obrigação de fazer. Subordinação. Prazo e multa judiciais. Com o aparecimento de "lixões" em torno de aeroportuárias, torna-se premente a construção de aterro sanitário ou usina de compostagem de lixo, questão em que se encontra envolvida a segurança aeroportuária. A dotação orçamentária para esse fim é a providência de abertura de crédito suplementar por parte da autoridade municipal que, em se tratando de ação civil pública e caso não queira adotar essa providência, decorrido o prazo fixado de trinta dias, se subordinará à multa judicial. Agravo parcialmente provido. TRF 5ª Região. Ag. 980506588-0, DJ 06.07.2001, p. 229. Rel. Desembargador Federal Ubaldo Ataíde Cavalcante.

nos moldes pretendidos, atropelaria normas constitucionais, tais como a necessidade de existência de programa no PPA, na LDO e na LOA, além dos trâmites envolvendo licitação e outras normas, que, a depender do caso, a urgência não toleraria. Instalado estaria o Estado Judicial, em que as prioridades aprovadas democraticamente seriam desfeitas ou suspensas para atendimento das decisões judiciais, em clara contradição com o atendimento de outras prioridades, incluindo os direitos de outras pessoas, que deixarão de ser atendidos.

Entende-se, aqui, que a violação das normas legais atinentes aos gastos públicos, para o cumprimento de decisão judicial, não é a alternativa que menos cause lesão à ordem jurídica. Se todas as normas de execução orçamentária não forem levadas a sério na realização das despesas públicas, é difícil fundamentar-se porque outras normas também deveriam sê-lo.

Uma razão é a operacionalidade da alteração orçamentária tendo em vista o cumprimento da decisão. Como já foi mencionado, o § 2º do art. 9º da LRF determina as hipóteses em que não pode haver limitação de despesas, por força de normas substantivas que determinam o pagamento de salário e o cumprimento de obrigações e repasses legais e constitucionais. Assim, embora possa haver recursos disponíveis em algumas áreas, em determinados casos eles não poderão ser remanejados.

Por outro lado, é bom lembrar, do ponto de visto estrito, não há recursos disponíveis (desvinculados) no orçamento, pois todos já foram vinculados a um determinado fim, e toda despesa nova deve ser acompanhada do indicativo do recurso que a satisfará, sendo essa atividade eminentemente do Executivo e do Legislativo, e não do Judiciário.

À guisa de exemplo, a realização de determinada obra, embora não decorra de previsão constitucional ou de lei substancial, decorre de previsões orçamentárias (PPA, LDO e LOA), que são leis, e de contratos celebrados com particulares, que não poderão sofrer solução de continuidade por conta de decisão judicial estranha ao objeto. Do mesmo modo, os repasses de convênios e contratações diversas, os pagamentos de tributos, principalmente INSS e PASEP, no caso de Municípios, os Termos de Ajustamento de Conduta celebrados, os acordos firmados para pagamento de precatórios, em suma, todos os recursos para pagamento dessas obrigações são, num ângulo de análise, *legalmente* desvinculados, mas num outro, vinculados, porque já têm o seu destino certo por conta de outras obrigações assumidas pela Administração.

Poderiam esses recursos ser chamados de "recursos disponíveis" a permitirem ingerência do Judiciário no seu manejo? Crêr-se que não.

Aludidos recursos não são disponíveis pela Administração na plena acepção do termo. Não pela advertência da legalidade apenas, até porque seriam observados os mecanismos jurídicos do remanejamento de recursos, mas pela observância da legítima expectativa no cumprimento dos contratos e acordos celebrados, em respeito à segurança jurídica. Tal concepção reduz a margem de suplementação ou de remanejamento da Administração, uma vez que deve levar em consideração também as expectativas geradas.[575]

Por fim, a ponderação dos princípios em tela permite solução distinta, fazendo-se necessário pincelar alguns elementos introdutórios para o seu entendimento. É nessa teoria que se afirma que dos dispositivos textuais não se depreende aprioristicamente se os mesmos concebem regras ou princípios. Para tanto o intérprete necessita construir a norma que ali repousa e assim chegará à conclusão da espécie normativa a que se refere. Até porque não se confunde dispositivo com norma.[576]

Em Humberto Ávila tem-se a conclusão de que "a qualificação de determinadas normas como *princípios* ou como *regras* depende da colaboração constitutiva do intérprete".[577] Logo, pode ser que determinado texto comumente taxado de princípio, na verdade seja uma regra, ou o inverso, a depender da proposta do interessado do que seja um ou outro.

Nesse sentido, afirmar que o dispositivo "não pode haver despesa sem previsão legal" (art. 167, II, da CF) é necessariamente um princípio (princípio da legalidade da despesa pública), não procede, pois "os dispositivos podem gerar, simultaneamente, mais de uma espécie normativa. Um ou vários dispositivos, ou mesmo a implicação lógica deles decorrente, pode experimentar uma *dimensão* imediatamente comportamental (regra), finalística (princípio) e/ou metódica (postulado)".[578] Ou seja, pode-se estar diante de regra constitucional, e não de princípio constitucional, o que faz diferença no ângulo analisado.

Isso porque nem sempre a opção principiológica significa a mais protetiva da intocabilidade da norma, uma vez que a ainda predominante posição da "louvação dos princípios", com o intuito de demonstrar a sua importância, aliada à ideia de que os princípios podem ser "ponderados" no caso concreto, e, assim, terem a sua aplicabilidade afastada, acaba por minimizar a sua importância, resultando em consequência inesperada por quem o protege.

---

[575] LEITE, Harrison Ferreira. Segurança Jurídica e elaboração do orçamento público. *Revista Tributária e de Finanças Públicas*. Ano 17 – 86. São Paulo: RT, 2009.

[576] O tópico 2.4.3, do primeiro Capítulo, traz a distinção entre texto (dispositivo – enunciação) e norma.

[577] ÁVILA, Humberto. *Teoria dos Princípios*, op. cit., p. 35. (grifos originais)

[578] Ibidem, p. 69 (grifos originais).

Ora, na concepção de que os princípios não determinam diretamente a conduta a ser seguida, mas apenas estabelecem fins normativamente relevantes, e de que as regras são primariamente descritivas do comportamento a ser adotado, com maior pretensão de decidibilidade,[579] percebe-se que a "vedação constitucional à realização de despesas sem previsão legal" evidencia elementos de regra em maior proporção que de princípio. E não seria regra apenas nessa concepção, mas também naquela outrora predominante, que categoriza os princípios como normas de "elevado grau de abstração e generalidade", o que exige alto grau de subjetividade de quem os aplica, ao contrário das regras, que denotam pouco ou nenhum grau de abstração e generalidade, e que, por isso, demandam uma aplicação com pouca ou nenhuma influência de subjetividade do intérprete.[580] Nada há de subjetivo no dispositivo que "veda a realização de despesas sem previsão legal". O seu intuito é claro: vedar qualquer despesa que não esteja descrita na lei orçamentária. Chamá-lo de princípio, nessa ótica, flexibilizaria a sua aplicação, na contramão da Constituição que o queria mais rígido.[581]

Denominando regras constitucionais de princípios, a doutrina acaba por legitimar a restrição daquilo que a Constituição, pela técnica da normatização que adotou, queria menos flexível,[582] e assim, permitir o descumprimento de verdadeiras regras à luz da ponderação com outros princípios. Como a legalidade da despesa pública é um princípio, pensa fartamente a doutrina, deverá se sucumbir diante de outro princípio, o da submissão da Administração às decisões judiciais, o que resulta em verdadeiro afastamento de regras constitucionais postas rigidamente pelo legislador.

Na verdade, a legalidade da despesa tem característica predominante de regra, e no conflito com princípios, merece reflexão mais detida do aplicador, não se tomando como acertada a posição de que em qualquer situação "descumprir uma regra é mais grave que descumprir um princípio".[583] Tal se dá, como afirma Humberto Ávila, "porque as regras têm uma pretensão de decidibilidade que os princípios não têm: enquanto as regras têm a pretensão de oferecer uma solução provisória para um conflito de interesses já conhecido ou antecipável pelo Poder Legislativo,

---

[579] ÁVILA, Humberto. *Teoria dos Princípios*, op. cit., *passim*.

[580] Humberto Ávila chama essa distinção de fraca, porque os princípios e as regras possuem as mesmas propriedades, porém em graus diferentes. O autor demonstra as inconsistências dessa teoria e a sua superação. Ibidem, p. 84 e ss.

[581] Ibidem, p. 86.

[582] Ibidem, p. 90.

[583] Ibidem.

os princípios apenas oferecem razões complementares para solucionar um conflito futuramente verificável".[584]

E mais, quando há conflito entre um princípio e uma regra de mesmo nível hierárquico (regra constitucional *versus* princípio constitucional), ao contrário da repetida doutrina,[585] Humberto Ávila afirma que as regras devem prevalecer, e o faz pautado em casos concretos extraídos de decisões do Supremo Tribunal Federal.[586] Afirma o autor:[587]

> No caso de regras constitucionais, os princípios não podem ter o mesmo condão de afastar as regras imediatamente aplicáveis situadas no mesmo plano. Isso porque as regras têm a função, precisamente, de resolver um conflito, conhecido ou antecipável, entre razões pelo Poder Legislativo Ordinário ou Constituinte, funcionando suas razões (autoritativas) como razões que bloqueiam o uso das razões decorrentes dos princípios (contributivas). Daí se afirmar que a existência de uma regra constitucional elimina a ponderação horizontal entre princípios pela existência de uma solução legislativa prévia destinada a eliminar ou diminuir os conflitos de coordenação, conhecimento, custos e controle de poder. E daí se dizer, por conseqüência, que, num conflito, efetivo ou aparente, entre uma regra constitucional e um princípio constitucional, deve vencer a regra.

Quis o legislador que as regras orçamentárias fossem cumpridas por conta das incertezas e inseguranças que adviriam de decisões judiciais determinando obrigações de fazer ao Estado que não fossem suportadas pelos recursos públicos existentes. Daí se afirmar que as regras orçamentárias prevalecem sobre a aplicação direta de princípios constitucionais, justamente por conceder mais descritividade, mais especificidade ao cumprimento pontual das determinações constitucionais de direitos fundamentais, embora abrangentes do todo, e não de um caso específico.

Na área orçamentária, já decidiu o STF que, na colisão entre a regra dos precatórios e o princípio da sujeição da Administração às decisões judiciais, deveria ser atribuída prioridade à regra constitucional do precatório, inclusive para evitar o bloqueio de recursos públicos, visto que

---

[584] ÁVILA, Humberto. *Teoria dos Princípios*, op. cit.

[585] "Percebe-se, portanto, que houve uma preocupação do constituinte em planejar todas as despesas realizadas pelo Poder Público. Porém, é óbvio que isso não impede o juiz de ordenar que o Poder Público realize determinada despesa para fazer valer um dado direito constitucional, até porque as normas em colisão (previsão orçamentária *versus* direito fundamental a ser concretizado) estariam no mesmo plano hierárquico, cabendo ao juiz dar prevalência ao direito fundamental dada a sua superioridade axiológica em relação à regra orçamentária". BARIONE, Samantha Ferreira; GANDINI, João Agnaldo Donizeti e SOUZA, André Evangelista de. A judicialização do direito à saúde: a obtenção de atendimento médico, medicamentos e insumos terapêuticos por via judicial – critérios e experiências. *Revista Jus Vigilantibus*, Quarta-feira, 19 de março de 2008. In http://jusvi.com/artigos/32344/2.

[586] ÁVILA, Humberto. *Teoria dos Princípios*, op. cit., p. 90-91.

[587] ÁVILA, Humberto. "Neoconstitucionalismo": entre a "ciência do direito" e o "direito da ciência". Op. cit., p. 5.

a "não inclusão de despesa no orçamento não se equipara a descumprimento de ordem judicial".[588] [589] Noutro caso assim se pronunciou:[590]

> Precatórios judiciais. Não configuração de atuação dolosa e deliberada do Estado de São Paulo com finalidade de não pagamento. Estado sujeito a quadro de múltiplas obrigações de idêntica hierarquia. Necessidade de garantir eficácia a outras normas constitucionais, como, por exemplo, a continuidade de prestação de serviços públicos. A intervenção, como medida extrema, deve atender à máxima da proporcionalidade.

O princípio da sujeição da Administração às decisões judiciais, não positivado no ordenamento jurídico, mas nem por isso de menor valor, não significa que o Executivo deva suspender todas as despesas em andamento, remanejar recursos e prontamente cumpri-la. Como já foi visto, nem sempre é possível chegar a essa conclusão, e mesmo se o fosse, não há obrigatoriedade à submissão judicial quando outras leis, notadamente constitucionais, impedem a Administração de agir na linha da decisão judicial. O que fazer diante de determinação judicial ordenando a contratação de pessoal aprovado em concurso público, se, com tal contratação, ultrapassar-se-á o índice legal de gasto com pessoal? Ou, o que dizer do orçamento que não dispõe de autorização para crédito suplementar? O Judiciário deve ser informado desses fatos através dos trâmites legais de revisão de decisão.

Se a lei orçamentária previu determinada monta de recursos para um fim, a força judicial não poderá exigir comportamento distinto. E tampouco cabe intervenção no Município ou no Estado, como se fazia crer,[591] uma vez que a mesma só é deferida pelo Judiciário se existir receita dispo-

---

[588] RCL 4994. Ministro Ricardo Lewandowski. Supremo Tribunal Federal.

[589] O conteúdo jurídico dos precatórios foi alterado pela recente EC n. 62/2009. Anteriormente, só poderia haver sequestro dos recursos públicos para a satisfação do débito em caso de preterimento do direito de precedência. Agora, a nova redação do §6º do art. 100 da CF determina que poderá haver sequestro também na hipótese de não alocação orçamentária do valor necessário à satisfação do débito. Ou seja, quando apresentado um precatório até 1º de julho, torna-se obrigatória a sua inclusão no orçamento do ente público, com o pagamento até o final do exercício seguinte. Em não ocorrendo essa inclusão, a situação é de sequestro das verbas públicas. A questão se volta para a hipótese em que não há condições de fixar uma despesa por ausência de previsão de receita. Neste caso, o cumprimento da regra constitucional restaria frustrada pela inexistência de recursos. Não haveria como o Judiciário determinar o sequestro do que sequer existe, jurídica e faticamente. Para uma visão ampla do tema, ainda que com o foco distinto do aqui descrito, ver SCAFF, Fernando Facury. O uso dos precatórios para Pagamento dos Tributos após a EC n. 62. *Revista Dialética de Direito Tributário n. 175.* São Paulo: Dialética, 2010.

[590] Informativo n. 298 do STF, Rel. para o Acórdão Min. Gilmar Mendes, julgamento em 3-2-03, *DJ* de 27-2-04.

[591] Ao acolher pedido de intervenção estadual em município que descumpriu decisão judicial alegando dificuldades financeiras, o Órgão Especial do TJ de SP decidiu que "dificuldades financeiras alegadas pelo Município ao descumprir a ordem judicial não afastam, ao contrário reforçam a convicção da necessidade da intervenção" (Intervenção Estadual n. 107.977-0/8, j. de 29.9.2004, rel. Paulo Franco). No mesmo sentido a IE n. 85.366-0/1. Hoje o tema volta a ser objeto de muita polêmica tendo em vista a nova EC n. 62/2009, para o que não se tem ainda um posicionamento do Judiciário.

nível (capacidade jurídica e orçamentária) e resistência ao cumprimento da decisão judicial. Como já se manifestou o Supremo Tribunal Federal, só cabe intervenção por não pagamento se houver recursos disponíveis,[592] entendendo-se aqui como disponível aquele recurso possível de ser utilizado normativa e faticamente.

As despesas públicas jamais poderiam ser norteadas apenas por princípios, até porque, dada a ausência de comportamento determinante de conduta estrita, possibilitar-se-ia ações diversas das Administrações, resultando num verdadeiro caos administrativo. Aqui a importância das regras. Elas funcionam como ferramentas para a alocação de poder, mecanismos de transparência e elementos de importância vital na padronização das contas públicas. Decisão não limitada por regras tem o poder, a autoridade e a jurisdição para levar tudo em consideração, o que resulta em ausência de controle.

A necessidade de observar critérios técnicos e regras claras nos gastos públicos, mesmo que para proteger direitos substanciais, proíbe inclusive os órgãos eleitos de as violarem. Assim, se determinado Estado quiser investir no sistema habitacional, vinculando recursos do ICMS, não poderá fazê-lo, por ferir uma regra específica da Constituição que veda a vinculação dos recursos dos impostos (art. 167, IV),[593] mesmo que o fim seja nobre, a proteção do direito social à moradia, ligado ao princípio da dignidade da pessoa humana.

Se as regras orçamentárias são aplicadas em caso de conflito com proteção ampla a direito fundamental, com um número maior de protegidos, mais ainda se justifica a sua não violação no caso de proteções individuais, feita por órgão que não tem legitimidade. Daí a conclusão que, no conflito entre regras orçamentárias e os direitos sociais, o Judiciário deve analisar a dotação orçamentária existente, sendo-lhe vedado obrigar o Executivo a suplementá-la, ou o Legislativo a autorizar o novo gasto, a fim de que as suas decisões sejam cumpridas, exceto se a ausência da prestação decorra de uma omissão da legislação orçamentária ou administrativa no cumprimento de uma política prevista em lei.

---

[592] No julgamento dos pedidos de intervenção federal 2.915 e 2.953, ambos pertinentes ao Estado de SP, por maioria de votos os Ministros do STF indeferiram os pedidos, sob o argumento de que não houve descumprimento voluntário das decisões judiciais, mas sim impossibilidade decorrente da inexistência de recursos. (Inf. 296 do STF).

[593] CONSTITUCIONAL. TRIBUTÁRIO. ICMS/SÃO PAULO. MAJORAÇÃO DA ALÍQUOTA COM DESTINAÇÃO ESPECÍFICA: CONSTRUÇÃO DE CASAS POPULARES: INCONSTITUCIONALIDADE. I. – Inconstitucionalidade dos artigos 3º a 9º da Lei 6.556, de 30.11.89, do Estado de São Paulo, que aumentaram de 17% para 18% a alíquota do ICMS, com destinação específica da majoração. Inconstitucionalidade frente ao art. 167, IV, da C.F. II. – Precedente do STF: RE 183.906-SP, Min. Marco Aurélio, Plenário, 18.9. Acórdão n. 329196, 2ª Turma, 11.11.202.

Não que a regra orçamentária (que veda a despesa sem previsão legal) não pode ser ponderada e, assim, superada. Até porque, "a atividade de ponderação de razões não é privativa da aplicação dos princípios, mas é qualidade geral de qualquer aplicação de normas".[594] E mais, "qualquer norma possui um caráter provisório que poderá ser ultrapassado por razões havidas como mais relevantes pelo aplicador diante do caso concreto".[595] [596]

Assim, embora a linguagem eminentemente comportamental das regras limite com maior intensidade a atividade da ponderação, nelas também pode haver situação tamanha a justificar esse procedimento. Como afirma Humberto Ávila:

> Essa decisão depende da ponderação entre as razões que justificam a obediência incondicional à regra, como razões ligadas à segurança jurídica e à previsibilidade do Direito, e as razões que justificam seu abandono em favor da investigação dos fundamentos mais ou menos distantes da própria regra. Essa decisão – eis a questão – depende de uma ponderação.[597]

Mas as situações são extremas, e devem estar pautadas nos critérios já assinalados que envolvem respeito à igualdade, às consequências, aos critérios técnicos e jurídicos, o que demanda análise meticulosa do caso concreto para a elaboração da decisão.

Portanto, não é absoluto o posicionamento de que, no conflito entre o princípio da legalidade da despesa pública e o da sujeição da Administração às decisões, *sempre* o último deverá prevalecer.[598] A dimensão de maior importância de um ou de outro não é dada previamente pela estrutura da norma ou pelo seu conteúdo, mas advém dos elementos envolvidos na sua aplicação ao caso concreto, ou como afirma Humberto Ávila, "depende tanto das razões utilizadas pelo aplicador em relação à norma que aplica, quanto das circunstâncias avaliadas no próprio processo de aplicação".[599] Pode ser que num caso concreto prevaleça uma norma, mas em outro caso a norma outrora prevalecente não esteja cercada de circunstâncias que justifiquem a que deva prevalecer.

Nos casos sob comento, vários elementos devem ser levados em conta na ponderação. De um lado, a determinação judicial obrigando a

---

[594] ÁVILA, Humberto. *Teoria dos princípios*, op. cit., p. 58.

[595] Ibidem, p. 58-59.

[596] Nesse sentido é a afirmação de Aulis Aarnio, ao entender que toda norma tem um significado prévio (*prima* facie) e passa a ter outro após levar-se em consideração todas os aspectos na sua aplicação AARNIO, Aulis. Las reglas en serio. *La normatividad del derecho*. AARNIO, Aulis; VALDÉS, Ernesto Garzón & UUSITALO, Jyrki (org.). Barcelona: Gedisa Editorial, 1997, p. 17-36.

[597] ÁVILA, Humberto. *Teoria dos Princípios*, op. cit., p. 58.

[598] GRAU, op. cit., p. 324

[599] ÁVILA, Humberto. *Teoria dos princípios*, op. cit., p. 61.

atenção a determinado direito social (construção de casas ou de escolas, internação em hospital privado, entrega de medicamentos raros, reparo de estradas, desvinculação de recursos constitucionalmente vinculados, passagens gratuitas, etc.).

De outro, um conjunto de normas constitucionais vedando (i) a realização de despesa sem previsão orçamentária; (ii) a abertura de crédito suplementar ou especial sem prévia autorização legislativa e sem indicação dos recursos correspondentes; e (iii) instituindo como crime de responsabilidade a desobediência à despesa sem autorização ou à despesa além da autorização.

Aqui, a questão decisiva: o que deve prevalecer? Do ponto de vista da lógica, a ponderação pode ir ao infinito, mas alguém deve terminá-la, cedo ou tarde, e se assim o fizer, deve apresentar as razões relevantes, prós e contras, à conclusão, e estabelecer seus pesos relativos.

A favor da primeira hipótese há um *direito* constitucional (direitos sociais), sem conteúdo delimitado legalmente, com larga discussão acerca da sua exigibilidade e com sua concretização a ser realizada através de políticas públicas, como define a Constituição. Poder-se-ia dizer que estão formulados na Constituição como princípios diretivos (diretrizes que visam a determinado fim), e, por isso, não ordenam uma ação exigível judicialmente, porque restritos a uma finalidade ou a um estado de coisas a alcançar.[600]

É tarefa árdua deixar a decisão dessas ações nas mãos do Judiciário, para se alcançar o estado de coisas, pois definir o fim não significa alcançá-lo. Os direitos sociais não estão vertidos em regras facilmente subsumíveis a uma realidade. Juan Antonio Cruz Parcero apresenta essas dificuldades:[601]

> Essa tradução nem sempre resulta possível ou nem sempre se considera conveniente. Em ocasiões não é possível fazer a tradução porque não podemos saber que ação deve-se realizar para obter o estado de coisas, ou podemos conhecer as ações necessárias, porém não as condições suficientes para conseguir o fim, ou porque nenhuma ação ou conjunto de ações é suficiente para se atingir o estado de coisas por tratar-se de um estado ideal. [...] Esta característica estrutural dos direitos sociais resulta que sua exigência judicial seja um problema porque não é possível ter critérios taxativos nem para imputar responsabilidade às autoridades, nem para exigir que determinadas ações sejam ordenadas pelos tribunais.

---

[600] É bom relembrar que, no caso brasileiro, o direito ao ensino fundamental foge à regra dos demais direitos sociais, pois o mesmo é direito subjetivo e exigível judicialmente, conforme se extrai da Constituição.

[601] PARCERO, Juan Antonio Cruz. *Leones, lenguaje y derechos*. Sobre la existencia de los derechos sociales (Réplica a Fernando Atria), p. 90.

A favor da segunda hipótese, legalidade orçamentária, há entraves técnicos, jurídicos e ético-políticos, todos sobejamente analisados, que vedam a concretização de pedidos isolados através de decisão judicial.

Como se viu, não há uma decisão *a priori* do que deva prevalecer, fruto do peso abstrato das normas em cotejo, a *sempre* orientar o intérprete na decisão do conflito. Compete, sim, ao aplicador, diante do caso a ser examinado, atribuir dimensão de peso a determinados elementos, em detrimento de outros, para escolher o resultado que melhor se coaduna com a *vontade* constitucional. E, de posse dos elementos em evidência, entende-se, por vários motivos, que há maior razão à subordinação da legalidade das despesas públicas frente à submissão às decisões judiciais.

Em primeiro lugar, a regra clarividente da legalidade constitucional orçamentária serve como primeira opção à interpretação, tendo em vista ser esse o principal argumento a competir numa decisão. Afirma Humberto Ávila:

> Apesar de não ser aceitável uma regra geral de preferência, aceita-se que, quando há uma decisão de interpretação que pode ser feita com base em diversos argumentos, sem que o ordenamento jurídico forneça critérios materiais que privilegiem algum deles, os argumentos que se deixam reconduzir ao princípio da autoridade do Poder Legislativo e, portanto, baseiam-se na linguagem utilizada pela norma, devem sobrepor-se a outros argumentos sistemáticos, históricos ou meramente pragmáticos.[602]

O mesmo não pode ser dito em relação aos direitos sociais. Da sua leitura não se dessume o seu alcance, tampouco a possibilidade de sua proteção judicial no grau e na medida judicialmente pretendidas. Antes, oscila de juiz para juiz, que define a política pública correta no seu modo de pensar, sem se atentar às consequências que daí podem surgir. O correto seria, dentro dos *standards* de proteção dos direitos sociais, disponíveis através de políticas públicas, sejam os mesmos exigíveis judicialmente, pois que já são definidos politicamente. E o orçamento público serve de elemento importante nessa atuação judicial. Poderá ser utilizado como lei (norma de ação) a justificar a proteção judicial imposta.

Em segundo lugar, a fragilidade do orçamento frente às decisões judiciais resultará na sua fragilidade para toda e qualquer situação, com graves prejuízos à segurança jurídica. Como é sabido, tanto a elaboração, quanto a alteração e o controle do orçamento são pautados por normas jurídicas que regulam o modo de sua ocorrência, o que significa que não poderá ser executado fora dos ditames legais. Eventuais intromissões judiciais que impliquem adequação póstuma do orçamento significaria sua alteração por caminho diverso que não o previsto na lei.

---

[602] ÁVILA, Humberto. *Sistema constitucional tributário*. São Paulo: Saraiva, 2004, p. 136.

Além disso, cumpre lembrar que o orçamento é lei, e, como tal, tem autoridade, o que significa dizer que não pode ser desconsiderado nas decisões judiciais, que o afasta em toda e qualquer circunstância quando as suas normas são impeditivas do desiderato judicial. Permitir decisões judiciais sem atenção ao orçamento é decidir *contra legem*, é usurpar o papel legislativo, é ir de encontro a uma vedação legal.

Em terceiro lugar, suspender a eficácia de todos os dispositivos constitucionais sobre despesas públicas em nome da eficácia plena do cumprimento de decisão judicial seria a instalação de um verdadeiro Estado Judicial de Direito. Não se discute a legitimidade do Judiciário quando declara uma lei inconstitucional ou quando zela pela supremacia da Constituição, mas tal não se dá quando determina o grau de proteção de determinados direitos, em desacordo com o previsto no orçamento e com clara significação do teor político de sua ação. Agindo assim, o Judiciário não só define o conteúdo do direito, mas também a política pública necessária à sua proteção.

Em quarto lugar, afastar todo o subsistema constitucional-orçamentário equivaleria a sufragar uma Constituição como mera folha *de papel*,[603] ou reconhecer que há uma Constituição escrita, mas quedar-se à Constituição real,[604] que determina subserviência incondicional às decisões judiciais, a despeito de um plexo de regras e princípios constitucionais em diferente caminho.

É sabido que o Brasil vive uma crise institucional que contribui para um sofrível funcionamento das instituições, em todos os níveis, maculadas por circunstâncias que não podem ser reconhecidas como perenes.

Mas essa fatalidade não pode resvalar quase que exclusivamente na redução da força normativa das disposições orçamentárias. Ou se fortalece os mecanismos constitucionais de fiscalização, ativando-se as diversas vias já existentes de controle popular e político, ou se trará todos os problemas para o Judiciário, que deverá esmerar-se não apenas dos aspectos jurídicos de sua manifestação, mas, sobretudo, das inimaginadas consequências decorrentes de suas decisões, nas mais diversas áreas, para o qual nem o Judiciário está preparado para decidir, nem o Executivo e o Legislativo aparelhados para cumprir.

---

[603] "Julgo-me obrigado a fazer agora, solenemente, a declaração de que nem no presente nem para o futuro permitirei que entre Deus do céu e o meu país se interponha uma folha de papel escrita como se fosse uma segunda Providência" In LASSALLE, Ferdinand. *O que é uma Constituição?* São Paulo: Russell, 2005, p. 30. Rodapé n. 27.

[604] HESSE, Konrad. *A força normativa da Constituição*. Porto Alegre: Sergio Antonio Fabris Editor,1991, p. 15.

Em quinto lugar, não há deixar à decisão judicial a norma fundante da proteção do direito, visto que é impossível se fazer cumprir as aspirações mais gerais contidas nos direitos sociais sem traduzir essa finalidade (estado de coisas) em ações concretas e levá-las a cabo; o cumprimento das finalidades mais abstratas só pode se dar gradualmente,[605] e não do modo desordenado como sói acontecer.

Por último, há fortes razões para se aplicar a legalidade das despesas públicas por conta do respeito que o orçamento deve impingir, não apenas na observância do Judiciário, mas, principalmente, na atenção que o Executivo lhe deve reservar. Basta refletir que, se o orçamento deve se quedar ante decisão judicial, também deverá fazê-lo ante decisões do Executivo, que serão "de igual relevância e urgência na defesa de direitos fundamentais". Instalado estaria o caos nas finanças públicas, desnecessárias as discussões no Legislativo e dispensáveis os planos e programas elaborados, inclusive na linha do afunilamento constitucional de programação dos gastos (PPA, LDO e LOA).

Por todas essas razões que se propugna pelo respeito ao orçamento.

7.3. QUANDO NÃO HÁ O PROGRAMA RESPECTIVO E NÃO HÁ RECURSO DISPONÍVEL

Diferencia-se da anterior porque naquela, embora não houvesse recurso normativamente previsto, o havia faticamente em outras rubricas, com a aberta possibilidade de o Executivo ou o Legislativo efetivar o remanejamento. Aqui a hipótese é diversa: falta o recurso não apenas no programa específico, mas, também, em qualquer outro que poderia ser remanejado, inexistindo recursos suficientes para que a Administração possa cumprir determinadas decisões judiciais. É a hipótese de ausência real e fática de recursos, de exaustão financeira ou de "exaustão da capacidade orçamentária", na expressão cunhada por Eros Grau.[606]

É impossível cumprir a decisão judicial materialmente, até porque a lei não pode exigir mais do que a situação jurídica permite, nem pode a determinação judicial exigir algo que, nas diversas alternativas de execução, a materialidade fenomênica demonstre ser irrealizável.

E não se trata de conflito de princípios, como ressalta Eros Grau, mas se está em presença de confronto entre decisão judicial e a realidade,

---

[605] PARCERO, Juan Antonio Cruz. *Leones, lenguaje y derechos*. Sobre la existencia de los derechos sociales (Réplica a Fernando Atria), op. cit., p. 92.

[606] GRAU, op. cit., p. 327

vale dizer, entre a realidade e o direito.[607] Logo, não há como se observar a decisão judicial, pois faticamente é impossível concretizá-la.[608] Há "frustração material da finalidade do princípio da sujeição da Administração às decisões judiciais"[609] e nada poderá ser feito. É a chamada "reserva do possível fática".

Como se nota, não basta à Administração invocar a ausência de recursos para eximir-se da sujeição à decisão judicial. Deve exaustivamente demonstrar e comprovar, diante do juízo, que, dado os ingressos constantes do caixa e a previsibilidade de novos recursos, faticamente é impossível cumprir o decisório. E, por outro lado, ainda que houvesse recursos em outras alocações, eventual remanejamento dos mesmos implicaria a ocorrência de grave lesão à ordem, à saúde e à econômica públicas, de modo a não se justificar a excepcionalidade da utilização desses recursos.

Num caso, o Estado do Rio Grande do Sul, sob alegação e comprovação da exaustão de sua capacidade financeira e da impossibilidade jurídica de realizar operações de crédito, alterou a data de pagamento dos salários de alguns servidores, que ganhavam acima de R$ 2.500,00, em clara ofensa ao *princípio* da irredutibilidade dos vencimentos. No entanto, a comprovada exaustão da capacidade orçamentária do Estado levou o Judiciário a considerar essa medida possível.[610] O mesmo pode ocorrer com os demais direitos sociais. A prova fática da inexistência de recursos desincumbiria a Administração da satisfação do pleito decidido judicialmente.

Ocorre que a ausência de recursos é temporária. Pode escassear para a satisfação de decisões com exigibilidade imediata, mas pode haver recursos no futuro, quando o seu cumprimento poderá ocorrer de modo progressivo. Para essa hipótese, a Administração se ordenará normativa e faticamente, com propostas de alteração do orçamento e de disponibilização de recursos para a futura observância da decisão judicial. Nesses casos, como já se disse, o teor da decisão é elemento importante para a postura da Administração.

A complexidade da solução e a variedade de hipóteses demonstram quão escorregadio é esse terreno e apontam que a melhor solução é a impossibilidade de atuação judicial protetiva de direitos sociais para além das políticas públicas definidas. Quedante esta hipótese, frente a uma decisão impelindo determinado dever ao Estado, e comprovada a ausência

---

[607] GRAU, op. cit., p. 326.

[608] Ibidem, p. 317.

[609] Ibidem, p. 327.

[610] Suspensão de Segurança 3.154-6. Rio Grande do Sul. Ministro Gilmar Mendes. 28 de março de 2007.

total de recursos, falece materialmente o princípio da sujeição da Administração às decisões judiciais.

7.4. QUANDO HÁ PROGRAMA PARA DETERMINADO FIM, MAS NÃO HÁ RECURSO

Trata-se de hipótese frequente: há programa, mas não há recurso. Tal pode se dar *(i)* quando frustrada a expectativa de receita, *(ii)* quando houve fato imprevisto que impossibilitou o repasse dos recursos do modo originalmente aventado, ou *(iii)* quando contingenciado o recurso, de modo que, em todos eles, não há numerário suficiente para satisfazer a obrigação judicial imposta.

Sendo caso de ausência total de recursos, por frustração da receita, aplica-se o discernimento aventado no tópico precedente, por configurar verdadeiro *"estado de necessidade,* em que a decisão ou as decisões judiciais *não devam ser cumpridas pela Administração".*[611] Cumpre lembrar que o Judiciário poderá analisar, na possibilidade de controle sobre a irracionalidade ou má-fé do orçamento, se a previsão orçamentária foi correlata com a realidade ou foi meramente fictícia.

No caso de fato imprevisto que impossibilitou o repasse, deve-se ater à natureza e à justificação do ato impeditivo do repasse, bem como à prioridade do gasto, de modo que o mesmo demonstre razão fundante maior que a destinação originária da norma orçamentária. O certo é que, como o programa foi previsto, o Executivo deverá cumprir a norma orçamentária, dentro das disponibilidades financeiras.

Por fim, na hipótese de contingenciamento de recursos, deve-se verificar se o mesmo se deu dentro das hipóteses legalmente previstas e, mesmo assim, analisar a justificação do ato, uma vez que, tendo em vista a oportunidade e a conveniência da Administração em fazê-lo, a justificação e a motivação dos atos de discricionariedade não estão alheios à análise judicial.

De tudo isso, deve ficar claro que não se alija o Judiciário da defesa dos direitos sociais simplesmente por ausência normativa e/ou fática de recursos, como se não pudesse atuar quando comprovada a ausência de recursos, e, ao contrário, tivesse o dever de assim fazê-lo comprovada a existência dos mesmos. O que obsta a sua atuação, como foi afirmado, são os critérios técnicos (operacionalidade na alocação de recursos e na distribuição de serviços), jurídicos (óbice da autoridade da lei orçamentária e dos efeitos consequencialistas das decisões) e ético-políticos (como

---

[611] GRAU, op. cit., p. 326.

a igualdade, a justiça, o princípio democrático, a separação de poderes, dentre outros).

Posicionamento diverso, que protege a sua judicialidade sem análise de questões orçamentárias, significa que apenas a hipótese de inexistência real e efetiva de recursos justifica a não observância da sua proteção judicial, independente do grau determinado. Para protegê-los, ou o Judiciário atribui alocações orçamentárias diferentes das presentes, ou ignora as já existentes. E essa proposta, pelo que se expôs aqui, não pode ser aceita.

Não se há proteger os direitos sem análise dos seus custos. Como afirma Flavio Galdino:[612]

> O reconhecimento dos custos estimula o exercício responsável dos direitos pelas pessoas, o que nem sempre ocorre quando o discurso e a linguagem dos direitos simplesmente fingem ignorar os custos, pois a promessa dos direitos absolutos, além de criar expectativas irrealizáveis, promove o exercício irresponsável e muitas vezes abusivo dos "direitos" (grifo do autor).

Hipótese diversa de exigir observação imediata da decisão, na maioria das vezes através de medidas liminares, é a derivada de decisões judiciais que determinam a inclusão no orçamento, para o(s) exercício(s) seguinte(s), da proteção crescente (progressiva) do direito, de acordo com a disponibilidade de recursos. Nesse sentido analisa-se a obrigatoriedade ou não de o Executivo vincular-se à decisão judicial na elaboração do orçamento.

Decisões que determinam obrigações de longo prazo, com vistas à proteção dos direitos sociais, têm cunho eminentemente colaborativo, e são mais possíveis de serem realizadas do que as de satisfação imediata. Essas decisões *indicam* ao Executivo zonas de atuação ou formas protetivas de direitos em maior grau, inclusive do ponto de vista orçamentário, o que maximiza os direitos de todos e não de apenas uns poucos.

Tais decisões não prescrevem a obrigação específica de *fazer* ou a determinação da área específica em que os recursos *devem* ser alocados, mas servem como apresentação das habilidades do Judiciário na busca da solução do problema envolvendo os direitos sociais. Nesse sentido as definições de conceitos tomados pelo Judiciário, no âmbito constitucional, devem ter reflexos na conduta das políticas públicas, porque visam a assistir o governo no exercício constitucional de suas responsabilidades e não a confrontá-lo.

Uma vez levadas em consideração pelo Executivo, serão apreciadas pelo Legislativo, e, na transcendência do compromisso ético de respeito

---

[612] GALDINO, Flavio. *Introdução à Teoria dos Custos dos Direitos – Direitos Não Nascem em Árvores*. Rio de Janeiro: Lumen Juris, 2005, p. 230.

aos poderes, deverão ser levadas em consideração, com os ajustes advindos das discussões parlamentares e, obviamente, com a análise dos custos da proteção dos direitos.

Na doutrina, há quem defenda a possibilidade de ordem judicial *determinar* a inclusão de verba no orçamento do próximo exercício financeiro.[613] Afirma Clèmerson Clève:[614]

> Um bom caminho para cobrar a realização progressiva desses direitos (porque são direitos de eficácia progressiva) é o das ações coletivas, especialmente, das ações civis públicas. Tratar-se-ia de compelir o Poder Público a adotar políticas públicas para, num universo temporal definido (cinco ou dez anos), resolver o problema da moradia, do acesso ao lazer, à educação, etc. É claro que, neste caso, emerge o problema orçamentário. Todavia, cumpre compelir o Estado a contemplar no Orçamento dotações específicas para tal finalidade, de modo a, num prazo determinado, resolver o problema do acesso do cidadão a esses direitos. Desse modo, tratar-se-ia de compelir o Poder Público a cumprir a lei orçamentária que contenha as dotações necessárias (evitando, assim, os remanejamentos de recursos para outras finalidades), assim como de obrigar o Estado a prever na lei orçamentária os recursos necessários para, de forma progressiva, realizar os direitos sociais.

Flavio Galdino argumenta do seguinte modo:[615]

> Deveras, ao dizer-se que o orçamento público não pode suportar determinada despesa, *in casu*, destinada à efetivação de direitos fundamentais, e tendo como parâmetro a noção de custos como óbices, quer-se necessariamente designar *um* orçamento determinado. Isso porque os recursos públicos são captados em caráter permanente – a captação não cessa nunca, de forma que, a rigor, nunca são completamente exauridos. Assim sendo, nada obstaria a que um outro orçamento posterior assumisse a despesa em questão. (grifos originais)

Como se nota, a hipótese do Judiciário colaborar com os demais poderes no desenho do direito que deseja ver protegido é válida e deve ser levada em consideração quando da elaboração dos orçamentos vindouros. Mas tal não se confunde com decisão judicial que compele os demais poderes a incluírem no orçamento a proteção de direitos do modo como aventado judicialmente. Como se disse, a decisão judicial será analisada levando-se em consideração todas as demais circunstâncias. Não poderá o Judiciário acender-se com a *sua* política, diferente do aprovado democraticamente. No entanto, uma vez orçada, a proteção dos direitos pode ser levada a cabo pelo Judiciário no sentido de compelir o cumprimento da lei orçamentária.

---

[613] SOARES, Inês Virgínia Prado. *Desafios do Direito Ambiental no Século XXI – Estudos em homenagem a Paulo Affonso Leme Machado*. KISHI, Sandra Akemi Shimada; SILVA, Solange Teles da; e SOARES, Inês Virgínia Prado (orgs.). São Paulo: Malheiros, 2005, p. 569.

[614] CLÈVE, Clèmerson Merlin. O desafio da efetividade dos direitos fundamentais sociais. In: *Revista da Academia Brasileira de Direito Constitucional*. v. 3. Curitiba: Academia Brasileira de Direito Constitucional, 2003, p. 299.

[615] GALDINO, op. cit., p. 234-5.

É bom lembrar que a natureza dessa decisão judicial é apenas recomendativa, e não executiva ou declarativa, uma vez que será debatida pelo Congresso Nacional que poderá aceitá-la na totalidade, com modificações ou rejeitá-la.

O Judiciário pode usar as suas atribuições de modo diferente do comumente feito. Para além de fiscalizar o cumprimento da lei orçamentária, tanto nos moldes inicialmente propostos, quanto após as suas alterações por decreto (suplementação) ou por lei (créditos adicionais), o Judiciário, enquanto Estado protetor da sanidade jurídica e da defesa de direitos, exerceria o papel de instituição colaboradora de concepções jurídicas úteis ao avanço de políticas públicas. Agindo assim, encorajaria o governo no estabelecimento de padrões e na tomada de passos que definam níveis de satisfação razoável dos direitos.

Com essa concepção, distancia-se da visão aparentemente encetada de que o Judiciário não é útil para responder os reclamos de justiça social, e que a política é o único caminho para a solução de proteção aos direitos. O Judiciário, ao invés, ajudará o sistema político a encontrar um modo básico decente de bem-estar aos cidadãos, sem, contudo, determinar e exigir à força a política que entende adequada.

Tal se afirma porque só com o tempo se perceberá que a aquilatação do processo político, o resgate dos seus valores, e o fortalecimento do princípio democrático, serão mais eficientes na busca da correta política distributiva que se almeja no país. O Judiciário não pode servir como ferramenta isolada desse papel.

Deve-se esperar nos juízes, não a tentativa de usurpar o papel do legislador, mas ao contrário, o de suporte complementar e mútuo, porque podem suplementar os esforços do Legislativo. Cada grupo, e aqui entra cada função dos poderes, pela boa-fé de preencher seu papel em lidar com circunstâncias sensíveis na criação do direito, pode contribuir para um total esforço de assegurar os vários benefícios possíveis no Estado de Direito.[616]

---

[616] WALUCHOW, W. J. *A Common Law Theory of Judicial Review – The Living Tree*. Cambridge University Press. 2007, p. 262.

8. Conclusão

A repetida interpretação dos dispositivos constitucionais orçamentários, pautada numa desgastada visão da ausência da força normativa do orçamento, tem repercutido na forma de sua elaboração, de sua aplicação e de seu controle, de modo a torná-lo uma norma de pouca serventia no ordenamento jurídico. Ou se busca uma interpretação inovadora, e a força normativa do orçamento será realçada, ou se continuará a tê-lo como mera ficção jurídica, levando na mesma torrente todo o plexo constitucional que trata da matéria.

No trabalho, ficou claro que a norma orçamentária é constantemente marginalizada, quando comparada com as demais. Não é ressaltada como elemento a influir na decisão, visto que não tem crédito de lei. Ao contrário, é tratada como norma de pouco valor, que não deve ser levada em consideração quando da proteção a direitos.

Esse estudo visou a mostrar o orçamento sob outro ângulo, ao trazer à baila as consequências de uma interpretação ultrapassada, além de um suporte jurídico novo que sustenta a sua força normativa em bases constitucionais. Detentor desse poder normativo, o orçamento serve como parâmetro para a atuação de todos os poderes, uma vez que, solidificado numa norma, não poderá receber tratamento distinto que o exclui das prerrogativas normativas comuns.

Não se limitou a afirmar os pontos positivos de um orçamento de igual teor normativo ao das demais leis, até porque isso pouco ajuda. Foi além, ao demonstrar que a positivação do subsistema orçamentário sustenta interpretação distinta da conservadora, numa linha, para além de dogmática, efetivamente consequencialista, ao ressaltar a importância desse argumento na resolução de casos práticos no sistema brasileiro.

A leitura deste trabalho numa visão ampla, focada em vultosos orçamentos como os da União, dos Estados e dos grandes Municípios, o fez parecer restritor da efetividade de direitos sociais, tendo em vista a ideia sempre presente de que há recursos em demasia, inda mais com afirmações frequentes de malversação do dinheiro público. Mas não foi essa a intenção. O trabalho abarcou a realidade não só de orçamentos recheados, que são impactados com a amplitude de pessoas alcançadas com a decisão, mas também de orçamentos menores, em que modestas alterações representam grandes reflexos na distribuição dos serviços públicos.

Reconhecida a força normativa do orçamento, o trabalho tentou demonstrar que o seu conteúdo deve ser observado no caso de efetivação de decisões judiciais, restritas estas ao âmbito de análise dos direitos sociais, visto que, dada a sua abertura e a expressa intenção constitucional de efetivá-los através de políticas públicas, não poderiam ser manipulados através de decisões judiciais.

Restou claro que o posicionamento tomado pela maioria da doutrina e do Judiciário brasileiros não encontra sintonia na ordem jurídica e fática, porque ignora um fato da vida, a escassez de recursos, e tão somente rearranja as prioridades de recursos estabelecidas nas políticas públicas, tirando de uns para dar para outros. Os casos apresentados não envolveram conflitos entre direitos sociais e normas orçamentárias, mas entre direitos sociais de uns e direitos sociais de outros.

E talvez porque as pessoas se importam mais com aquilo que as prejudica injustamente se comparado com o que as beneficiam injustamente, é que poderiam facilmente rejeitar o exposto ao longo dessa pesquisa, uma vez que muitos apenas se limitam a glorificar as conquistas dos direitos sociais, em total desatenção às questões fáticas, mormente orçamentárias, de sua efetivação.

Se, por um lado, o trabalho quis realçar a força do orçamento, que deixa de ser um mero elemento técnico e passa a ser instrumento decisivo na opção judicial, por outro, quis abrandar as hipóteses de efetivação dos direitos fundamentais pela via judicial, quando utilizada como meio de alterar a igualdade implantada politicamente. Do modo como vem sendo feito, o Judiciário é usado como alívio a determinados infortúnios e como instância de compaixão às minorias que não se sentem politicamente representadas. Torna-se o principal órgão de apoio ao combate à pobreza e a outras desigualdades sociais, além de canal poderoso, sem algemas, nas decisões alocatícias. Decisão judicial que obriga ações nesse sentido, antes do que beneficiar determinado cidadão, embaraça a persecução do mesmo fim que se efetiva por uma via mais ampla.

O estudo mostrou que a lei orçamentária obstaculiza, por um lado, mas autoriza, por outro, a proteção dos direitos sociais. Direitos existem e são protegidos por normas. Aqueles que não foram desenhados em normas substanciais, e que foram deixados ao alvitre do Executivo a sua proteção, através das práticas de políticas públicas, não poderão ter a sua satisfação realizada através de decisões judiciais, se o orçamento não comporta tal efetivação.

A tese aqui defendida não restringiu o âmbito protetivo dos direitos fundamentais. Ao contrário, reconheceu o seu alcance, mas o fez dentro dos limites legalmente previstos, com atenção ao orçamento. Não há restrição, até porque não se restringe o que não foi definido. A pesquisa apontou o grau legalmente permitido, olhando, desta feita, com as lentes do direito financeiro, e não apenas com visão iludida do alcance infinito dos direitos fundamentais. Agir sem orçar é dirigir a máquina com olhos vendados: movimenta-se por um tempo, mas o colapso é certo.

Demonstrando que o Judiciário, pelas razões acima, não fica alijado do seu papel de contribuir na efetivação dos direitos sociais, este trabalho intentou construir uma atuação diferenciada, com a visão de que a função de efetivar os direitos não é papel isolado de um ou outro poder, e que a serventia judicial seria mais de colaboração e supervisão que de implementação do seu conteúdo protetivo do direito, dado que se apresenta como alternativa adequada na conflituosa proteção desses direitos.

Para melhor entendimento dos resultados aqui alcançados, o detalhamento dos pontos mais importantes deve ser realçado:

1. O orçamento é lei na dicção do art. 165 da CF, independente da qualificação que lhe dê a doutrina e, como tal, deve ser observado por todos os seus destinatários, tendo em vista a autoridade presente na legislação.

2. A autoridade de uma lei não está vinculada ao seu conteúdo, mas à força democrática presente na sua aprovação. Daí que não se pode utilizar o conteúdo orçamentário como elemento a minar a sua autoridade, ao contrário, o conteúdo apenas demonstra a sua singularidade.

3. A autoridade do orçamento enquanto lei está lastreada no fato de (i) ser uma lei que provoca uma conduta especial nos agentes políticos, de (ii) gerar sanção pelo seu não cumprimento, de (iii) *fixar* a despesa e *prever* a receita públicas, e de (iv) ser lei concreta de implantação de políticas públicas.

4. Por isso, afirma-se que o orçamento é a lei que mais aproxima o jurídico do político, muito embora o seu aspecto jurídico não tenha sido muito realçado. A Constituição de 1988 procurou resgatar a sua força normativa, ao estabelecer alvos específicos com a sua elaboração, através de uma cadeia normativa que deve observar os fundamentos e os objetivos nela inseridos. Assim é que criou o PPA, a LDO e a LOA, a todas delimitando o conteúdo, no intento de formar um subsistema constitucional orçamentário coordenado e conjugado com os fins constitucionais, independente da ideologia partidária que o elabore.

5. Embora a nova normatização constitucional, as celeumas em torno da natureza jurídica do orçamento não diminuíram. Continuou-se a afirmar a sua faceta de lei meramente formal, construída em cenário distinto, nos idos de 1860, sem ao menos se verificar se a conjuntura atual (política, jurídica, econômica e social) demanda solução distinta. No entanto, de posse da interpretação histórica, demonstrou-se que a solução sedimentada não pode mais subsistir, pena de se traduzir num orçamento que, embora seja lei, não passa de peça de ficção, com as consequências de sua diminuta importância jurídica e com a escamoteação dos direitos mais importantes das representações nacionais.

6. A interpretação construída foi fruto tanto de resgate histórico da ideia de orçamento, quanto da conjuntura em vigor, que não aceitam classificações doutrinárias minarem a força até da Constituição. A divisão das leis em formais e materiais, aplicada apenas ao orçamento, é anacronismo doutrinário sustentado ao longo dos dois últimos séculos, que só prejudicou o respeito que lhe deve ser dado. Não mais subsiste. Da Constituição só se retira um único conceito de lei: lei formal. Qualquer conceito material de lei no âmbito da Constituição é inválido. Essa é a concepção de legalidade extraída da Constituição Federal: a sua formalidade. Nenhuma análise conteudística foi posta como parâmetro para se determinar uma norma como lei.

7. A doutrina e a jurisprudência brasileiras, fortemente influenciadas pelos autores alemães, franceses e italianos, quanto à natureza do orçamento, permitiram que as bases nacionais fossem forjadas com substratos irreais, de modo que não há ginástica dialética a justificar a ultrapassada aplicação da teoria do orçamento como lei apenas em sentido formal. E as razões são várias: (i) porque aludida base teórica deve-se ao contexto histórico-político num tempo em que a forma de governo era o monárquico constitucionalista, o caráter autoritário era a marca presente e a representação popular não tinha prerrogativas orçamentárias; (ii) porque a base legislativa também era diferente. Vigia a Constituição de 1946, mais branda e com distintas prescrições orçamentárias; (iii) porque a base doutrinária pautou-se em teoria francesa que analisa o orçamento apenas num ângulo administrativista e não na linha do direito financeiro brasileiro; (iv) porque se entendia que as questões da Administração não estavam na seara protegida pelo direito, mas apenas no campo político, entendimento inaceitável na conjuntura atual; e (v) porque a conjuntura econômica à época justificava um orçamento completamente maleável, o que não é aceito nos tempos atuais.

8. A análise formal do orçamento, diferente da Constituição anterior, indica que: (i) o Legislativo pode efetivamente participar da sua elaboração; (ii) é obrigatória a participação do cidadão; e (iii) cada etapa de dis-

cussão e cada regra para a sua aprovação conformam a legitimidade para a sua autoridade.

9. O orçamento é uma lei como as demais, com a especificidade de ter o seu conteúdo delimitado pela Constituição. Este conteúdo consiste unicamente em *prever as receitas* e *fixar as despesas*, e não pode ser analisado conjuntamente. No lado das receitas, não se diz que o orçamento é uma lei com força impositiva, visto que ele não altera ou influi na receita pública. Esta já é determinada por um plexo de outras leis ou contratos da Administração, sendo que a mera previsão não altera a ordem dos fenômenos para concretizar o conjecturado. Há uma subsunção gradual, na medida em que as expectativas de receitas ocorrem como previsto em lei. A jurisdicização da receita apenas dá ao Estado ciência do *quantum* de recursos está disponível para a adequada fixação do gasto. No lado das despesas o raciocínio é inverso: o orçamento tem força impositiva. Aqui o Executivo está parcialmente vinculado na fase de elaboração do projeto e completamente vinculado quando determina, na lei, em que programa específico ou em qual destino se aplicará o recurso. Os casos que permitem aplicação distinta de recursos são aqueles em que a própria lei orçamentária tenha sido previamente alterada dentro da permissividade legal.

10. A visão de que descabe o controle concentrado de constitucionalidade do orçamento torna-o a única lei do sistema jurídico indene de controle. E esse aspecto, decorrente da classificação doutrinária do orçamento como lei de efeito concreto e individual, não se sustenta dada à própria fragilidade e insuficiência da classificação, bem como por ausência de suporte constitucional. Por outro lado, o que deve contar como essencial numa norma, para além de suas características, é a sua vinculação a dado sistema e não a sua análise isolada. Se pertencente a um sistema jurídico, o próprio sistema deve criar os meios de sua expulsão. Foi o que entendeu o STF ao esboçar mudança de posicionamento no controle do orçamento, tanto ao vislumbrar normas genéricas e abstratas na sua matéria, quanto a vedar a sua alteração excessiva através de medidas provisórias.

11. A minimização da força normativa do orçamento, porque incapaz de gerar direitos subjetivos, deve ser abrandada. O orçamento é lei, cria obrigações e envolve direitos. Está ligado a pessoas que têm no seu destino a expectativa da satisfação de direitos, de modo que, nada obsta à sociedade exigir a execução das despesas alocadas democraticamente para determinadas finalidades. A lei orçamentária cria expectativas jurídicas, as quais devem ser protegidas pelo sobreprincípio da segurança jurídica.

12. Do conjunto normativo vigente, sem qualquer alteração, afirma-se que o orçamento não apenas autoriza despesa, mas também determina que as mesmas se concretizem do modo como legislativamente aprovadas. Não é autorizativo, mas impositivo. As normas constitucionais que *suportam* a concepção meramente autorizativa do orçamento são as que utilizam o verbo *autorizar* no tocante aos gastos, ali postas, não no sentido de *facultar* o Executivo a efetuar despesas, mas, sim, no de *permitir* a realização das despesas conforme o disposto em lei. A Constituição utiliza o substantivo *autorização* com diferentes sentidos e em nenhum deles com o de facultatividade. Norma que *pode ser* cumprida não é norma, mas mero conselho. O orçamento, no tocante à despesa, é norma que impõe deveres ao Estado e determina os atos de alcance do bem comum. Trata-se de ordenança que regra o comportamento dos gestores públicos quanto à realização dos gastos públicos. Logo, *deve* ser realizada conforme prescrita. O orçamento, na sua dicção, *prevê* receitas e *fixa* despesas. Se quisesse *autorizar* despesas, assim diria. Mas não, preferiu *fixar* a programação dos desembolsos públicos. E fixar é determinar, prescrever com particular força, não se confundindo com *prever, estimar* ou *facultar*.

13. A não aplicação dos recursos públicos conforme previsto no orçamento, através do contingenciamento, bem como a sua alteração, não ocorrem de modo aleatório. Há todo um sistema normativo, pautado em regras e princípios, bem como valores, que informam o modo de alteração e adaptação do agir do Estado às políticas públicas. Destaque-se, no ponto, o art. 9º, § 2º, da Lei de Responsabilidade Fiscal.

14. O orçamento tem duas partes: a de conteúdo vinculado e a de conteúdo discricionário. A parte vinculada dá-se (i) por norma extra-orçamentária e (ii) por norma pré-orçamentária. Vinculações por norma extra-orçamentárias são as decorrentes de normas sem teor orçamentário, como as normas contratuais, que vinculam parte do orçamento. É o liame decorrente de manifestação de vontade e pode variar ano a ano, a depender das obrigações que a Administração assumiu. Vinculam duplamente o orçamento: no montante (quanto?) e no modo (como?) que o gasto será efetuado. Já as vinculações por norma pré-orçamentária situam-se no aspecto conformador do orçamento às normas de sua regência. São as vinculações de normas atinentes aos percentuais a serem gastos na saúde, na educação, ou a opção legislativa de privilegiar certos destinos de recursos públicos. Em todos eles, a origem da vinculação está nas *normas-quadro* da configuração do orçamento, entendendo-se estas como aquelas normas aplicáveis em todos os orçamentos, ano a ano, que não variam de acordo com oscilações do mercado, alterações salariais, planos de governo ou acordos com os interessados. O percentual, se este for o caso, já é definido em outra lei, e embora não haja norma específica a reger como o recurso será aplicado, há normas finalísticas que terminam por controlar essa aplicação. O valor exato e o modo como este será distribuído não foram discriminados em lei ou outra norma pré-orçamentária.

15. O conteúdo discricionário atrela-se tanto à escolha dos meios (políticas públicas) para aplicação de recursos vinculados, quanto à aplicação dos valores sem destinação legal específica, relativo ao montante e ao modo como a despesa será efetuada. Por mais discricionária seja a aplicação dos recursos públicos, há sempre um fim constitucional a ser protegido e dele não pode a lei distanciar-se. O orçamento é essa lei que exterioriza a escolha legislativa da melhor opção, dentre as várias disponíveis, de aplicação dos recursos públicos. Uma vez aprovado, a discricionariedade cessa, ficando o gestor jungido à sua aplicação.

16. Quer na parte discricionária ou vinculada, o orçamento está vinculado à proteção dos direitos fundamentais. Surge conflito na medida em que a proteção de direitos é alvo da ação judicial, ao passo que a alocação de recursos, como forma de proteger aludidos direitos, é habilidade primária do Executivo e do Legislativo vinculando-a às políticas públicas priorizadas. Distinguir discrição de julgamento, embora não seja tarefa fácil, é importante passo para separar essas funções, que aparentam embaralhar-se quando há proteção judicial de direitos: a primeira está mais relacionada com a Administração, embora não seja absoluta, e revela maior liberdade de ação (liberdade vigiada); a segunda, por sua vez, volta-se à ideia de formação de opinião através da interpretação dos fatos e da lei.

17. A análise da linguagem orçamentária é fator importante para decompor o grau de discrição do poder público. Expressões como *deve* ou *pode*, têm importantes implicações quanto às ações a serem feitas. Os efeitos também são diversos quando a lei usa o termo *pode* em combinação com outras palavras que restringem a matéria sujeita à discrição, ou usa o termo *deve* com o emprego de expressões que ampliam a matéria delimitada.

18. Há dois fatores especiais que delimitam a elaboração do orçamento: o manejo com recursos limitados e a inevitável necessidade de escolhas trágicas. Para minimizar efeitos indesejados, decorrentes de prioridades tortuosas, o legislador resolveu estabelecer normas pré-orçamentárias, que definem percentuais mínimos de aplicação de recursos em determinadas áreas, e fixar prioridades que se propõem a atender as duas especialidades ao mesmo tempo: por um lado define a monta mínima de recursos que serão aplicados em determinados fins, e, por outro, faz prévias escolhas, retirando do legislador orçamentário a facultatividade e o risco de optar por bens de menor proteção constitucional.

19. Pela limitação de recursos o legislador é obrigado a fazer racionamento, a fim de que haja distribuição mais equitativa dos recursos públicos. Trata-se de escolher entre os bens que serão protegidos, das atividades que serão desempenhadas, das metas a alcançar, dos problemas quantificados, sempre com vistas à eficiência, à prudência e à prevenção em caráter de unanimidade, de modo a atender aos interesses mais importantes na sociedade. A ordem, portanto, é planejar, o que restaria alterada com a concessão de serviços específicos e individuados a determinados cidadãos por via não eleita no sistema orçamentário.

20. As escolhas trágicas resultam da escassez dos recursos, de modo que sempre o interesse de alguém será preterido. Não se trata meramente de simples escolha, que resultará numa consequência desejada por quem fez a opção, mas de real escassez. São escolhas que "ninguém" quer fazer, mas que "devem" ser feitas, o que infunde na consciência da sociedade a crítica ou a autorreflexão de que alguma injustiça é realmente inescapável.

21. O conteúdo do orçamento como norma que possui autoridade decorre não da norma orçamentária em si, mas da autoridade que é intrínseca a toda lei, elaborada pelo Legislativo, que expressa as escolhas públicas dos cidadãos ali representados.

22. O instrumento legal que normatiza as escolhas é o orçamento. Baseado nos objetivos e nos fundamentos da Constituição, além do Plano Plurianual e da Lei de Diretrizes Orçamentárias, o orçamento é a concretização da difícil tarefa de normatizar as escolhas públicas dos gastos, relacionando-se, assim, diretamente com a proteção dos direitos fundamentais. A legalidade da proteção de direitos não pode passar ao largo das escolhas orçamentárias.

23. É inadmissível atuação judicial distante das questões orçamentárias. Posicionamento do STF no sentido de que (i) problemas orçamentários não podem obstaculizar o implemento do previsto constitucionalmente, ou que (ii) problema de caixa do erário não preocupa os ministros que integram a Corte, ou ainda que (iii) não se julga preocupado com os cofres públicos, e sim, com os fundamentos da Constituição, soa ilícito, tendo em vista que cumprir o orçamento é também cumprir a Constituição, e que, embora possa se julgar despreocupado com o orçamento, a preocupação poderá ocorrer na medida em que a decisão não é efetivada, ou por ausência de recursos, ou por entraves orçamentários.

24. O elevado prestígio judicial deve-se, dentre outras razões, à pecha estigmatizada nos demais poderes ao longo da ditadura militar, que não alcançou a função judicial. Nem a nova Constituição, nem a democrática legitimação dos Poderes, sem as baldas do período autoritário, foram

capazes de alterar o entendimento incorreto que o Judiciário continua sendo o único órgão de defesa de direitos.

25. A crescente procura do Judiciário forçou-o, na ânsia de proteger direitos fundamentais, a ingerir-se num campo em que *não foi convidado constitucionalmente*. Essa ação, *para além* do seu campo comum de ação, confirma um viés ativista, caracterizado pelas seguintes escolhas: a) quando, na possibilidade de escolha entre negar um pedido pautado em regras ou acatá-lo baseado em princípios e valores, escolher-se o último, o viés é ativista; b) quando, na possibilidade entre sustentar uma lei como constitucional ou negar-lhe eficácia (presunção de constitucionalidade das leis), optar-se pela última, também há indício de ativismo; e c) quando, na possibilidade de apoiar uma decisão pautada em noções constitucionais vagas, ambíguas ou abstratas, quando poderia agarrar-se a outras normas, de igual hierarquia, porém de clareza meridiana, optar-se pela primeira, também se nota a faceta ativista. Esse ativismo judicial mostra-se mais presente na proteção de direitos sociais, cujo conteúdo permite aparente livre apreciação judicial e aproxima intensamente o político do jurídico.

26. Decisões judiciais que, por protegerem direitos sociais, envolvem gastos de recursos, implicam alterações orçamentárias (campo político) e ferem a reserva de lei (campo legislativo). E ferem porque, se a lei orçamentária, embora não declarada inconstitucional, necessita ser alterada para o cumprimento de decisão judicial, tem-se situação de alteração indireta da lei por força judicial, além de modificação da política implantada.

27. Não há direito puro ou política pura, mas situações em que um prevalece sobre o outro, cabendo à normatividade de cada país determinar o grau de atuação judicial. No passado, sobressaiu-se a política, e no presente, ressai o direito, que passou a exercer papel fundamental na concretização do primeiro, estabelecendo precondições necessárias à sua realização e norteando as políticas à sua defesa.[617] A maioria dos casos constitucionais fomenta discussão com foco no direito e na política, de modo que pela vã tentativa de separação de direito e política não se chega a um acordo para o debate em análise. O caso não é o que é direito ou o que é política, pois na configuração de quais serviços serão prestados ao cidadão, ato fruto de intenso debate político, leva-se em consideração

---

[617] "O impacto dos interesses difusos na dinâmica das instituições nas quais direito e política coabitam como regulações imprimiu-lhes uma ampliação de sua relevância e, até mesmo, uma mudança de sentido, com o jurídico prevalecendo sobre o político. Tais alargamentos e renovação institucionais são perceptíveis nas agencias reguladoras, nos *ombudsman* e nos tribunais constitucionais, desde o fim dos anos 1980 (principalmente a partir dos meados dos anos 1990) até hoje" (LOPES, Júlio Aurélio Vianna. *A invasão do direito – a expansão jurídica sobre o estado, o mercado e a moral*. Rio de Janeiro: Editora FGV, 2005, p. 36.)

questões orçamentárias, vontade de atender ao maior número de necessidades, foco na reeleição, promessas políticas, situação socioeconômica do país, dentre outros, de modo que o grau de satisfação a ser dado estipula o grau de proteção ao direito conferido. E se essa proteção for inferior ao que o direito demanda, a questão, pensada ser só de política, torna-se questão de direito. Nesse sentido, a solução não pode ser atribuída a um órgão isoladamente, mas à construção dialética do que seja cada direito em análise, fruto da colaboração de todos os poderes.

28. Os direitos sociais são os principais responsáveis pela aproximação do direito com a política, uma vez que, da sua proteção judicial quase sempre se faz política. Na dúvida entre protegê-los judicialmente, ou não, a fim de evitar-se a indesejável ação política, recaiu-se em duas alternativas aparentemente indesejadas: ou seriam apenas promessas, o que poderia enfraquecê-los e levar o empreendimento constitucional ao descrédito, ou o Judiciário empreender-se-ia na busca da sua efetividade, deixando de ser um tribunal negativo, no sentido de banir as iniciativas estatais contra os padrões constitucionais, passando à perigosa função de decidir positivamente, num campo tradicionalmente reservado às iniciativas políticas. No caso brasileiro, notou-se a tendência de opção pela segunda alternativa, o que tem sido feita com pouca atenção às questões orçamentárias. Sendo assim, importante é resgatar o valor que as normas orçamentárias têm no contexto de harmonização com as demais normas, servindo, também, como freio à ação judicial que não pode proteger supostos direitos sem ponderá-las.

29. A negativa da atuação judicial nesse campo deve-se (i) ao próprio sentido dos direitos sociais e (ii) à dificuldade de sua operacionalização. No primeiro caso, o seu aspecto histórico denuncia uma ideia de comunidade, cujo requerimento central é que as pessoas se importem com os demais, em contraposição ao individualismo dos direitos civis e políticos, de modo que a noção de comunidade torna-se incompatível com a que concebe os seus membros primariamente como portadores de direitos individuais e inibe qualquer impulso à caridade em ambos os lados. O atendimento judicial de um direito social converte-o em um direito individual, demanda privada, e nega o sentido de comunidade. No segundo caso, a proteção judicial, em certa medida, depende de sistemas que o juiz não pode criar, pelo tipo de cargo que ocupa, incluindo aí planejamento, previsão orçamentária e sua execução, o que, por natureza, correspondem aos poderes políticos, sendo limitados os casos em que o poder judicial pode levar a cabo a tarefa de suprir a inatividade daqueles. Em suma, essa atividade faz parte da essência da política.

30. A complexidade da atuação judicial na proteção dos direitos sociais envolve basicamente dois aspectos, (i) indefinição do seu conteúdo e

(ii) dispêndio de recursos públicos na sua proteção. O primeiro determina que, como não há concepção unívoca sobre o grau de proteção de cada direito, toda proteção individuada justifica uma forma distinta de tomar decisões políticas envolvendo o emprego de escassos recursos. Desse modo, a sua concepção judicial significa inescapável concepção política do grau de proteção que deve ser dado. O segundo informa que embora o custo seja realidade na efetivação de todos os direitos, nos direitos sociais é mais presente, posto que qualquer passo judicial para além dos lindes postos nas políticas públicas definidoras da proteção do direito resulta em elevada soma de recursos quando da proteção de todos os que se encontram na mesma situação de necessidade.

31. As alocações orçamentárias, se constitucionais, não podem ser alteradas por decisão judicial (são não judiciáveis). O que pode haver é alteração das alocações por conta de controle de norma substancial, mas não quando há necessidade de alteração do orçamento para satisfazer decisão protetiva de supostos direitos.

32. As decisões judiciais que refletem no orçamento podem ser *configuradoras do orçamento*, porque ligadas à sua alteração direta com o fito de conformá-lo às normas pré-orçamentárias, ou *configuradores da sua execução*, quando afetam receitas e despesas previamente aprovadas e em curso de serem executadas. As despesas podem ser previstas ou não no orçamento. Não sendo previstas, provocam impacto no orçamento, e só podem ser realizadas com a sua alteração. Tem-se, aqui, alteração proibida, posto que proteções judiciais que alteram o orçamento têm o mesmo efeito de decisão judicial de controle das alocações financeiras.

33. Diversos são os óbices às ditas alterações. Há entraves técnicos na medida em que as decisões judiciais são pautadas em outros tipos de argumentos que não os que envolvem os tipos de serviços a serem prestados, o modo da sua prestação, a sua abrangência, os critérios de sua distribuição, dentre outros. Tudo no orçamento é analisado tecnicamente, de forma que, pela natureza das alocações, que são policêntricas, cada sutil variação pode ter um significante impacto no interesse da potencialidade de destinatários dos recursos, e o Judiciário não é órgão preparado para esse fim.

34. Os principais entraves jurídicos às alterações orçamentárias decorrentes do império de decisão judicial protetiva de direitos são os relacionados às normas constitucionais orçamentárias impeditivas de ditas alterações. A Constituição está prenhe de normas atinentes às despesas públicas e ignorá-las na totalidade significaria desrespeito constitucional. Para além disso, há despesas relativas a programas que só podem ser efe-

AUTORIDADE DA LEI ORÇAMENTÁRIA

tuadas com a instituição legal do programa e não aleatoriamente ao sabor de decisões individuais.

35. Decisões isoladas, protetivas de direitos, podem ter consequências orçamentárias de tamanha monta a ponto de inviabilizar as demais atividades estatais. Dada a importância das consequências numa decisão, o juiz, quando diante da escolha entre dois julgamentos igualmente plausíveis, deve tomar a opção mediante uma antevisão do resultado que de cada julgamento decorre. A consequência da sua decisão é relevante e deve ser sopesada. Deve-se argumentar a partir do resultado onde as decisões jurídicas dependem das consequências reais nelas pressupostas.

36. A distribuição de serviços públicos deve ser respaldada por uma teoria moral envolvendo a igualdade (intimamente relacionada com a justiça). Essa distribuição é contextual e depende de como a comunidade vê as várias necessidades dos seus membros. Dado que as necessidades, ao contrário dos recursos, podem crescer sem limites, a comunidade deve decidir quais serviços ou quais bens devem ser garantidos aos seus membros. Decisão judicial que defere serviço isolado a indivíduos selecionados através de processos judiciais, com a consequente desatenção desse mesmo serviço a outro igualmente necessitado, fere a sobredita igualdade.

37. Justiça não pode ser entendida como decisão de cada caso, com seu mérito próprio, sem considerar regras ou princípios de generalização, pois algo não pode ser bom num caso específico e não ser bom para a generalidade dos casos. Os méritos do caso individual devem ser méritos dos tipos de caso o qual este pertence e não analisados separadamente. A concretização dos direitos deve ser pensada enquanto abarcante de todos os iguais na sociedade e não de acordo com interesses individuais. Por esta razão a justiça, no sentido de justa distribuição de recursos, não é alvo perseguido judicialmente, mas através de instrumentos políticos. Eventual distribuição de recursos pelo Judiciário (distribuição indireta) não se coaduna com a justiça, posto que não está autorizado a atuar quando na *sua* visão (justiça material) não há justa distribuição de recursos. Do contrário, será no Judiciário que as questões envolvendo alocações de recursos seriam discutidas e não no Executivo ou Legislativo. O juiz deve decidir conforme as regras públicas, as quais eram comuns às partes e não de acordo com o que lhe parece substantivamente correto ou justo. Resolver pautado no direito não é o mesmo que resolver pautado na justiça.

38. A proteção judicial dos direitos sociais produz inevitável mudança institucional na separação dos poderes. É que, se permitida a sua proteção judicial do molde como feito no Brasil, os juízes acabarão por

decidir matérias na qual não têm qualificação ou autoridade política e com isso embarca-se num perigoso atalho de combinar os papéis e funções de diferentes categorias de ramos do Estado e confunde-se o objetivo e a natureza das responsabilidades de cada corpo.

39. Do ponto de vista democrático, quando o Judiciário define o conteúdo de direitos e, por isso, altera a execução de políticas públicas e a própria lei orçamentária, extrapola o seu poder de interpretar direitos, ampliando-o para a definição de políticas públicas, numa verdadeira ascendência ilegítima sobre a interpretação posta pela maioria ou seus representantes. O modo como essas decisões são produzidas torna-se sério obstáculo à manutenção do sistema democrático, na medida em que se exige a implantação do conteúdo decisório nos moldes judicialmente pretendidos, forçando os demais poderes a realizar a vontade judicial manifesta na elástica definição dos direitos.

40. O campo da orçamentação não é uma província sacrossanta de atuação Legislativa e Executiva isento a qualquer controle. As normas da Constituição desenham controles de diversas ordens, como o político, o popular e o judicial. O controle político é feito pelo Legislativo com o auxílio do Tribunal de Contas, alcançando a fiscalização formal (legalidade) e a material (economicidade), sintetizadas no controle da moralidade (legitimidade). Trata-se do controle mais amplo em torno das receitas e dos gastos públicos, de objeto de análise distinto da esfera judicial. O controle popular consiste na fiscalização orçamentária que pode ser feita por qualquer cidadão, bem como o controle de responsabilidade política, demonstrado nas eleições. Ambos os controles não alijam o controle judicial naquilo que não forem conflitantes. Este continua sendo um controle necessário e inevitável, porém limitado, tendo em vista que o primeiro árbitro dos recursos públicos é a autoridade pública, e não o juiz. Significa que as decisões financeiras e orçamentárias devem ser respeitadas, desde que em observância dos fundamentos e dos objetivos constitucionais.

41. O Judiciário pode realizar o controle do critério técnico na distribuição de serviços, o que resvala no orçamento, ao analisar se as normas administrativas para a regulação do serviço público prestado estão de acordo com o Direito. Os aspectos políticos dos critérios técnicos, por estarem no campo da discrição dos órgãos públicos, não podem ser alvos de ação judicial, mas no que se refere aos parâmetros operacionais, há maior suscetibilidade de análise judicial. Também poderá controlar a justificativa do ato administrativo do gasto. Nesse quesito, quando argumentos de ordem orçamentária forem a única justifica a respaldar a ação/inação estatal, os mesmos devem ser trazidos ao processo e analisados judicialmente. Ao Judiciário cabe verificar se o Estado foi diligente na proteção dos direitos ou se houve total desídia, visto que o simples

argumento da ausência de recursos soa vazio. Por fim, o Judiciário pode controlar o orçamento quando elaborado de modo irracional, com má-fé ou for manifestamente irrealizável.

42. A forma de resolução de conflitos entre a previsão orçamentária e a necessidade de satisfação do direito social pode ser administrativa ou judicial. No primeiro caso desenvolvem-se relações institucionais entre os órgãos públicos, a fim de que sejam estabelecidas diretrizes para a busca de solução dos conflitos, como já ocorre com sucesso nos Estados de São Paulo e Rio de Janeiro. No segundo caso, verifica-se o teor da decisão, se determina atenção imediata ou aceita que a proteção do direito seja proporcional e progressiva, permitindo a sua inclusão nos orçamentos posteriores.

43. No caso de atenção imediata, quatro situações podem surgir, todas elas com soluções específicas: (i) se há dotação orçamentária suficiente para esse fim e se há recurso disponível; (ii) se não há dotação orçamentária para esse fim, mas há recurso disponível em outras dotações; (iii) se não há dotação orçamentária para esse fim e não há recurso disponível e (iv) se há dotação orçamentária para esse fim, mas não há recurso. Nos casos (iii) e (iv), dada à inexistência de recursos faticamente, não se há falar em possibilidade de cumprimento de decisão judicial. Nos casos (i) e (ii) a solução é diversa. Embora haja recursos no âmbito fático, não os há na normatividade do orçamento. Só com sua alteração as decisões poderiam ser cumpridas. Ocorre que alterar o orçamento para atender dada situação significaria retirar recursos da atenção de determinados direitos e alocá-los na atenção de outros. Como a escolha deve ser politicamente decidida, nenhuma sanção há de recair sobre o Legislativo se não aprovada a alteração nos moldes previstos pelo Judiciário para a satisfação da decisão que emanou. Na ponderação entre a sujeição da Administração às decisões judiciais e a autoridade da lei orçamentária, prevalece a última.

O respeito aqui propugnado ao orçamento não é argumento desprovido de razão. As respostas às constantes intromissões judiciais em políticas públicas teriam agora uma norma como parâmetro de atuação. Apenas quando o orçamento for aceito como lei, a segurança jurídica presente nas suas relações se instaurará, o Executivo passará a ser mais controlado, a democracia se fortalecerá, o Judiciário cingir-se-á aos seus lindes, o Legislativo se robustecerá, a harmonia entre os poderes tornar-se-á mais visível e, ganharão os destinatários finais, os cidadãos, pois estes são os que elaboram o orçamento, seja diretamente, através do orçamento participativo, seja indiretamente, através dos representantes.

Referências

ABRAMOVICH, V y COURTIS, C. *Los derechos sociales como derechos exigibles*. Madrid: Trotta, 2002.

ADAMY, Pedro Guilherme Augustin. *A Renúncia a Direito Fundamental no Direito Tributário Brasileiro*. Dissertação apresentada ao Programa de Pós-graduação em Direito na UFRGS. Porto Alegre, 2008.

ALEXY, Robert. *Teoría de los derechos fundamentales*, Madrid: Centro de Estudios Políticos y Constitucionales, 2002.

——. La Pretensión de Corrección del Derecho – La Polemica sobre la Relación entre Derecho y Moral. Colombia: Universidad Externado de Colombia, 2005.

AMARAL, Gustavo. A interpretação dos direitos fundamentais e o conflito entre poderes. *Teoria dos direitos fundamentais*. Ricardo Lobo Torres (org.). Rio de Janeiro: Renovar, 2001.

ANDRADE, Sudá de. *Apontamentos de ciência das finanças*. Rio de Janeiro: José Konfino Editor, 1962.

ANJOS, Pedro Germano dos. Os Graus da Discricionariedade da Administração Pública. In: *Anais do XVII Congresso Nacional do CONPEDI* – Brasília-DF. Florianópolis: Fundação Boiteaux, 2008.

ARAÚJO, Eugênio Rosa de. O princípio da reserva do possível e ponderação com regras a ele pertinentes. Viagem na irrealidade do cotidiano financeiro. *Revista da Seção Judiciário do Rio de Janeiro*. n. 15. Justiça Federal 2ª Região: Rio de Janeiro, 2005.

ARENDT, Hannah. *The Promise of Politics*. Edited with an introduction by Jerome Kohn. New York: Schocken Books. 2005.

ARISTÓTELES, *Ética a nicômaco*. São Paulo: Edirpro. 2007.

ASSONI FILHO, Sérgio. A lei de responsabilidade fiscal e a coibição do desvio de poder na execução orçamentária. *Revista da faculdade de direito da universidade de São Paulo* v. 100. São Paulo: USP, 2005.

ATIENZA, Manuel. *Las razones del derecho*. Teorías de la argumentación jurídica. México: Universidad Nacional Autónoma de México, 2005.

ATRIA, Fernando. El derecho y la contingencia de lo político. *Revista Doxa* n. 26, 2003.

——. ¿Existen derechos sociales? Edición digital a partir de *Discusiones: Derechos Sociales*. Núm. 4, 2004.

ÁVILA, Humberto. Conteúdo, limites e intensidade dos controles de razoabilidade, de proporcionalidade e de excessividade das leis. *Revista de direito administrativo* n. 236. Renovar: Rio de Janeiro, 2004.

——. Repensando o "princípio da supremacia do interesse público sobre o particular". *Revista Diálogo Jurídico*. Ano I, Vol I, n. 07, outubro de 2001. Salvador. Disponível em <www.direitopublico.com.br>.

——. Teoria da igualdade tributária. São Paulo: Malheiros, 2008.

——. *Teoria dos princípios*. 5ª ed. São Paulo: Malheiros, 2006.

——. Sistema constitucional tributário. São Paulo: Saraiva, 2004.

————. "Neoconstitucionalismo": entre a "ciência do direito" e o "direito da ciência". *Revista Eletrônica de Direito do Estado* (REDE). Salvador, Instituto Brasileiro de Direito Público, n. 17, jan/fev/mar de 2009. Disponível em <http://www.direitodoestado.com.br/rede.asp>. Acesso em 10 de setembro de 2009.

————. Benefícios Fiscais Inválidos e a Legitima Expectativa dos Contribuintes. *Revista Eletrônica de Direito do Estado*. n. 04. Disponível em <www.direitodoestado.com.br>. Acesso em 20 de março de 2009.

————. Argumentação jurídica e a imunidade do livro eletrônico. *Revista Diálogo Jurídico*, Salvador, CAJ – Centro de Atualização Jurídica, v. I, nº. 5, agosto, 2001. Disponível em <http://www.direitopublico.com.br>. Acesso em 20 de março de 2009.

AZEVEDO, Antônio Junqueira de. Princípios do novo direito contratual e desregulamentação do mercado – Direito de exclusividade nas relações contratuais de fornecimento – Função social do contrato e responsabilidade aquiliana do terceiro que contribui para o inadimplemento contratual. *Revista dos Tribunais*. São Paulo: RT. v. 750, 1998.

BALEEIRO, Aliomar. *Uma introdução à ciência das finanças*. 16ª ed. Rio de Janeiro: Forense, 2004. Prefácio da 1ª edição.

————; SOBRINHO, Barbosa Lima. *Coleção Constituições Brasileiras*. Vol. 5. Senado Federal e Ministério da Ciencia e Tecnologia: Brasília, 2001.

BARCELLOS, Ana Paula de. Neoconstitucionalismo, direitos fundamentais e controle das políticas públicas. *Revista Diálogo Jurídico*, Salvador, Centro de Atualização Jurídica (CAJ), n. 15, jan/mar 2007. Disponível em <http://www.direitopublico.com.br>.

BARIONE, Samantha Ferreira; GANDINI, João Agnaldo Donizeti e SOUZA, André Evangelista de. A judicialização do direito à saúde: a obtenção de atendimento médico, medicamentos e insumos terapêuticos por via judicial – critérios e experiências. *Revista Jus Vigilantibus*, Quarta-feira, 19 de março de 2008. In http://jusvi.com/artigos/32344/2.

BARROS, Luiz Celso de. *Ciência das Finanças*. Bauru: Edipro, 1999.

BARROSO, Luis Roberto. *Interpretação e aplicação da constituição*. São Paulo: Saraiva, 2008.

————. *Neoconstitucionalismo e constitucionalização do direito* (O triunfo tardio do direito constitucional no Brasil). Revista Eletrônica sobre a Reforma do Estado (RERE), Salvador, Instituto Brasileiro de Direito Público, n. 9, março/abril/maio 2007. Disponível em <http://www.direitodoestado.com.br/redae.asp>.

————. *Da falta de efetividade à judicialização excessiva*: direito à saúde, fornecimento gratuito de medicamentos e parâmetros para a atuação judicial. Disponível em <http://www.lrbarroso.com.br/pt/noticias/medicamentos.pdf>.

BASTOS, Celso Ribeiro. *Curso de direito financeiro e tributário*. São Paulo: Celso Bastos Editor, 2002.

BECKER, Alfredo Augusto. *Teoria geral do direito tributário*. São Paulo: Lejus, 1998.

BEREIJO, Alvaro Rodriguez. Em introdução à obra de Paul Laband. *El Derecho Pressupuestario*. Madrid: Instituto de Estudios Fiscales, 1979.

BOBBIO, Norberto. *Teoria da norma jurídica*. São Paulo: Edirpro, 2003.

BONAVIDES, Paulo. *Curso de direito constitucional*. 13ª ed. São Paulo: Malheiros, 2003.

BORGES, José Souto Maior. Pró-dogmática: por uma hierarquização dos princípios constitucionais. *Revista Trimestral de Direito Público* n. 01. São Paulo: Malheiros, 1993.

BORGES, Souto Maior. *Ciência feliz*. 3ª ed. São Paulo: Quartier Latim, 2007.

BRANCATO, Ricardo Teixeira. *Instituições de direito público e de direito privado*. São Paulo: Saraiva, 2003.

BRASIL. Ministério da Fazenda. Secretaria do Tesouro Nacional. *Manual de Despesa Nacional: Aplicado à União, Estados, Distrito Federal e Municípios*. Ministério da Fazenda, Secretaria do Tesouro Nacional, Ministério do Planejamento, Orçamento e Gestão, Secretaria de Orçamento Federal. – 1. ed. – Brasília: Secretaria do Tesouro Nacional, Coordenação-Geral de Contabilidade, 2008.

BUEREN, Geraldine Van. Alleviating poverty through the constitutional court. *South African Journal on Human Rights*. 1999. vol. 15.

BULOS, Uadi Lammêgo. *Constituição federal anotada*, 5ª ed. São Paulo: Saraiva, p. 124, 2003.

BUSH, George. The interaction of the legislative, judicial, and executive branches in the making of foreign policy. *Harvard Journal Law & Publics Politics*. Vol. 11. 1988.

CANOTILHO, J. J. Gomes. *Direito constitucional e teoria da constituição*. 3ª ed. Coimbra: Almedina.

CARDOSO, Benjamin N. *A natureza do processo e a evolução do direito*. Porto Alegre: AJURIS, 1978.

CARNEIRO, Maria Lucia Fattorelli. *A Dívida Pública impede a Garantia dos Direitos Fundamentais*. Disponível em <http://www.social.org.br/relatorio2004/relatorio039.htm>. Acesso em 10.02.2010.

CARVALHO, Leonardo Arquimimo de e CARVALHO, Luciana Jordão da Motta Armiliato de. Riscos da Superlitigação no Direito à Saúde: Custos Sociais e Soluções Cooperativas. *Revista de Direito Social* n.32. out/dez 2008. Porto Alegre: Síntese, 2008.

CARVALHO, Paulo de Barros. *Fundamentos jurídicos da incidência tributária*. São Paulo: Saraiva, 2004.

CLÈVE, Clèmerson Merlin. O desafio da efetividade dos direitos fundamentais sociais. In: *Revista da Academia Brasileira de Direito Constitucional*. Vol. 3. Curitiba: Academia Brasileira de Direito Constitucional, 2003.

COÊLHO, Sacha Calmon Navarro. *Curso de direito tributário brasileiro*. Rio de Janeiro: Forense, 2005.

COHN, Margit & KREMNITZER, Mordechai. Judicial Activism: A multidimensional model. Heionline. 18. *Canada Journal in Law and Jurisprudence*. 2005.

COUTINHO, Diogo R. & FERRAZ, Octávio Luiz Motta. Direitos sociais e o ativismo judicial. *Jornal Valor Econômico*. Legislação & Tributos. E2. São Paulo. Segunda-feira, 27 de outubro de 2008.

CUNHA JUNIOR, Dirley da. *Controle judicial das omissões do poder público*. São Paulo: Saraiva, 2008.

DALLARI, Dalmo de Abreu. *Elementos de teoria geral do estado*. São Paulo: Saraiva, 1998.

DAVID, René. *Os grandes sistemas do direito contemporâneo*. São Paulo: Martins Fontes, 2002.

DAVIS, D. M.. The case against the inclusion of socio-economic demands in a bill of rights except as directive principles. HeinOnline 8. *South African Journal on Human Rights*. 1992.

DEODATO, Alberto. *Manual de ciência das finanças*, 4 ed. São Paulo: Saraiva, 1952.

DIGIÁCOMO, Murillo José. Planejamento e garantia de prioridade absoluta à criança e ao adolescente no orçamento público – condição indispensável para sua proteção integral. *Caderno do Ministério Público do Paraná*. V.8, n. 1. Curitiba: Ministério Público, 2005.

DINIZ, Maria Helena. *Compêndio de introdução à ciência do direito*. 3. ed. São Paulo: Saraiva, 1991.

DUQUE, Marcelo Schenk. A Importância do Direito Ordinário frente à Supremacia da Constituição. *Cadernos do Programa de Pós-Graduação em Direito (UFRGS)*, v. IV, p. 7-38, 2006.

DWORKIN, Ronald. *Taking rights seriously*. Cambridge: Harvard University Press. 1978.

——. What is Equality? Part 2. Equality of resources. 1981. *Phil & Publ. Affairs 4*.

EDDY, David M. The Individual vs. Society: Is There a Conflict? 265 *JAMA*, 1446, 1449-0 (1991).

FARIA, José Eduardo. Eficácia jurídica e violência simbólica: o direito como instrumento de transformação social. São Paulo: Edusp, 1988.

FERNANDEZ, Tomas-Ramon. *De la arbitrariedad del legislador* – Una crítica de la jurisprudencia constitucional. Espanha: Civitas, 1998.

FERRAZ JUNIOR, Tércio Sampaio. *Introdução ao estudo do direito*. 2. ed. São Paulo: Atlas, 1994.

FILHO, João Lyra. Pontos cardeais do orçamento público. *Revista de direito da procuradoria geral*. Brasília: Prefeitura do Distrito Federal, 1956.

FLECK, Leonard M. Just health care rationing: a democratic decisionmarking approach. *University of Pennsylvania Law Review*. Vol. 140, April 1992.

FOMBAD, Charles Manga. *The Separation of Powers and Constitutionalism in Africa*: The case of Botswana. Boston College Third World Law Journal. n. 25, 2005.

FONROUGE, Carlos Giuliani. *Naturaleza Jurídica del Pressupuesto*. Revista de Direito Público n. 12. Faculdade de Direito da Universidade de São Paulo. São Paulo: RT, 1969.

FREITAS, Juarez. O princípio da democracia e o controle do orçamento público brasileiro. *Revista Interesse Público. Especial – Responsabilidade Fiscal*. Sapucaia do Sul: Notadez, 2002.

AUTORIDADE DA LEI ORÇAMENTÁRIA

FURTADO, J. R. Caldas. *Elementos de direito financeiro*. Belo Horizonte: Fórum, 2009.

GADAMER, Hans-Georg. *Verdade e Método:* traços fundamentais de uma hermenêutica filosófica. Tradução de Flávio Paulo Meurer. v. 1. 3ª ed. Petrópolis: Vozes, 1999.

GALDINO, Flávio. Introdução à Teoria dos Custos dos Direitos – Direitos Não Nascem em Árvores. Rio de Janeiro: Lumen Juris, 2005.

GIACOMONI, James. *Orçamento público*. São Paulo: Atlas, 2005.

GRAGLIA, Lino A. The power of congress to limit Supreme Court Jurisdiction. *Harvard Journal Law & Publics Politics*. vol. 07, 1984.

GRAU, Eros Roberto. Orçamento estimativo: interpretação do §2º, II, do art. 40 da lei n. 8.666/93. *Revista Trimestral de Direito Público n. 15*. São Paulo: Malheiros, 1997.

———. Despesa pública – princípio da legalidade – decisão judicial. Em caso de exaustão da capacidade orçamentária deve a Administração demonstrar, perante o Supremo Tribunal Federal, a impossibilidade do cumprimento da decisão judicial condenatória. *Revista de Direito Administrativo* n. 191, São Paulo, 1993.

GRINOVER, Ada Pellegrini. Judiciário pode intervir no controle do Executivo. *Consultor Jurídico*. Maio de 2009.

GUASTINI, Riccardo. *Distinguendo: studi dei teoria e metateoria del diritto*. Torino: Giappichelli, 1996.

GUSTAVO, Amaral. A interpretação dos direitos fundamentais e o conflito entre poderes. *Teoria dos direitos fundamentais*. Ricardo Lobo Torres (org.). Rio de Janeiro: Renovar, 2001.

HARADA, Kiyoshi. *Direito financeiro e tributário*. São Paulo: Atlas, 2006.

HAVIGHURST, Clark C. *Prospective self-denial*: can consumers contract today to accept health care rationing tomorrow? University of Pennsylvania Law Review. Vol 140.

HESPANHA, Antonio Manuel. *Panorama da cultura jurídica européia*. Lisboa: Edições Europa-América, 1988.

HESSE, Konrad. *A força normativa da Constituição*. Porto Alegre: Sergio Antonio Fabris Editor, 1991.

HOLMES, Stephen *et* SUSTEIN, Cass. *The cost of rights – why liberty depends on taxes*. New York: W. W. Norton and Company, 1999.

HORA NETO, João. O princípio da função social do contrato no Código Civil de 2002. In *Revista de Direito Privado* n. 14.

JARACH, Dino. *Finanzas públicas y derecho tributario*. Buenos Aires: Abeledo-Perrot, 1996.

KANT, Immanuel. *Introducción a la teoria del derecho*. Centro de Estudios Constitucionales, Madrid. 1978.

KELSEN, Hans. *Jurisdição constitucional*. São Paulo: Martins Fontes, 2003.

KRISTOL, William. Legislative and judicial questions. *Harvard Journal Law & Publics Politics*. Vol. 07, 1984.

LABAND, Paul. *El derecho pressupuestario*. Madrid: Instituto de Estudios Fiscales. 1979.

LARENZ, Karl. *Metodologia da ciência do direito*. Lisboa: Fundação Calouste Gulbenkian, 2005.

LASSALLE, Ferdinand. *O que é uma Constituição?* São Paulo: Russell, 2005.

LEE, Rex. *Legislative and Judicial Questions*. Harvard Journal Law & Publics Politics. vol. 07, 1984.

LEITE, Antônio de Oliveira. *Orçamento público, em sua feição política e jurídica*. Revista de Direito Público n. 18. São Paulo: RT, 1971.

LEITE, Harrison Ferreira. Segurança Jurídica e elaboração do orçamento público. *Revista Tributária e de Finanças Públicas*. Ano 17 – 86. São Paulo: RT, 2009.

———. O orçamento e a possibilidade de controle de constitucionalidade. *Revista Tributária e de Finanças Públicas*. Ano 14 – 70. São Paulo: RT, 2007.

LENTA, Patrick. Democracy, Rights Disagreements and Judicial Review. *South African Journal on Human Rights*. N. 20, 2004.

LIMA, Francisco Gérson Marques de. *O STF na crise institucional brasileira*. São Paulo: Malheiros, 2009.

LIMA, George Marmelstein. *Efetivação judicial dos direitos econômicos, sociais e culturais.* Dissertação de Mestrado. Fortaleza, 2005. Disponível em <www.georgemlima.blogspot.com>. Acesso em 02.02.2009.

LOPES, José Reinaldo de Lima. Direito subjetivo e direitos sociais: o dilema do Judiciário no Estado Social de Direito. In *Direitos humanos, direitos sociais e justiça.* José Eduardo Faria (Coord.). São Paulo: Malheiros, 1994.

LOPES, Júlio Aurélio Vianna. *A invasão do direito* – a expansão jurídica sobre o estado, o mercado e a moral. Rio de Janeiro: Editora FGV, 2005.

MACCORMICK Neil. *Rhetoric and the rule of law:* A theory of legal reasoning. New York: Oxford University Press, 2005.

——. *Legal Reasoning and Legal Theory.* Oxford: Clarendon Press, 1978.

MACHADO, Hugo de Brito. *Curso de direito tributário.* São Paulo: Malheiros, 2008.

MACHADO Jr., José Teixeira & REIS, Heraldo da Costa. *A Lei 4.320 comentada e a Lei de Responsabilidade Fiscal.* Rio de Janeiro: IBAM, 2002/2003.

MALBERG, R. Carré de. *Teoría general del Estado.* 2ª reimpressão. México: Facultad de Derecho/ UNAM: Fondo de Cultura Económica, 2001.

MASSINI CORREAS, Carlos I. *Objetividad jurídica e interpretación del derecho,* México, Porrúa-U. Panamericana, 2008.

MARTINS, Ives Gandra. *Comentários à constituição do brasil.* 6º vol – tomo II, arts. 157 a 169. BASTOS, Celso Ribeiro; MARTINS, Ives Gandra. 2ª ed. São Paulo: Saraiva, 2001.

MEIRELLES, Hely Lopes. *Direito administrativo brasileiro,* 18ª ed. São Paulo: Malheiros, 1993.

MELLO, Celso Antônio Bandeira de. *Discricionariedade e controle jurisdicional.* São Paulo: Malheiros, 1998.

——. *Conteúdo jurídico do princípio da igualdade.* São Paulo: Malheiros, 2002.

MEZZOMO, Marcelo Colombelli. O Direito à Saúde em juízo. Disponível http://jus2.uol.com.br/ doutrina/texto.asp?id=7894. Acesso em 10 de janeiro de 2009.

MICHELMAN, Frank I. The constitution, social rights, and liberal political justification. *Oxford University Press and New York School of Law.* 2003.

MICHELON, Claudio. Introducción: derechos sociales y la dignidad de la igualdad. Edición digital a partir de *Discusiones: Derechos Sociales,* n. 4, 2004.

——. Politics, Practical Reason and the Authority of Legislation (December 10, 2007). *Legisprudence,* Vol. 1, No. 3.

MILESKI, Helio Saul. *O controle da gestão pública.* São Paulo: RT, 2003.

MIRANDA, Dalton César Cordeiro de. *Orçamento participativo federativo:* uma proposta de elaboração. Revista Tributária e de Finanças Públicas, Ano 9, n. 38, maio-junho de 2001.

MIRANDA, Pontes. Comentários à Constituição de 1967 com a Emenda n. 1 de 1969, 2ª ed. São Paulo: RT, 1970.

MONCADA, Luís S. Cabral de. *Ensaio sobre a lei.* Coimbra: Coimbra Editora, 2002.

MONTESSO, Cláudio José; FREITAS, Marco Antônio de; e STERN, Maria de Fátima Coêlho Borges (Coord.). *Direitos sociais na Constituição de 1988 – Uma análise crítica vinte anos depois.* Associação Nacional dos Magistrados da Justiça do Trabalho. São Paulo: LTr, 2008.

MORAES, Maria Celina de. O Princípio da Solidariedade. (Org) Manoel Messias Peixinho, Isabella Franco Guerra e Firly Nascimento Filho. *Os Princípios da Constituição de 1988.* Rio de Janeiro: Lumen Júris, 2000.

MOURA, Paulo Gabriel Martins. *Rev. Katálisys.* Florianópolis, v. 10, n. 1, Jan;/jun 2007.

NASCIMENTO, Carlos Valder do. *Finanças públicas e sistema constitucional orçamentário.* Rio de Janeiro: Forense, 1995.

——. O Orçamento público na ótica de responsabilidade fiscal: autorizativo ou impositivo? *Lei de Responsabilidade Fiscal – Teoria e Prática.* América Jurídica: Rio de Janeiro, 2002.

——. *Coisa julgada inconstitucional.* América Jurídica: Rio de Janeiro, 2002.

——. *Por uma teoria da coisa julgada inconstitucional*. Rio de Janeiro: Lumen Juris, 2005.

NASCIMENTO, Carlos Valder do; DELGADO, José Augusto (Coord.). *Coisa julgada inconstitucional*. Belo Horizonte: Fórum, 2008.

OLIVEIRA, Regis Fernandes. *Curso de direito financeiro*. São Paulo: RT, 2008, p. 320.

——; HORVATH, Estevão. *Manual de direito financeiro*. 2ª ed. São Paulo: RT. 1997.

OLSEN, Ana Carolina Lopes. *A eficácia dos direitos fundamentais sociais frente à reserva do possível*. Dissertação apresentada no Curso de Pós-Graduação em Direito do Setor de Ciências Jurídicas da Universidade Federal do Paraná. Curitiba, 2006.

ORÇAMENTO Anual da África do Sul (National Budget 2009). Disponível em <http://www.treasury.gov.za/documents/national%20budget/2009/default.aspx>. Acesso em 01 set 2009.

PARCERO, Juan Antonio Cruz. *Leones, lenguaje y derechos*. Sobre la existencia de los derechos sociales (Réplica a Fernando Atria).

PARDO, David Wilson de Abreu. A aplicação dos princípios gerais do direito ao caso da dívida externa dos países do sul na ordem cosmopolita. *Revista Seqüência* n° 44, Curso de Pós Graduação em Direito – UFSC, jul/2002.

PECZENICK, Aleksander. *On law and Reason*. Kluwer Academic Publishers: Netherlands. 1989.

PIETERSE, Marius. Health care rights, resources and rationing. *The South African Law Journal*. Vol. 124, part 3.

PINHEIRO, Aline. Os caminhos do Fisco. Veja como o Supremo influi na política tributária. *Revista Consultor Jurídico*. 24 de setembro de 2006.

RABENHORST, Eduardo Ramalho. *Dicionário de Filosofia do Direito*. Vicente de Paulo Barreto (Coord.). Editora Unisinos: RS, 2006.

RADBRUCH, Gustav. *Relativismo y derecho*. Monografías Jurídicas. Santa Fe de Bogotá: Editorial Temis: 1999.

REYES, Manuel Aragón. *El juez ordinario entre legalidad y consitucionalidad*. Instituto de Estudios Constitucionales Carlos Restrepo Piedrahita. Colombia, 1997.

RIGOLIN, Ivan Barbosa. *Lei de Responsabilidade Fiscal – Teoria e Prática*. "Serviço terceirizado" não é, nunca foi nem jamais será despesa de pessoal – o insólito e absurdo § 1°, do art. 18, da Lei de Responsabilidade Fiscal. Carlos Valder do Nascimento (Coord.). Rio de Janeiro: América Jurídica, 2002.

RODRIGUES, Itiberê de Oliveira Castellano. "*Apostila de direito administrativo*", edição fotocopiada, Porto Alegre, versão 2010.

ROSA JUNIOR, Luiz Emygdio F. da. *Manual de direito financeiro e direito tributário*. 18ª ed. Rio de Janeiro: Renovar, 2005.

ROSENKRANTZ, C. La pobreza, la ley y la constitución. In A Bullard, J Couso *et al. El derecho como Objeto e Instrumento de Cambio Social*. Buenos Aires: Editores del Puerto, 2003.

SADURSKI, Wojciech. *Rights Before Courts*. Kluwer Academic Publishers Group, 2007.

SÁNCHEZ-PESCADOR, Liborio Luis Hierro ¿Por qué ser positivista? Doxa: *Cuadernos de filosofía del derecho*, n° 25, 2002.

SANTOS, Eduardo Sens. O novo Código Civil e as cláusulas gerais: exame da função social do contrato. In *Revista de Direito Privado*. n. 10.

SARLET, Ingo Wolfgang. Os Direitos Fundamentais Sociais Na Constituição de 1988. *Revista Diálogo Jurídico*, Salvador, CAJ – Centro de Atualização Jurídica, v. 1, n°. 1, 2001. Disponível em <http://www.direitopublico.com.br>. Acesso em 04.03.2009.

SCAFF, Fernando. Como a sociedade financia o estado para a implementação dos direitos humanos no Brasil. *Revista Interesse Público*, Ano VIII, 2006, n. 39.

——. O jardim e a praça ou a dignidade da pessoa humana e o direito tributário e financeiro. *Revista do Instituto de Hermenêutica Jurídica*. Porto Alegre, 2006, v. 4.

——. Direitos humanos e a desvinculação das receitas da União. *Revista de direito administrativo* n. 236. Rio de Janeiro: Renovar, 2004.

———. O uso dos precatórios para Pagamento dos Tributos após a EC n. 62. *Revista Dialética de Direito Tributário n. 175*. São Paulo: Dialética, 2010.

SCHAUER, Frederick. *Playing by the rules*. Oxford: Clarendon Press, 2002.

SCHOUERI, Luís Eduardo. *Normas tributárias indutoras e intervenção econômica*. Rio de Janeiro: Forense, 2005.

SILVA, José Afonso da. *Curso de Direito Constitucional Positivo*, 20ª ed. São Paulo: Malheiros, p. 420, 2002.

———. *O Orçamento e a fiscalização financeira na Constituição*. Revista de Direito Público n. 08. São Paulo: RT, 1969.

SILVA, Almiro do Couto. *Correção de prova de concurso público e controle jurisdicional*. Direito Público Estudos em Homenagem ao Professor Adilson Abreu Dallari, Coordenador Luiz Guilherme da Costa Wagner Junior, Porto Alegre, 2004.

———. O Princípio da Segurança Jurídica (proteção à confiança) no direito público brasileiro e o direito da Administração Público anular seus próprios atos. *Revista Eletrônica de Direito do Estado*. n. 02. Disponível em <www.direitodoestado.com.br>.

———. Princípios da Legalidade da Administração Pública e da Segurança Jurídica no Estado de Direito Contemporâneo. *Revista de Direito Público*, Editora Revista dos Tribunais, São Paulo, volume 84, 1987.

SILVA, Luis Renato Ferreira da. A função social do contrato no novo código civil e sua conexão com a solidariedade social. *O novo código civil e a Constituição*. Ingo Wolfgang Sarlet (org.). Porto Alegre: Livraria do Advogado, 2003.

SILVA, Sandoval Alves. *Direitos sociais*: leis orçamentárias como instrumento de implementação. Curitiba: Juruá, 2007.

SIRAQUE, Vanderlei. Controle social da função administrativa do Estado. Possibilidade e limites na Constituição de 1988. São Paulo: Saraiva, 2005.

SOARES, Inês Virgínia Prado. *Desafios do Direito Ambiental no Século XXI* – Estudos em homenagem a Paulo Affonso Leme Machado. KISHI, Sandra Akemi Shimada; SILVA, Solange Teles da; e SOARES, Inês Virgínia Prado (orgs.). São Paulo: Malheiros, 2005.

SOUZA, Luciane Moessa de. Reserva do Possível x Mínimo Existencial: O controle de constitucionalidade em matéria financeira e orçamentária como instrumento de realização dos direitos fundamentais. *XVI Congresso Nacional do CONPEDI*, 2007, Belo Horizonte – MG. Anais do XVI Congresso Nacional do CONPEDI. Florianópolis – SC : Fundação Boiteux, 2007.

SOWELL, Thomas. *Judicial Activism Reconsidered*. USA: Stanford University, 1989.

SWENSSON JUNIOR, Walter Cruz. Os limites da liberdade: a atuação do Supremo Tribunal Federal no julgamento de crimes políticos durante o regime militar de 1964 (1964-1979). Disponível em <http://www.teses.usp.br/teses/disponiveis/8/8138/tde-10072007-112654/>. Acesso em 01/05/2009.

TIMM, Luciano Benetti. As origens do contrato no Novo Código Civil: uma introdução à função social, ao welfarismo e ao solidarismo contratual. *Revista dos Tribunais*. São Paulo, v. 844, n. fevereiro, 2006.

TORRES, Ricardo Lobo. *Curso de Direito Financeiro e Tributário*. 12ª ed. Rio de Janeiro: Renovar, 2005.

———. *Tratado de direito constitucional financeiro e tributário*. vol. V – O Orçamento na Constituição. Rio de Janeiro: Renovar, 2000.

———. Os mínimos sociais, os direitos sociais e o orçamento público. *Revista ciências sociais*. Edição especial. Rio de Janeiro: Universidade Gama Filho. Dez 1997.

———. *Teoria dos direitos fundamentais*. Ricardo Lobo Torres (org.). Rio de Janeiro: Renovar, 2001.

TRISTÃO, Gilberto. *Dificuldades na democratização do orçamento público*. Revista de Informação Legislativa. Brasília. Ano 26, n. 104, 1989.

VELLOSO, Andrei Pitten. A temerária "modulação" dos efeitos da pronúncia de inconstitucionalidade em matéria tributária. *Revista Dialética de Direito Tributário*, n. 157, out. 2008.

VILANOVA, Lourival. As estruturas lógicas e o sistema do direito positivo. São Paulo: RT, 1977.

——. *Escritos jurídicos e filosóficos*, vol. 1, Política e Direito: relação normativa. São Paulo: Axis Mundi: IBET, 2003.

VILLEGAS, Héctor B. *Curso de finanzas, derecho financiero y tributario*. Tomo II. Buenos Aires: Ediciones Depalma, 1980.

VILLEY, Michael. *O direito e os direitos humanos*. São Paulo: Martins Fontes, 2007.

WALD, Arnold. O Novo Código Civil e o Solidarismo Contratual. *Revista de Direito Bancário, do Mercado de Capitais e da Arbitragem*. Ano 6, n. 21. São Paulo: RT, 2003.

WALDRON, Jeremy. Legislation and the Rule of Law. *Legisprudence*, Vol. 1, No. 1, January, 2007.

——. *Law and Disagreement*, Oxford University Press. 1999.

——. *The Dignity of Legislation*. Cambridge University Press. 1999.

WALUCHOW, W. J. *A Common Law Theory of Judicial Review* – The Living Tree. Cambridge University Press. 2007.

WESSON, Murray. *Grootboom and beyond*: reassessing the socio-economic jurisprudence of the South African constitutional court. In South African Journal on Human Rights n. 20. 2004.

WILLIAN, Idowu W. La doctrina de la revisión judicial y la obligación de obedecer el derecho. *DOXA*. Cuadernos de Filosofía del Derecho. 27, 2004.

Impressão:
Evangraf
Rua Waldomiro Schapke, 77 - POA/RS
Fone: (51) 3336.2466 - (51) 3336.0422
E-mail: evangraf.adm@terra.com.br